LES PARISIENS

ALAIN SCHIFRES

LES
PARISIENS

DU MÊME AUTEUR

chez Robert Laffont/Jean-Jacques Pauvert :

Ceux qui savent de quoi je parle comprendront ce que je veux dire, (dessins de Wolinski), 1986. Chroniques.

Les yeux ronds, 1988. Roman.

Les dessins des pages 152 et 301 sont de WIAZ.
L'auteur lui exprime ici sa reconnaissance.

Pour Marie,
qui aime les gens

Si tu continues à te moquer de toi-même, tu pourras bientôt te moquer de tout le monde.

Balzac, *La Fille aux yeux d'or*

Avertissement

Paris, je ne saurais vivre ailleurs. Pour rien au monde, on ne me ferait vivre à Paris. D'un autre côté, Paris sera toujours Paris. Qui n'est plus ce qu'il était. L'auteur entend cela depuis qu'il est en âge de collectionner les clichés. Comme il fréquente également pas mal de lieux communs, il sait que les clichés sont souvent vrais.

Il existe bien, dans cette nation, deux peuples : les Parisiens irréductibles et les Provinciaux intransigeants. Ce sont des êtres extrêmement différents, à ce détail près qu'il s'agit du même genre d'individus.

Damned. Un paradoxe. Déjà.

C'est qu'entre le monde extérieur et la capitale, cela n'arrête pas. Ceux qui débarquent et ceux qui s'installent croisent ceux qui s'en vont et ceux qui sont chassés. Quand tout le monde est au lit et qu'on recompte les pensionnaires, une évidence s'impose : sept sur dix ne sont pas d'ici.

L'expérience montre qu'il suffit de six ans pour fabriquer un vrai Parisien « jamais sorti de son village », et de six heures de route pour le transformer en retraité qui veut vivre au pays. Les Parisiens sont souvent des gens de passage. Ces gens de passage étant également des gens à part, c'est donc qu'il se produit quelque chose de mystérieux à cet endroit. Des forces obscures sont en jeu, des courants telluriques. Des réactions chimiques assez bizarres font de tout arrivant dans la capitale une espèce de mutant (jusqu'à l'instant précis où il est muté). Il jouit – il souffre aussi – de propriétés étranges et volatiles.

Qu'arrive-t-il chaque fois qu'on entasse 1 500 000 provinciaux et immigrés dans un brave vieux fond de cuvette sédimentaire, fréquenté depuis Clovis par les rois et depuis dix ans par les Japonais ? C'est le sujet de ce livre, où le point de vue de l'anthropologue croise le regard de l'entomologiste, sans oublier la démarche du linguiste ni l'approche de l'éthologiste, tous domaines où l'auteur, chapitre après chapitre, se révèle d'une ignorance parfaitement crasse.

La métamorphose du débarquant s'appelle en province le *parisianisme* : un nom de maladie de peau. Le parisianisme n'empêche point qu'on découvre bientôt, à cette ville, un côté sous-préfecture avec des passions vicinales. Il y a du géranium en nous, il y a du bouliste. Cela nous vient du confinement et de la nostalgie. Le parisianisme s'est toujours appuyé sur l'Auvergnat.

Ainsi va-t-on rencontrer dans ces pages des mœurs aussi singulières que peuvent l'être celles d'un Bororo aux yeux d'un Bosniaque ; d'autres qui sont celles de la province d'aujourd'hui, mais grossies mille fois et portées aux plus hautes températures par l'effet de loupe du centralisme, l'effet de serre du microclimat.

Sans dévoiler l'intrigue, je peux bien vous révéler ce dont l'auteur est convaincu : en dehors d'une poignée de gens qui sont réellement frapadingues, les Parisiens sont à peu près fous. Notre coupure d'avec le monde réel est manifeste à chaque instant (le monde réel, pour nous, c'est en province). Jusqu'à notre pyramide des âges qui ne ressemble à rien de connu. Chaque fois qu'ils contemplent notre pyramide des âges, tous les démographes sérieux sont pliés de rire.

Comparés à la moyenne (la moyenne, pour nous, c'est en province), certains types humains abondent ici au point qu'on peut voir en eux des spécialités locales : la Jeune Femme Seule et Active, le Parent d'Élève et l'Étudiant, la Veuve et l'Employé des Postes, le Médecin, l'Étranger Très Pauvre et l'Étranger Très Riche. Le Taxi Occupé. Le Bougnat. Le Marchand d'Avocats à 6 F les 3.

En revanche, l'Ouvrier ne prend plus sous nos climats. Le Petit Commerçant s'étiole. L'Albanais est peu fréquent. Le Bébé est à peu près disparu des étals.

Mais nous avons des Pédiatres.

Trois cols blancs sur quatre colbacks : Paris est devenu la Mecque du tertiaire. Dans le genre ronds-de-cuir, attention : du skaï de moins en moins. De la pleine peau. Le groupe « cadres et professions intellectuelles supérieures » représente 20 % des actifs. Et ce n'est qu'un début. Des cols blancs, mais à rayures. Bureaucrates et anxieux, quadragénaires et modernistes, aisés mais secoués de tics, ces nouveaux Parisiens se glissent partout, ils se ruent vers l'Est et s'installent dans les faubourgs, où la chasse aux petites bourses est savamment conduite par les gros promoteurs. L'ombre de B. le Bénit s'étend sur la Ville.

L'auteur s'est d'abord attaché à décrire les effets du parisianisme sur cette peuplade outrageusement *middle class*. Il est conscient d'avoir un peu négligé les bords de la société au profit du marais et du marigot. Au contraire d'un usage répandu dans la capitale, l'auteur a choisi de parler surtout de ce qu'il connaît. Je ne peux que l'en féliciter, dussé-je faire rougir un garçon que je sais très modeste.

Ce grand timide m'a confié pour vous un dernier message : s'il a recours aux italiques assez souvent, ce n'est point façon chez lui de céder à une mode envahissante, c'est pour signaler des particularités du dialecte. Le Parisien, avant tout, se parle. Un Parisien se résume à une langue qui remue dans une bouche : on peut, analphabète, se hisser dans cette ville ; on ne saurait être muet.

Les amoureux de la capitale puiseront dans cet ouvrage des raisons supplémentaires de l'aimer (et quelques motifs à s'en dégoûter). Ceux qui détestent Paris le haïront plus encore (à moins qu'ils ne changent d'avis). Bref, le public le plus large devrait y trouver son bien, pour un prix t.t.c. somme toute raisonnable.

EXPLORATIONS

PARIS – VUE GÉNÉRALE

Paris est une entrecôte – Absence de placards – Présence, en revanche, d'un poulpe – L'égoutier – Nos Albanais – Le fleuve, son histoire en deux mots – Angoisses de ville enceinte : de l'intramuralisme et de ses rapports avec l'inconscient – Des Zoulous dans le VIᵉ arrondissement – Paris vu d'en haut – Géographie sommaire – Sociologie de bazar – Encore des Albanais mais très peu – Psychologie ferroviaire – Économie simplette.

Paris est une entrecôte. Tous les garçons bouchers qui l'ont survolé en ULM vous diront que c'est sa forme, vu d'en haut. Au moins la ville a-t-elle une forme, cela n'est pas donné à n'importe qui chez les capitales.

On appelle *haussmannia* la maladie des vieux Parisiens. Bien sûr, il y a d'autres styles, du baroque et du classique, du gaulliste spéculatif et du pompier marmoréen, du post-moderne et du social à briques rouges. Il y a surtout ces bâtiments à gilet et chaîne de montre datés de la Troisième : 40 % des immeubles ont été construits entre 1900 et 1939. Mais c'est au nom d'Haussmann que le vieux Parisien pousse de petits cris et se roule par terre. L'immeuble haussmannien est crémeux et vanillé. Il s'achève en part de moka au coin des rues en étoile.

Paris est un endroit où il n'y a pas de placards. Ou alors, vous aurez des cuisines dedans. En revanche, il y a des entresols, comme des étages clandestins : on s'est moins soucié de ranger les choses que de serrer les gens. C'est une cité horizontale, grise et beige, selon des nuances qui vont du café crème avec beaucoup de lait au torchon sale en fin de semaine. Dans l'ensemble, vous diriez un nez qui vient d'être mouché mais on sent qu'il faudra recommencer bientôt.

C'est une ville franche, pas du tout perverse, qui sent l'hygiène sociale en dépit de ses rabicoins populistes où le balai n'a pas accès. Elle plafonne à vingt mètres environ sous une carapace de zinc et de plomb, avec des tours qui percent par endroits, des petits Manhattan arrogants sur les bords, des parcs et jardins, des théâtres fin xixe, des arbres malades, des enclos pour chiens mais qui sont infestés d'enfants, des canaux à s'y noyer, des plaques aux gardiens de la paix tombés en 1944, des passages qui ressemblent à des traboules, des logements de la Ville de Paris réservés aux copains sur présentation de leur carte de copinage, des Grands Travaux du Président, des églises vides et des bistrots pleins, des cours, des impasses et des villas pavées qui font dire aux New-Yorkais mais c'est la campagne ici, des Palais nationaux et un Palais des Sports où on fait de tout sauf du sport et ce n'est qu'un exemple : on peut voir à Paris des musées dans des gares, des boîtes de nuit dans des établissements de bains, des boucheries transformées en boutiques, des bureaux dans des garages, des ateliers d'ébéniste changés en appartements, sans parler des appartements changés en ateliers de confection, bizarres comme la rencontre d'un Tamoul et d'une machine à coudre dans un salon xviiie.

Le Parisien désaffecte, c'est une manie chez lui.

Il y a des *cheminements piétonniers* où les piétons piétonnent et des *points noirs* où les voitures piétinent. Sous l'asphalte récent sont enfouis des pavés de porphyre et, sous les pavés, une plage de sable humide et rouge et, sous la plage, une pieuvre hallucinée, un schmilblic tentaculaire où s'enlacent et s'entassent des voies ferrées et des voies d'eau, des conduites de gaz et des galeries marchandes, des cryptes et des cavernes, toute espèce de câbles et de tuyaux, des parkings atterrants et des réserves de vestiges humains pour dix siècles : 6 millions de squelettes, selon les compteurs d'os.

C'est notre part maudite. Paris-Surface, pour causer comme les patrons de presse, ne la reflète en rien. Par intervalles, de préférence au cœur de la saison touristique, on défonce les rues pour sonder les humeurs de la pieuvre. Cela se fait par petits éventrements successifs, donc incessants, un jour l'EDF, demain le téléphone : il faut y aller mollo, ne pas réveiller le Poulpe. Quand on ne sait plus pour quoi creuser, on cherche du pétrole. Paris est une ville de hamsters : les câbles, les salles de réunions, les centres commerciaux, les rivières, les rayons de bricolage, les transfos, les anciennes carrières, les scandales immobiliers, tout ce qui traîne en général, y sont enterrés avec soin.

Cela délave les yeux du Parisien qui ne remonte jamais au jour sans observer des paliers ni chausser ses lunettes noires. Il dit souvent de sa ville, en feignant l'insouciance, qu'elle est bâtie sur du vide. C'est pour éviter de nommer le grand céphalopode sous ses pieds. Aussi l'égoutier est-il un personnage ici. Longtemps, il a transmis sa charge et son savoir à son fils, comme faisaient nos bourreaux. L'égoutier nous tient par le ventre comme le bourreau nous tenait par le cou. Quand le Parisien le voit brusquement sortir de sous lui en faisant sonner ses cuissardes à clous, mélange amphibie du pêcheur de brochet et du pédé cuir, il pense à ses eaux usées avec une horreur sacrée.

Cette ville est bâtie sur des secrets.

On ne rencontre plus, à ce propos, que deux pissotières. L'une est à l'angle de l'avenue de Versailles et de la rue Mirabeau; l'autre donne sur le boulevard Arago, joliment encastrée dans la grille d'un jardin. C'est la providence du chauffeur de taxi, qui fait des détours pour s'y rendre, et il n'est point rare d'observer une riche Américaine ou deux Japonais qui patientent en attendant leur tacman auprès d'un urinoir. Ces vespasiennes sont des vestiges. On vient les contempler de loin, comme des *ready made*. A Napoléon III, nous devons le perfectionnement des édicules, l'aménagement du Bois, les chaises de square, les Buttes Chaumont. Dans le genre empereur, c'est lui qui a fait le plus pour les gays, les putes et les vieux.

L'air est léger à Paris, mais dans les rues, coule un sirop. C'est le fameux sirop de la rue. Il mord le cœur, empoisse les poumons et noircit les rez-de-chaussée.

Les transports en commun enfournent chaque matin de l'espèce humaine toujours en retard pour aller au chagrin. Le soir, elle est recrachée par saccades, les bouches du métro ressemblent alors à des veines coupées.

Les caniveaux de Paris sont les plus propres du monde car les chiens les respectent; ce sont à leurs yeux des cours d'eau sacrés. Aux moments calmes de la journée, les balayeurs de la ville y manœuvrent des balais dont la matière synthétique imite avec précision la branche de genêt. C'est un sujet d'étonnement pour les Bigoudens.

Il est difficile de trouver un plombier à Paris. Il n'y a guère non plus d'Albanais.

Tous les jours ouvrés, à 9 h 30, les rues étroites sont bloquées – la tradition l'exige – par des livreurs choisis pour leur flegme et leur incapacité totale de se garer. Cette scène se déroule au cri de « Moi aussi je travaille » lancé par les cols blancs alignés au cul du camion. Le livreur parisien est un oiseau peu farouche. S'il s'envole, c'est pour se poser plus loin. Par contraste, on admire le galop, chaque vendredi, des conscrits vers les gares. Le conscrit sort habituellement de la gare de l'Est et se rend en Bretagne, où se trouve un gisement de soldats.

Des vigiles se tiennent à la porte des banques. Singulièrement fluets, on les a mis là pour rassurer les voleurs.

Les Parisiens vont tête baissée. C'est à cause des pauvres et des crottes de chien. Vous contournerez avec soin des chômeurs en fin de droits à la porte des bureaux de poste, des clodos sans âge qui dorment sur des grilles, à l'endroit où, attiédi par le chauffage urbain, le sirop de la rue se change en confiture, et des jeunes demandeurs d'emploi plus petitement logés dans des oranges en plastique. Vous éviterez également – ils vont resservir – les dessins à la craie sur le trottoir, tous consacrés à des sujets dévots, au point qu'en lançant une pièce on a la sensation un peu écœurante de donner à la quête.

Pourquoi des scènes religieuses? Les gens ont peur de marcher dessus.

Il y a de nombreux ponts à Paris, appelés ponts de Paris. Ils sont sur la Seine, un fleuve également très populaire, quoique assez tordu, qui traverse la ville depuis longtemps et qui a permis l'invention et la mise au point de la Rive Gauche. Pour résumer l'histoire de la Seine, en aval, c'est de là que venaient les Vikings, en amont, c'est là qu'on allait danser.

Le fleuve est l'épanchement naturel de cette capitale introvertie. Car Paris n'est pas une cité qui s'étale : elle a même tendance à rétrécir au lavage. Le Parisien est là, dans ce côté infranchissable et réduit. Sa ville a toujours fait dans l'obsidional. Elle s'est développée derrière six anneaux de remparts. Elle a progressé par bonds mais toujours à couvert. Dans les années 20, il fallait encore, pour y accéder en voiture, acquitter aux portes une taxe sur l'essence. Sa mémoire est encombrée de barrières et d'octrois, de forts, de ceintures, de glacis. Les traces en sont partout. Le pittoresque lavabo du restaurant Polidor, rue Monsieur-le-Prince, conserve un fragment du rempart élevé au XIIe siècle (*Pissez cool. Il en a vu d'autres*, dit une pancarte). Nation-Dauphine et Nation-Étoile par Denfert, Maréchaux, Petite Ceinture, Périphérique : les voies circulaires suivent le tracé des défenses. Philippe Auguste, Charles V ou Thiers, c'est des noms de mur ici.

Cela laisse des marques : une sorte de trouille. Celle de la zone, de l'envahisseur, du Uhlan sauvage. Aux extérieurs, on a donné des noms de traîneurs de sabre : la ville se sent mieux gardée. Ses remparts abattus, elle se gargarise de l'expression *intra muros*. On entend cela dix fois par jour. L'intramuralisme sévit partout. La capitale est aujourd'hui transpercée comme une poupée de cire mais les *radiales* et les *pénétrantes* lui donnent encore les jetons. Elle a des angoisses de ville enceinte.

Derrière les boulevards commençait une espèce de jungle et la ville devenait vague comme un terrain vague. Pour comprendre cet état d'esprit, il faut questionner les anciens mômes. Il y a encore pas mal d'anciens mômes en France, et même à Paris. Les enfants ont le sens du territoire et l'intuition du parapet. Ils vivent dans un Kremlin mental calculé au mètre près. Ce moment où l'enfant périphérique ne pouvait aller plus loin. Jean-Pierre a grandi à Belleville dans les années 50. Pour sa bande, la ville s'arrêtait au boulevard d'Algérie, la Butte du Chapeau Rouge était un avant-poste. On tombait dans la zone en changeant de trottoir. C'est encore vrai à la génération suivante. Frank a poussé dans une HLM de la Porte d'Asnières. « La banlieue était un no man's land et un endroit un peu maudit. De nos fenêtres, on voyait les extérieurs, les stades et, du côté de Levallois, des casses de voitures, de petites maisons de trois étages noires de crasse. Avec les mômes de Levallois, on se faisait des plans à la West Side Story. On grimpait aux grilles du stade chacun de son côté. Nous en petit short, avec un ballon de foot. Eux crades, avec des pistolets à plomb. C'étaient des enfants de mécanos. Il y avait une tension. Aujourd'hui, ils ont rasé pas mal de pavillons, les immeubles sont un peu plus modernes. Mais je sens toujours quelque chose. »
Quelque chose. Le fantôme de la métallurgie.

Il n'y a plus de murs à Paris mais il y a des portes. Il n'y a plus de portes mais il y a des noms de portes. Les mots qui conservent un peu de la chair de cette ville sont des mots frontaliers. Picpus. La Poterne des Peupliers. La Porte de Montempoivre. J'allais chez la sœur de ma tante à la Porte Dorée. J'imaginais des coupoles scintillantes. C'était Bagdad dans ses grands moments.
De Gaulle fut un intramuraliste de premier ordre. Paris, tombé à droite, étant cerné d'une contrée hostile, il eut l'idée de soustraire la capitale à l'infection de ses proches banlieues. Le 10 juillet 1964, la Seine fut dépouillée de toutes ses chairs flottantes de viande rouge. Restaient les bons morceaux, cette entrecôte dégraissée et parée qu'on connaît aujourd'hui, bien séparée politiquement de ce steak haché informe qu'on appelle l'*agglomération* et, pour faire chic, la *petite couronne*. De Gaulle s'était mis d'instinct dans le pas des rois de France, dont l'obsession fut toujours d'empêcher leur bonne ville de grandir et d'avoir de mauvaises fréquentations. La Seine est ainsi devenue le premier département intra muros de l'Histoire de France, et Paris une cité-état bourgeoise et amaigrie, une capitale bonsaï, dont la taille et la forme n'ont pas changé depuis Napoléon III, avec un doge à sa tête qui aboie comme un dogue et qui se fait obéir comme un chef de meute.

Le Paris construit, 7 000 hectares, ce n'est jamais que la surface prévue d'Eurodisneyland multipliée par quatre. Et même un peu moins.

Le rempart le plus abrupt est le dernier en date. Sous le nom bénin de boulevard périphérique, c'est une espèce de circuit Ricard dominé par des tours en carton où se pressent des familles de Maliens et d'autres peuples épris de vitesse. Le périf acheva de dévorer la déjà mythique *ceinture verte*. De bons esprits ont soutenu que l'intention de ses inventeurs était d'améliorer la circulation. Cela se serait su. Comme d'habitude, il s'agit d'un chemin de ronde, inaccessible aux heures de pointe, et d'un ouvrage de défense. « Recouvrir le périf » est d'ailleurs le mot d'ordre de ceux qui rêvent d'un Grand Paris.

Sur la race agonisante des piétons frontaliers, l'ouverture du périphérique a eu l'effet d'un traitement au Baygon vert. Pour une petite bête qui rampe, la proche banlieue n'a jamais été aussi loin. A l'inverse, les proches banlieusards ne viennent plus faire leurs courses aux portes, selon l'usage ancestral. Leurs accès familiers sont devenus des impasses, des rues scalpées, ou alors des autodromes, des échangeurs. Ils se sont repliés sur leurs hypermarchés, promus lieux de vie au passage.

La vocation des transports en Région parisienne (tout a une vocation aujourd'hui, sauf les curés) n'est pas de réunir les gens mais de rendre plus commode l'accès aux bureaux, aux cinémas et au prêt-à-porter.

Tel bourgeois parisien, qui fait six cents kilomètres pour un dîner, n'en ferait jamais six pour voir une pièce : Troisgros n'est qu'à trois heures de TGV, les Amandiers, en revanche, c'est à Perpète-les-Moulineaux.

Chez nous, on dit « aller à Lyon » mais « faire le voyage jusqu'à Asnières ».De vieux banlieusards n'ont mis les pieds à Paris que trois fois. De jeunes banlieusards n'ont jamais vu le VIᵉ arrondissement (quartier dont ils n'ont rien à cirer par ailleurs) : deux petits Africains *rapers* de l'ethnie zouloue ouvraient ainsi des yeux ronds dans la rue de Buci. Les Black Dragons, les Ducky Boys, les Red Warriors et autres maquis d'enfants résument cette ville à la Défense et au Forum. Le métro pour les *homeboys* [1] n'est pas un moyen de transport. C'est un terrain de jeu. Ils se promènent dans un pays à roues parsemé de skins en bosquets.

Le RER a rapproché les lits des machines à écrire et les chéquiers des magasins mais en rien Gennevilliers de Saint-Germain.

---

1. *Homeboy*, banlieusard (« garçon du quartier »), dans le langage des *rapers*.

La géographie n'arrange rien. Pour parler comme une aide-soignante, la ville est assise sur une cuvette au creux d'un bassin. C'est une région de montagne mais enfoncée dans le paysage, une espèce de Suisse qui culmine à 129 mètres au Sacré-Cœur avec, autour d'une plaine intérieure, pas moins de cinq cantons alpestres (*Figure 1*).

Question : qu'a le Parisien du haut de Notre-Dame? Réponse : le Parisien a du haut de Notre-Dame : a) une vue imprenable (ce qui rassure cet assiégé de naissance); b) une vue de Paris. C'est-à-dire que, des sommets de la ville, on découvre surtout la ville. Les fameux toits de Paris, un des plus vastes gisements de zinc à ciel ouvert de la planète [1].

Le Parisien ne voit pas plus loin que Passy, Montmartre, Belleville, Ménilmontant, Sainte-Geneviève, la Butte-aux-Cailles et le bout de son nez – qui n'est pas le pic le moins élevé. Cela fait sept hauteurs en tout, c'est beaucoup quand on se fait passer pour un pays de plaine. Ajoutez-y un ciel sans étoiles, fermé la nuit comme une vulgaire compagnie d'assurances (c'est alors un ciel rouge, voûté, écrasant); puis encore des collines autour de la ville, et des forêts; à ses deux extrémités enfin, la Seine qui fait des boucles et qui clôt la perspective, quand le travail d'une voie d'eau bien éduquée serait de l'ouvrir plutôt, au point qu'on ne sait jamais, avec ce fleuve détricoté, si du méandre une péniche va surgir, ou un drakkar.

Une cité parfaitement conçue pour les raids nordiques.

D'où cet air renfermé, grognon, et cette fragilité des Parisiens qui sont des gens sans horizons. On ne trouve pas ici de salades de plein champ mais des produits de serre. Des variétés hâtives (et même tout le temps pressées). Le Parisien a une mentalité de primeur. C'est un petit navet de printemps : toujours à passer avant tout le monde mais bientôt cuit. Léger, mais friable. Aisément corrompu.

Goûtez du Parisien extra-fin : il fond dans la bouche mais il manque de corps. Il est en outre délicat à transporter. On vient donc le consommer sur place, d'Osaka et d'Issoudun, mais on tombe parfois assez mal. Paris a son côté plaine et son côté montagne. Il est à la fois cosmopolite et xénophobe, cosmophobe et xénopolite, j'invente ces mots pour montrer à quel point c'est pas simple. Son universalisme a je ne sais quoi de provincial, et son chauvinisme est celui d'un peuple de sangs mêlés.

---

1. Inlassablement corrigée par les géomètres, cette ville est secrètement bordélique. Il suffit de la voir du dessus. Ne parlons pas du dedans.

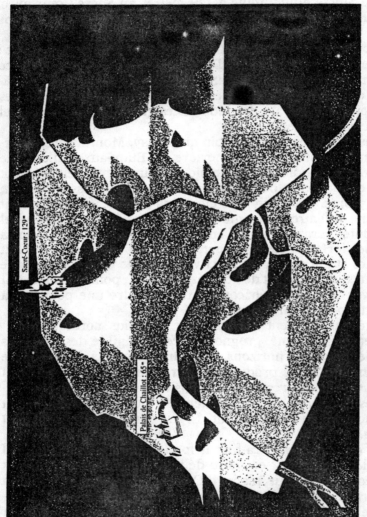

Paris pittoresque - Les alpages en été, vus d'un aéroplane.
On peut distinguer notamment les hauteurs de Montmartre (129 ᵐ)
et celles de Passy (65 ᵐ).

Nous apprécions les créateurs étrangers, mais à condition qu'ils s'installent ici. Au tout-venant des débarquants, nous faisons la gueule en revanche, mais nous savons bien qu'ils sont nos cousins.

Il arrive que le Parisien s'en veuille d'être aussi peu aimable aux visiteurs. C'est en jouant sur les contrastes qu'il avoue le remords de ses fautes. Ainsi, envoyez-le en Anatolie ou dans n'importe quelle puszta, il ira ensuite répétant : « Ah, l'hospitalité poldève! L'accueil qu'on a reçu à Plojnüki! Tu rentres chez eux comme ça! La vieille m'a filé du fromage de brouchnik, un grand saucisson de yak, du vin d'Amoniak, tout ça pour 15 trougnes! » Et ainsi tout l'hiver, avec les diapositives.

On constate par là que le Parisien n'a rien contre le bon accueil, mais seulement en voyage. Il y voit une spécialité exotique. L'hospitalité, c'est comme les objets folkloriques en raphia : il n'en voudrait pas chez lui.

Un petit aéronef de rien du tout survole la capitale (cela s'est vu en 1989) : on déclenche l'alerte rouge. Aperçu de nos jours, le ballon de Gambetta se ferait allumer dans la seconde. Paris ne cesse de trembler pour Paris. Il craint d'être envahi. Il parle de hordes pour les touristes, comme il parlait de touristes pour les Allemands. Il est prêt à lancer ses autobus contre leurs autocars. D'un autre côté, le Parisien n'est pas raciste mais son voisin, si. Celui-ci n'aime pas les gens de couleur sauf le modèle à pois, avec des taches de rousseur. Ce que ces descendants d'Auvergnats métissés à tête de Maure appellent le type européen.

Pour éviter le bruit de bottes des Barbares sous ses fenêtres, Paris a ménagé de longue date des *endroits à touristes*. Le malheur veut que ces endroits à touristes comprennent à peu près tout ce que la ville possède de choses à voir. Aussi le Parisien prend-il grand soin de ne visiter aucun monument. Jamais. Sauf s'il est neuf. Pour pouvoir en causer. Et encore, il ne se dérange que sur invitation. Ou bien : si c'est l'occasion pour lui de faire la queue (sa jouissance) ou d'user d'un passe-droit (son extase). La vérité, c'est qu'il est extrêmement fier de n'avoir mis les pieds nulle part. Entendez : dans ces endroits où se rue le visiteur. Tabou numéro un : le music-hall. Tabou numéro deux : les Champs-Élysées [1]. On a vu des familles quitter la ville dans la nuit parce qu'un des leurs avait été aperçu au Lido. Le Parisien vit

---

1. Depuis un demi-siècle, les Parisiens sont allés trois fois sur les Champs : en 1944 (défilé de Gaulle), en 1989 (défilé de Goude), cet été pour les moissons.

dans la cité comme une vieille logeuse dans un coin de son cinq-pièces. C'est son côté veuve.

Son quant-à-soi n'empêche nullement Paris de faire sa ville ouverte à des moments choisis de l'Histoire de France. A des personnes réputées bien élevées, il est arrivé d'avoir un faible pour les conquérants. C'est à cause du charme insolent des vainqueurs, qui n'appartient qu'à eux. Ceux-ci profitent habituellement des bonnes dispositions des élites pour s'envoyer férocement la capitale par tous les trous. Sans aller pourtant la faire crever : cela ne se fait pas du tout de détruire Paris. On l'enseigne dans les écoles de guerre du monde entier. C'est jugé très bas de gamme.

Ma cité, on notera que j'en parle comme d'un être humain. C'est une habitude ici. Les gens disent : « Paris est terriblement nerveux ce matin » ; « Paris commence à me courir » ; « Paris aime traîner le soir en été » ; « Paris en a marre d'être coincé tous les soirs au volant sous les guichets du Louvre ». Ils ont les mots qu'on aurait pour un conjoint. Ils n'habitent pas cet endroit, ils vivent avec.

Ainsi sont les gens.

L'auteur ne reculant devant aucun lieu commun, sauf quand il a un cliché sous la main, on ajoutera que Paris est un terminus. Du point de vue d'un chef de gare, cette ville est la fin de tout. Par voie de conséquence, un raté qui s'y installe est quand même, d'une certaine façon, arrivé. En outre, c'est la seule ville du pays où l'on monte d'où qu'on vienne. Aussi le raté s'épanouit-il à Paris, comme nulle part ailleurs. Il s'acclimate, il mène un certain train. Il vieillit bien. Il prend de l'arôme et de la couleur. Un jour, le voici devenu une silhouette familière, un personnage, une figure. Bref, il réussit. Et comme un raté qui réussit, c'est illogique, il n'y a pas de ratés à Paris.

Il n'y a guère non plus d'Albanais.

Une ville où l'on monte et où tout le monde descend, la psychologie ferroviaire enseigne que ça vous fait une mentalité. Dans la vie, expliquent les vieux sages qu'on rencontre dans les gares de triage, il y a deux sortes de terminus : les *trous du cul du monde* et les *villes lumière*. Le lecteur devinera le rôle que Paris s'est donné. En dépit de nombreux déboires, les gens d'ici restent persuadés que les plus belles fines de claire, la crème des Corréziens, le meilleur des Bretons, les élites de Bastia et d'Hendaye, le roquefort le plus onctueux, les plus grandes amoureuses de la plaine hongroise et la fleur des poètes cévenols sont offerts en tribut à leur cité et que rien n'en sortira qu'elle n'ait d'abord goûté,

sucé, digéré, classé, vanté et doté d'un label. C'est d'une préten-
tion d'autant plus insupportable que c'est souvent vrai.Assez
souvent. Pas mal de fois.Cette ville est un estomac, une araignée
de jardin dans sa toile.

C'est aussi une travailleuse à façon. Elle importe de la lavan-
dière du Portugal, du cousin de province et du Ouolof, du lapin et
du bac avec mention. Elle en fait de la gardienne d'immeuble, du
flic et du Black, de la terrine de gibier et de l'énarque, tout cela
réservé en général à sa consommation. Mais la capitale se charge
également d'expédier vers les provinces du prêt-à-porter, du Prix
Goncourt, du phénomène de société, de la polémique de salon, du
mot d'esprit, de l'auteur absent de Paris, de la politique politi-
cienne et du retraité des postes. Elle sélectionne les talents en
herbe dans le Haut Doubs et elle en fait du blé en arrosant la
presse. Cette terre de maraîchers est aussi une mûrisserie de
bananes et un pays d'embouche.

Sitôt qu'il a plu, les journalistes parisiens sortent de la ville et
s'égaillent dans les forêts. Ils ramassent les plus beaux sujets de
reportage et les revendent, salés ou fumés, à nos étals.

Nous travaillons aussi à la commission. La capitale fait venir de
Corée des articles de Paris qu'elle revend aux Japonais.

LES NATURELS, DE LOIN

Promenade sous les remparts – Les richesses de l'Empire – Le Prix Parisien – Nos ancêtres les jeunes cadres – Le Pays, aller et retour – Le Vrai Chic Parisien – Économie de haute montagne – Mourir pour l'Arrondissement – Un microclimat sous le cercle polaire – Quart d'heure colonial dans la capitale de l'Empire – L'Heure de Pointe ou le plaisir dans l'esclavage – L'art de la dispute : pour une esthétique du ressentiment – Une ville qui se croit – Le Kilomètre Zéro.

La promenade du Parisien le conduit sous les remparts.

Ses ancêtres allaient derrière les fortifications pour jeter leur gourme et leurs pots cassés. Ce qui reste de l'époque, ce sont les Puces, des endroits excessivement mondains où il y a des fourgues déguisés en biffins et des antiquaires camouflés en brocs : patentés ou non, toute la hiérarchie des voleurs. Lesté d'un chiffonnier en bois de rose, d'un gilet de grand-père et d'une carcasse de Lambretta, ayant mangé des frites et songé à Django Reinhardt, le Parisien traverse maintenant une zone où la coutume veut qu'il ne s'arrête jamais, dont il sait seulement qu'on peut y jouer au petit foot dans les cafés, qu'il y a là des clubs de handball et des bandes de jeunes. Les maisons s'espacent. Le voici aux marches de l'Empire, où les gens parlent sa langue mais avec d'autres mots, où il doit composer le 16 pour appeler chez lui.

Cela fait un choc.

Notre montagnard n'est pas au bout de ses surprises. L'horizon se desserre à une vitesse imprévue. La campagne est donc si près des villes ? Cela met notre Parisien dans des états pas possibles. Il respire la merde d'animal à pleins poumons. Il s'interroge sur le nom des plantes arbustives. Il est étonné de découvrir qu'à trente minutes de chez lui s'ébattent dans la friche des poulets non vidés.

Il explique à ses enfants que, dans les provinces de l'Empire, les volailles naissent avec des foies de volailles [1].

De paix comme de guerre, en somme par tous les temps, le Parisien va surtout à la campagne pour chercher son jambon. Il fut longtemps tout décontenancé d'y payer 60 francs pour un repas radis beurre, terrine sur table, sauté aux coquillettes, fromage et dessert et vous auriez vu les portions [2]. C'est pour le mettre à l'aise que les artisans, les aubergistes et les commerces de bouche ont inventé ce hobby provincial : le prix parisien. Les prix parisiens se pratiquent désormais dans la France entière, seul ou en équipe. C'est aujourd'hui un sport de masse. Il ne demande aucun entraînement particulier [3].

Depuis les années 50, l'Ile-de-France s'est spécialisée dans la production et la mise sur le marché des jeunes cadres. Le jeune cadre est bientôt devenu le produit phare de la région. Quand la bourgeoisie n'a plus suffi à fournir le matériau, on a pris du boursier, du recyclé. A peine sorti d'usine, tout ce petit monde s'est égaillé. Le besoin pressant lui est venu d'avoir une fermette, sorte de ferme-enfant apprivoisée, avec de petits carreaux aux fenêtres. Le paysage s'encombra de tondeuses et de pressoirs retapés mais humides. Ce fut un nouveau débouché pour les surplus parisiens, essentiellement constitués de services de presse, de romans de Troyat et de cadeaux de mariage en double. Le négoce suburbain y trouva son compte lui aussi : le marchand de ferraille écrivit brocanteur à la porte. On vida les greniers pour emplir les maisons. Le bol dépareillé s'arracha, et le porte-cannes en rotin. On eut son broc comme on avait son boucher. C'est alors que les Parisiens inventèrent le Pays.

Le Pays n'est pas la Nation. C'est un continent imaginaire où l'on rencontre du vin de pays, du jambon de pays, de l'agneau de pays et des gens du pays qui ont l'air sortis d'une dictée.

Vue de Paris, la campagne ressembla bientôt à un panier garni.

Un beau matin, en fait un matin pluvieux, le Parisien s'est lassé d'aller dans sa maison pour l'aérer, comme on sort son chien. Il est alors devenu totalement *rurbain*, il s'est installé dans un hameau pour cadres au bout du RER. Ou encore il a décidé de ne plus sortir de la capitale, s'étant inventé de nouveaux jeux captivants, comme de faire tenir un doberman dans une kitchenette, ou de

---

1. Nous avons cependant chez nous des abeilles, des coccinelles et des papillons, des fouines, des hérissons et des mulots, des faucons crécerelles, des mouettes et des goélands ; des milliers d'espèces végétales, dont le sisymbre, le buddleia et le panais urticant. Comme les réserves du Louvre, toutes ces merveilles sont rarement exposées.

2. Mon étonnement dans un Routier de Carteret : « Ça, c'est l'*ouverture*. Après je vous apporte les entrées. »

3. Le Parisien répliqua bientôt avec le redoutable *R.Q.P.* (Rapport Qualité Prix). Le Rapport Qualité Prix se divise lui-même en *C.P.D.C.L.V.* (C'est Pas Donné mais Ça Les Vaut) et en *P.L.P.T.J.M.* (Pour Le prix T'auras Jamais Mieux).

cultiver du chanvre indien (plus tard du basilic) sur son balcon. Le développement des autoroutes a définitivement retranché le Parisien du paysage. Quand il sort de la ville, il n'a plus d'étapes mais un but.

Le Pays, la fermette et les prés ont ainsi passé de mode. Il n'y en eut que pour les capitales, les villes nouvelles, les sports de glisse et les plantes en tissu. A l'exception notable des étendues marines, où les navigateurs solitaires se pressent en foule, il est du meilleur ton, aujourd'hui, que la nature angoisse.

Des signes laissent cependant présager un retour aux valeurs rurales, avec leur cortège d'atrocités.

Quand l'habitant de Paris a besoin, le dimanche à 15 heures, d'un pacemaker ou d'un paquet de cigarettes, il lui faut lancer des SOS plus déchirants que ceux d'un gardien de phare. L'image tombe plutôt bien : en plus d'être un montagnard, le Parisien est un insulaire. C'est inscrit dans son cerveau reptilien. D'ailleurs, il n'a jamais rien vu. Le moindre concert de rock irlandais allumé, la venue au Carlton d'un quelconque *dernier géant de Hollywood* (il y en a plusieurs), ou d'une vieille star de la pop music, cela lui procure le même effet qu'une tournée de *Holiday on Ice* à Trifouillis-sur-Schnoque. Cette cité a quelque chose de plouc. Un côté Vrai Chic parisien. La carte d'un café célèbre a longtemps porté cette mention navrante : « rendez-vous de l'élite intellectuelle ». Ailleurs, c'est « bar littéraire » qu'on inscrit. La capitale découvre ainsi ce qu'on savait à Châteauroux : que la France n'est plus qu'une tache sur la carte du monde, et Paris un point. Néanmoins le Parisien s'efforce, accordé à la devise de sa ville, de fluctuer sans mergiter. Et fluctuer, il sait faire. En bon insulaire, il s'enflamme pour le *dernier bateau*. Ne pas confondre avec *les gens qui débarquent*, lesquels sont objets de moquerie.

Il n'y a qu'aux yeux des étrangers que Paris est une ville. Pour le Parisien, on l'a vu, c'est une contrée mal explorée. Même aujourd'hui, où les fameux *villages* se réduisent à des enclaves, à des pâtés entre deux coups de pelle, comme ces petits tas de poussière qu'on n'en finit jamais de ramasser à la balayette, l'indigène vit retranché [1]. D'un même mouvement, il voit en Paris le milieu du monde, avec ses palais, ses stars, ses collections d'automne, et son quartier comme un bourg de l'Ardèche, avec ses cafés, sa pauvresse et son idiot. Il va chez Lenôtre mais il a aussi son pâtissier. Il suffit cependant qu'il déménage pour recommencer un peu plus

---

1. Bien sûr, les Parisiens déménagent beaucoup, de gré ou de force (en moyenne tous les cinq ans), mais 23 % d'entre eux occupent leur logement actuel depuis au moins vingt ans. S'ils ont à changer, 62 % souhaitent ne pas quitter l'arrondissement (Sondage IPSOS, *Le Monde*, RTL, mars 1989).

loin ce cinéma : il a le terroir ambulant. Paris est ainsi plein d'habitués qui changent de restaurants d'habitués. Il faut environ 2 h 38′ pour faire d'un nouveau locataire un « amoureux de ce quartier ».

On me dira : il n'y a rien d'autre que des quartiers à Paris. Comment savoir si on est à Paris-Paris ou dans un quartier de Paris ? C'est assez simple : au contraire de Paris-Paris, le quartier de Paris est bourré de *coins*. Les rues n'y ont d'autre usage que de se rendre d'un coin à un autre. On distingue l'Arabe du coin, le café du coin et le dernier boulanger ouvert dans le coin.

Le Parisien peut avoir l'esprit de clocher jusqu'à la férocité. Vous rencontrerez dans les stations d'altitude des gens du cru enracinés comme des Jurassiens. C'est tout juste si les vieux Montmartrois ne réclament pas une aide spéciale à l'économie de haute montagne. Après tout, s'ils ne fabriquent pas des fromages, ils produisent au moins des croûtes, et ils font leur beurre après la traite des Japonais.

Il y a des maisons là-haut qui ressemblent à des carillons. On s'attend à y rencontrer des petits nains qui fabriquent des jouets pendant les froids.

Sur l'autre rive, subsistent également des indigènes fanatisés, le genre *Gardarem lou Balzar*. Le vieux Germanopratin est d'une espèce redoutable. Il marche à petits pas sur la rive gauche, avec son pain et son journal, sans un regard pour les provinces du Nord. C'est en général un petit retraité aisé, du monde des soiffards et des lettres, doublé d'un folkloriste et compliqué d'un mystique. On le devine à peu près capable de mourir pour l'Arrondissement. « Le VIᵉ possède une façade maritime, la Seine, qu'on ne traverse jamais sans éprouver l'impression de se lancer dans une aventure » (Jean Cau). « Aussitôt après le bac, je suis entré en 6ᵉ (arrondissement) et, malgré quelques anicroches, je ne l'ai guère quitté » (Claude Roy). « Un changement de quartier aurait à mes yeux l'importance d'une conversion » (Jean-Marie Rouart). Dans son village d'adoption, Edmonde Charles-Roux mène une existence particulièrement exaltante : « Je vis à Paris dans un tout petit périmètre : huit minutes de chez moi à Grasset, quatre de Grasset au Twickenham [1]. »

On notera que le Germanopratin d'élevage est un gibier à plume. Dans ce quartier, quand vous n'êtes pas chemisier, c'est que vous êtes éditeur.

Bernard-Henri Lévy trouve ici son nécessaire.

---

1. *L'Express Paris*, 19 mai 1989.

Le plan étoilé des voies de communication aux sorties de la ville rend hasardeux les voyages dans l'Empire [1]. Une erreur au départ entre deux autoroutes ou deux quais, vous voilà à Marseille au lieu de Saint-Jean-de-Luz. Paris est une ville où il vaut mieux ne pas s'endormir au volant. D'ailleurs, très vite, sorti de l'intra de ses muros, le Parisien éternue. Il frissonne. Il réclame son Viandox. C'est que, chez lui, c'est mieux chauffé. Quatre degrés au-dessus de la moyenne nationale : par 48°5 de latitude Nord, on mesure l'exploit. Le chauffage urbain et la pollution ont eu cette vertu que la température s'est élevée de 2 degrés en un siècle. Son micro-climat accentue l'impression que cette ville est sous cloche.

La neige ne tombe pas à Paris : elle fond. Nous avons ici de la neige conceptuelle. Elle passe sans transition de l'état gazeux à la consistance de la gadoue. Entre les deux : rien. Les enfants de Paris font des batailles de boules de boue.

Pareil pour le brouillard. Il est à peu près inconnu. A Paris, l'Éventreur monte dans les étages. M. le Maudit n'est point de chez nous : la ville n'appartient pas au versant nocturne de l'Europe. C'est d'ailleurs une capitale plutôt bien éclairée, sans trop de coins d'ombre, et mal conçue pour les déviations sexuelles. Nos exhibitionnistes sont des gens en vue. Les petites filles du lycée Montaigne avaient leur *flasher* attitré dans les années 70. Il arpentait le Luxembourg. Elles l'appelaient Glinglin.

Mais nous avons des ondées superbes, des giboulées de rêve. Il y a tout un art de l'averse à Paris.

La canicule est aussi rare que les grands froids. Bref, c'est une ville tempérée jusqu'à l'outrance. C'est la douceur angevine sans la rillette. Il faut avoir vu les rives de la Seine passées au brumisateur, transformées en poudre d'or ou réduites en cendre bleue, et l'horizon froissé comme une aile de papillon : il y a là de quoi faire de vous un très mauvais poète.

Mal préparé aux sautes de température, le Parisien est un enfant gâté. Dans le genre nordique, il est ce qu'il y a de plus dévoyé. Si le moindre coup de gelée le jette aux abris, la première fournaise le pousse aux extravagances. Il se baigne dans les fontaines et se dénude dans les jardins. Il pique-nique sous le nez des huissiers du Sénat et se dévergonde sous l'œil des mateurs du quai des Tuileries. Les balcons sont des Éden Roc en miniature. Des enclos clandestins fleurissent parmi les antennes, au pied des cheminées, sur le moindre entrepôt. Ce sont nos jardins suspendus. On a les Babylone qu'on peut. Il y a même, sur le toit de l'Opéra, une ruche.

Les cafetiers abattent leurs vitrines à coups de masse, ils sortent

---

1. Ces tracés en étoile se retrouvent dans la plupart des quartiers de Paris. Ils nous valent une spécialité que les New-Yorkais envient : le *triangle*. Nous avons toute espèce de triangles à portée de main : triangle d'or, de la folie, des hôpitaux, de la drogue, de Choisy. Il s'en crée de nouveaux tous les ans.

leurs guéridons en terrasse et arborent aussitôt leurs fameux *prix en terrasse*. Des tables sont installées sur les trottoirs au monde les plus étroits, avec toujours un pied qui cloche, qu'on cale avec un sous-bock. Le confort est celui d'une cabane de chantier, sans l'avantage des murs ni du toit. Des clients huppés les prennent d'assaut sous un soleil accueillant comme un lance-flammes. Ils ne supportent pas un parfum de patchouli sur leur baby-sitter mais ils dégustent leur saint-pierre à l'oseille parmi les gaz qui s'échappent et les chiens qui fuient.

Partout, le roulement des barils de bière et l'éclosion des parasols. Des corsages se dégrafent sans bruit. Quelques concierges (d'un genre classé parce qu'elles ont connu le cordon) suivent l'ancienne coutume de poser leur chaise près du portail. Les pot-au-feu se métamorphosent en carpaccio, on met en perce de grosses vaches pour en sortir des tonnes de steak tartare et, dans l'espace d'une heure, les filles en pull de Terre-Neuvas se retrouvent en robe de coton. On n'a jamais surpris la façon dont elles s'y prenaient, entre la dernière pluie et le premier rayon, si elles balançaient leurs doudounes dans le caniveau ou quoi ou qu'est-ce, si elles avaient des vestiaires dans les toilettes des cafés. C'est l'un des derniers mystères de Paris, une ville où l'hiver et l'été sont réversibles comme des anoraks.

A ces moments-là, comme on dit, Paris est une fête. Il peut aller jusqu'à s'offrir une émeute ou, à la limite, un feu d'artifice : parmi les capitales situées juste au-dessous du cercle polaire, il y en a peu où l'on aime aller dehors à ce point. A part quoi, les gens d'ici sont loin d'être exubérants. Leur façon habituelle de montrer qu'ils sont contents, c'est d'aller faire la queue quelque part avec enthousiasme. A quelle hauteur ils portent leur amour de la queue, on ne le dira jamais assez.

Même là pourtant, dans des circonstances aussi agréables qu'une belle file d'attente de trois kilomètres, ils ont souvent l'air de faire la tronche.

La mauvaise humeur de ses habitants est l'une des attractions de la capitale. Les touristes rentrent chez eux bourrés d'anecdotes à son sujet. Aussi est-elle soigneusement entretenue, essayée tous les jours. Les restaurants ne servent plus ou pas encore, les marchands de journaux ne sont pas des bureaux de renseignements et les taxis rentrent au dépôt : il s'agit à tout prix d'éviter que les Parisiens s'adonnent à la relaxation. L'examen minutieux des archives photographiques révèle qu'ils ne sont jamais follement gais plus d'une fois par an. Une exception, en 1944, quand ils ont acclamé Pétain puis de Gaulle à quatre mois d'intervalle.

Il faut dire que c'était farce.

Dans le métro, leur conduite est plus subtile. L'étranger les sent rogues et crispés. En quoi il se trompe. La renfrognerie, cet air complètement atterré qu'ils ont parfois, est l'expression de leur paix intérieure. Le Parisien dans le métro est un ascète. Il est capable de vivre en apnée et même, porté par la masse humaine, de léviter. Airatépisé jusqu'au trognon, il endure les pires souffrances et accouche de ses tripes avec un flegme parfait. Il peut écouter sans mot dire, pour la 43ᵉ fois, *Times are a'changing*, harmoniqué par un faux Amerloque qui, de surcroît, l'engueule quand il n'a pas l'air carrément emballé (« *Thank you, brothers a'sisters* et un petit sourire pour la musique, ça ne coûterait pas plus cher. Yo. ») Le musico peut bien se pointer avec cette espèce de gégène qu'il appelle un ampli, le Parisien-dans-le-Métro demeure impassible. Il remercie Dieu de lui envoyer toutes ces épreuves pour fortifier sa foi. Les stations défilent, ce sont celles d'un chemin de croix. On s'entasse à mesure. Des bébés bleuissent et des nains périssent. Les corps se nouent comme des vipères. Des queues s'enfripponnent à des fesses étrangères. Tout en commun qu'ils soient, l'usager connaît alors les plus grands transports. Loué soit Ton nom, Seigneur. Tu m'as donné la grâce d'habiter Paris, en échange de quoi je Te dédie ce nez qui traîne dans mon oreille. Gloire à Toi, mon Très Haut, et pardonne-moi s'il faut que je Te laisse car voici l'inévitable Type-En-Trop. Aïe, ce n'est pas *vrai*, cette grosse baleine ne va pas essayer de monter. Mais *si*, qu'il ose. Il s'accroche à deux mains. Il pousse avec son monstrueux cul. Ah, sainte Geneviève, merci de m'accueillir au banquet des martyrs, ce cachalot m'étouffe, encore, comme c'est bon.

De cet assemblage de chairs brûlantes, on entend monter des rires de jeunes filles et le bruit mat des côtes qui s'effritent. Quelques-uns vont jusqu'à plaisanter. Cette indifférence joviale avec laquelle on accueille le Type-En-Trop m'a souvent surpris. Il y a là quelque chose de l'extase dans la fosse aux lions et de la joie perverse du masochiste. Une sorte de cynisme aussi, le plaisir sardonique qu'a l'usager à se dire : « Putain, ce qu'on peut supporter. »

Il en fait un trait de supériorité. L'Heure de Pointe revêt à Paris une signification sacrée. On la traite avec respect. On s'y rue volontiers. Que l'Heure de Pointe soit encore plus horaire et plus pointue : plus barbare.

Pour qu'une Heure de Pointe soit vraiment réussie, le Parisien sait qu'il faut venir nombreux.

L'usager ne s'use pas. J'ai vu des voyageurs chanter dans les grèves et rire dans les supplices. Ils ne sont vraiment ronchons qu'aux heures creuses. Leur héroïsme minuscule, c'est un peu comme s'ils tendaient la main aux grands aînés du siège de 1870, qui se régalaient avec des rates de rats. Il y a un fatalisme des Parisiens, qui tient au ressac dans leur mémoire de tout un passé de contrariétés. Ils font la queue pour l'expo Gauguin comme ils ont si souvent fait la queue pour le biftèque. A cette différence près qu'ils avaient une chance de voir le biftèque. Puis c'est devenu un privilège d'habiter ici : le reste passe bien après, aux yeux des groupies de l'endroit.

Parmi les articles de Paris, on recense les parfums de Paris, les souvenirs de Paris, les archevêques de Paris et les embarras de Paris : une spécialité parmi d'autres, rien de plus. Le Parisien adore qu'on lui dise que sa vie n'est pas une vie. Il se flatte de son endurance. C'est un peuple versatile et spartiate à la fois. Lors d'une grève récente, dans l'unique rame du soir où il y avait environ 5 320 Types-en-Trop sans compter les Dames-en-Excédent, j'ai entendu quelques hommes mûrs, entre deux suffocations, échanger gaiement leurs souvenirs de vieux airatépisés : « Là encore, c'est rien, vous vous souvenez 80 ? – Et 78, j'ai cru crever – Ah, c'était autre chose. » Et de rire à pleins poumons qui, d'ailleurs, leur sortaient par la bouche.

En voiture, le Parisien devient méchant au contraire. Il n'a de la tenue que dans les déplacements collectifs, c'est une leçon à méditer pour la jeunesse.

Parfois, nous gouaillons. Il y va de notre réputation. La gouaille du Parisien, vous trouvez cela dans tous les manuels. Le fameux Titi. Le réputé Gavroche. D'où l'humour flamboyant que l'on sait. Après des années d'enquête sur le terrain, les folkloristes ont recensé trois blagues parisiennes vraiment authentiques, ce qui met ce florilège à la portée de tous :

– Alors, tu la craches, ta pastille Valda ? (1re blague) ;
– Garçon, la soustraction (2e blague).
– Attention, ça repousse pas (3e blague).

Les disputes sont plus variées. Le Parisien a développé un art de la querelle qui remonte à la Fronde et même aux âges farouches. Une agressivité sans objet l'habite. C'est là quelque part, ça court sous sa peau. Ses nerfs se mettent en boule d'une façon mécanique. Il se sent une hargne prête à l'emploi, tel du café soluble. Il s'emballe très vite et manie alors des insultes à ce point disproportionnées aux circonstances qu'elles en deviennent abstraites. Ses mots dépassent sans aucune visibilité sa pensée.

Les disputes parisiennes sont de cinq types principaux : la querelle au volant, la querelle de voisinage, la querelle au guichet de la Poste, la querelle d'architecture (tout projet nouveau suscite des débordements de haine), la querelle totalement gratuite qui, de loin, est la plus pratiquée. Voici un exemple de querelle totalement gratuite relevée sous abri à 10 h 32, le 12 juin 1989, chez une marchande de journaux du quartier des Abbesses :

La cliente : – Pardon, madame, je ne vois pas *Travaux d'Aiguille*. Vous ne l'avez pas reçu?
La marchande : – Non, madame.
La cliente : – Mais qu'est-ce qui se passe? Je le prends ici tous les mois.
La marchande : – Il ne faut pas s'énerver comme cela, madame.
La cliente : – Mais c'est vous qui vous énervez, madame.
La marchande : – Ne me parlez pas sur ce ton, *s'il vous plaît*.
La cliente : – Mais dites donc!
La marchande : – ALLEZ VOUS FAIRE ENCULER. (La cliente sort.)
La marchande (aussitôt apaisée, à un client qui assistait à la scène) : – Oh, mais les gens, je ne sais pas ce qu'ils ont en ce moment, ils sont d'une impolitesse.
Le client : – Paris est très nerveux ces temps-ci.

A noter : c'est la cliente qu'on juge impolie. Ce point est essentiel. Le Parisien en colère n'a rien d'un Robin des Villes. Les justes causes l'ennuient. Il ne trouve son plaisir que dans la mauvaise foi. Il ne prend vraiment de coup de sang que s'il est dans son tort (ce qui lui arrive trente fois par jour) et ne laisse jamais impunie une observation méritée. Faites-lui discrètement remarquer qu'il est passé devant vous (incident familier dans la Queue parisienne) ou qu'il pourrait se serrer un peu contre le trottoir (selon le folklore traditionnel du Livreur parisien) : le voici ivre de rage.

On voit par là que la querelle parisienne est une fiction. Elle ignore le principe de causalité, méprise toute logique et défie la morale. C'est une création de l'esprit. Son domaine est l'esthétique. Ici, quand vous prenez un coup de latte dans la gueule, c'est encore de l'art.

Aux yeux des Français, Paris est le voisin du dessus qui fait du bruit après 22 heures. Le pays s'est résigné à ce que ce soit toujours sa capitale qui aille au bal tandis qu'il nettoie les casseroles. Tiens, ce sont les gens du XVIᵉ qui donnent encore une fête, soupire-t-il en essayant de s'endormir.

Il paraît que 60 % des œuvres tournées en France montrent des vues de la capitale. C'est d'ailleurs la ville au monde la plus filmée, le seul endroit où, sans avoir à construire de décors, une scène peut se dérouler en 1516, 1789, 1830, 1914, 1936 et ainsi de suite, jusqu'au quartier de la Défense.

Il est une fois pour toutes admis qu'ici, c'est « la plus belle ville de la terre », avec des mensurations parfaites, le port d'Edwige Feuillère et l'accent d'Arletty. Il y aurait à dire sur le lifting et le maquillage mais on ne va pas organiser des concours de beauté tous les ans.

Les capitales ont autre chose à foutre.

Bref, Paris se croit. Chaque fois qu'on lui parle de déclin, ma cité se lance dans la fuite en avant. Elle exhibe « sa vocation internationale », elle drague les hommes d'affaires dans la rue. Elle inaugure des arches et ouvre des bars à sushi.

Ce pays n'était pas fini qu'elle se prenait déjà pour la France. Aujourd'hui que la France est une puissance du troisième rang et que les chefs-lieux se font appeler des métropoles, Paris change de créneau. Elle se voit « capitale de l'Europe ». Vous verrez qu'elle y arrivera, cette putain de cité. Bon, bon, t'es capitale de l'Europe, vont bougonner les autres. C'est déjà l'agglomération où, dit-on, les diplomates et les congrès sont les plus nombreux.

Paris est la capitale qui enfle quand la nation rapetisse.

Qu'elle perde des citoyens tous les ans n'y change rien. Elle s'est toujours sentie quelque chose comme la maîtresse du monde. Cela s'appelle de la paranoïa. Celle-ci déteint sur les habitants. Ces gens du Nord, quasi frontaliers du Hainaut, qui se nourrissent d'endives et de frites en s'abreuvant d'histoires belges, sont intimement convaincus d'être installés au cœur de la nation, alors qu'ils sont logés tout en haut. Rien n'arrive à les persuader que Francfort est plus près que Bordeaux [1]. Quant à Tourcoing, c'est au diable, du côté de Reykjavik.

Les Parisiens qui sont allés jusqu'à Tourcoing donnent des conférences à Pleyel.

Paris est fier d'abriter le kilomètre zéro. On vient l'admirer du monde entier sur le parvis de Notre-Dame (beaucoup de gens en profitent pour visiter notre cathédrale, par là devenue très populaire).

Étalon du centralisme, le kilomètre zéro a été conçu pour indiquer aux Français qu'on peut se rendre partout en s'en allant d'ici mais que, venu d'ailleurs, on ne saurait aller plus loin. Comment peut-on avoir envie de bouger, dites-moi, quand on habite à zéro kilomètre ? Au kilomètre zéro, c'est là où Paris dépasse les bornes.

---

1. D'où leur étonnement, chaque fois qu'une guerre éclate, d'être bientôt menacés d'une invasion : *l'étranger est donc si près ?*

LES HABITUÉS

M. Robert prendra comme d'habitude – Le bistrot parisien : étude topographique – Où l'on découvre ce type indigène : l'Ami d'ami et cette curiosité locale : l'Endroit à la mode – M. André, sa haine des légumes – M. André est un touche-à-rien – Où l'on surprend le rite singulier de la Tarte aux Pommes – Questions de protocole – M. André fait des travaux – La star au bistrot – Premiers conseils au débarquant – Allégorie du Parisianisme Humilié *– Jeannette a ses têtes – Le bistrot parisien : étude géopolitique – Où M. Robert se laisse aller.*

La femme de M. Robert est partie en emmenant les enfants ou en les lui laissant, je ne sais plus très bien, en tout cas un sale coup. C'est de la vieille histoire. La preuve : M. Robert est au rouge, une rareté. Tout le monde s'est mis à la bière ici. La petite côte, ça vous date un chagrin. Ça vous coupe de la jeunesse. Vous n'intéressez pas les milieux publicitaires.

M. Robert s'en moque. Ses seuls regards un peu vifs sont pour les autres pochetrons. Ce n'est plus qu'un gros foie doué d'intelligence. Il a ses habitudes à L'Œuf qui pond mais il pourrait s'agir de n'importe quel rade à Mourmansk.

La maçonnerie compte trois obédiences, le communisme est en loques, la chrétienté divisée. La biture est la dernière église universelle.

Son secret : ne pas croire au salut.

Par intervalles, Robert élève de vives protestations contre les enculés, au sens large :

– C't' enculé.

– C'est ça, rétorque Jean-Claude assez froidement : un comptoir à Paris, ce n'est pas comme dans les films américains, le barman n'a rien d'un confesseur. Il est surtout là pour éponger le zinc et l'oseille.

Au bar, en plus de M. Robert, il y a trois habitués : le marchand de vélos (en salopette) et deux jeunes flics en civil du commissariat d'à côté (reconnaissables à leur air comme tout le monde). Jean-Claude transvase des flacons à moitié vides et sans étiquette dans des bouteilles à moitié pleines et anonymes. Il devine ma présence sans lever les yeux. « Ils sont déjà au fond », me prévient-il. Mes amis. « Ils n'ont pas touché le fond, ajoute Jean-Claude. Attention : c'est pas c'que j'veux dire. »

Il y a deux salles à L'Œuf qui Pond : *Sur le devant* et *Au fond*. Sur le devant : dix tables où l'on trouve, selon les heures, à boire ou à manger; le zinc et ses tabourets; un flipper. Une simple marche entre deux piliers brunis conduit aux douze tables du fond. C'est la « partie seulement restaurant ». Une porte donne accès à l'office puis au téléphone et aux vécés tout au bout. C'est l'entrée des Enfers. Parfois s'y montre en fin de service la tête ruisselante d'un cuistot aux allures de soutier, ou celle d'une vieille plongeuse à la chair étuvée et au regard d'esclave.

Au fond du fond s'aperçoit une porte mystérieuse que nul ne doit ouvrir, jamais comme dans les contes.

Je n'oublierai pas mon arrivée ici, *au fond*. Il y a bien dix ans de cela. Je n'ai aperçu d'abord que des silhouettes qui s'agitaient. Le brouillard et le brouhaha semblaient de la même étoffe. On avait l'impression d'avoir à jouer des coudes pour se frayer un chemin au milieu du vacarme. L'air pesait des kilos. La fumée était si lourde qu'elle ne parvenait pas à faire des volutes à la façon de ses consœurs mieux douées. C'était une fumée impotente, alourdie de mauvaise graisse. Une odeur de friture et d'oignon stagnait au niveau du plafond et l'on croyait pouvoir la palper comme on pensait toucher le bruit. Bref, la confusion des sens.

Un endroit magique.

Imaginez un sauna qui ne serait point chauffé au bois mais au boudin grillé. A ouvrir la bouche, on tombait cardiaque.

Ce jour-là, j'ai battu en retraite. Enfin, j'eus le mérite d'essayer : une espèce d'imprécatrice s'est dressée devant moi, rougie par la fournaise et fumée comme un saumon, le cheveu noir et barbelé, la bouche sardonique, l'œil carbonisé, dix assiettes sales sur le bras droit et un vieux plat de frites dans la main gauche. Sa voix résonna dans la nuée telle une corne de brume. « C'est ça, allez donc sur LE DEVANT! a-t-elle trompetté. Si vous aimez A CE POINT manger dans les COURANTS D'AIR ! » Elle s'appelait Jeannette. Son mépris m'a cloué au sol. J'ai su que ma place était ici, dans les eaux grasses de cet Achéron pur porc, ultime rempart de la vieille chrétienté contre la menace d'une vie enfin heureuse et saine et diététique.

Là où il y a du monde, les Parisiens viennent en foule. Ce qui fait le succès d'un *endroit*, c'est qu'il a du succès. Les adresses se chuchotent au mégaphone. Bientôt, les happy few se recrutent dans l'annuaire. Ils piétinent, bousculés par les serveurs pour le privilège de manger, le plus souvent, des lamelles de nourritures minces et fades comme des hosties. C'est sans doute qu'il s'agit d'une communion. On se demande, ce bistrot, ce qu'ils peuvent y trouver. Il vaut mieux se demander ce qu'ils y cherchent. Les Parisiens ne veulent pas se sentir bien, ils veulent être ensemble et leur plus grand plaisir est de se rendre en même temps au même endroit. C'est leur secret pour assurer la réussite des boîtes et des révolutions.

Ils désirent aller là, et pas ailleurs, dans ce lieu où une poignée d'aventuriers est venue en des temps mythologiques (peut-être avant-hier) planter un bâton au milieu du désert et clamer à la face du ciel et des poivrots stupéfaits : « Cet endroit sera à la mode, on y verra la Dalle et Gaultier. » On les y verra en effet : ce sont les amis d'un ami du gérant. Ensuite, par le copain d'un journaliste, on obtiendra des chroniques : « Béatrice Dalle se restaure parfois ici d'un merlan en colère et Jean-Paul Gaultier y a ses habitudes. » Je dis Dalle et Gaultier, mais ce peut être n'importe quelle célébrité à la pointe de l'avant-garde comme Robert Lamoureux ou Pierre Mondy. Jacques Berto. A Paris, c'est comme dans les hôtels de province, avec la chambre de l'Empereur. Qu'un jour de pluie, Catherine Deneuve soit entrée pour manger des bulots, cela donnera : « Ici, c'est un peu la cantine des stars. Vous ne serez pas surpris d'y voir Deneuve se régaler de fruits de mer. » Il en allait ainsi, déjà, à Saint-Germain : on y comptait encore, dans les années 70, à peu près 4 000 endroits « hantés par les fantômes de Boris Vian et d'Anne-Marie Casalis ».

Avec les caves de Saint-Germain, par ailleurs, nous avons découvert le bonheur dans l'entassement et le plaisir dans les ténèbres. *Sortir*, depuis, c'est rechercher une ambiance de blitz en temps de paix.

L'Œuf qui Pond, c'est autre chose. On y fait la queue mais l'adresse n'est pas courue. Elle est marchée : les gens du quartier seuls en connaissent le chemin. Tous savent qu'à s'y goinfrer, ils vont bientôt mourir. Ils échangent des regards de condamnés. Dans un dernier sursaut, ils s'efforcent d'abuser avec modération.

André, le patron, voue une haine implacable aux légumes frais. La salade lui donne des convulsions. Aux mots de « cuisine légère », il est fou de rage. L'idée ne l'a jamais effleuré qu'il pût y avoir des saisons et que la terre fût capable d'engendrer autre chose que des andouillettes, des frites et des haricots secs. A L'Œuf qui Pond, tout est calculé, dans le plus petit détail, pour faire grimper le taux de cholestérol à des niveaux jamais atteints dans l'Histoire. J'ajoute que l'endroit est rigoureusement interdit aux non-fumeurs et qu'essuyer ses semelles sur la Pierre Noire de La Mecque, l'offense ne serait pas moitié aussi grande que de faire ici un repas à l'eau.

L'Œuf qui Pond est le prototype de ces contre-sociétés parisiennes, en opposition totale avec un environnement allégé (ponctué de salons de thé et poudré d'aspartam), qu'on appelle des *bistrots d'habitués*.

Le Vrai Bistrot Parisien s'enorgueillit d'un menu imprimé à la pierre humide où figurent dans la marge de gauche, par nostalgie, les mentions « pain » et « couvert ». Il y a parfois des casiers pour les serviettes. Les murs sont caramel, ainsi que le plafond. Dans la version mode ou touristique, ils sont repeints tous les deux ans. Dans la version traditionnelle, la couleur ne doit rien au pinceau. C'est un dépôt huileux, légué par d'anciennes fricassées. C'est de la peinture alimentaire.

L'usure du carrelage sur le chemin des cuisines est un critère d'authenticité plus sûr, ainsi que la vraie de vraie banquette en moleskine crevée, surmontée d'une barre en cuivre et d'un miroir taché. Le radiateur est chocolat et les colonnes sont recouvertes de petits miroirs assemblés en damier. Il y a un perroquet où accrocher les manteaux. La terrine est à volonté. On y affectionne le menu sur ardoise : qui désire l'étudier se tord le cou. Aussi tout menu sur ardoise qui se respecte comporte-t-il un certain nombre de plats qui n'y sont pas mentionnés et qu'on vient vous proposer d'un air engageant. Vous les prenez sans oser demander le prix.

Le souci de préserver l'authentique peut aller jusqu'au bidonnage. Je connais un ex-restaurant d'ouvriers. On n'y mange plus à moins de 200 F mais les verres sont en duralex. Si, au lieu de la carafe maison, vous prenez du *vin cacheté*, on vous apportera un verre à pied. De tels détails ravissent le Parisien.

Pour juger de la véracité d'un endroit, l'essentiel demeure cependant l'aspect de la clientèle. « Un bon Chinois, c'est là où c'est plein de Chinois », assurent les Parisiens (sans se rendre compte qu'il faut nourrir les cousins). L'habitué du restaurant d'habitués est tout aussi facile à reconnaître : il a une tronche de digestif.

André, sa sensibilité remonte aux âges farouches. Au cinquième millénaire, ses pareils devaient se gausser du néolithique (notre premier mouvement d'avant-garde). Ce n'est pas qu'il soit réactionnaire, non, c'est qu'il ne veut rien changer à rien. A son idée, l'histoire du matériau s'est arrêtée au formica. Sa seule audace fut d'installer en 1956 des tubes de néon que les enfants d'habitués (rarement présents) trouvent hyper classe.

L'Œuf qui Pond a fait une apparition dans le siècle : durant les quelques mois où les machines à sous furent autorisées, ça a été Las Vegas ici. On a vu Honorine, la femme d'André, timide, effacée, tellement catholique dans son chemisier, payer des liasses sous le comptoir avec l'aisance d'une croupière de Macao. Cela se faisait même en présence des flics en civil du commissariat d'à côté (reconnaissables à leur air d'être ailleurs).

Il faut dire que le commissaire d'à côté est un personnage pittoresque. Les habitués aiment bien lui payer des coups. « Alors ça va, commissaire ? – Ça ne va pas, monsieur, le métier est foutu. Comment voulez-vous que je fasse de la bonne police, je n'ai même pas de sous-sol. »

A un certain moment, variable selon les individus, l'habitué à l'essai devient un adopté. Il s'en aperçoit à trois indices :

1) La serveuse lui donne du « Monsieur » suivi de son prénom;
2) Elle dissuade l'habitué de choisir, parce qu'il traîne depuis trois jours, le plat qu'elle recommande au *passage*, parce qu'il faut le liquider. Exemple :

a) *L'adopté* – Donnez-moi donc un sauté, Jeannette.
   Jeannette – Il n'est pas pour vous, monsieur Paul. Ça n'irait pas avec vos maladies. Prenez donc un onglet.
b) *Le passage* – Il est bien votre onglet?
   Jeannette – Tout est bon ici, monsieur. Mais je vous conseille le jour. Aujourd'hui nous avons du sauté.

3) On lui réserve une part de Tarte aux Pommes. De nombreuses pâtisseries ont été mises au point depuis l'invention du dessert, mais le bistrot parisien ne reconnaît que la Tarte aux Pommes. A la rigueur : aux fraises, en saison, chez quelques déviants. Ou bien un clafoutis. La Tarte aux Pommes est tenue enfermée sous un dôme transparent, aux allures d'ostensoir. Pareille à une nourriture consacrée, elle est rompue avec componction, souvent par le patron lui-même, et distribuée entre les fidèles de la maison.

Certains des adoptés ont leur place attribuée, leur éternel vis-à-vis, leurs manies. M. Gérard n'aime que les quignons : Jeannette lui compose chaque jour une corbeille de quignons. Cela ne va pas sans jalousies : M. Gérard est chef de service dans un établissement financier voisin et client de L'Œuf qui Pond depuis les origines de la Tarte aux Pommes. Sa position lui donne droit à la banquette près de la porte toujours close comme dans les contes. C'est qu'il y a, dans tous les restaurants d'habitués parisiens, une table de haute récompense pour les favoris, des places réservées aux courtisans et d'autres, de troisième ordre, qu'on destine aux relégués. Je ne parle point des mangeurs solitaires, appelés ici poireaux, ce qui en dit long sur leur statut : on tolère mieux les chiens.

Après qu'ils ont joui de tout cela, les quignons, la Tarte, la manne divine et le reste, qu'on les a chouchoutés, cajolés, on entend les habitués s'écrier (et leur voix s'ouvre un chemin dans l'intervalle qui sépare le brouhaha des matières grasses en suspension, soit à 30 centimètres environ du plafond) :

— Jeannette!
— Oui, monsieur Jacques!
— Un café allongé et trois assis!
— C'est parti, monsieur Jacques!
— Et encore un tutut, avec la soustraction!
— Bien, monsieur Jacques et merci pour votre foie!

L'addition est crayonnée sur la nappe. Ils sortent leur petite machine et se livrent à des partages mesquins. J'ai pris un rillon et toi un pâté.

Dans le fond, à L'Œuf qui Pond, les serviettes s'appellent des bavoirs. Elles sont usées, trouées, jamais pliées. Au moins, c'est de tissu qu'il s'agit. Avec une vraie serviette, le Parisien se sent déjà choyé. Alors les nappes : pour une nappe blanche, épaisse, fraîche au toucher, il est prêt à payer 20 sacs d'entrée de jeu. Pour une nappe du genre basque, disons 15 sacs.

Il y a une stratégie à Paris de l'étoffe et du papier. Un jour, dans un restaurant de quartier à peu près vide, je commande un menu. Aussitôt, on me renvoie aux tables du devant, où sont des nappes et des serviettes en papier : « Là, c'est quand on prend à la carte. »

Où le papier prend sa revanche sur le tissu, c'est côté dessin sur un coin de nappe. Son rendement est là nettement supérieur.

Le 12 juin 1986 est une date gravée dans la mémoire des habitués. André déclara ce jour-là qu'il fermait pour travaux. Il aurait annoncé la venue de François Mitterrand ou d'un plat de haricots verts frais, ça nous aurait produit moins d'effet. C'était seulement, je crois bien, qu'il n'était pas en règle avec l'Hygiène. Sans parler de la Sécurité. Après, d'ailleurs, ce fut exactement comme avant. Les ouvriers avaient épargné le néon et les banquettes. Ils avaient tourné autour du grand vase ébréché avec ses roseaux, sans oser le déplacer d'un pouce. Simplement, le brouillard avait disparu.

Il n'y avait plus la moindre parcelle de cassoulet dématérialisé flottant au-dessus de nos têtes. La sensation s'était évanouie qu'on avait vaporisé la pièce au collier de mouton en bombe aérosol.

Ça faisait trou. On y voyait comme en plein jour. Même à midi.

— Tes travaux, chapeau, André, a dit M. Paul.

— Ce que je reproche au moderne, c'est que c'est un peu froid, a dit M. François.

— En tout cas, c'est très raffiné, a dit M. Jacques.

Ils tutoient le patron. Ils disent : « Tu me feras mettre un plat du jour » (ici, on ne se fait pas servir, on se fait mettre). C'est que le Parisien place avant tout l'honneur de tutoyer une grande vedette ou un petit bistrot. L'amitié de ce dernier lui importe d'autant plus que la star souvent déçoit. Acteur ou ministre, créateur ou cardiologue, ç'a beau être un ami, la star appartient à beaucoup. En un sens, elle est même à tout le monde. Puis elle a souvent le tutoiement si facile que, dans son salon, on se croirait chez les scouts. Tandis que le patron de bistrot, chaque Parisien a le sien.

C'est un beauf personnalisé.

L'un des rôles assignés au limonadier-qu'on-tutoie, c'est de servir à prouver à quel point on est simple, vertu que le Parisien s'acharne à démontrer par les moyens les plus compliqués. A cette caution populiste, il existe une variante ruraliste : le patron de bistrot vous permet d'exhiber les moignons de vos origines. Vous êtes pays tous les deux, unis dans la nostalgie des clochers. Vous échangez des souvenirs alimentaires avec le clin d'œil complice habituel aux Français dans les affaires de ventre :

— La poêlée aux larpions, hein? (clin d'œil complice).

— Avec un petit Richepoulet comme en distillait mon grand-père (clin d'œil complice).

C'est toujours à table que le Parisien de la famille des Provincidés laisse monter le terroir en lui. Il mange les pissenlits au lard par les racines.

Un plan formidable, le jackpot, c'est d'amener la star qu'on tutoie au patron qu'on tutoie. Ainsi naissent les engouements. On vient montrer qui on connaît au troquet qu'on connaît, et inversement. Qui on connaît fera pareil à son tour. Bientôt c'est la foule et pour finir, l'émeute.

A défaut de diva, on amènera n'importe qui. L'essentiel est qu'il y ait des témoins pour répandre que ce gros poujadiste est bien votre pote et qu'il vous paie des coups (— Tâte-moi un peu ça, j'ai été le quérir moi-même, tu verras c'est pas sale (clin d'œil complice) — Ah ça oui, c'est du comme avant.)

Mis en présence du nouveau venu, le bistrot avisé lance une offensive de charme qui ressemble à une préparation d'artillerie : son intention est de clouer sur place l'ami(e) de son copain : « Vous allez bien me goûter une petite tartine de rillettes sur votre blanc, si si j'insiste, c'est mon épouse qui les a de sa sœur. » Aussitôt le Parisien fond. Des rillettes. Offertes. Par le Patron. En personne. Il reviendra. Il amènera d'autres copains d'amies et des amis de copines. Reçu à la Cour, il aura un jour le privilège d'assister au solennel petit lever de coude du Patron, dans l'arrière-salle, à l'heure du thé, autour d'une prune de bouilleur clandestin. Gloire suprême, apothéose, il sera du mâchon en famille, à la veille des vacances, après la fermeture et jusqu'à point d'heure. Des vrais cèpes du pays, si si, ça me ferait plaisir, les amis de Paulo sont mes amis. Au bistrot comme à la scène, rester entre soi après le tomber du rideau est un honneur à Paris.

De fine en étrille, ce lieu immémorial devient un *endroit à découvrir*. Un jour, on ne viendra plus ici que pour les convives. La cuisine sera vite oubliée mais on se rappellera longtemps quelles stars étaient au menu.

Ce qui est vrai du troquet l'est de tous les endroits. Il faut tutoyer l'hôtesse *reine de la nuit*, le cuisinier *coqueluche du Tout-Paris*, le portier *pilier de la maison*, le serveur qu'on a toujours vu là, l'alcoolique anonyme qui se souvient de l'ouverture, la pute tolérée, la dame pauvre d'en face qui prend son thé à l'œil, le jeune Black qui rape si bien, le vague héritier fin de race baptisé *night clubber*, le D.J., ce cuisinier des sons qui s'est saisi du pouvoir dans les boîtes, sans oublier bien sûr, le videur.

Vient le jour où l'endroit se métamorphose en institution [1]. Il faut alors remettre la gomme, côté distinction sociale, et créer, en raison de l'affluence, un *endroit dans l'endroit* (en langage clérical : un saint des saints). La vie du Parigomondain devient à ce moment très compliquée. Il ne lui suffit plus qu'on l'accueille dans l'endroit. La vie ne vaut pas d'être vécue s'il n'est admis dans l'endroit de l'endroit. Primo : se rappeler où c'est. Ici, au premier étage, là au rez-de-chaussée, ailleurs au sous-sol. Sur le devant ou bien au fond. Bref, savoir démêler l'envers de l'endroit.

En mélangeant vos fiches, d'un coup vous tombez plouc. Dans l'escalier du saint des saints que vous avez emprunté par erreur pour aller aux toilettes, vous croisez des créatures fabuleuses qui ne vous donnent pas un regard, ou alors du genre qu'on décoche

---

1. Monument pourtant dédié à la tradition, l'institution ouvre bientôt une annexe à côté, des succursales dans Paris, une filiale à New York, et se lance dans la production de boîtes de pâté, d'assiettes publicitaires et de tee-shirts richement imprimés.

à ceux qu'on soupçonne d'avoir une gourmette. De porter *encore* une Rolex. Ces divinités sont en tout point semblables à vous, elles ont le même genre de pompes et des revenus identiques. Elles ont tout aussi mal mangé mais c'était à l'étage (variantes : au rez-de-chaussée, à l'entresol, au sous-sol). Leur visage ne vous dit rien mais cette ignorance diminue leur prestige infiniment moins qu'il ne rabaisse votre condition. Il aurait dû vous dire quelque chose. De plouc, vous passez ringard.

La ringardise ou le suivisme, le Parisien n'a d'autre choix. On voit par là que c'est une ville où il ne faut jamais sortir.

Ce qui est réservé à l'élite, ce peut être seulement deux places près de la caisse, une table avec vue sur Jean-Edern, une banquette, un sourire, une bouteille rare, un supplément d'os à moelle. Et si ce n'était que cela : il y a des jours; il y a des heures. Le protocole de l'Elysée n'est rien à côté de ces rituels, de plus en plus âpres et changeants à mesure que l'éventail se réduit des distinctions sociales, que les clients débarquent par charters entiers, et que s'abrège la durée de vie des lieux où il faut être.

Car les endroits ont découvert qu'ils étaient mortels. Cela peut venir de la disparition du Saint-Patron (le Père Cazes chez Lipp). Ou bien la boîte est fermée pour une affaire de came. Ou encore elle perd sa réputation à cause de la Répression des Fraudes mais c'est extrêmement rare : tout le monde s'en tape, de manger du veau avarié ou du faux magret, pourvu qu'avec vigilance soit assurée la Répression des Cars de Touristes.

Il peut s'agir aussi d'une espèce de consomption : l'endroit se démode, il tombe en désuétude. Il part de la caisse. On peut observer alors cette variété du snobisme peu étudiée par les parisianistes : le snobisme à éclipses du patron d'endroits. Il refoulait à son gré, avec une morgue souveraine. Le voici qui laisse entrer n'importe qui. Militaire accompagné de ses pareils, donateur aux œuvres de la police, tout fait ventre. Sur présentation d'une carte de presse ou, à défaut, d'une carte orange, vous obtenez une table dans la minute. Que le succès revienne, et le taulier retourne à ses premiers dédains. Il vous admet selon des principes à nouveau rigoureux, c'est-à-dire parfaitement arbitraires.

« *Venant le mois prochain à Paris où mon épouse doit consulter le professeur Pétaudier, nous comptons bien visiter d'autres curiosités et notre vœu le plus cher serait d'avoir accès à ce que vous appelez* un endroit d'endroit. *Comment le reconnaître et comment y pénétrer ?* » M. Pascali Christian, de Bazoches-les-Gallerandes, Loiret.

Si l'endroit est tranquille et confortable, si le personnel est disponible, le service empressé et l'atmosphère détendue, c'est sans doute qu'on vous tient, monsieur, à l'écart de l'élite : on vous aura placé au mauvais endroit de l'endroit. Ce sera d'ailleurs l'occasion pour vous d'observer des Parisiens qui soupent dans des conditions agréables et qui, en dépit de cet inconvénient, paraissent contents de leur sort. Cela vient de leur passion exaspérée du privilège : à tout prendre, ils préfèrent en être exclus qu'en être loin.

ÇA SENT LE PRIVILÈGE DANS LE COIN.

Y auraient-ils accès d'ailleurs, qu'ils seraient inquiets : l'établissement n'est-il pas *tombé* ?

Vous noterez que tous ces endroits très privés sont sévèrement gardés. Ils suivent en cela les principes de l'accueil dans cette ville : portiers, secrétaires de direction, hôtesses, huissiers ou même *public relations*, tous y ont été instruits de ce que leur mission principale est d'empêcher de voir les gens. Il arrive cependant qu'un visiteur désire à toute force entrer dans un night-club (Seigneur, quelle idée). Il rêve, comme vous, de partager la brillante vie nocturne de ces célébrités qui, à peine sorties d'une fête en l'honneur de *Black and White*, vont poser pour une pub à la gloire de *J and B*. Monsieur, autant vous prévenir : vous aurez du mal à entrer. Vous n'êtes pas ici à la porte d'un Lavaupoids mais au seuil du Royaume des Princes de la Nuit (comme on dit dans *Pariscope*). Les critères de sélection sont a) imprévisibles, b) impitoyables. Une étude affinée montre qu'on peut ramener à neuf les conditions draconiennes qui vous feront accéder peut-être un jour aux cercles les plus restreints :

1) Vous êtes membre du Club
2) Vous êtes un V.I.P., (comme on dit à Air France)
3) On vous connaît
4) Quelqu'un qu'on connaît vous accompagne
5) Vous plaisez, au *feeling* (vous avez un *look bien ciblé*)
6) Vous êtes une jolie fille de dix-sept ans et demi
7) Vous êtes une très jolie fille de dix-sept ans et demi
8) Vous êtes une fille superbe de dix-sept ans et demi
9) Vous passiez par là

Bonne chance, ainsi qu'à Madame votre épouse.

Le patron du Vrai Bistrot Parisien, lui aussi, « a ses têtes ». Ainsi, il y a une catégorie de clients qu'il exècre : les Parisiens. Ceux-là, c'est simple, il ne les supporte pas. Comme il tolère encore moins les touristes, autant dire que son métier est un sacerdoce. « Ah, ces gens-là », gronde notre Basque ou notre Aveyronnais, pourtant lui-même un Parigot depuis trois générations, ce qui n'est pas le cas de beaucoup de « ces gens-là ». C'est qu'il s'agit d'un jeu. Le patron incarne *le Terroir Toujours Vivace* et ses clients *le Parisianisme Humilié*. Les citoyens de cette ville adorent ce genre de sketch. « Le patron a ses têtes », grommellent-ils, le nez dans leur assiette. « Il faut savoir le prendre. » Ou bien : « La patronne est un numéro », chuchotent sans oser moufter des PDG autoritaires et violents, qui semblent venir ici comme on va se faire fouetter chez les filles.

Je n'y reviendrai jamais assez : le Parisien adore certain genre de mauvais traitements, autant qu'il raffole de tous les passe-droits. Il voit dans ses souffrances la rançon de ses privilèges.

Là, au bistrot à la mode, ces deux passions contradictoires se fondent en une extase unique. Lui, le non-habitué, il a, c'est un signe divin, trouvé une place (assise), *sans réserver*, non loin de la tenture de l'entrée. Juste sous le portemanteau. Son dos est glacé et son front brûlant, un loden caresse de sa pointe le gratin dauphinois, un opossum lui choit sur la tête et, *en plus*, il se fait engueuler par le patron. C'est trop de jouissance.

La grande scène du *Parisianisme Humilié* commence sur une représentation maladroite du dîneur. Il s'est plaint de la tiédeur du vin ou bien, après vingt-cinq minutes d'attente, il a exigé communication du menu, s'entendant répliquer qu'il « naveka bouffer au fastefoude » (le patron règne sur tous les gosiers comme un maire du palais). Début des représailles : la prise de commande est soigneusement retardée. Enfin, le taulier s'approche. « Bon, je vous écoute... y en a plus... y en a plus... y en a plus. » (Variante sadique : on vous laisse étudier longuement la carte, avant de vous imposer un menu qui n'a strictement rien à voir – et non chiffré.)

Après quoi le malheureux convive a voulu à toute force qu'on lui lave ses radis. Ou bien l'envie l'a saisi de fumer entre deux plats. C'en est trop pour une tête nouvelle : le voici de nouveau puni. Heureux de ne pas s'être fait latter la gueule ni jeter au trottoir, le bizuté attend sans broncher (lui qui ne tolère point de rester sur place un quart de seconde quand le feu passe au vert), qu'on lui apporte le plat suivant. Le nez dans son assiette sous le portemanteau, il tète la pointe du loden pour tromper sa faim (au vrai de vrai bistrot, il est toujours bien vu de saucer). Impossible désormais de rencontrer le regard du patron. Celui de l'employée non plus. Elle a reçu ses ordres : il sera servi en dernier. Le néophyte grommelle un peu mais c'est juste pour la forme, entre ses dents inoccupées. Venu ici pour savourer cette forme subtile de parisianisme qu'on appelle l'antiparisianisme, il juge tout à fait naturel, en tant que tête nouvelle, qu'on soit anti-lui. Au bout de vingt ou trente minutes, le sentant bien à plat, vautré dans le repentir, le patron en personne et en majesté lui apporte son assiette réchauffée. Mieux, il lui parle – enfin, pas tout à fait. Disons qu'il lui adresse la parole. Pour peu que le condamné s'en montre assez reconnaissant, peut-être va-t-il s'abandonner tout à l'heure, au moment de l'addition, à lui offrir de sa mirabelle, lui livrant au passage, ô joie, une savoureuse anecdote sur ces farceurs de vignerons du Beaujolais. Apothéose, le voici même qui accepte (lui, Patron) de *s'asseoir un moment* à la table du pénitent. Lequel, subjugué, ira partout disant que l'endroit est authentique, que, bien sûr, le Marcel a ses têtes, qu'il faut savoir le prendre et que la serveuse est un numéro.

L'Œuf qui Pond, comme on sait, n'est pas à la mode. Une poignée de journaleux, deux ou trois modèles scandinaves venus au bras d'un photographe se rendre compte, à moins d'un mètre, de ce que c'est au juste qu'un boudin aux pommes : on y a vite fait le tour des « gens qui sortent ». André ne voit jamais ici ce qu'on appelle une vraie star. A moins qu'il ne l'ait pas *remise*, comme il dit : en dehors des animateurs de télévision, André ne connaît personne.

J'ajoute qu'il n'a pas ses têtes. Bien sûr, il se tient à la caisse de toute sa hauteur, comme sur un lit de justice. Mais c'est à la façon de tous les bistrotiers parisiens, ces hobereaux. Depuis l'estrade, une main sur sa cassette, un doigt au gilet, le chien Nénesse endormi sur son pied, André promène un regard souverain, choisissant, parmi ses vassaux, lequel serait accueilli par un blanc cass' ou salué d'une fine au retour.

C'est Jeannette qui a les siennes. De têtes.

André lui a donné les pleins pouvoirs *sur le fond*. Il connaît la popularité de Jeannette, son ascendant sur les cuisines, son âpreté au travail, son honnêteté obtuse de vieille serveuse non syndiquée. Il garde la situation en main, exploitant benoîtement son employée, en échange de quoi elle est assurée de régner deux heures par jour sur une classe de vieux gamins.

Jeannette a la dureté d'un proconsul. D'abord, elle a horreur des nouveaux (les étrangers, n'en parlons pas : *no snack!* leur crie-t-elle). Les nouvelles, c'est encore pis. Leur intérêt bien compris, c'est qu'elles s'en aillent sans demander leur reste ni même leur entrée, ou alors qu'un habitué les parraine. A l'arrivée d'une grande fille blonde et souple au bras d'un garçon tout en noir et soigneusement pas rasé – couple typiquement néoparisien – Jeannette se fige comme un fond de sauce. Vont-ils franchir les trois premiers degrés de l'initiation : a) éviter de ne boire que de l'eau ; b) éviter de demander une salade à la place des flageolets ; c) éviter de réclamer une addition plutôt qu'un griffonnage sur un coin de nappe ? Et s'ils allaient exiger une tisane au romarin, du ketchup, que sais-je, un couteau mieux rincé ? En vertu des pouvoirs excessifs qui lui sont conférés, Jeannette serait alors capable de les lourder, pourquoi se gêner, sous l'œil narquois et lâche des habitués. Quand même, quelle salope, disent-ils entre leurs dents.

André, qui est xénophobe comme un béret, affirme pourtant qu'« il n'a rien contre les étrangers ». N'est-il point fils de bougnats ? « Les Auvergnats sont les Juifs de l'intérieur, explique-t-il volontiers. Nous, on en a vraiment bavé. Mon père ne touchait pas à ma mère sans avoir enfilé des bas de soie, je veux dire aux pognes, rapport aux poussières de charbon. » André n'est pas raciste, il s'étonne seulement que les Arabes puissent côtoyer des innocents. En 1981, il a donné sa voix à Mitterrand. « Pour être tranquille », telle fut, mystérieuse, son explication de vote. On a compris ce qu'il voulait dire au moment de la grève des postiers : « Qu'est-ce que c'est encore que ce bordel ? On avait pourtant voté pour être tranquilles. »

L'Œuf qui Pond, à midi, c'est de l'employé, du petit cadre, du petit chef qui n'a pas la signature dans une *cantine* haut de gamme. A 93 %, des hommes, les Parisiennes ayant prononcé des vœux perpétuels qui les obligent à sauter un repas sur deux : un déjeuner chez André, trente jours de régime Scarsdale plus vingt jours de régime Mayo ne suffiraient à l'expier.

L'habitué est un monsieur qui régresse à proportion qu'il engraisse. Il est venu pour cela, retrouver la bouillie originelle. La Blédine primordiale. D'où sa passion des farineux.

Il a la nostalgie du réfectoire. C'est un demi-pensionnaire puéril et chahuteur. C'est aussi un orphelin : il veut reconnaître la saveur des plats en sauce de sa maman, une dame qui n'aurait jamais envisagé que la pâte à tartiner basses calories fût possible. Une dealeuse qui, pour fixer ses enfants à la maison, les a froidement shootés au riz pilaf.

Jeannette est ce qu'on appelle un personnage à facettes. Gouvernante revêche, cantinière salace, servante qui fait partie de la famille, autocrate inflexible, intendante grippe-sous, mère attendrie, confidente, vieille nounou mercenaire de la DDASS, elle connaît tous les rôles. Pareille aux serviteurs des vieilles familles, elle nous donne du Monsieur Paul. Quand nous nous appelons

Paul, bien sûr, ce qui n'est pas toujours le cas. Nous, on dit simplement Jeannette. Il ne faut pas mélanger les torchons et les bavoirs.

La géopolitique, à L'Œuf qui Pond, est plus complexe que ne le suggère sa topographie. Il est essentiel au futur habitué de bien s'en pénétrer. Comme il n'y a que dix tables *sur le devant* (la première salle) pour quatorze *au fond* (la deuxième salle), deux tables du fond ont été placées sous mandat de la serveuse du devant. Cette équité salomonesque nous complique singulièrement la vie. Car les deux tables en question, c'est le Haut Karabakh, c'est Dantzig, c'est Gibraltar. Que dis-je, c'est une péninsule. Leur clientèle paraît toute semblable à la nôtre. Erreur, ce sont des gens de devant. La citoyenneté nous sépare, les mœurs, certains détails physiques : enclavé en terre hostile, le devantiste ploie les épaules, s'exprime assez peu, ne rit jamais. Il avale son café. C'est un frontalier. Jeannette lui jette un regard de vitre, elle n'en a que pour ses fondistes. Aussi le devantiste émigre-t-il ici de mauvais gré, faute d'avoir trouvé à s'établir dans sa petite patrie. Ce n'est rien pourtant, son supplice, à côté de ce qui guette un fondiste, lequel, fatigué d'attendre une table, ose aller s'asseoir devant. Il risque tout bonnement l'exil, l'ostracisme, le retrait du permis de séjour, la honte sur sa famille, des persécutions sans fin. Bref : Jeannette lui tire la gueule.

Il faut dire que devant, c'est une autre planète. Un rituel à peu près nul, point de droit coutumier, aucune règle concernant les quignons : la chienlit démocratique sous le gouvernement amolli d'une jeune serveuse parfois intérimaire, souvent enceinte, bientôt partie, à la différence d'une Jeannette qui compte parmi les meubles, en moins bancal.

La guerre froide n'était rien, à côté de ces querelles, qu'une partie de marelle un peu vive : entre fond et devant, un rideau de fer est tombé. Tout est bon à Jeannette pour discréditer sa rivale du moment. Au mieux, Nicole (nom générique que je donne aux serveuses qui défilent devant) est une conne. « Une espèce de Témoin de Jéhovah. » Au pis, une pouffiasse. En moyenne : une saleté. Bien sûr, ce n'est pas ainsi que s'exprime notre Bien Aimée Grande Leadeuse : Jeannette est totalement obsédée sexuelle mais, au contraire des Parisiens qui se disent des riens dans une langue de charretiers, elle profère des horreurs dans un parler châtié.

— Nicole m'a l'air bien fatiguée aujourd'hui, nous glisse Jeannette, elle s'en est encore allée faire la poule au bois.

A propos d'une espèce de gros bœuf prospère, à cigare et gilet cachemire, qu'on voit parfois ici avec deux filles au bras, elle énonce simplement, l'air entendu : « C'est un garçon. »

Au lieu de dire bite comme tout le monde, elle emploie le mot verge, et cela devient très vite obscène.

Elle a des aphorismes redoutables :

– Vous savez, monsieur Paul, insinue-t-elle en louchant vers un nouveau venu pâle et fragile, il y en a, quand on leur parle de fesses, ils tendent l'oreille mais d'autres, quand on leur parle de verge, ils tendent leurs fesses.

Elle n'a pas mâché ses mots à M. Robert l'autre jour. M. Robert s'effondrait au comptoir. Une analyse chimique de ses tissus aurait donné 60 % éthylique, 40 % coton. M. Robert s'était lancé dans une grande dispute digne de la Sorbonne d'Abélard, sur ce que c'était que la vraie pudeur.

– Moi je prétends qu'on peut tirer sa queue en public et la taper dix fois sur la table, ça n'empêche pas d'être très pudique, disait-il.

– Allez-vous bien vous taire, monsieur Robert, s'est écriée Jeannette. Chez moi on ne tire pas sa comme vous dites, on sort sa verge. Je vous croyais d'une autre éducation, elle a ajouté.

FAUBOURIENS, FAUBOURGEOIS

Culture de l'escalier – Disparition du faubourien – Où, l'occupant chassé, on assiste aux heures grandioses de la Libération des Loyers – Évolution comparée de la race indigène à Paris et de la vache laitière dans nos campagnes – Le Nouveau Parisien, sa vie, ses mœurs – Son goût pour les lieux de mémoire – Du Parigot (tête de veau) au Parisien (tête de chien) : naissance du faubourgeois.

L'histoire des mouvements de population à Paris est chaotique. Pour résumer, il s'agit de faire chier les pauvres.

1) On a eu besoin d'eux. La construction du métropolitain s'est arrêtée au ras des murs de la ville pour qu'ils n'aient pas envie d'aller plus loin. On a même pensé l'installer sur voie étroite, afin d'éviter tout raccordement au chemin de fer. Entre 1850 et 1930, la France s'accroît de 5 millions de citoyens et la région parisienne de 4,4 millions : à peine nées, ou tout juste débarquées, des générations ont couru vers Paris comme les bébés tortues à la mer. On leur doit ces banlieues qui s'enroulent autour d'une capitale bricolo, les ateliers rafistolés sous les fenêtres bourgeoises, toutes ces verrières fêlées, ces toits goudronnés, ces parcours compliqués pour chats fantasques. Des immeubles à tiroir dont l'opulence s'effiloche à mesure qu'on s'enfonce. A Paris, le bordel est à l'intérieur, il se cache comme les jardins. On trouve encore par endroits cette culture de l'escalier C : une mentalité d'arrière-cour.

En ce temps-là, le cinéma montrait des cuisines-placard avec des gazinières. Les gens étaient nombreux mais les logements petits [1]. La concierge était dans l'escalier et le tailleur à l'entresol. Il y avait du gaz à tous les étages et des WC à demi-volée. Les

---

1. Il en reste des traces : Deux logements sur trois ont deux pièces ou moins (un sur deux à Lyon, un sur trois à Lille ou Marseille). Les meublés disparaissent (ils subsistent au nord-est) mais un tiers des logements étaient, en 1982, encore *modérément surpeuplés* (sources INSEE).

immeubles appartenaient à des personnes physiques. La personne physique pullulait à l'époque. On la rencontrait parfois chez le boulanger. Elle ne se faisait pas livrer comme la personne morale.

2) Les années 30 sont renommées pour leurs HBM en brique rouge, tous ces ensembles sur le chemin de ronde, avec des bow windows, des cours carrées pour le contrôle social, et des bas-reliefs stalino-radsoc.

Avec la crise et la guerre, la mode est venue de virer les étrangers : ils étaient alors 300 000 à Paris (à peine moins qu'aujourd'hui).

3) 1950. La mode est à nouveau de les attirer. Un million de provinciaux affluent également, dont beaucoup de lapins. On installe des clapiers aux portes de la cité.

4) 1960. Les entreprises quittent la ville, sauf les sièges sociaux qui se développent. Paris exporte de la blouse et de la salopette. En échange, gros arrivage de cravates club. Entre 1964 et 1984, 200 000 ouvriers et contremaîtres s'en vont, 50 000 artisans et commerçants. 110 000 cadres moyens, supérieurs et professions libérales les remplacent.

Leurs employés s'installent hors les murs, mais aussi cette variété de classes moyennes à barbecue qu'on appelle des *rurbains*.

Le gaullisme de tendance immobilière a entrepris de rénover Paris, sans parler des Parisiens. Les jeunes couples avec enfants décrochent. Les petits vieux et les pauvres sont chassés vers des banlieues imprécises, là où on retraite les eaux et les personnes usées. On mure les fenêtres des Parisiens vétustes, on leur coupe l'électricité. Ils se cassent la gueule dans l'escalier. C'est une grande époque pour les cols du fémur.

On construit des tours infernales et des immeubles standing, reconnaissables à des espèces de jardins zen sous les fenêtres du gardien et à des fresques qui ressemblent à des collections d'os à moelle coulées dans le béton. Le Marais réhabilité devient un quartier musée où les psychanalystes aisés opèrent leur transfert. En moyenne, dans ces années-là, un appartement neuf a remplacé deux logements anciens. Naissance du living : il faut choisir entre l'espace à vivre et l'espèce humaine. En outre, Paris s'emburalise. Les gens commencent à avoir des épaules de classeurs métalliques et des mentalités de tiroirs. Le IXe arrondissement s'éteint tous les soirs, telle une monstrueuse UAP.

5) 1975. La population de Paris est à peu près débarrassée des bas morceaux. On décide de lui faire une cité à l'échelle humaine. L'échelle humaine, c'est 18-20 mètres, beaucoup moins que l'échelle de pompiers : le format haussmannien. Les promoteurs

font encore trois petites tours et puis s'en vont. La crise décourage le bâtiment. C'est le triomphe du bon sens, du pastiche et du petit réverbère. Les ZAC dantesques ont passé de mode. La capitale prend un visage louis-philippard. On met des pots de fleurs. On fait les vitres. Des villes nouvelles sont construites à la campagne, selon le vœu d'Alphonse Allais, en revanche les rurbains aisés commencent à rentrer. On cache le béton sous du faux marbre et les murs non voyants sont ornés de trompe-l'œil.

6) Au milieu des années 80, l'Hôtel de Ville, à la suite d'une patrouille de routine, s'aperçoit qu'il y a encore des gens qui votent mal dans l'est parisien. En outre, les boîtes aux lettres sont déglinguées et les types sont méditerranéens. Par ailleurs, la construction des bureaux s'est un peu ralentie (elle se déplace vers l'ouest, gagne la petite couronne). Plus encore, celle des appartements de luxe, ce qui est dommage car les riches font joli. Une nouvelle campagne est lancée, « de réhabilitation et de réno-vation », ce qui, dans la philosophie des bâtisseurs, a un sens second précis. Cela consiste à réhabiliter les proprios et à rénover les loyers.

Qui n'a pas connu les folles journées de 1986, où les femmes des promoteurs embrassaient les chiraquiens, où les propriétaires lançaient des fleurs aux centristes perchés sur les chars, où les marchands de biens dansaient aux carrefours, enlacés aux mar-chandes, tandis qu'on tondait les locataires dans les cours, et que, dans les caves on faisait la chasse aux occupants, celui-là n'a aucune idée de ce que furent les grandes heures de la Libération des Loyers de la capitale.

Le mangeur de gravats revient hanter la ville. Il absorbe tout ce qui traîne, il en fera de beaux immeubles aux grosses cuisses roses. On ne parle plus d'ensembles mais de *complexes*. On ne dit plus résidence, on dit *park*. Autour des vieilles baraques de trois étages, il y a des attroupements : les Parisiens savent que la taule est condamnée. Bientôt, il y aura ici des duplex, des avocats d'affaires, des gens de l'UNESCO. A tout hasard, ils courent ache-ter la concierge et se renseignent chez le boucher.

Les loyers flambent. Les foyers brûlent comme des pinèdes provençales : les marchands de sommeil ont oublié de débrous-sailler.

7) A Paris, de nos jours : 60 000 demandeurs de logements sociaux. Moins de 5 000 sont chaque année construits et attribués selon des règles classées secrets-défense. Il y a, par ailleurs, plus de 100 000 logements vides, dont la moitié sont des pied-à-terre : leur nombre a triplé en vingt ans. On imagine ce que ferait un dangereux anarchiste parvenu au pouvoir. Il ferait en grand ce que 10 000 squatters font en petit. L'Hôtel de Ville a un autre

point de vue : il rêve d'une capitale de l'élite européenne, agréablement saupoudrée d'attachés commerciaux, de congressistes et de gens de maison.

Paris : 4 % de la population française, 20 % du total des expulsions.

En trente ans, sans le secours du moindre envahisseur, la cité a perdu 900 000 habitants. S'il n'y avait les transports en commun, les banlieusards, les attroupements, les manifs et la passion des queues, on perdrait toute idée de ce que c'est qu'une foule de gens. Le Parisien-qui-ne-peut-pas-vivre-ailleurs a le teint plombé. Il règne, dans la bourgeoisie moyenne intra-murée, une ambiance à-qui-le-tour spécialement relax. On en voit, tels des hobereaux ruinés, qui réduisent leur train pour rester au domaine. Jusqu'à la Mairie qui s'inquiète. Elle veut aider au maintien des « classes intermédiaires ». Sinon, il n'y aura bientôt plus ici que du giscardien et du laissé-pour-compte. Des riches, dans les immeubles, qui peuvent tout se payer. Dans la rue, des pauvres qui peuvent vivre de rien. Au milieu, des magasins de comestibles, du prêt-à-porter, des prestataires de services et des salariés à ticket trois zones.

Des inclus, des exclus et des perclus. Une cité de bourgeois anoblis, avec ses Nouveaux Parisiens qui montent des coups, ses serviteurs au noir, ses livreurs de pizza, ses employés des maisons de commerce et ses préposés qui logent dans des bantoustans éloignés, ses zonards de passage et ses SDF [1]. A Paris, le niveau de vie moyen est supérieur de 35 % à celui de la province mais il y a 10 % de personnes assistées, sans parler des personnes non assistées en danger. La ville prend des allures de cité coloniale. C'est ce que, dans les cabinets, on appelle une « société à deux vitesses ».

En dehors de l'entretien et du bâtiment, la classe ouvrière s'éteint. Un des rares spécimens de travailleurs en bleu de chauffe que puissent observer les enfants et les touristes de l'Est, c'est le flic de la fourrière. Ils croient qu'ici les prolétaires se promènent avec des flingues.

Voici les Nouveaux Parisiens. Entre le Tout-Paris et le Rien-Paris s'étend le marais des classes moyennes en ascension. C'est un riche marais poissonneux. Une politique soutenue de sélection a simplifié la race indigène. Formidablement métissée, lancée dans toute espèce de métiers, mais unifiée par le revenu. En quoi le destin des Parisiens rappelle celui des vaches : il n'y en a plus dans l'intra des muros que pour la frisonne pie noire. De la

---

1. Sans Domicile Fixe : 15 000 en Ile-de-France, croit-on. Un loyer dans une HLM représente à Paris la moitié des revenus d'un smicard.

bonne laitière sans surprise, munie de cautions bancaires, avec quoi l'immobilier, la sape et la restauration font leur beurre.

Tâtez le Nouveau Parisien. Sa chair est beaucoup plus ferme. Il a les naseaux dorés, le poil ras et brillant. Il sent l'hygiène corporelle. Il est trait régulièrement, par prélèvements automatiques. Il s'abreuve dans des *wine bars*. (Le Nouveau Parisien boit son vin au verre et son eau en bouteille.) Il assaisonne son café avec des sucrettes. Il s'habille en sportswear. Il a quarante ans et les aura longtemps. Il a divorcé au bout de cinq ans, c'est ici le délai de rigueur : les mariages d'aujourd'hui ont la durée des fiançailles d'autrefois.

Le Nouveau Parisien *crée sa boîte*. En vue de quoi, il *cherche un mécène*.

Sa rage de distinction est insatiable. C'est qu'il ressemble furieusement à son voisin de palier. Le Nouveau Parisien est versatile dans ses hobbies et moutonnier dans ses engouements car il n'est pas sûr de grand-chose. Tout va si vite, il ne veut rien laisser perdre. C'est un déraciné du cervelet, il se remplit d'informations à mesure qu'il se vide de pensée. Arrivé par le train ou par le mérite, ou par les deux, il est terrassé par la hantise de « faire plouc ».

Le Nouveau Parisien, c'est la chapelure qui rêve au gratin.

Son Paris intime : il a le dada des *lieux de mémoire*. Il est prêt à mourir pour la piscine Molitor ou le Fouquet's, Léo Malet ou l'Hôtel du Nord. Les lieux de mémoire, cela correspond à peu près chez lui à l'âge d'or du cinéma. Même s'il ne va plus jamais dans les salles, le Nouveau Parisien est un collectionneur de cassettes : ses enfants s'adonnent au *night clubbing*, lui est né dans les ciné-clubs.

Il aime aussi les ambiances *jazzy* et les cafés *conceptuels*. Il signe des pétitions pour l'environnement. Il est fou d'opéra, mais seulement à écouter. Il vote à gauche pour emmerder Chirac. Il vote écolo pour emmerder la gauche. Il découpe les articles de Baudrillard.

Il rit aux films de Woody Allen même quand c'est pas drôle. Il se gondole de confiance. Woody est une garantie, comme la Woolmark. Le dimanche, il organise des brunches, ces repas d'avant l'invention du menu.

Il est toujours pressé mais toujours en retard.

Il possède une réédition de la chaise longue de Le Corbusier. Il dit : *Corbu*. Il explique que c'est du *contemporain intemporel*.

Avec un peu de répugnance, il s'est décidé à faire l'emplette d'une œuvre de Combas.

Il va chez Robuchon à cause de la purée et à la Maison Blanche parce que la cuisine y est extrêmement simple aussi. Il achète ses surgelés dans des magasins qui ressemblent à des nécropoles, avec leurs tombeaux vitrés qui pourraient abriter des filets de Lénine aussi bien que la dépouille d'un cabillaud. Il raffole des restaurants latinos (à l'heure où j'écris ces lignes) comme il adorait trois ans plus tôt les *Delikatessen*. (Dans les deux cas, c'est tenu par des Tunes). Il a son réseau d'épiceries orientales, d'employées lusitaniennes et de « petits boulots au noir ». Au-delà s'étend un brouillard mythologique où la réalité sociale est remplacée par des trouvailles linguistiques. Il dit : *Les Groseille, les Beaufs, les Beurs, les Blacks*. Le monde extérieur est divisé en tribus, avec ses modes et ses rites. Tout cela le rassure : on verra qu'un Parisien ne supporte rien qui ne soit nommé dans son langage à lui.

Il ne se mélange pas trop mais il adore le métissage qui fait joli.

« Je suis très content d'être un Black, lui a dit un jour son laveur de carreaux. C'est plutôt d'être un nègre qui me fait du souci. »

Le Nouveau Parisien se reproduit assez peu. Le mâle a fait un ou deux petits à ce qui n'était pas encore son exe, puis un autre, sur le tard, à une jeune femelle sevrée qui pourrait être la sœur de sa fille aînée : avoir des enfants, cela va bien un peu, ce qu'il veut maintenant, c'est avoir des bébés. Les Nouveaux Parisiens se mettent ainsi à plusieurs pour fabriquer des familles nombreuses. Elles ressemblent à celles d'autrefois à peu près comme le Palais du Facteur Cheval au Lycée Charlemagne. Les neveux y donnent le biberon à leur tante.

La famille 90 ressemble à une explosion dans la communauté 70.

Une variété intéressante du Nouveau Parisien est le jeune faubourgeois à poil raide. Le faubourgeois est un de ces pionniers qui, au nord et à l'est, disputent l'espace aux faubouriens. C'est qu'il ne veut pas *vivre chez les bourges* (le voudrait-il, il n'en a pas les moyens). Les *bourges* sont chiants, leurs femmes ont de petits sacs avec une chaîne dorée. Leurs rues le soir sont des cimetières. On n'y rencontre jamais de Beurs ni de Blacks, seulement des Portos et des Espingouins. Les Portos sont chiants. Les petites Portugaises portent des chaussettes blanches.

Le rêve du faubourgeois est d'habiter un *vrai quartier populaire* – à l'intérieur d'un entrepôt si possible, retapé entre potes dans le genre cargo (coursives et passerelles), avec le concours du copain architecte (le copain architecte, ou « quelqu'un qui

magouille dans l'immobilier », est essentiel à la vie du faubourgeois) [1]. Il voit son environnement comme un décor de Trauner.

A mesure qu'avance le faubourgeois, hélas, le faubourien
recule. C'est que l'animal fait monter les prix comme il respire. Il
est à la recherche du fameux tissu urbain, mais la ville se
démaille à son approche. L'endroit tourne au vrai-faux, avec des
petits lampadaires assez ridicules, des arbres nains, des
immeubles couleur d'escalope, des pavages en demi-lune, une
clarté halogène. Cette sorte d'ambiance qu'on appelle le *cachet*.

L'authentique devient le *caractère*. Cela sent le placement
immobilier, comme une odeur de plâtre frais. Par contagion, le
quartier se peuple de zéros positifs incurables. Il y a des signes
qui ne trompent pas; ils marquent la progression du faubourgeois. Ainsi nos alpages sont-ils devenus des *hauts*. (On n'habite
plus à Belleville mais les « hauts de Belleville ».) Sur les marchés,
voici qu'arrive le mesclun et la mini-tomate.

Des ouvre-portes à code sont vissés à la hâte. Dans les bureaux
de tabac, on installe des caves à cigares.

Un bourgeois des années 30 ne donnerait pas deux sous au faubourgeois d'élite. Son allure est celle d'un insomniaque sorti
acheter des cigarettes. Il porte une barbe de trois jours soigneusement épilée tous les matins. Il se coiffe à la Rourke. Elle se
maquille à la Dalle. Ils sont en noir. Ils ressemblent à des croque-
morts mondains dans un cimetière branché. Par les nuits sans
lune, ils sortent avec des lunettes de soleil. Ce sont des inconnus
qui préservent leur anonymat.

---

1. A-t-on assez songé aux parents du faubourgeois, quand ils viennent, pour Noël, le
voir de Montluçon et qu'ils se retrouvent à pioncer dans un loft de 300 m², avec toutes
sortes de passants qui traversent leur édredon? La faculté d'adaptation des vieux provinciaux est, de nos jours, étonnante. Bien supérieure, en tout cas, à celle des jeunes Parisiens.

DESSINONS UN PARISIEN

Paris – Ce qui distingue Paris de Paris et ce qui sépare les Parisiens des Parisiens – Où l'on se délasse en évoquant la Parisienne – Comment ils nous voient : les étrangers *– Comment ils nous voient :* les provinciaux *– Parlez-vous parigional ? – Provincidé, Expatridé, Déracinidé :* l'Homo Parisianus *– Le Parigot, cet inconnu.*

Quand on leur demande : « Qu'est-ce qu'un Parisien ? », la plupart des gens sont perplexes. Mais ça, c'est la perplexité des gens. Elle n'est rien à côté de celle du mec qui, par goût de l'exotisme, a décidé d'écrire un livre sur les Parisiens.

On voit bien, un Toulousain, ce qu'est-ce. Un Toulousain est un habitant de Toulouse, cette ville où tout le monde dîne le soir. Mais, ce qu'il est convenu d'appeler un dîner parisien, cela n'atteint qu'une infime partie de la population. Les autres, un bol de soupe et au lit. Ils peuvent bien sortir, ils ne dîneront jamais *en ville*. Ici, plus un terme est général, plus il est exclusif. La synecdoque est une spécialité locale. *Paris* n'est qu'un morceau de Paris, le *Tout-Paris*, un bout de ce morceau et le *Monde*, n'en parlons pas, c'est encore moins.

Au temps des anciennes Halles, quand les grands bourgeois en smoking allaient manger la soupe à l'oignon, on légendait la photo ainsi : « Tandis que le jour se lève sur la capitale, les Parisiens en goguette se mêlent sans façon aux bouchers. » Il semblait qu'il n'y eût que deux tribus dans cette ville : les Parisiens (généralement en tenue de soirée, surtout à l'heure du breakfast), les bouchers (sans doute apatrides).

Paris et Parisiens, ces noms ont au moins deux sens. Ce sont des mots-schtroumpfs, avec des signifiés baladeurs. D'un côté, vous avez *Paris*, où se rassemblent *les Parisiens*, c'est-à-dire « la société parisienne » ; de l'autre, vous avez *Paris*, où se pressent les *Pari-*

siens, c'est-à-dire « la population parisienne ». Chacun a ses usages, ses quartiers, et même ses rues pour défiler. C'est ainsi, du moins, qu'allaient les choses avant l'invasion des Nouveaux Parisiens, espèce hybride dont les mœurs sont l'objet principal de ce livre.

Nous traiterons d'abord de Paris et des Parisiens. Puis nous évoquerons Paris et les Parisiens.

Paris (au sens de Paris) semble atteint de cette maladie dégénérative causée par l'endogamie qu'on appelle le parisianisme : les patients ont la tête enflée, ils bavent sur tout le monde et n'ont aucune autonomie dans la vie quotidienne. Une étude plus serrée oblige à corriger cette impression : en réalité, c'est pis.

En raison de leur état, les Parisiens de Paris (bien sûr, je ne parle pas ici des Parisiens de Paris) vivent la plupart du temps confinés dans deux pièces : une salle à manger assez spacieuse, qui sert aux *dîners parisiens*, un salon (orné des fameux *lambris dorés* dont nous reparlerons), appelé *salon parisien*. Il y a aussi un couloir, qui sert aux intrigues de couloir et des toilettes que personne n'arrive à localiser mais d'où émanent incessamment des bruits de chiotte. Personne, dans les dîners parisiens, ne se formalise des bruits de chiotte. Au contraire, il y en a que ça plie en deux. Ils en éclaboussent leur voisine de potage. C'est dire dans quel état sont ces gens.

Aussi sont-ils rarement laissés seuls. Beaucoup, en sortant de table, s'en vont aussitôt partager le *lit du pouvoir*. Le pouvoir et la puissance sont un vieux couple à Paris. Le pouvoir assure la conservation physique et morale des puissants, c'est lui qui change les alèses et leur passe le bassin. En cas de besoin, les Parisiens savent qu'ils peuvent toujours aller à la soupe de ce côté-là : le pouvoir fait restaurant.

Les sphères du pouvoir (et les stars du moment) sont à peu près leur seul contact avec l'univers des bien-portants. Par ces canaux leur parviennent des informations que les gens normaux trouvent à tous les coins de rue. Un symptôme du parisianisme en phase terminale est ce besoin d'appuis haut placés pour accéder aux réalités les plus triviales [1] :

— Savez-vous que, passé 17 heures, il n'y a plus de première classe dans le métro ?
— Non ?
— Si. Je croyais que c'était fini cette histoire mais Gaspard m'a dit hier que non.
Gaspard : le ministre des Transports.

_____

1. Voir p. 161 – *Le monde et ses environs.*

Ou bien, sans même qu'il n'y ait de rapport avec le sujet :

— La morue fraîche, ce n'est jamais que du cabillaud.
— Non ?
— Si. C'est Enguerrand qui me l'a assuré.

Enguerrand : le représentant de la France au FMI.

Les Parisiens ont par ailleurs un chaton issu de la chatte de Loulou de La Falaise, un fragment de la mère du vinaigre d'Antoine Riboud et la comtesse d'Ornano leur a donné un poisson rouge.

C'est à Paris et aux Parisiens que sont associées les locutions suivantes : *la saison parisienne, la coqueluche de Paris, une soirée parisienne, le shopping de la Parisienne, les plus belles fêtes de Paris, c'était vraiment très parisien* ou encore : *Paris fait un triomphe à Saint Laurent* [1].

En face des Parisiens, vous avez les Parisiens. C'est à eux que l'on songe dans les expressions suivantes : *la rentrée parisienne, va donc hé Parisien, c'est Paris qui bat la mesure, les transports parisiens, les embarras de Paris* et *le ras-le-bol des Parisiens*.

On a compris que, pour tout simplifier, ce Paris-là comprend la banlieue.

Les Parisiens partagent rarement le lit du pouvoir. Seulement les lieux. Aussi arrive-t-il que, levés du mauvais pied, les Parisiens se foutent en rogne contre les Parisiens, lesquels se carapatent à Versailles en laissant le lit défait. On appelle cela des événements, à ne pas confondre avec un événement parisien (ou *très* parisien). Les événements se réfèrent à Paris, tandis que les événements parisiens ne concernent que Paris. On retrouve à peu près la même différence entre une manifestation à Paris et une manifestation parisienne (ou *très* parisienne). Deux occasions précieuses au parisianologue, soit dit en passant, car elles autorisent une évaluation chiffrée du nombre de militants des deux camps. Le traitement par ordinateur d'une centaine de manifestations récentes montre ainsi que les Parisiens des manifestations très parisiennes sont 2 000, dont 800 non-invités, alors que les Parisiens des manifestations à Paris sont 20 000 selon les organisateurs et 8 000 selon la police.

Qu'il s'agisse de Paris, ou même de Paris, que cela regarde les Parisiens ou ne touche que les Parisiens , une chose au moins est claire : ça se passe à Paris. Quand on parle d'événements dans ce pays, c'est deux fois sur trois que les Parisiens mettent sur la

---

1. Selon un usage bisannuel.

gueule aux Parisiens : tels les enfants d'un couple qui ne s'entend plus, les provinciaux ne sont mis au courant qu'après. C'est pourquoi, en France, les fêtes nationales ressemblent-elles si souvent à des fêtes de famille, les émeutes à des scènes de ménage et les révolutions à des divorces [1].

Résumé à l'usage des scolaires et des étrangers : entre Paris et Paris, il y a la distance qui sépare le pesage du guichet du PMU. L'étudiant aura donc soin d'examiner le contexte. De nos jours, compte tenu de l'embourgeoisement de la capitale, c'est plutôt dans le sens de Paris qu'il faut entendre Paris. Un Paris qui se rapproche du Tout-Paris sans y accéder vraiment mais n'a plus grand-chose en commun avec le Rien-Paris : le Nouveau Paris des Nouveaux Parisiens.

La Parisienne est plus ambiguë. Elle ne connaît pas l'opposition tranchée du Parisien et du Parisien : le mythe associe librement les valeurs du chic (*instinctif*) aux vertus populaires (*éternelles*). Parfait blason : Arletty. Il n'y a pas d'exemple, parmi les capitales, d'un personnage comme la Parisienne au point que ces fous d'étrangers prétendent la reconnaître aussitôt. Car la Parisienne n'est pas n'importe qui. C'est un certain genre d'aristocratie canaille et de roture anoblie. Jusqu'aux années 50, c'était surtout une dame qui portait un chapeau et des gants, même en dehors des communions. Elle possédait un barzoï. Elle s'installait au volant d'une Delage et l'on apercevait le haut de ses bas. Elle ressemblait à Danielle Darrieux. Elle avait un visage en accent aigu, elle incarnait la vivacité (le plaisir) et l'élégance (la mode). Aussi lui a-t-on adjoint longtemps, comme symbole de Paris, la fameuse midinette. Celle-ci rapprochait Belleville de l'avenue Montaigne, les combles des entresols, les chagrins d'amour des intrigues amoureuses et la gaieté des bonnes manières. Une image répandue nous montre cette Parisienne n° 2 agenouillée (c'est, en général, *une petite brune piquante*) devant la Parisienne n° 1, et lui épinglant son ourlet chez Jacques Fath.

C'était vachement allégorique.

On voit aussi la midinette – c'est elle forcément – escalader les chars en 1944 pour embrasser les GI.

Dans d'autres versions, on la voit fréquenter des Allemands.

Pour ceux qui, en dépit de mes efforts, se demanderaient toujours, un Parisien, ce qu'est-ce, changeons d'éclairage. Qu'est-ce que les gens de cette ville, vus de La Haye ou du Puy-de-Dôme?

---

1. Avec les événements de Mai, les choses sont beaucoup moins limpides. Pour une fois, ce sont les Parisiens qui se dressent contre les Parisiens (et non les Parisiens qui s'opposent aux Parisiens). « Mais enfin, qui sont ces voyous? » demande Hubert Beuve-Méry, directeur du *Monde*. « Ce sont nos enfants, monsieur. »

Je passe rapidement sur le regard de l'étranger : l'étranger est un type qui a des cheveux filasse et de grands pieds, qui boit des yaourts liquides dans la rue et qui a une vision très stéréotypée du Parisien. Exemples :

— Un Parisien est quelqu'un qui ne se lève jamais quand vous sortez de table, sauf à la rigueur pour voir votre cul, m'a dit une Américaine.

— Un Parisien est quelqu'un qui arrive à faire une différence entre le public et le privé. Il râle contre les fonctionnaires à la poste, mais jamais contre les employés à la banque, m'a dit un Allemand.

— Un Parisien est quelqu'un qui vous demande l'heure même sous une pendule, m'a dit un Japonais.

— Un Parisien est quelqu'un qui n'est pas du quartier, m'a dit un Italien.

— Un Parisien est une vendeuse qui discute quand on a besoin d'elle et qui vous saute dessus quand on est là pour jeter un coup d'œil, m'a dit une Hollandaise.

Il n'y a guère de portée à ces remarques : le Parisien et l'étranger se voient très peu. Le premier s'en va quand le second arrive. C'est une tradition qui remonte à juin 1940. L'étranger de passage trouve cependant qu'il en reste encore trop.

Comment peut-on laisser traîner des Parisiens dans les rues d'une telle ville?

Déplaçons maintenant notre observatoire quelque part en France, sur un sommet qui soit une éminence. Qu'est-ce que le Parisien vu depuis la roche de Solutré? Les plus expéditifs vous répondent que c'est un nombril surmonté d'une grosse tête.

Faire ainsi le portrait d'une minorité en péril est assez cruel : les vieux Parisiens, on l'oublie trop, vivent sous la botte. Cette ville écrase le pays mais c'est le pays qui l'occupe. Inventeurs du fast food, les Bretons l'ont inondé de crêpes réchauffées. Les Alsaciens y ont imposé la bière et les Gascons le confit. Les Bourguignons nous arrosent de ketchup et les Provençaux d'épices Ducros. Les Lyonnais nous font grossir et les vignerons du Beaujolais nous collent des maux de tête. C'est ici la capitale mondiale des magasins de produits régionaux (mot parisien pour désigner les spécialités du Puy-de-Dôme). Avons-nous encore seulement ce qu'on appelle une identité culinaire? Dans les fiches de *Elle*, quand ils ne savent pas d'où vient une recette, ainsi la salade de lotte à l'orange, ils marquent « Ile-de-France ».

Bombardés à coups de merguez truquée, de faux magret, de pain de campagne travesti, les Parisiens ont subi un génocide culturel. Imposée par le colonisateur, la pétanque a chassé le jeu de boules. Les instituteurs tourangeaux ont châtié le dialecte et l'accent local. Qui sait encore le patois du pays? Quel enfant peut traduire : « Je mets mon lardos et je vais chercher mon larfeuille au lardu »? Peut-être Léo Malet, notre Jakez Hélias. Qui grasseye de nos jours? Arletty.

Le *a* bien rond du terroir parisien, ample et gras, tourné en bouche, glycériné comme un vieux bordeaux, est un phonème perdu. On dit *lacet* et non plus *laaaçait*, comme le bon goût le commanderait.

Et les vieux Parisiens de la rue des Rosiers, du Carreau du Temple, du haut de Belleville, combien sont-ils encore à parler la langue d'oye en cousant des manteaux?

Et les anciennes concierges? Venues de Bretagne ou du Berry mais gardiennes du folklore local. Mitonnaient du miroton. Décollaient vos enveloppes à la vapeur du marengo. Avaient un mari qui était dans la police. Étaient tout d'une pièce, d'autant plus aisément qu'elles vivaient dans *une* pièce. Ne gagnaient rien jusqu'à 1979 où on décida de leur accorder un salaire de misère.

Avec sa concierge, le Parisien moyen peut encore s'offrir le luxe, autrefois réservé aux classes dominantes, d'avoir une exploitée à portée de la main. Mais les concierges elles aussi disparaissent (remplacées par des digicodes, des entreprises de nettoyage et des gardiens logés dans *deux* pièces). Quelques-unes vieillissent sur pied : ce sont nos *anciens restés au pays* à nous. Devraient travailler cent quarante ans, selon des calculs sérieux, pour s'assurer une retraite. N'y arrivent pas toujours [1].

Au prétexte qu'il ne sait pas distinguer un coron d'un terril, sans parler des autres oiseaux, le paysan de Paris est méprisé partout. Nos coutumes locales – la danse autour du nombril, les concours de rumeurs, les fest noz aux Bains, la pêche à la ligne de coke – sont regardées d'un œil rigolard par la France entière. Personne n'ose se moquer de la chistera ou du biniou, mais les gris-gris recensés par l'ethnographie parisienne sont l'objet de railleries.

Prétendre que les naturels se prosternent devant leur Filofax, c'est pis qu'une insulte, une vérité.

Il faut bien qu'on s'invente une identité. Les Ch'timis se comprennent entre eux, les Corses du Sud, les Trégorrois. Les Parisiens point. Pourquoi sont-ils obligés de recourir à l'anglais, de s'inventer des dialectes (l'argot, le verlan, le parigomondain, l'adoparisien), ou de limiter leur vocabulaire aux 2 200 mots qui passent à la télévision? C'est que chacun s'est installé ici avec son pidgin à lui, où le parler d'Ile-de-France dérape dans la tournure

---

1. *Le Monde* n° 13.786 du 25 mai 1989.

exogène. J'ai manqué des rendez-vous avec des gens qui venaient d'autres tribus et qui m'ont dit au téléphone : à tantôt. Pour eux, c'était : tout à l'heure. Pour moi, cela signifie : l'après-midi.

Sinon, j'aurais refusé. Un rendez-vous le matin, pensez. A Paris.

Les exemples sont nombreux d'incompréhension dans cette ville. Les influences provinciales déchirent les couples. L'un dit *serpillière* et l'autre *wassingue*, l'un *chausson* et l'autre *botton*, ou bien c'est *fourneau* et *potager*, *polochon* et *traversin*, *lavette* et *gant de toilette*. Vous parlez *serviette*, *casserole*, *plat*, *bar*, *lotte*, *colin*. On vous répond *torchon*, *poêlon*, *assiette*, *loup*, *baudroie*, *merlu*. Allons dîner, s'écrie l'un, mais l'autre : non, c'est l'heure de souper[1]. Des scènes éclatent pour moins que cela. Votre fille est une belle catin ? Dans la bouche d'un Parigoprovençal, il vaut mieux savoir que c'est un compliment.

Ainsi, le franglais n'est rien. Il faut compter avec le parigional. On voit par là que les provinciaux se promènent dans la capitale en pays conquis. Des Nivernais se battent avec des Auvergnats pour occuper l'Élysée. Des armées de Vosgiens et de Charentais arpentent la rue Saint-Denis. Ils parlent à nos putes comme ils ne parleraient pas à leurs femmes. Ils pénètrent en force dans des endroits tabous, objets d'une horreur sacrée chez l'indigène, comme le Moulin-Rouge ou le Théâtre de l'Empire pour *Dimanche Martin*.

Quand les agriculteurs sont en colère, c'est-à-dire quand ils ont trop produit, ou pas assez, ou qu'ils ont produit comme d'habitude, leur premier mouvement est d'aller déverser des cochons dans la rue de Varenne ou libérer des tomates devant l'Assemblée. On a tout vu ici, des vaches, des choux-fleurs, des moutons et même de la neige[2]. Est-ce que le Sentier lâche ses salopettes Naf Naf dans les rues de Plougastel, au prétexte que la saison est mauvaise ?

Le Parisien regarde ces agressions d'une humeur égale. Je veux dire qu'il n'est pas de plus mauvais poil que d'habitude. Et puis quoi faire ? Prendre d'assaut la sous-préfecture, comme ils font en province ? On n'a même pas de sous-préfet ici. Créer un FLP ? S'attaquer aux autocars ? La répression serait féroce. En face, il n'y a que du flic cauchois et du juge morvandiau. C'est bien le nœud du problème : pour faire de l'agitation régionaliste, le moins qu'on puisse vous demander, c'est d'être de la région. Or, vous le sentiez venir, LES GENS D'ICI NE SONT PAS D'ICI.

---

1. Sur ces idiomes des « Parisiens types » (c'est-à-dire d'origine provinciale), voir l'excellent ouvrage d'Henriette Walter, *Le Français dans tous les sens* (Robert Laffont). Comme on dit dans le Nord, une mine.
2. Apportée des Alpes du Sud, le 9 janvier 1990, afin de prouver qu'elle existait en dépit des rumeurs, la neige fut répandue sur le Champ-de-Mars par des remonte-pente en colère. C'était la première fois dans l'Histoire qu'on voyait de la poudreuse à Paris. Aussi disparut-elle aussitôt dans des collections privées.

Parisien né à Paris : 1 sur 4. D'un parent parisien : 1 sur 8. De deux parents parisiens : 1 sur 20. Les Parigots (les Parisiens de souche) ne sont qu'une peuplade.

Pressez le nez d'un passant pris au hasard, il en sort du beurre de baratte. C'est en province que se recrutent chez nous la plupart des édiles, des hommes d'État, des gardiens de la paix et des habitants [1]. Une fois sur trois, le Parisien est de la famille des Provincidés. Une fois sur quatre, c'est un Expatridé qui nous vient de l'étranger. La parisianéité n'est pas une affaire de naissance. Rares ceux qui ont leurs quatre quartiers dans l'arrondissement : la noblesse est conférée par le fief, au terme de toute une série d'épreuves plus proches des mœurs du caïman que des règles de chevalerie.

Deux fonctionnaires sur trois ne sont point non plus des Parigots. Cela fait beaucoup de monde, vu que les fonctionnaires sont ici chez eux : Paris est le Temple d'or du poulet, la Mecque des infirmières, une ville sainte pour les agents du fisc. C'est la Jérusalem du préposé. Le postier y débute. Rien qu'à la Ville, nous en avons 30 000. Un pour 60 habitants. On est encore servi.

Notons qu'à rebours des usages, le fonctionnaire, c'est souvent en province qu'il finit et à Paris qu'il débute.

Créature énigmatique, le Parigot. Moins photographié qu'un Masaï mais il retient l'attention. Il a une tronche de spécimen, on dresse l'oreille à son accent. Il descend du *Mayflower* par le funiculaire de Montmartre. Il nous parle d'ici comme si c'était au diable et tout le monde est bouche bée, personne ne connaît plus ce pays, les autobus à plate-forme, les appartements à louer, les mercières. On écoute fasciné cet ex-gamin de Paris qui a réellement joué dans la rue avec ses copains du quartier et qui a vu, de ses yeux vu, des têtes de veau entières, avec la langue qui pend.

Des Parisiens à la troisième ou quatrième génération, j'en connais si peu qu'une conclusion s'impose : il n'y avait pas un chat dans cette ville en 1900. Quelques cocottes, des apaches, des vieux marcheurs sur le boulevard. Les rues étaient vides, on élevait des chèvres dans les palais démeublés, afin que Proust eût son lait.

Un exemple au hasard : ce matin. Aucun Parigot ne s'est fait connaître. J'ai d'abord reçu un télégramme daté d'hier, selon un usage local (la Poste ne veut pas déranger : les télégrammes sont remis avec le courrier, c'est jugé plus correct). Bref : la factrice,

---

1. Des treize maires que Paris a connus, un seul est issu de la région : Bailly. Aucun chef d'État n'en provient, et pas plus d'une quarantaine de ministres en deux siècles. Je tire ces précisions, et bien d'autres, du *Paris-Chirac* de Marc-Ambroise Rendu (Plon). Comme on dit dans l'Ouest, un filon.

une demoiselle de Rochefort, l'a donné à la gardienne portugaise. C'est un cousin de Roumanie. Il vit en Allemagne et il arrive tantôt par la gare de l'Est. J'ai le temps de faire une ou deux courses avant de l'aller chercher. Me voici tout près du Palais de Justice (l'un de ces nombreux endroits de la capitale qui sont en état de siège pour des raisons que tout le monde a oubliées). Je demande mon chemin au garde mobile. Comme il arrive de Caen, il me renvoie à un CRS charentais. Des poulets qui ne sont jamais sortis de leur basse-cour. Je me débrouillerai tout seul : les passants eux-mêmes « ne sont pas du quartier ».

C'est une habitude ici chez les passants.

Pour continuer, un taxi. Le chauffeur est chinois. Il cherche dans son petit livre rouge où peut bien encore se nicher cette putain de gare de l'Est. Par inadvertance, nous traversons Belleville, où se joue une partie de main chaude (les Chinois submergeant les Arabes qui poussent devant eux les Sépharades, lesquels recouvrent les Ashkénazes). Sans l'avoir voulu, nous passons ensuite par le Sentier, où les cousettes viennent de Turquie et les sherpas de Tamoulie, le tout équipé de grosses moustaches. Pour finir, nous tombons, au hasard, sur la gare de l'Est. J'ai le temps de boire un verre dans un rade où un Aveyronnais marié à une Lorraine (couple étrange et vaguement scandaleux) sert de la bière écossaise (fabriquée dans le Nord) à deux Espagnols (plutôt des Catalans) et un Italien venu du Kremlin (tendance Bicêtre). Me voici sur le quai, parmi d'autres naturalisés venus accueillir de vrais ploucs. C'est-à-dire des gens élevés dans la croyance qu'il y a des Parisiens à Paris.

Même chez les Parigots, c'est fils de débarquant et compagnie. Le déraciné est à la Ville lumière ce que la racine est à la pipe de bruyère. Rien de tel que de l'Expatridé pour vous tailler de beaux et robustes Parisiens culottés, qualité d'avant-guerre. De l'artisanat. Des gens qui se sont faits tout seuls à la main. Ils étaient parvenus au bout de la route et Paris leur évoquait tout ce qu'ils avaient envie de se rappeler, c'est-à-dire rien.

Rien n'est plus d'*ici* qu'un gentleman-kasher de la Muette, un Kabyle de Barbès, un stomatologue arménien, un Italien descendu de Belleville ou un coupeur yougoslave du quartier Saint-Paul. Ils ont une mentalité de terminus. Ils étaient arrivés à Paris comme le poisson à la halle. Ils y laisseront leurs arêtes. Pareil pour certains provinciaux. Il y a des Provincidés chez nous, qui sont des sortes d'Expatridés.

D'autres, en revanche, on ne peut jamais compter sur eux : ils sont restés ailleurs en secret. Ils connaissent les noms d'au moins trois arbres. Ils préparent le panouillet à la baligeoise comme leur maman faisait.

Ce genre de Provincidés est à Paris de passage. Ceux qui ont gardé des racines rurales et acquis un peu d'oseille urbaine ont tôt fait de s'acheter une maison en grande banlieue où ils récoltent *leurs* fines herbes. Ceux qui sont fonctionnaires achèvent leur carrière au pays, cet endroit magique où ils ont embrassé leur profession et leur petite cousine. Ils s'y rendent déjà en migrations saisonnières, appelées « ressourcement », chaque fois qu'il y a un scrutin, un pont de la Toussaint ou une avance foudroyante des armées allemandes.

En résumé, il est facile d'être Parisien (après il ne reste plus qu'à le devenir). Le réseau ferré en étoile simplifie la besogne. Prenez n'importe où n'importe quel train rapide. Dormez. Un contrôleur fait tinter sa poinçonneuse : si cela ne sent ni la mer ni le douanier, c'est que vous êtes à Paris.

Bienvenue au Pays de la Carte Orange.

L'étape suivante est d'apprendre à répéter la première invocation des amoureux de Paris depuis Clovis, en respirant l'odeur complexe qui monte des trottoirs : JE NE POURRAIS PAS VIVRE AILLEURS QU'ICI.

C'est une devise qui engage, elle vous lie aux puissances du Mal. Vous ne le savez pas encore. Vous suivez ingénument le programme en deux jours du débarquant. Les gestes quotidiens qui empêchent qu'on vous repère sont vite appris. Oter sa cravate pour sortir. Faire semblant d'être au courant. Éviter son voisin et tutoyer des inconnus. Déchirer ses contraventions. Savoir où l'on trouve un pompiste. Traverser la place de l'Étoile. Mais le plus dur est à venir. On vous dévoile enfin la suite de la formule magique : C'EST DEVENU UN PRIVILÈGE D'HABITER À PARIS.

Le mot qui sème la terreur est lâché. Passe-droit, pots-de-vin, système D, piston, coups et blessures : tout est bon pour obtenir une place à la crèche (à l'asile de nuit, au cimetière Montparnasse, à l'hôpital Broca, chez Robuchon, à Louis-le-Grand), décrocher une invitation (un petit four, un rendez-vous, de la bonne coke, un fond de champagne, un plombier, une carte de séjour, un beau loft, un bon squat, une place assise, du vrai pain). Entrez dans le monde enchanté de la bassesse et de l'intrigue. Devenez un Parisien basique : l'œil allumé par l'excitation du conquérant, la bouche tordue par l'angoisse du rescapé.

LA VILLE DONT LE PRINCE
EST UN ENFANT DU PAYS

Maire du Palais ou Roi de la Mairie : de la difficulté d'être Chirac à Paris — De l'avantage, en revanche, d'être Mitterrand — Grands Travaux et petits boulots : bienvenue à Schizopolis.

Jacques Chirac fut enfanté dans le Vᵉ arrondissement mais il est cantonal jusqu'aux naseaux. C'est un maire pour tous les jours. Il apprécie les orphéons. Il préfère les constructions et les discussions pas trop élevées. Il se jette sur la bouffe et n'aime pas les dîners. Il est ménager des deniers de la commune. Il s'habille comme on s'habille au Rotary. Il porte des chaussettes transparentes. (Comment lui faire confiance pour l'urbanisme ?) Il est aimable avec ses clientèles. Il a reçu 2 millions de gens depuis 1977. Il installe des voies piétonnes pour aller serrer plus facilement la main des crémiers.

Honneur à notre Maire, avait inscrit ce commerçant rue Daguerre [1], une fois que le grand Jacques était venu y tâter des cantals et des pouls d'électeurs. J'ai compris ce jour-là le secret de sa victoire aux municipales. Chirac est un Parisien de province marchant à la rencontre des provinciaux de Paris, ces gens qui aiment les édiles et qui détestent les ministres. D'Ornano, son concurrent à l'époque, pouvait bien venir de province, il n'avait rien de vicinal. Il faisait la navette entre les salons et Deauville (Deauville : un balcon de Paris sur la mer).

Jusqu'à 1973, la capitale était placée sous la tutelle des préfets. Elle avait un statut de ville occupée. Tout cela à cause de gens comme Étienne Marcel ou Cohn Bendit, pour aller vite. De leur côté, à force d'avoir l'État au robinet, d'abriter le prestige de la France et de s'offrir un cardinal pour curé, les vieux villageois de Paris n'avaient plus la tête municipale. Puis Chirac est arrivé, ses

---

1. Excellents petits chèvres et cèpes à l'huile maison. Aujourd'hui remplacé par un franchisé.

goûters des anciens, ses boîtes de chocolat. Ses maires d'arrondissement qui inaugurent les couches-culottes. Paris n'avait jamais respiré à ce point la province [1].

En face, cependant, ou plutôt au même endroit : les grands travaux, les sommets de chefs, les arches, les sphères, les pyramides : Paris n'avait jamais célébré à ce point le centralisme.

Schizophrénie du Parisien : il ne sait plus où donner de la tête. Toujours entre bourg et château. Ignorant à qui s'adresser, cherchant à qui s'en prendre.

Par tradition, une carrière politique se construit en province : c'est l'apothéose des apothicaires, le magnificat des avocats. Ils vont des rivières à truites aux lambris dorés [2]. Mais Chirac, c'est comme s'il était toujours là-bas. Il se promène dans les salons, couvert de Corrèze. Il en met partout sur la moquette. Pourtant, chaque fois qu'il veut pousser sa ville comme le font ses confrères, il déplaît à ceux-ci : encore Paris qui la ramène.

Trop provincial pour un Parisien, trop parisien pour les provinces, Chirac est un grand schizo, à l'exemple de cette cité.

Mitterrand, lui, a pu s'installer aussitôt dans la pompe : il a eu la chance de n'avoir jamais fait le notable ici. Désormais, Tonton descend des rois, au lieu d'avoir l'air de monter à Paris.

L'Élysée et la Mairie, c'est la Cour face au Jardin. Pourtant les coprinces de notre île sont tous deux des gens du terroir, ils ont du velours côtelé dans le cervelet, ils savent tutoyer une andouillette. Chacun a fréquenté les petits cabinets de province. Mais chez Jacques s'entassaient des collections du *Chasseur Français*. Dans les gogues de François, on feuilletait Saint-Simon.

A la rigueur, *La Vie du Rail*.

---

1. Cela ne touche pas qu'aux affaires de la mairie : l'arrivée du beaujolais nouveau, le déjeuner Goncourt, tous ces rituels ressemblent, de plus en plus, à des sorties de messe.
2. C'est en train de changer. Depuis que nous avons des régions, il est du meilleur ton chez les notables *de se tourner* vers l'Europe et non plus *de monter* à Paris (on voit par là que si Paris est en haut, l'Europe est à côté).

OÙ TU VAS, TOI, LES BOUCHES-DU-RHÔNE ?

Ce qu'il y a derrière nos montagnes − 1

Où l'on aperçoit la province depuis les hauteurs de Paris, après dissipation des brumes matinales − Le one man et son show − De juin 1940 à nos jours : des perspectives pour la retraite − Où l'on reparle de Montluçon, sans oublier Issoudun − Accents − Provincial et Parisien : premier essai comparatif.

La province est un continent dont les Anciens situent le rivage aux environs de Massy-Palaiseau. Après dissipation des brumes matinales, on y aperçoit à l'ouest des dépressions venues de l'Atlantique, à l'est les eaux glacées de la Vologne, au nord, un grand terrain vague et des paysages à la Giono vers le sud avec, tout au fond, des truands pittoresques. Par intervalles, nous parachutons dans cette brousse des candidats aux élections. Nous lui envoyons des vedettes en tournée. Nous y mutons des ripoux.

La morgue et le préjugé ont longtemps marqué l'attitude des Parisiens à l'égard de leurs cousins de province, ces anciens compagnons de jeux qu'ils avaient appris à oublier, comme on apprend dans les salons à ravaler son âme. Puis sont venus les progrès de la décentralisation : tout a radicalement changé pour les départements. Outre la morgue et le préjugé, ils ont à se farcir le paternalisme de l'intellectuel parisien, ce bon Père blanc. « Allez donc voir en province, il s'y passe des choses », dit notre prédicateur des missions, lui qui ne lèverait pas son cul pour un pet. C'est juste qu'il a aperçu de loin une *manifestation culturelle* en allant régler, samedi, la succession de sa tante à Besançon.

A Paris, nous avons des manifs[1], en province, ils ont des *manifestations culturelles*.

---

1. De plus en plus souvent composées de provinciaux venus en autocars : le militant de base se fait rare chez nous.

Ils ont aussi « des petits éditeurs indépendants dont on ne parle pas assez à Paris et qu'il faut absolument défendre », poursuit notre missionnaire, lequel, bien sûr, ne bougera pas le petit doigt en faveur de ces zouaves qui éditent des plaquettes de poèmes sur papier Arche dans des moulins (la province regorge de moulins où on fait des livres à la meule et au levain). Ils ont enfin, les provinciaux, dans on ne sait plus quelle toundra, ce petit journal accrocheur et courageux qui a sorti l'affaire des vedettes de Cherbourg.

« Bonjour, petits journalistes accrocheurs et courageux, continuez, c'est très beau ce que vous faites. Nous n'avons plus à Paris cet esprit d'investigation, votre approche concrète des problèmes. »

Depuis que Paris a décidé d'être gentil avec ses vassaux, il n'y a plus de ploucs en province (c'est un terme réservé par les Parisiens aux Parisiens) mais une *approche concrète des problèmes*. La province *pose les bonnes questions*. En province, le one man rode son show, le patron de presse mesure son audience. *L'auteur rencontre son public*. Le gastronome découvre *une nouvelle grande toque au firmament des étoiles*, dans ces seigneuries que sont devenues les étapes gourmandes : bienfaitrices des communes, protectrices des engraisseurs de volaille, étonnants raccourcis de l'Histoire de France où l'on voit un couple de petits-bourgeois émus – « lui aux fourneaux, elle dans la salle » – poser devant des couverts princiers, parmi les ors et les baccarats, les tapis d'Aubusson, les argenteries royales.

En province, le Parisien se réfugie en 1940, retrouve ses racines en 1950, se ressource en 1960, fait retraite en 1970, se remet en forme en 1980, reconnaît difficilement sa rue en 1990. La province est le sympathique pays des *re*.

C'est là aussi que se déroulent, par tradition, les faits divers. En province, on se pend dans les granges. On se jette des sorts. On se tue à coups de hache. Les amants sont cruels, les gendarmes sont cocus, les pères couchent avec leur fille. Il y a des clans en province, des haines inexpiables, des notaires corrompus. Des patriarches murés dans leur silence.

En province, les sorties de messe valent le coup d'œil. Les zones sont artisanales. Les fantaisies érotiques et les complications familiales y tombent dans la démesure. On imite le libertinage parisien comme on copie son élégance : avec excès.

Parfois, en province, les gens se réfugient sur les toits, à cause des inondations : la province est un endroit rêvé pour les fléaux naturels, vu la quantité de nature qu'ils ont dans ces

régions. Nous, à Paris, on n'y est pas habitués, aux fléaux.
Qu'une tempête souffle sur la capitale, on se demande ce que
fait la police. On se croyait mieux défendu.

Le vent souffle où il veut, dites-vous? Voilà autre chose.

En province, on presse le pas le soir. En province, on prend
le temps de vivre. En province, on sait ce que parler veut dire.
En province, on va dans les cimetières pour entretenir les
tombes et non pour promener ses enfants.

Il y a des fiefs en province, avec des députés maires qu'on
appelle rois, ducs ou barons. Il y a Marseille, Lyon et Bordeaux, ça le Parisien connaît. Puis un certain nombre de villes
où il faut aller une fois par an, qui deviennent alors — parce
qu'elles sont d'accès gratuit au gratin — des succursales du parisianisme, à croire que, le reste du temps, on y met des housses
sur les toits. Cannes pour le cinéma, Avignon pour le théâtre,
Brive pour les signatures, Nîmes pour la feria, cette espèce de
Roland-Garros en rond, Angoulême et Grenoble pour la bédé.

Les endroits qui comptent vraiment sont destinés à des Parisiens qui ne sauraient se perdre de vue un instant (en abrégé : à
des Parisiens). Vous avez Deauville tout au bout du Sentier à
gauche, Quiberon et Biarritz pour la thalassothérapie, Belle-Ile
et Apt pour l'intellothérapie, Saint-Tropez et Juan-les-Pins pour
les vulgaropathes, Varengeville et Batz pour la caste épuisée
des familles chrétiennes à maison de famille (cousines et chan-
dails).

Ajoutons-y Roubaix pour les catalogues de la Redoute, Nice
pour les retraites au soleil, Saint-Pierre-des-Corps pour ses correspondances. Le reste est un désert peuplé de quelques cités-
témoins hantées par des provinciaux types, où le Parisien ne va
jamais, dont le nom pourtant revient dans ses débats :

— Issoudun, fief de l'alimentaire (« Il faut se mettre au niveau
de l'épicier d'Issoudun »).

— Montluçon, capitale reconnue des notaires, (« Qu'en pense
le notaire de Montluçon? »).

— Landerneau, trop connu pour que j'y insiste.

— Palavas, ses bains de mer en famille (« C'est le genre
vacances à Palavas »).

Besançon et Châteauroux ont aussi nos faveurs. Où l'on voit
que la province est essentiellement un pays où les noms de ville
ont trois syllabes. A l'exception toutefois de Romorantin, chef-
lieu d'arrondissement du Loir-et-Cher où les militaires sont
tenus de retourner périodiquement. (« L'Armée acceptera-t-elle
de rentrer à Romorantin? », disait-on pendant la guerre d'Algérie.)

Trop étant trop, les élites locales se sont rebiffées. Elles n'attendent plus rien de Paris, sa morgue, ses préjugés. Elles *se tournent vers l'Europe*. Elles aussi se poussent du col et changent toutes les pancartes. Elles jouissent de la décentralisation à fond la caisse (celle des finances locales surtout). *Région* et *technopole* font désormais plus chic que *province* et *chef-lieu*. Mis à part le fameux régional de l'étape, personne n'arrive à dire pourtant : « Je suis un régional. » Il n'y a pas non plus de technopolitains.

Le syndicat d'initiative a été remplacé par une politique de communication. Les salles des fêtes ont été aménagées en salles omnisports, les centres commerciaux sont devenus des forums, les hypermarchés des lieux de vie, les grand-places des agoras, les réunions des symposiums et les halles aux grains du XIIᵉ siècle des palais des congrès. Les parcs des sciences et des techniques ont supplanté les cours et les mails, eux-mêmes changés en parkings. Rien n'y fait pourtant. Le Parisien s'obstine à repérer le provincial derrière le duc de Bourgogne. Au premier coup d'œil, prétend cet ancien débarquant : en cela pareil à l'homme qui a perdu la foi, au nouveau riche, qui ont pour manie de déceler chez les autres les tics de la religion, les habitudes de la pauvreté. Mentalité villageoise. Préjugé insulaire. Il n'y a pas que les lieux communs sur la province, il y a les clichés à propos des provinciaux.

D'abord le provincial est un automobiliste qui *ne sait pas où il va* (notre fameux : « Où tu vas, toi, les Bouches-du-Rhône? »). Puis, c'est un monsieur ou une dame qui ne fréquente pas les salons mais qui revient du Salon. On l'observe tout au long de l'année sur la ligne nᵒ 12 : celle qui mène à la Porte de Versailles. Son attitude est bizarre. Il s'assoit sans vérifier si la banquette est propre. Il regarde le billet manuscrit que lui tend la yougoslave au bébé endormi dans les bras. Il ouvre son *Pariscope* à la page « Cabarets ». Surtout il échange des plaisanteries bon enfant avec ses compagnons. Il est atrocement gai et détendu. Il ne sait pas que le métro est un lieu de recueillement.

Le lecteur, lui, s'en souvient : IL EST INTERDIT DE PLAISANTER DANS LE MÉTRO EN DEHORS DES JOURS DE GRÈVE ET DES HEURES DE POINTE.

Nous rencontrons parfois à Paris des provinciaux qui se promènent en famille, avec petits enfants *et* grands-parents, a-t-on jamais vu ça!

Spécimens encore plus exotiques : les supporters de rugby.

Au temps pas si lointain où des provinciaux tous les jours s'installaient chez nous, il y avait un grand mélange d'accents dans les transports en commun. Nous en avons perdu l'habitude : les intonations du terroir sonnent désormais d'une façon bizarre à nos oreilles et les parlers étrangers nous sont plus familiers. Exemple : le provincial a encore plein de phonèmes dans sa bouche [1]. Nous, à Paris, on a pris le gosier étroit, on n'a plus tellement de place pour laisser traîner les voyelles comme l'ancien Parigot. Déjà que notre langue est pauvre : voici que notre phonétique se rabougrit. Nous ne distinguons plus le *i* du *u* : *c'est un capable* se prononce de la même façon que *cet incapable* et Paris ne distingue plus un *beau brun* d'un *beau brin* (je ne vous raconte pas les salades). Le *n* de *chante* et le *m* de *lampe*, c'est tout pareil, et le *ai* de *faite* donne le ton du *ê* de *fête* [2].

Mettons un provincial archétypal à côté d'un Parisien mythique et perdons-nous dans les délices du raccourci abusif :
— Le provincial *va en ville* (le Parisien *dîne en ville*).
— Le provincial rentre déjeuner (le Parisien rentre se coucher).
— Le provincial a des églises qui sonnent tous les quarts d'heure (chez le Parisien le téléphone sonne toutes les cinq minutes).
— Le provincial embrasse quatre fois ses proches (le Parisien embrasse deux fois n'importe qui).
— Le provincial soulève son chapeau (le Parisien soulève des objections).
— Le provincial dit *bonjour* quand il s'en va (le Parisien dit *salut* quand il arrive).
— Le provincial emprunte le funiculaire de Montmartre (le Parisien ne sait pas que ça existe).
— A Beaubourg, le provincial regarde des Parisiens qui regardent des livres.
— Le provincial s'intéresse aux remises de décoration (le Parisien s'intéresse aux signataires des pétitions).
— Le provincial court les grands magasins et arbore des griffes (le Parisien fait les grossistes et porte du dégriffé).
— Le provincial a d'abord connu Paris, enfant, par le Monopoly. Sa déception quand il veut acheter un hôtel 5 000 F rue

---

1. Je mets ici de côté la bourgeoisie marseillaise qui, dès le berceau, s'exerce à moduler ses cordes vocales en parigot majeur.
2. Voir à ce sujet les travaux d'André Martinet et l'ouvrage, déjà cité, d'Henriette Walter.

Lecourbe n'a d'égale que sa surprise devant le prix des maisons avenue Foch [1].

– Le provincial participe à un réveillon (le Parisien a trois réveillons, son honneur est à ce prix).

– Le provincial dit : *c'est rustique* (le Parisien dit : *c'est campagne*).

– Le provincial mange du vol-au-vent financière, des cailles aux raisins et du vacherin aux fraises (le Parisien se nourrit vaguement de poisson cru, de purée et de crème brûlée).

– Le provincial reproche au Parisien d'avoir des idées toutes faites sur la province (aux yeux du Parisien, ce qui est tout fait n'est plus à faire).

---

1. La réactualisation du Monopoly a été envisagée par de nombreux gouvernements. Elle demande un certain courage politique.

ALORS T'AVANCES, QUATRE-VINGT-DOUZE?

Ce qu'il y a derrière nos montagnes – 2

L'aggloméré parisien, vue cavalière – Nos protectorats – Nais-sance d'un concept : *la Francilie – Banlieusard et Francilien : premier essai comparatif – Noms de lieux : la Ligne de Plaisir – Où l'on profite de la* culture banlieue *sans avoir à quitter l'intra* des muros.

En extérieur jour, l'aggloméré parisien se reconnaît dans les transports en commun à ses gros romans habillés d'un couvre-livre, à ses tricots en train. En voiture, il se repère à ce qu'il est devant (notre fameux : « Alors t'avances, quatre-vingt-douze ? »)

Là où habite l'aggloméré, toutes les rues s'appellent Pierre-Brossolette ou Gabriel-Péri. Quand il s'y égare, ce qui est fréquent, le Parisien se demande toujours s'il est dans un vieux fief du PC ou dans un nouveau bastion du RPR. La petite couronne, en gros, c'est là où il y a du PC. On prendra soin de ne pas confondre le PC des fiefs et le PC de Rosny-sous-Bois.

Vers les banlieues compliquées, le Parisien s'avance avec des idées pas claires.

En dépit de son quant-à-soi, Paris a placé sous son protectorat trois principautés de la banlieue qui, à ses yeux, sont convenables : Neuilly, Boulogne et La Défense. C'est un peu sa Savoie, son Comté de Nice et sa rive gauche du Rhin. Le rattachement de Neuilly remonte à belle lurette, et même avant. Pour Boulogne, cela s'est fait récemment, à la condition expresse que la ville renonçât à s'appeler Billancourt, tout comme les Bains-Douches sont rentrés en grâce en supprimant les douches. Billancourt évo-quait beaucoup trop les douches [1]. Reste que Boulogne sent sa parvenue, elle ne sera jamais comme Versailles (cette ville qui

---

1. Les gens de cinéma sont les derniers à parler des « studios de Billancourt. »

occupe une place à part dans l'imaginaire du Parisien, où on naît de droite depuis trois siècles, avec le sang de la Commune sur les mains et une mentalité de fournisseur du Château).

« Ils continuent de marquer Billancourt sur mon carnet de chèques », déplorait devant moi un Boulonnais opulent comme un Percheron. Dans ce genre-là, Paris-La Défense a remplacé l'adresse correcte, qui serait Puteaux-La Défense ou Courbevoie-La Défense. C'est pour attirer les multinationales, paraît-il. Cela sent surtout l'annexion : nous en sommes assez fiers du Quartier Défense. C'est notre côté « projet ambitieux et pourtant ça marche » : une sorte de Concorde qui serait utile, un Brasilia de poche, un mini-Manhattan, une Venise moderne où les voies d'eau sont remplacées par des courants d'air, avec de l'art contemporain comme à Chicago, bref : le testament d'un XXᵉ siècle déjà désuet. Il est du meilleur ton, à Paris, d'assurer (en frissonnant) que la vie là-bas est *finalement* très agréable et de n'y mettre les pieds jamais.

L'agglomération se pousse du col. Oui. Elle aussi. C'est devenu la *Région-Capitale*. Le faubourien chassé par le faubourgeois, la province par la région, voici supplanté le banlieusard par le Francilien. On sait que le suffixe -ard est péjorisant et que, pour -ien, c'est tout le contaire. Un polytechnicien est ainsi plus estimable qu'un polytechnicard et beaucoup de Parisiens préfèrent les chiens aux chiards. De la même façon, le Francilien est nettement mieux accueilli dans les salons que le banlieusard.

Mettons un banlieusard (un aggloméré à l'ancienne) à côté d'un Francilien et livrons-nous aux égarements du cliché sommaire :

L'aggloméré habite un écheveau de HLM et de MJC, de pavillons de meulière et de maisons de maçon, le tout lié en gerbe avec des nœuds routiers. Le plan de sa ville évoque un paquet de cheveux du genre de ceux qui bouchent les lavabos. Le Francilien niche au contraire dans une jolie fleur bleue et blanche. Au milieu, la capitale : une entrecôte saignante. On voit par là que la Francilie est une plante carnivore qui trouve son biftèque à Paris.

Pour s'exprimer autrement : la banlieue, c'est de la bédé, la Francilie du dépliant. Le schéma suivant montre à quel point celle-ci est mieux lotie.

La Francilie est agréablement décorée de ronds-points majestueux, de plans d'eau et de bouleaux nains. En banlieue, il y a des échangeurs, des patinoires et des bowlings géants.

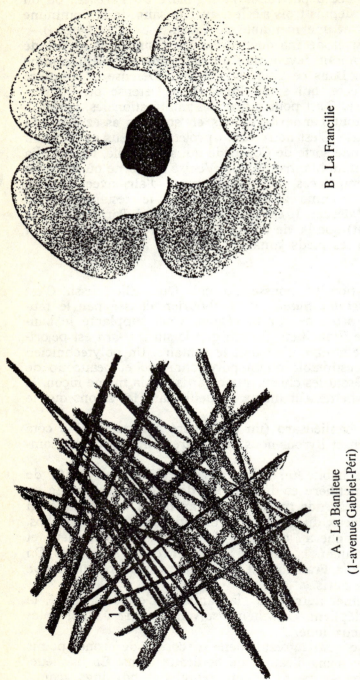

B - La Francilie

A - La Banlieue
(1-avenue Gabriel-Péri)

L'agglomération parisienne, telle qu'on la découvre des hauteurs de la capitale.

Le Francilien respire le grand air, au lieu du RER chez l'aggloméré.

En banlieue agglomérée, on enterre les « projets ambitieux pour un meilleur habitat dans une ville plus humaine ». En Francilie, on se contente d'enterrer les autoroutes.

Le jeune banlieusard a des *activités parascolaires*. Il pratique le basket-ball et le ping-pong. Il joue au baby-foot. Il apprend le full contact. Il s'éclate dans des garages et se trouve embringué dans des bastons. Le jeune Francilien a des *loisirs extrascolaires*. Il pratique la planche à voile et le tennis. Il ne joue pas tout à fait au golf mais il *s'initie*. Il va à des booms sur des campus.

Le Francilien pratique le hockey sur gazon. Le banlieusard trouve que ce n'est pas très commode, à cause des patins.

Le banlieusard a une mine de papier mâché, sauf s'il est antillais. On repère le Francilien à son hâle, sauf s'il est saoudien.

L'aggloméré piège les petits nains dans son jardin. Il dort avec trois fusils de chasse et un fusil à pompe. Il a un berger allemand. Le Francilien possède un braque et un circuit d'alarme. Avec son voisin, il noue des amitiés de jardin. Il reçoit en terrasse à l'apéritif. Il boit du champagne et du vin de pêche (le banlieusard : du *51* et des *Kros*). Les hommes s'échangent des plants pour la haie et les femmes se donnent des idées pour le living.

La Francilie est jonchée de villes nouvelles : les enfants nouveaux des quartiers nouveaux pour nouveaux cadres des villes nouvelles ont tous le même âge et leurs parents des *profils* identiques. Si bien que les maternelles se vident à mesure que les CP se remplissent. La clé de ce prodige : les Franciliens nouveaux ont eu *accès à la propriété* au même niveau du développement de leur *plan de carrière*.

En banlieue au contraire, il y a des enfants de tous les âges et de toutes les couleurs. C'est un vaste gisement pour le casting des publicités Benneton et les affaires du tchador. Les petits agglomérés jouent dans les caves et sur les toits. Les plans de carrière sont remplacés par des plans de reconversion et les forêts domaniales par des friches industrielles.

En Francilie, on s'en met dans le pif. En banlieue, on s'en fixe dans le bras.

La banlieue est le remords du Parisien, citoyen claquemuré comme jamais. Il sait bien que c'est là que sont payés ses privilèges. Le prix de sa ville en cours de rangement comme un tiroir de commode, c'est tout ce fouillis planqué derrière ses

murs. Pourtant, n'aimant pas à se soucier de la réalité plus de
vingt minutes par jour, il préfère songer à ce qui est à deux
pas de chez lui comme il rêve à l'Afrique : la banlieue est ce
continent sombre et fabuleux où il y a très peu de restaurants
possibles.

Bientôt son désir le conduit en Francilie : là on trouve des
girolles et des chercheurs de pointe.

La banlieue est le bordel des Républiques, tandis qu'en Francilie, c'est l'histoire des Rois qui se lève sous les pas. Ne
serait-ce que ces noms de lieux, parmi les plus rigolos du pays.
Des appellations de l'ancienne France, toujours à deux doigts
de l'à-peu-près salace. Bouray sur Juine, Bourron-Marlotte,
Jouy en Josas, Brou sur Chantereine, Condé sur Vesgre, Saint
Nom la Bretèche. Et Fourqueux. Et Franconville.

La Queue en Brie ou Deuil la Barre. Mantes la Jolie ou Vil-
lennes sur Seine. Bures sur Yvette, sans parler de Gif au même
endroit. Tremblay les Gonesses !

Houilles.

On peut jouer des heures avec ça.

« Depuis que ma ligne de Plaisir est électrifiée, je viens en
quelques minutes », m'a dit un jour une Francilienne.

Ce qui nourrit l'imaginaire du Nouveau Parisien, c'est pourtant l'autre banlieue. Réputée *un peu glauque*. Il a même tenté
d'y aller. Plusieurs fois. En qualité d'intellectuel marxiste pour
voir du Brecht dans les MJC (années 60) où les invités se
racontaient la façon dont ils s'étaient perdus en venant, tandis
que roupillaient les travailleurs conduits là en car par le
Comité d'Entreprise. En qualité de maos, pour *s'établir* en
usine ou, au moins, parmi les *gens* (années 70). Après quoi on a
jugé plus commode de faire venir la banlieue chez nous. Ainsi
naquit la *culture banlieue*, un genre très parisien [1].

La banlieue devint alors (vers le milieu des années 80) une
espèce de Bordurie tout à fait exotique et captivante. Un pays
lacéré, fait d'arrachements, où le Nouveau Parisien s'est mis à
trouver son bonheur comme dans un décrochez-moi-ça. Les
looks, les rapers, les taggers, les tremplins de rock, les unions
sportives, les dépôts de meubles, les dresseurs qui utilisent Pal,
les pruniers de Pissard, les pistoches olympiques, les sculptures
du 1 % en forme de nouilles, les cités barbares, les guerriers

---

1. Par exemple : Vuillemin, Margerin, Teulé, Jano, Mondino, Goude et Gaultier. Nadine
de Rothschild nous a expliqué de son côté qu'on pouvait, avec un peu de pot, quitter sa
banlieue pour devenir une vraie Parisienne à l'ancienne. En sens inverse, Renaud nous a
donné l'exemple d'une réinsertion réussie dans la sensibilité banlieue, en dépit d'un passé
de Parisien très lourd.

urbains, les chiens méchants, les customs, les dragsters, les bikers, les vacances en Bulgarie à prix réduit, les bibliothèques Neruda, les boîtes dans des hangars, les foyers africains, la house, la zouc et le reggae. On parla beaucoup, ces années-là, de *plans banlieue* hyper sympa et de *tribus banlieues* complètement allumées. On n'alla quand même pas jusqu'à y séjourner longtemps.

FAUNE *1*

LES ABEILLES

La télé est nulle – Une veillée au stalag – La rumeur, déjà – Ces projets qu'on caresse – Histoire de Franz et d'Arlette – Terribles dangers encourus – Les MVI – La vie des abeilles – Un fraiseur au salon – Histoire de Minnie – Enfin une sexualité naturelle – Histoire de Nita – Un curieux cas de mimétisme animal – Le socialisme à visage rupin – Comment on devient parisien – La droite dans le privé – Encore ces projets qu'on caresse – La tuée du cochon – La télé est vraiment nulle.

Nita ne regarde plus jamais la télévision, qui est *nulle*. Parfois *Supercopter* : Bornigne la fait *complètement craquer*.

Nita s'appelle Nicole. Si elle a changé de prénom, c'est pour *faire chier sa vieille*, mais elle a gardé une syllabe pour faire plaisir à son père.

C'est Arlette qui m'a fait rencontrer Nita. On observe qu'à Paris tout le monde se connaît ou sinon, que ça ne saurait tarder. Quand je dis tout le monde, je parle bien sûr de 3 000 personnes, 3 215 à tout casser.

Nous étions au moment des collections d'hiver du prêt à porter. J'assistais à une présentation comme ambassadeur de la paysannerie danubienne. « Tu n'y connais rien, ça peut faire un truc intéressant », avait dit ma rédactrice en chef. De ma vie, je n'ai rien vu d'aussi féroce. Cela tenait de *Mash*, du siège de Bastogne et d'une veillée de Noël au stalag. On nous avait rassemblés sous des tentes de l'armée, dehors il pleuvait, les années 80 s'écoulaient et les gens se battaient dans la boue en brandissant leur *carton*. Il y a une religion du carton à Paris. On se palpe avec anxiété : « Tu as ton carton ? Comment je vais faire sans carton ? »

Toutes ces poches avec le carton qui dépasse.

Un énorme acheteur texan se répandait sur trois chaises telle une baleine échouée, et ils ont essayé de le jeter à terre. Une dame a mordu la main d'un boy du SO : ce nazi déguisé en yachtman osait lui barrer le chemin. La dame me disait quelque chose. Bon Dieu, n'était-ce pas Minnie?

Il semblait qu'elle n'eût pas son carton.

— Ouah, c'est Minnie! a chuchoté d'une voix forte la femme devant moi. Elle m'a l'air complètement cocaïnée.

— Minnie? Mon cul! a murmuré à pleins poumons sa voisine. Elle marche à la lourde.

— Non? Elle touche au truc?

— Je veux mon neveu. Elle prend du cheval. C'est Poupie qui l'a raconté à Pierre. Elle deale sa dope par Cathy.

La femme devant moi a contemplé avec respect cette belle timbrée qui s'ensuquait à l'héro en passant par Cathy. Elle se mordait la lèvre parce que c'est toujours vache de débarquer et de ne pas savoir qui est pédé ou séropo, qui est ou n'est plus avec Untel, qui porte une moumoute ou des jarretelles, qui *touche au truc*, etc. (La rumeur est faite ici pour être partagée en famille. Rien de si terrible que de ne pas saisir une allusion. Si vous ne voulez pas avoir l'air con à Paris, ayez au moins l'air entendu.) Puis elle tenta de se venger en espérant que sa copine n'avait pas lu *le dernier Cathy*.

— Comment t'as trouvé le dernier Cathy?

— Tout le monde dit que c'est à chier, a répondu l'autre.

Après quoi elle s'est tordu le cou dans ma direction pour regarder au fond de la chambrée et je l'ai enfin située. Arlette, c'était Arlette. Autrefois, elle n'avait pas ces épaules rembourrées de manieuse de batte, ni les cheveux couleur potiron, ni la nuque rasée. Son exclamation me fut en revanche familière. Elle venait du temps où Arlette s'entraînait au cri primal sous son matelas à cause des voisins.

— Yiiiiiiiiii! Qu'est-ce que tu fous là? (Et, sans attendre de réponse à une question que je n'étais pas le dernier à me poser, elle m'a présenté à sa voisine :) Regarde bien ce type, Nita. Ce rat infect était un amour autrefois. Il ne me reconnaît même plus.

— Je ne t'avais encore jamais vue avec la boule à zéro, dis-je. (Elle ressemblait à une chimiothérapie.)

— Tu sais pourtant que je t'aime, espèce d'ordure pourrie qui me traite comme une merde. Ce mec ne me mérite pas, Nita. Où est-ce que t'avais disparu?

— Moi aussi, je t'aime, j'ai répondu.

Cela n'engageait à rien.

Nita m'a fait un sourire mince (j'étais un inconnu pour elle) mais un œil complice (pour suggérer qu'elle savait mon nom au cas où je serais du genre à connaître). « Vous êtes venu voir les fauves ? » m'a-t-elle demandé. A ce moment précis, deux zèbres vêtus d'un slip léopard se sont élancés sur la piste en tapant sur des tambours chinois. Dans le genre asiatique, c'était plutôt débridé. Une nuée de modèles est montée à l'assaut du podium. Les filles avaient le menton dur et des lunettes noires.

— C'est Kolweizi, dit Nita.

Tout autour du parquet, les photographes se grimpaient dessus. Les petits Japs déambulaient sur le dos des grands Amerloques. Un fantassin de pointe du commando de modèles marcha brusquement vers l'un d'eux, ôtant ses lunettes noires et riant pour lui seul. Cela dura deux secondes. Ses yeux étaient bleu layette.

— Ce mec qui la shoote, c'est lui qui la saute, a dit Nita.

— Solveig ? C'est une gousse ! a dit Arlette.

— Je te dis que c'est lui qui la nique.

Elles étaient à un point partout.

Nita et Arlette semblaient tout détester. C'était *à vomir*. A part deux ou trois numéros *pastropimmondes*. Une fois, elles ont applaudi en disant, l'une : « Ça cite son Saint Laurent à fond la caisse », et l'autre : « Ça n'arrive pas à être aussi sublime. »

— Tu te vois avec ça ? demandait Nita. C'est bon pour des Keblas de trois mètres.

— Tu sais comment ça se passe. Quand ils vont décliner ça pour la rue, y aura des décamètres en moins dans tous les sens et il restera plus rien. Ça commence au top et ça finit prisu.

— Moi, de toute façon, j'aime la simplicité, je porte que du basique Sonia. Oh vise le tapis sur l'épaule. Là, ça regarde franchement vers La Mecque.

— Ça louche aussi sur Kaboul, a dit Arlette. T'as vu hier les wassingues sur la tête ? J'ai dit à Pierre : « Cette année, ça regarde vers l'Afghanistan. » Il m'a répondu : « Non ? Ils oseraient pas quand même. »

— En tout cas, ça donne dans le muezzin.

— Ça mate vers le pétrodollar.

— Faut prendre l'argent où qu'elle est, a conclu Nita, tandis que des gamins coiffés comme des salades se mettaient à hurler tout au fond du stalag. En tout cas, ça plaît pas à Berçot, elle a continué. C'est vrai qu'eux, sorti de Jean-Paul. Tiens, regarde qui je vois.

— Je viens, je vole et j'men vais !

— Soi-même.

L'homme dont elles parlaient ainsi était un gros type raffiné et brun, sans doute un Italien. Arlette s'est tournée vers moi :

— Cui-là, c'est le plagiaire en chef. On sait pas s'y sait coudre mais c'est sûr qu'y sait piquer.

A la sortie, Arlette m'a lancé dans la cohue qu'elle avait un *super-projet* pour moi. « Un coup hyper génial. Il faut absolument qu'on s'en parle. » J'ai hurlé « OK ! » tandis qu'une lame de fond m'entraînait dans la boue.

J'étais tranquille. Chez Arlette, parler suffit. Les mots ne désignent pas les choses, ils les remplacent. Au fil des ans, je l'ai vue éviter de mener à bien un projet de virée en Afrique, l'écriture d'une pièce aléatoire (l'intrigue changerait avec la météo), la création d'une école parallèle, le synopsis d'une série télévisée sur les vieux excentriques, l'édition en série limitée d'un verre à pied-cendrier, l'ouverture d'un bar à tapas, la production d'un *one shot* [1] sur je ne sais quel sujet, l'adoption d'un petit Palestinien meurtri par la guerre, sans oublier 40 000 invitations à des dîners ou à des fêtes, lancées comme ça en l'air et satellisées depuis longtemps, ni la décision ferme de *tout plaquer*, à commencer par *cette vie de merde*. Paris est la capitale mondiale du flirt cérébral : on y caresse des projets. Le parisianisme est un mélange d'obligations tuantes et de sociabilité sans effort. On se soucie énormément de ce qui se dit mais ce qu'on dit n'a aucune importance. Qu'un vieux patron de presse agrippe au colbac un grouillot (« J'ai un excellent sujet pour vous, Christian, laissez tomber tout le reste et mettez-vous là-dessus sans perdre une seconde »), on recommandera au novice de ne pas bouger. Il s'agit sans doute d'une lubie. Elle n'a pas plus de substance que les propos échangés la veille au cours de l'un de ces dîners en ville où les vieux patrons de presse pêchent leurs sujets comme on va le soir aux écrevisses.

C'est comme Alphonse, le mec de Nita, que j'ai connu plus tard. Alf lui aussi est de la race des velléitaires impériux. Les fusées qu'il ne cesse de tirer dans tous les sens se mettent en torche pour la plupart. Il lance l'idée d'une virée en bande chez Chapel, d'une *géniale* balade à vélo dans trois jours ou d'une *hyper défonce* au boulot à partir de 5 heures dès demain. Seules des âmes provinciales se lancent aussitôt dans l'achat des billets, la location des bicyclettes, le remontage des réveils. Alf est aussi très doué pour les présents raffinés. Il fait des cadeaux jamais vus dans tous les sens du terme. « T'imagine pas que je vais me mettre sur un truc collectif à chier avec tous ces plocs et ces radins. Je veux t'offrir un super cad', quelque chose de vachement personnel, que tu te souviennes vraiment de moi. » On garde pieusement le petit

---

1. Journal ou revue sans lendemain, en général consacré à un événement ou un sujet précis.

cadeau « en attendant, pour rigoler », d'Alphonse. Le pichet kitsch, la bonne femme avec les seins verseurs. Un brave neveu, qui attend toujours le Nagra promis par Alf pour ses dix-huit ans, conserve avec tendresse la poupée de foire « pour rigoler », qu'il lui a donnée « en attendant ». C'est devenu son fétiche.

Il y a ainsi, c'est comme un brouillard sur la ville, une sorte de purgatoire à Paris. Il est peuplé d'idées mort-nées, d'élans inachevés, d'avortons d'enthousiasmes. Tout un bric-à-brac hante cette étrange remise – la fameuse Remise au Lendemain.

On y voit voltiger des lettres mortes et flotter des projets en l'air. Il règne dans ces lieux une chaude indifférence qui délasse des passions froides. Chacun s'y sent détendu et heureux. Car personne n'est dupe, ici, des serments mais, d'une certaine façon, ils pèsent beaucoup plus que leur poids de mots. Ils ont une épaisseur, une fonction sociale : à Paris, il vaut mieux s'afficher dynamique ou charitable que d'être réellement efficace ou généreux à bas bruit. Les belles paroles s'additionnent, elles vous font un palmarès, à la longue. Un pedigree.

D'Arlette, on dit partout qu'elle est pleine d'idées, *très battante*. D'Alf, que c'est un type surprenant et prodigue, un homme *rare*. Ne rien donner, le mal n'est pas moitié aussi grand que de ne rien promettre. Eux-mêmes sont persuadés qu'ils tiennent leurs engagements et que leurs projets s'accomplissent. Arlette est émue aux larmes d'avoir pensé un moment emmener son filleul à Saint-Barth. Elle joue cinq minutes par an avec l'idée de s'occuper d'un restaurant du Cœur. Elle n'en revient pas de toute cette tendresse en elle, de ce don de soi. Sa paix intérieure est évidente. Sa bonne conscience crève les yeux. D'ailleurs son égocentrisme autoritaire – ce qu'elle appelle « un caractère entier » – l'empêche de jamais connaître la vraie nature de ses défauts, qu'elle prend pour ses qualités, et inversement. Alf et Arlette seraient sidérés qu'on les inculpât d'illusions avec l'intention de les donner. Il est impossible de les mettre en présence de leurs torts. Les gens qui leur « disent leurs vérités », je ne sais comment, ce sont eux qui viennent s'excuser le lendemain : « J'ai été hier méchant avec toi » (leur apportant, eux, un vrai cadeau). A quoi nos héros répondent : « Je t'avais déjà pardonné parce que je t'aime d'amour mais je voulais que tu reviennes me voir à plat ventre. » D'Alf ou d'Arlette, on dit qu'ils sont doués pour le bonheur.

L'idée de fabriquer Arlette a été lancée sans réfléchir par un petit tailleur des Vosges et menée à bien dans le sein d'une remailleuse de bas abonnée au *Pèlerin*. Depuis, elle remonte la pente.

Arlette eut son premier désir d'être à Paris à cause des Bons magiques de *Elle*. Ils évoquaient un monde plus gai et plus facile. Nul ne sait pourquoi elle a fait deux ans d'histoire à Strasbourg avant de s'inscrire en sociologie à la Sorbonne. (Le fond des études, Paris s'en balance. On y prise beaucoup d'avoir un métier qui n'ait aucun rapport avec sa formation. Il suffit de sortir d'un certain nombre d'endroits ou même d'y être entré : le nom de l'école ou du lycée passe avant le diplôme, la discipline. Parfois une inscription suffit. Quoi qu'on fasse, rien ne marque autant que d'avoir *réellement* suivi le séminaire de Lacan ou de n'avoir *même pas* son certificat d'études).

Les années 60 viraient aux sixties que le monde, pour Arlette, se réduisait toujours à Saint-Germain-des-Prés. Elle y avait rêvé si longtemps. Elle chérissait encore le souvenir d'une photo de Gréco parue dans *Noir et Blanc*, où Juliette traînait au lit, fumant et se passant un disque, trois plaisirs qu'Arlette, chez ses parents, n'avait jamais pu assouvir en même temps ni, d'ailleurs, d'une façon séparée. Elle disait *le Quartier* à la façon dont les carabiniers italiens disent *l'Arme* et les communistes du monde entier *le Parti*. Du Quartier, elle ne fréquentait pourtant que la Petite Source à l'Odéon, la Crêperie dans la rue Grégoire-de-Tours et, les soirs de bringue exceptionnelle, la Rhumerie.

C'est en mangeant une simple avec un œuf à la Crêperie qu'Arlette avait fait la connaissance du Pianiste de Gilbert Bécaud. Le Pianiste avalait sans raffinement une double œuf fromage et arborait une chemise à barrette d'Elysée-Soieries. Le voyant aujourd'hui, elle le rangerait sans appel dans la catégorie des ratés mythomanes. A l'époque pourtant, Arlette ne s'était même pas demandé si Bécaud avait réellement besoin d'un pianiste ni si le Pianiste de Bécaud avait figuré pour de vrai dans *les Tricheurs*, grâce à quoi il était devenu très pote avec Terzieff. Elle n'aurait pas un regard pour le batteur de Julien Clerc mais là, en 1961, elle tenait sa première star, quelqu'un qui connaissait quelqu'un et qui, en outre, avait une piaule dans le Quartier, ses habitudes au Montana, et se couchait à 5 heures.

Arlette avait du chien, disait sa mère, le chiffon dans le sang, une jolie taille ; elle portait des accessoires insolites bien avant que la mode du kitsch puis le fameux *décalage* ne fussent inventés. On nota cela dans la bande du Pianiste. Un jour, une grosse dame très élégante lui offrit d'accomplir un stage à la rubrique shopping de ce que les femmes appellent un *journal de bonnes femmes*.

Son plus grand flash, comme elle dit aujourd'hui, ce fut la Coupole. Elle y a connu ses premiers artistes et ses premiers curries d'agneau. Des filles extravagantes se pointaient là-bas bien après minuit, avec un singe pèlerin sur l'épaule, ou un perroquet. Les maîtres d'hôtel toléraient tout. On faisait le zouave sous l'œil amusé du personnel. Le descendant bourbonien d'un bâtard de Louis XIV mangeait tous les soirs sur le devant. Il ressemblait à Géo-je-t'aime. Il y avait aussi le sosie de Belmondo qui roulait des épaules en s'appliquant. Sartre venait déjeuner. « J'ai vachement flashé. C'était pas ce que c'est devenu maintenant, ce restaurant charter immonde où, en plus, on mange bien. »

J'ai connu Arlette en Mai. On s'est rencontrés sur un balcon bien situé. Un grand frisé à profil d'oiseau l'enlaçait. Il s'appelait François mais on disait Franz. J'étais là avec trois copains, tous représentants de la presse pourrie et supporters de l'ultragauche. En bons pourris que nous étions, on faisait la révolution par temps calme ; aux premières grenades, on sortait nos cartes de presse et on grimpait dans les maisons. Janus est une divinité parisienne.

Avec la carte de presse, non seulement on s'est évité pas mal de gnons mais on a failli s'en manger pas mal aussi.

Arlette et Franz étaient de notre étoffe, la bonne conscience en plus. « On ne rate aucune manif, disaient-ils sans vergogne. On est au premier rang. » Ils se démenaient pour avoir toujours une fenêtre donnant sur les barricades, chez une petite veuve gentille. Ils prenaient les patins. Ils surplombaient les événements. Ils faisaient comme ils font aujourd'hui à Roland-Garros, où ils ont accès aux meilleurs emplacements du Central. A Woodstock, ils auraient été foutus de dénicher une loge réservée aux VIP.

Cette fois, nous avions tenté une sortie trop tôt. Il y eut une charge sur le trottoir. Arlette perdit une chaussure de chez François Villon et Franz plongea pour la sauver. Après, on a réussi à traverser les lignes SS et à rejoindre la Mini de Franz. Arlette serrait très fort l'homme à la tête d'oiseau pour ce courage insensé qu'il avait eu. Elle se mit au volant à sa place car il avait été sauvagement grenadé. On pleurait comme aux films de Pagnol en ce temps-là. Arlette engagea la Mini dans un circuit brillant et compliqué, qui nous permit d'éviter les positions ennemies. Elle emprunta des morceaux de sens interdit, coupa des trottoirs, traversa des courettes, fit des voltes et brûla des feux. Plus tard, j'eus l'occasion de noter qu'elle avait le même genre de conduite en temps de paix. Sa façon de traverser l'Étoile ressemble à l'offensive de Guderian. Elle traite les contraventions comme des assignats sans valeur.

Nous nous sommes retrouvés derrière une tribune improvisée où Geismar haranguait les masses. Arlette et Franz parvinrent à s'y jucher, grâce à la carte de presse d'Arlette. Je fus refoulé brutalement à cause de la mienne. On appartenait pourtant au même groupe de presse pourrie. C'est ainsi avec Arlette.

Franz était musicien. Il avait le projet d'un opéra d'Agit Prop
où les trompes des péniches de Paris dialogueraient avec les
sirènes de Billancourt. Lui aussi ne fréquentait que les stars, les
gens *dont on parle*. Il touchait avec la justesse d'un missile le Mec
Vraiment Intéressant; « Dans cette bande, tu vois, le Mec Vraiment Intéressant, c'est pas Chose, c'est Machin. » C'était comme si
le MVI dégageait pour lui une chaleur particulière. Il s'en faisait
aussitôt un ami. Moi, les MVI, je n'en connaissais pas la queue
d'un. Sauf peut-être Antonio, un Mec Presque Normal devenu
MVI contre son gré. C'était un copain d'une copine, il s'était fait
exploser la tronche par les gardes mobiles. Sa photo avait paru
dans les journaux. « Enfin tu connais un Mec Vraiment Intéressant, m'avait dit Franz. Tâche de nous l'amener un jour. » Il voulait savoir « ce qu'il avait dans le crâne ». Dans le crâne, il avait
des éclats.

Les abeilles se moquent du paysage comme de leur premier
corset. Elles vont tout droit aux fleurs où un butin les attend.
Arlette et Franz ne s'intéressaient qu'au nectar des orchidées.
Vers les gens qui comptaient, ils s'élançaient d'un battement
d'aile, avec toute la force de l'instinct. Les leaders, les vedettes, les
meneurs, ceux qu'on interviewe. Ils ne marchaient qu'au nom
imprimé. Ils en faisaient leur miel. Côtoyer Kidedroit, recueillir
le pollen à sa source, c'était leur mission désignée dans le monde
des insectes. Ils aimaient suggérer qu'ils en savaient très long sur
les allées et venues de Cohn Bendit. En pleine éruption libertaire,
ils se comportaient comme maintenant avec les conseillers du
Président : le Juif allemand, c'était déjà le gratin parisien.

On dirait aujourd'hui qu'ils ont fait une carrière *backstage*. Ce
sont des coulissiers. Ils exigent un traitement à part, des rapports
privilégiés, des rabais sur les prix et des *entrées*. Je ne les vis
jamais suivre un meeting ou un spectacle jusqu'au bout. Dans les
manifs, ils « cherchent des têtes connues ». Dans les vernissages,
ils butinent, ils suçotent; ils regardent les invités, mais rien de ce
qu'il y a sur les murs. Comme ils ne vont qu'aux vernissages, ils
ignorent toutes les œuvres et connaissent tous les peintres.

S'ils rentrent d'un endroit (d'une ville, d'un hôtel, d'une clinique), en racontant partout qu'il est *invraisemblable*, c'est qu'on
les y a traités comme tout le monde. Tout le monde, autant dire
n'importe qui.

A l'époque, ils étaient pourtant très colère contre le *système*. Ils
ne le fréquentaient que pour survivre. A l'image des autres Gens
Vraiment Intéressants, ils rusaient avec lui. Franz avait dépouillé
sa bourgeoisie d'un coup de rein. On pouvait quitter sa classe en
trois minutes ces années-là. Il n'y avait d'ailleurs chez lui que très

peu d'objets, deux ou trois meubles, quelques affiches. Les verres à moutarde étaient dépareillés. « Je n'ai aucun besoin, disait-il, je vis avec rien. » Franz faisait parfois le rêve d'abandonner ses derniers biens, de traverser le fleuve à la nage et d'aller nu dans la forêt. La *petite maison sympa* qu'il possédait dans le XXe – quartier par chance populaire – il l'avait héritée d'un oncle qui s'était enrôlé dans les Brigades Internationales : ce n'était pas du foncier comme un autre. Aux opprimés en visite, il décrivait son foyer comme un simple espace de recherches, un atelier de production nécessaire à ses travaux sur les klaxons à deux tons et les bruits de tuyaux. Arlette et Franz vivaient en salopette sur des coussins posés à terre. Ils buvaient du Vin des Rochers et mangeaient du pâté de tête. Franz mâchait des Toscanelli et Arlette fumait des Boyards.

Une jeune fille vivait chez eux. C'était, silencieuse et furtive, « la Collaboratrice » de Franz. Elle astiquait ses cornes de brume et « s'occupait un peu » du linge. Il l'avait trouvée sur un rocher dans la mer Égée, une île *complètement sauvage*, qu'ils appelaient Petaouchnokos, ou Peta. Franz y avait racheté à son demi-frère une maison de pêcheurs, *très belle et très nue*. La Collaboratrice faisait bien la cuisine – *une sublime cuisine de pauvres* – et elle « rendait quelques services » dans la maison. « Laisse, je vais le faire », disait Arlette quand la Collaboratrice se mettait à débarrasser la planche à tréteaux. Arlette se levait, emportait trois verres et revenait persuadée d'un partage des tâches d'une rigueur inouïe. Dix fois par jour, elle apostrophait la jeune fille avec autorité et tendresse : « Arrête de t'agiter et viens t'asseoir. »

La Collaboratrice était, selon Franz, un peu coincée : « Si tu t'approches à moins d'un mètre, elle brandit son crucifix comme dans les films de vampire. »

Il y avait à dîner parfois un garçon tout aussi laconique, assez gauche, le cheveu ras. Il arborait un costume étroit et une cravate à rayures, deux objets très insolites. Roger était l'ami de la Collaboratrice. Un sujet le passionnait, c'était le handball. Autant dire qu'il se montrait rarement passionné dans ces dîners.

Gênés pour leurs copains, à cause de la cravate et du costume, sans parler du cheveu, les hôtes expliquaient que Roger était fraiseur. La gravité se lisait alors dans tous les yeux. On faisait mille questions à Roger, d'abord pour savoir au juste ce que c'est qu'un fraiseur, ensuite pour apprendre des détails sordides sur son enfance, son travail et l'attitude de la CGT. Roger parlait de son métier avec retenue et précision. Lui aussi était un peu coincé. « Mais c'est excusable, avec son background », murmura un jour une invitée. On essayait de parler sa langue, en employant des mots simples. On cherchait un équivalent en pidgin pour

« homme unidimensionnel ». Quand Roger avait une parole amère sur les petits chefs, un silence suivait, de compréhension et de révolte. Quand il disait qu'« il n'y avait plus malheureusement que des ratons dans les boîtes », un silence suivait aussi. Franz cherchait à le dissuader d'acheter un pavillon à crédit. « Ça te lierait au système », lui disait-il. Roger, de son côté, avait beaucoup de mal à tutoyer.

Un soir qu'il y avait une fête et qu'on était pas mal chargés, nous sommes sortis pisser, Roger, Franz et moi. Je m'en souviens, vu que c'était par cette nuit si claire où deux types s'étaient promenés dans la Lune :

— Putain, quand vous pensez qu'il y a des gens là-haut, moi je dis chapeau, a lancé Roger.

— Tu ne vas pas tomber dans ce piège du spectacle, a dit Franz. La conquête spatiale, c'est le cache-misère du système.

— Quand même, chapeau, a dit Roger en secouant rêveusement sa bite de prolétaire, forcément plus grosse que les nôtres.

La jonction avec les travailleurs ne semblait pas pour demain. C'était très difficile de se mettre au service du peuple, à cause de l'écran que lui faisaient les *stals*. Au début, il y avait eu un grand espoir, quand Renault s'était mis en grève et que les étudiants avaient marché sur Billancourt. Aux côtés des leaders, j'ai bien sûr trouvé Arlette. Une copine l'accompagnait, une enragée venue du monde de la pub. Ses yeux étaient dissimulés derrière des sortes de hublots; elle s'appelait Minnie.

Arlette m'a demandé de bien la regarder, de lui dire franchement comment je la trouvais : elle allait ensuite à *une première chiante* et avais mis sa robe Dorothée Bis. Elle avait très peur d'être *overdressed* pour une fraternisation ouvrière.

Les *prols* n'eurent pas l'occasion d'en juger : l'usine était fermée; il y avait seulement quelques types sur le mur, les mains aux poches. Le responsable de la CGT saisit un mégaphone pour expliquer qu'on ne pouvait ouvrir les portes, les camarades protégeaient l'outil de travail, ils tenaient bon et saluaient les étudiants en lutte et, si ceux-ci avaient des questions à poser, qu'ils n'hésitent pas. La fille aux hublots se lança en premier. Elle mit ses mains en porte-voix et cria : « Avez-vous faim? »

Les prols étaient muselés par les stals et broyés par le système. Heureusement, il y avait les *Lumpen*. Des gens très ouverts. Ils osaient lutter. Ils fumaient des joints. Ils avaient une sexualité naturelle.

C'est par Minnie que Franz et Arlette sont entrés en contact avec les Lumpen. Minnie était de la bande de Peta. C'était la fille d'un gros avocat d'affaires séparé de corps, et qui la négligeait totalement au profit d'une maîtresse *très bourge* qui devait avoir douze ans. Grâce à son Nikon F, qu'elle avait acheté comme tout le monde en 1967, Minnie se consacrait à la photo d'agit prop. Elle apprenait aux Lumpen à se servir de l'objectif, afin qu'ils puissent opposer leur regard à celui de la presse pourrie. Les photos étaient vendues au profit de je ne sais quel comité, avec l'interdiction de toucher aux cadres et aux légendes.

Au contraire d'Arlette, Minnie était rongée par la mauvaise conscience. En ce temps-là, elle était mao, militante féministe en analyse et juive pro-fatah. Cela pour donner une idée de son sens de l'humour à l'époque. Aujourd'hui, elle est un brin camée, toujours en analyse, *plus autant hyperféministe mais quand même*, et elle fait *un retour vers sa judéité*. Minnie réclame la prison à vie pour les violeurs et l'entretien des tombes juives par les skins condamnés. On ne rigole pas encore tous les jours.

Minnie fut atrocement gênée quand un certain « Arthur » lui commanda d'organiser une réunion dans la maison de son père à Rambouillet. « Ç'a été l'une des deux grandes hontes de ma vie », dit-elle aujourd'hui. Elle avait eu juste le temps de mettre un peu de désordre. Par chance, les trois Lumpen présents à la réunion se montrèrent bien élevés. Ils ne firent aucune allusion à la savane qui servait de moquette et prirent le Corot pour un sous-bois pavillonnaire. Quelques militants s'organisèrent en commando et lancèrent une offensive de récupération prolétarienne dans la somptueuse cave à vins du papa, endroit où, sur le tard, un jeune Marocain conditionné par sa culture fit à Minnie des avances un peu durailles en raison de son étroit cache-cœur mauve.

Aujourd'hui, Minnie a monté sa propre boîte, qui a *une super-pêche*. Mais, dans les années 70, elle bossait comme stagiaire chez un vieil ami de son oncle (l'industriel du jouet), annonceur important par ailleurs. Elle dissimula soigneusement ce coup de piston, les jeunes loups de la pub étant alors d'autant plus violemment dressés contre le système qu'ils en étaient les porte-voix. (Certains tentaient de soigner ce dédoublement par la thérapie de groupe).

Minnie s'était fait embaucher comme tout le monde : pour avoir de quoi manger et subvertir au passage le capitalisme. Mao a dit : « Pour connaître le goût d'une poire, il faut y goûter. » Elle endura la deuxième honte de sa vie quand, passant par son service, le boss s'était arrêté devant elle pour s'écrier devant les copains : « Ah, Monique ! Comment va ton oncle ? » (J'oubliais :

Minnie s'appelle Monique). Elle se plaît aujourd'hui à narrer cette aventure, mettant ainsi en valeur qu'elle a été *très très* Mao, que sa famille n'est pas n'importe qui, et aussi que ce pédège si célèbre la tutoie.

Minnie est une petite femme brune et jolie, avec des yeux verts qui ne passent pas les portes. Son sens moral lui commande d'avoir des rapports très nets avec les gens. Quand elle vous dit : « T'es pas clair dans ta tête », on a l'impression qu'elle s'est emparée d'un chiffon et qu'elle va vous faire les vitres. Dans les agences, elle a marché sur le ventre de pas mal de gens mais, grâce à Dieu, ça n'était que des salauds, des garces, des rats et des faux-culs.

Minnie rend la justice trois fois par jour. Autrefois, une de ses grandes scènes était d'aller trouver son chef :

— Écoute, je veux bien faire *n'importe quoi*, taper à la machine, répondre au téléphone, *n'importe quoi*, je peux m'occuper de la chaudière si tu veux, je m'en tape, j'ai bossé en usine, mais, je t'en supplie, ne me laisse plus une seconde avec ce *rat*, il me fait vomir.

— Bon, je vais voir si on peut te mettre à l'entretien.

— C'est ça, fais ton paternaliste de merde, j'ai des problèmes de bonne femme, voilà ce que tu penses ? Ça t'arrangerait d'avoir à ta botte des filles qu'ont pas de couilles. Eh bien moi, je préfère me tirer, salut, aller vendre des lacets, *n'importe quoi*, plutôt que de subir les caprices d'c't'enculé. En plus, c'est le mec à dire du mal des gens dans leur dos et ça, ça me fait vraiment chier. Je veux pas te répéter ce qu'il raconte sur toi, en particulier que t'as failli aller au gnouf à cause d'une mineure, il aime ce genre d'histoires parce qu'il est impuissant. Tu te foutras peut-être moins de savoir qu'il va perdre le budget Duchmolle.

Après quoi, Minnie grimpait. Comme chaque fois qu'elle demandait à descendre. Elle se voyait un jour confier le budget Duchmolle. C'est d'ailleurs l'un des trois clients qu'elle a raflés bien plus tard, pour fonder sa boîte, avec un goût du secret, un art de la feinte et une absence de scrupules qui ont fasciné le milieu. Du point de vue de Minnie, ça n'était pourtant qu'une affaire de conscience : il s'agissait de punir des *rats sans principes* et de monter une boîte qui ait une *éthique*.

Aujourd'hui, elle envisage de céder son business à une multinationale et d'aller à Peta six mois par an pour écrire. Écrire on ne sait quoi. Ce verbe n'appelle aucun complément à Paris. Il suffit de dire : « En ce moment j'écris », ou : « J'ai l'intention d'écrire », ou : « Tu devrais écrire. » C'est une capitale farouchement intransitive.

Elle irait là-bas en hiver, profitant de ce que la *petite mafia* n'y

serait pas. A Petaouchnokos, Minnie vivait dans un grand dénue-
ment. Elle buvait du vin épais avec les pêcheurs.

Un débat s'était ouvert dans la petite mafia au moment des
Colonels. Gertie, un photographe flamand, l'amant de Minnie à
l'époque, soutenait qu'on ne pouvait cautionner le régime en restant. L'idée lui fut opposée que la petite mafia assurait la prospé-
rité du village. D'ailleurs, suggéra Franz, le Rocher pourrait
devenir un refuge, une sorte de base rouge. Mao a dit : « Les campagnes encerclent les villes. » On tomba d'accord qu'il fallait
demeurer, surtout à cause des filles. Chacune des maisons était
louée avec une fille pour aider. Une collaboratrice en quelque
sorte. On mangeait avec elles, on se baignait ensemble, elles
étaient de toutes les fêtes. Un accord non écrit voulait qu'elles
fussent disponibles à chaque instant. En échange de quoi, on ne
recomptait pas l'argent dans le porte-monnaie des commissions.
« T'imagines l'ouverture d'esprit qu'on leur apporte? disait
Franz. Nous partis, elles retournent à leur merde, la loi du mâle,
la misère sexuelle. La conserverie. L'étêtage des poissons. Il faut
s'articuler sur des situations concrètes. Je suis partisan qu'on
reste. » Tous les partisans sont restés. Sauf Gertie.

Arlette et Franz ont connu « Arthur » par Minnie. « Arthur » les
a fait approcher « Pierre ». Les Mecs Vraiment Intéressants
avaient désormais des noms de guerre. Des chefs maos aux
ministres socialistes, les *gens qui comptaient* n'auraient d'ailleurs
plus pour eux que des surnoms, des prénoms ou des pseudos,
selon un usage que les élites et les clandestins partagent avec les
shampouineuses.

Franz, qui s'était approché d'abord des *trotzk* (sans doute
parce qu'ils avaient de bonnes sonos), vira mouvance mao à la
suite de tous les intellectuels *qui comptaient*. Avec Arlette, ils
furent sur le cul d'observer tous ces godelureaux qu'ils n'avaient
jamais rencontrés dans aucun *endroit*, vraiment *nulle part*, ces
gamins en blouson de cuir qui prenaient Levi-Strauss pour une
marque de pantalons et qui TUTOYAIENT Sartre. « Regarde ce nain
qui embrasse le Castor, c'est tout juste s'il sait lire, il dit : *L'Être et
le Néon.* » Ils étaient transportés, tout à la fois, par cette abdica-
tion prolétarienne des différences et mortifiés en secret, comme si
ce mal qu'ils s'étaient donné pour lire les livres (ou leurs comptes
rendus), et approcher les gens *qu'il fallait*, n'avait compté pour
rien. Où allait-on si des Gens Plutôt Sans Intérêt pouvaient ainsi
se frotter aux Mecs Vraiment Intéressants? D'un autre côté, un
GPSI, qui buvait des canons avec Michel Foucault n'était-il pas
un MVI par destination? « Même Minnie, faut pas croire que c'est

une intello, disait Arlette. Tu la vois citer des titres mais elle est totalement inculte. » Cette conviction lui venait, non de tout ce que Minnie ne savait pas, mais de tout ce qu'elle ne savait pas et que savait Arlette. Minnie était pareille : les trous dans leurs connaissances n'étant pas aux mêmes endroits, chacune tenait l'autre pour ignare.

Les chefs-à-prénom demandaient à leurs ouailles de vivre au contact des *gens*. Cela tombait bien avec la maison du XXe : elle était deux pas des gens. La bicoque de Franz devint un camp de base pour l'agitation sur les marchés. Franz et Arlette adoptèrent le Flight et le Perfecto : cela faisait GP [1].

En leur qualité de têtes chercheuses, ils demeuraient pourtant des touche-à-tout. Ils n'avaient point renoncé, comme ils disaient, au *trip shilom mandala*. Ils fumaient beaucoup de *bonne merde*, qu'un jeune du Secours Rouge leur apportait cachée dans ses chaussettes. La première fois qu'il avait pris du shit, Franz était entré, le visage défait, dans la cuisine et avait supplié Arlette de planquer les couteaux : « J'ai peur de moi-même, disait-il, mon cerveau ne répond plus. » L'autosuggestion – plutôt l'illusion collective – cela s'observe très souvent à Paris. Vivant sur l'idée que ce dont parlent les gens dont on parle est vrai, Franz et Arlette crurent sincèrement que le cannabis leur faisait un effet inouï, qu'il était à la fois dangereux et nécessaire à leur épanouissement sexuel. De la même façon, Franz est aujourd'hui convaincu de ce qu'une *bonne petite thalasso* est absolument indispensable au déroulement de son hiver. C'est à se demander comment les 58 453 000 Français qui se contentent des douches parviennent à revoir le printemps.

Après la fumette, un pilotage mental automatique les persuadait a) qu'ils étaient complètement défoncés, b) que la défonce exacerbait leur désir, c) que ce désir traversait les tabous. C'est ainsi qu'outrepassant le crucifix, Franz eut enfin accès à la Collaboratrice (laquelle, au contact des Lumpen, avait, dans le décoinçage, accompli des progrès encourageants : Roger, pour commencer, fut répudié). Et, comme il fallait résolument (par hygiène) s'ouvrir de ces choses-là, Franz s'en ouvrit à Arlette. Il le fit sans vergogne, en présence de Minnie et d'une espèce de sadhou silencieux, lequel préparait un shilom. Une confession publique mettrait en avant le côté politique de la chose, avait songé Franz, et cela pourrait également le protéger d'une paire de baffes ou d'on ne sait quoi d'aussi daté : la libération sexuelle n'allait pas se faire en un jour.

Le vieux monde était derrière nous, certes, mais pas loin.

Arlette accusa le coup, lequel coup dut en prendre pour son

---

1. Gauche Prolétarienne.

grade : elle prit la couleur d'une glace à la pistache. Tel un flic américain rappelant ses droits constitutionnels au malchanceux qu'il vient de serrer, Franz dit gaiement que, bien sûr, Arlette pouvait faire ce qu'elle voulait de son côté.

— Arlette n'est pas ta propriété, espèce de pourri, intervint cette garce de Minnie (alors que tout allait si bien).

— C'est justement ce que je lui explique.

— Tu lui expliques tout le contraire. Tu la traites comme une poupée de chiffon. Tu lui concèdes un droit qu'elle a déjà, du haut de ton phallus de merde.

— T'es pas clair dans ta tête, conclut le sadhou.

Le lendemain et les jours suivants, Arlette fut vraiment au poil. Très calme, libérée jusqu'à l'os. De plus en plus souvent, Franz s'en allait dormir sous les combles, où la Collaboratrice avait son nid. « Allez, va la rejoindre. Tu en meurs d'envie », lâchait Arlette. Cette élégance le ravissait. Quel talent dans le décoincé! Une fille extra. Franz l'aima comme jamais. C'était devenu comme une sœur, Arlette, en plus du reste. Il osa même en faire sa complice et poussa l'ingénuité jusqu'à lui donner des comptes rendus. Un jour, lui montrant son oiseau :

— Regarde cette sainte nitouche, elle m'a presque écorché la queue avec ses dents. Franchement, t'aurais cru ça d'une plouc orthodoxe?

Le sadhou approuvait ces bonnes vibrations de sexualité naturelle. Il était de passage pour quelques jours, en fait depuis deux mois. Avec son sac de toile molle en bandoulière et ses deux chemises indiennes, il allait ainsi d'une communauté à l'autre, semblable à un employé d'intérim. En dépit de son nouveau trip mao, Franz l'hébergeait parce qu'il jouait très bien du sitar et qu'il avait toujours de l'afghan, *vraiment de la bonne merde*. Le sadhou s'était totalement réconcilié avec son corps. Il avait un peu tendance à en faire profiter les autres, ainsi en chiant la porte ouverte. Il s'attirait parfois les réflexions d'un militant *un peu square* mais ses arguments étaient sans réplique :

— T'es pas clair dans ta tête, disait-il.

Un soir que le sadhou avait apporté vraiment de la *très* bonne merde, mis un disque de Ravi Shankar, brûlé des kilos d'encens et le toutim, Franz le vit de ses yeux rouler sur Arlette au milieu des coussins. Ils furent bientôt à moitié nus. La Collaboratrice somnolait dans un coin. Dans un autre, Minnie tirait sur son stick. Elle matait l'accomplissement de la vengeance d'Arlette avec un sourire de nonne.

Franz se tapa cette nuit-là une demi-barrette d'afghan et

500 grammes de vodka. Il eut à un moment conscience qu'une main se glissait dans sa braguette. C'était Minnie. Il alla se coller contre ses reins parmi les coussins de chintz, il défit le jean de Minnie, baissa son slip Mickey mais il fut évident qu'il bandait mou : Franz s'endormit bientôt pour le compte, n'ouvrant les yeux qu'une fois pour entrevoir un bout d'Arlette et du sadhou roupillant sous un châle, puis Minnie et la Collaboratrice enlacées, se mouvant doucement sous les tréteaux. A son réveil, la pièce était glacée et l'aube dégouttait sur les vitres. Il régnait une odeur écœurante de shit et d'encens refroidis, mêlée à de la haine chaude. Le sadhou et Arlette s'étaient éclipsés.

La Collaboratrice se mit bientôt à la vaisselle. Franz faisait la gueule. Minnie était au contraire d'une bonne humeur tout à fait crispante. C'était la première fois qu'elle suçait une fille, disait-elle, toujours de sa voix de dame d'œuvre, et comme c'était bon. Cela avait le goût de la mer, là-bas, à Pétaouchnokos.

Il fallait tout essayer. « La preuve du pudding, c'est qu'on le mange », a dit Engels.

L'épisode suivant nous montre Arlette devenue *free lance* et prenant la route en compagnie du sadhou, avec le projet d'une série sur la condition des femmes bengalies ; la Collaboratrice brutalement arrachée à Lesbos et Gomorrhe par Roger le Prolo, lequel fit, les poings en avant, un come back exagérément viril ; Minnie enfin, installée, selon ses propres termes, dans une *relation très conflictuelle* avec Franz. Elle connut un avortement selon la méthode Karman et trois mois d'*établissement* dans une fabrique de biscuits, où elle tourna clandestinement un film en couleurs locales sur l'exploitation des travailleuses.

Au retour d'Arlette et du sadhou, la base rouge du XX⁰ arrondissement devint quelque chose qui tenait du phalanstère et de la sous-location, avec chambres privatives mais un grand espace à vivre, une machine à laver monstrueuse et deux enfants confiés par le Comité d'Action des Prisonniers, qui piochaient dans le frigo quand ils avaient faim. Minnie traversa, selon ses propres termes, *une période complètement schizo, avec des bouffées délirantes, de l'ordre du décrochement par rapport au vécu.* Elle quitta ses sœurs de l'usine, retourna à la pub, se sentit en trois minutes atrocement coupable et changea d'analyste. Son père lui avait laissé une liberté qu'elle ne désirait pas et cela faussait toute *sa relation aux gens.* Toujours selon ses termes propres.

Jamais à court d'impulsions, Arlette envisagea de s'établir à Ibiza, d'ouvrir un restaurant différent ou de fonder une école parallèle. On opta pour le restaurant. Arlette superviserait la cuisine et Minnie s'occuperait des relations publiques tout en restant

(« pour croûter ») dans la pub. Franz faisait son affaire de la logistique. Une nouvelle Collaboratrice se chargerait du reste.

Il y aurait aussi Malek, un Tunisien mao mais spontex, qui possédait un CAP de cuisinier, et Baloo, un jeune patient de l'analyste anti-psy de Minnie, que celui-ci voulait faire échapper à l'Institution.

La position de Malek était qu'il ne fallait pas abandonner les plaisirs de la table à la bourgeoisie. Il créa une variante prolétarienne de la soupe aux truffes de Bocuse en remplaçant les truffes par des pommes de terre. Pourtant tout se gâta très vite, non qu'on manquât de clients mais qu'il y en eût trop : ils mangeaient selon leur appétit et payaient d'après leurs moyens. Le glas fut sonné lorsque Baloo fit une crise de végétarisme et se mit à frapper les convives à coups de lapin mort.

Par une relation d'un pote, Arlette réussit à entrer dans un *journal normal*, car « travailler avec des bonnes femmes n'était plus possible ». Avec l'argent lâché par son père, Minnie ouvrit un salon de thé où l'on proposait des tartes aux poireaux et quelques plats macro. La nouvelle Collaboratrice eut mission de s'en occuper. L'endroit servait en même temps de galerie-photo. Les potes de la pub et les potasses de la presse firent le fond de la clientèle. La Collaboratrice se mêla, hélas! d'épouser peu après un sapeur-pompier *très beauf* et cessa bientôt d'être une super copine pour virer à la sale petite-bourgeoise. Sous l'impulsion du beauf, elle exigea le paiement de ses heures supplémentaires, la délivrance d'un bulletin de salaire et intenta même une action aux Prud'hommes. Ce fut très vite la fin de *Thé-au-riz*.

Franz s'était dépris de ses recherches sur le son urbain au profit du rock dur. Il créa une sorte de festival en grande banlieue, se mit au gros cube et fréquenta la bande de la Bastille. Il portait un brillant à l'oreille et du fard aux paupières. Un peigne et une brosse à dents dépassaient de la poche de son Levi's et Franz disait souvent que sa moto, sa brosse, son peigne et lui pouvaient subsister n'importe où. A ce moment précis, Minnie se mit à vouloir un enfant de toute urgence et, si possible, quinze, afin (selon ses propres termes) de *ne pas reproduire le schéma familial*. Après des nuits passées en querelles, Franz lui céda et l'accouchement Leboyer eut lieu l'hiver suivant. Il se déroula comme l'avortement Karman, dans un climat de franche et saine camaraderie. Ce fut un fils : Salomon. A la suite de quoi, Minnie voulut un mariage juif. Elle avait, disait-elle, *occulté ses racines* et *le regard de la Loi manquait à l'accomplissement de sa jouissance*. Après des jours et des nuits de violentes querelles, Franz lui accorda le mariage, « puisqu'à cette gonzesse il fallait du rituel », mais civil. Il n'avait nullement l'intention par ailleurs de se faire découper la rondelle à son âge. Minnie poursuivit sa quête de la Loi dans tous les azimuts et caressa l'idée d'entrer au PCF, lequel s'y entendait.

Arlette travaille aujourd'hui à La Cinq. Elle vit avec Pierre, un énarque, expert au PS et familier des cabinets. Elle a deux enfants. Minnie et Arlette se sont longtemps perdues de vue. C'est Nita qui les a fait se retrouver car on se retrouve toujours à Paris. « J'ai eu un autre parcours que ces nanas, m'a expliqué un jour Nita : Un cheminement plutôt anar. » Née « dans le prêtap », elle avait contribué à la révolution en montant un *lieu* où on pouvait troquer ses habits. Nita a fait aussi du théâtre de rue aux portes de Flins et elle s'est pas mal chargée de lutter contre la *rénovation-déportation* de Paris.

Aujourd'hui, elle s'occupe d'une agence de modèles, et aussi de Boris et d'Alvaro. Ce sont les deux (faux) jumeaux qu'elle a eus d'Alphonse, un architecte. Alf, de son côté, avait, si l'on peut dire, apporté sa pierre en refusant de construire pour le système pendant sept ans.

Nita avait connu Minnie à la crèche sauvage des Beaux-Arts. Plus tard, c'est elle qui a persuadé Minnie de faire entrer Salomon à l'École Alsacienne et surtout, qui a permis cet exploit. L'enfant y retrouva Boris et Alvaro, inscrits là dès l'état d'embryon, ainsi que Suzanne, «la fille de Pierre d'avant Arlette », et c'est ainsi que la boucle se boucla.

Franz avait toujours rêvé pour Salomon de l'École Alsacienne. En rien par snobisme. A cause de la pédagogie. Minnie, longtemps, ne fut pas d'accord. C'était une question de principe. Elle défendait « l'école pour tous ». Par ailleurs, elle avait pu se faire pistonner pour inscrire Salomon dans une école publique *de pointe*, où son fils avait passé deux années pointues, assis en rond avec les autres et le dos au tableau et défense d'apprendre ses tables. Minnie céda quand Franz lui eut démontré que l'École Alsacienne était « ce qui se rapprochait le plus de leurs utopies » :

— Bon, l'environnement n'est pas génial, il y a la moitié du *Who's Who* et je comprends que ça te fasse chier. Mais on n'est pas obligés de fréquenter tous ces bourges. Que l'autre emmerdeur de petit Salo se sente bien dans sa peau, un point c'est tout.

L'École Alsacienne leur a finalement permis d'approcher pas mal de Gens Utiles et Vraiment Importants : à Paris, les enfants servent souvent d'entremetteurs. Franz et Minnie tiennent à marquer cependant qu'ils ne sont en rien des *bourges*. Encore moins des *mondains*. C'est par nécessité qu'il ont changé de vie. Par bon sens. Prenez l'avion, disent-ils. Au temps de nos premiers voyages, on pouvait encore aller dans le poste de pilotage serrer la pogne au commandant (toujours leur manie des leaders). Mais l'avion, de nos jours, est vraiment devenu *immonde*.

Pourtant, s'il n'y a plus que la classe club qui soit encore *possible* (« quand on n'a pas assez de blé pour les prems »), ce n'est pas à cause de tous ces beaufs qui s'entassent en économique. « C'est juste pour pouvoir, ne serait-ce qu'allonger les quilles. » *Ne serait-ce* est leur mot d'excuses. Ainsi pour les soirées. Ils ne vont à aucune soirée. Ils font seulement un tour à toutes : « Ne serait-ce que pour voir la faune » (Repérer s'il y a *du beau linge*).

On n'a jamais l'intention d'aller nulle part à Paris : on ira peut-être faire un tour.

Nita n'a pas de ces complexes. « Elle est née pour le top », dit la tante qui l'a élevée. Elle a accouché dans la seule clinique *possible* qui, pourtant, affirme-t-elle aujourd'hui, est un *endroit nul*. Avec l'appui d'Alphonse, ses relations dans le chiffon et le secours de quelques parents d'élèves alsacos bien choisis, son destin est tracé. Déjà elle survit sur un grand pied. Si elle a un problème de fuite avec son voisin du dessus, elle s'adresse à un copain ténor du barreau. Le ministre de l'Intérieur a en charge de retrouver son portefeuille oublié en gare de Vintimille. Un superman de la psychothérapie s'occupe de l'âme des jumeaux (ils ont des *problèmes*). Mac Enroe échange quelques balles avec eux tous les matins. Le dentiste de Fabius surveille leurs ratiches 24 heures sur 24. La voyante de Nita suit également des ministres et son psy lacanien a un client « encore au-dessus, dit-on ». Ses contraventions s'entassent sur le bureau du préfet de Police. Son jardinier est celui de Catherine Deneuve. Son champagne est le préféré de Gisèle Halimi. Sonia Rykiel lui tricote des chaussettes. Alaïa recoud ses épaulettes. Schwarzenberg a l'exclusivité de ses cancers. Elle lorgne déjà une concession au cimetière Montparnasse.

La plupart des Parisiens ont une liste de SOS à côté du téléphone. Elle, c'est le *Who's Who*. Je ne suis pas sûr que son plombier n'y ait point sa notice. L'existence de Nita est réglée comme l'était une vie de province avant 14. Les lieux, les êtres et les choses, tout y est prévisible [1]. C'est qu'il y a très peu de fabricants de sorbets, d'émissions de télé, de trous perdus en Lozère, de prépas HEC et de spécialistes des soins de cheveux qui soient possibles. Arrive ce moment, dans les destinées parisiennes, où ceux qui ont les moyens de choisir n'ont plus aucun choix. Leur existence se fige. Il y règne une ambiance d'Hôtel de la Plage, avec demi-pension. Tout changement au menu est impensable.

---

1. D'où cette rage d'avoir quand même *ses* adresses (pour la confiture, le dégriffé, la sagesse tibétaine) et de les garder secrètes tout en faisant savoir qu'elles existent. Nita ne les confie qu'à des personnes sûres, de préférence à des journalistes.

Arlette et Nita sont tout d'une pièce. On les sait incapables de
bassesse et d'intrigue sauf, bien sûr, s'il s'agit d'entrer aux Bains,
à Janson, à Roland-Garros, à Dauphine, en bas chez Lipp, ce soir
chez Robuchon [1], dans un avion surbooké ou au concert des
Stones (« c'est notre culture »), d'être invité à Aix au Festival, à
Nîmes à la Feria, d'avoir un prix chez Cambusat, d'être reçu à
l'Élysée, d'obtenir un sourire d'Adjani ou un supplément de frites
de Maurice, d'être assuré d'avoir une part de tarte au Gévaudan
(« un bistrot comme avant »), de trouver des amphétamines, de
faire réparer son chauffe-eau dans la nuit de Noël, de dénicher
du caviar de contrebande ou de changer pour une place près de
la fenêtre. On les voit alors frayer avec des gens qu'elles haïssent,
calculer, s'aplatir, manœuvrer, renvoyer des ascenseurs, sans
parler des monte-plats – et cela peut durer des mois et des années
– au nom de la croyance très parisienne qu'il n'y a, depuis le
9 thermidor au soir, plus aucune personne dans cette ville qui soit
incorruptible. Elles révèlent dans ces occasions un sens de l'adaptation au milieu, une aptitude au mimétisme qu'on rencontre
chez très peu d'espèces du règne animal, telles que les phasmes et
certains orthoptères.

La *grande copine* de Pierre, Poupie, a fait l'emplette d'une
mansarde rue Malebranche. C'était avant la désectorisation. Le
but était de domicilier son fils dans le quartier, d'augmenter ses
chances d'entrer à Louis-le-Grand ou dans je ne sais plus lequel
de ces établissements où tout-le-monde-est-bon-parce-qu'on-vire-
tous-les-autres. Viré, c'est d'ailleurs le sort que vient de connaître
Paulo, le fils de Pierre et d'Arlette. Il a été balancé de chez les
pédagogues alsacos et se retrouve, dit-elle, dans une *école de
quartier absolument merdique*, où l'on a depuis longtemps
renoncé à compter les Portos. Nita s'essaie à consoler Arlette en
lui expliquant que l'École d'Outre-Vosges, *finalement c'est assez
nul*. Il en va ainsi à peu près de tout ce dont Nita peut à peine se
passer pour dormir : c'est nul, c'est devenu nul ou bien c'est de
plus en plus nul.

Le bilan globalement positif du PCF se résume à la production
obstinée, régulière et féconde d'anciens membres du PCF. Il en va
de même avec les événements de Mai. Minnie et Franz, Arlette et
Pierre, Alphonse et Nita ont trois cercles d'amis. Les vrais grands
amis ont fait 68. La plupart de ceux qui comptent ont fait 68. La
moitié de ceux qui servent ont fait 68. Comme le Narrateur allait
du côté de chez Swann ou du côté de Guermantes, tout un petit

---

1. Liste révisée tous les ans, bien sûr, en fonction des engouements.

peuple parisien est ainsi passé sans effort du côté de la cognée au côté du manche.

L'Histoire retiendra sa dette envers Mitterrand. La gauche Lacan-Poilâne eut accès aux honneurs. La déroute de Passy compta parmi ses délices. Elle prit des positions, s'exerça à la vie mondaine, s'allia au show biz et au chiffon, s'habitua aux coulisses, aux visites privées et surtout aux privilèges, qui sont à Paris des friandises aussi réputées qu'à Cambrai les bêtises.

Il y a des moments où l'on meurt pour ses idées, d'autres où c'est par elles qu'on parvient. La réussite est la consolation du survivant. D'une révolte libertaire sortit une nouvelle noblesse d'État, simplement elle aimait le rock et la BD, elle défendait les Beurs et les acquis de la Sécurité sociale. Il y avait les seigneurs de l'argent, le socialisme aurait, lui, ses barons d'Empire : arrivés pour l'essentiel au mérite, parfois au copinage, souvent par un mélange des deux, et minés par l'angoisse touchante de *faire plouc* :

— On y va ?

— Ah non, c'est l'heure des ploucs !

— Veux-tu *bien* m'enlever ce sautoir de merde.

— Il ne faut pas leur apporter des fleurs. C'est mieux de les envoyer avant.

— Je t'en conjure, ne lui dis pas Monsieur. Appelle-le Robert ou bien alors, tu ne l'appelles pas.

— Et surtout, souviens-toi : une femme ne doit pas se lever pour dire bonjour, sauf s'il s'agit d'un petit vieux ou d'une espèce d'archevêque.

— La fourchette, est-ce qu'il faut mettre les dents vers le bas ou vers le haut ?

— Vire-moi cette bouteille de Casanis. Ça fait *cheap*.

— Recevons-les comme si c'était n'importe qui, le mieux, c'est d'être complètement simple.

— Ton costard, c'est blaireau à chier. On dirait que tu viens d'ôter les étiquettes.

L'incroyable longévité de la droite avait été leur chemin de croix. Leur agonie de Franco à eux. Après chaque scrutin, Arlette prenait la route de l'exil : « Revoir leurs gueules, je supporterai jamais. Cette fois on se barre », disait-elle à Pierre qui pantouflait dans la pâte alimentaire. Au gré de ses lectures, elle caressa l'idée de s'installer à San Francisco, à Formentera, à Londres, à Berlin, à Barcelone, à Tanger ou même d'aller vivre là-bas, sur le Rocher, à Petaouchnokos. Bien sûr, elle écrirait (des polars, de la SF, des essais, un livre de recettes du genre *Saveurs de mon enfance*). Elle ouvrirait à nouveau un restaurant. Si au moins ce ringard de Mitterrand voulait bien dégager, ouvrant la voie à une alternance moderne. Durant la traversée du désert, le petit noyau n'avait pas eu de mots assez durs pour ce vieux politicard. « Et tellement grossier, disait Minnie. Un jour il m'a bousculée sur le trottoir, les mains aux poches, avec son petit chapeau ridicule. » Le 10 mai, c'était devenu un sacré mec. Le 10 juin, un sauveur. Le 10 juillet, ils apprirent de bonne source que c'était aussi un homme très fin, très simple, très ouvert. *En privé.* (Paris est une ville où les hommes politiques sont beaucoup mieux *en privé.* A se demander pourquoi ils se donnent tout ce mal pour être antipathiques en public. Le cas le plus récurrent est celui de Chirac). Bref, sous le crapaud perçait la grenouille et Napoléatre sous Bonapon.

S'il n'était pas entouré de tous ces instits barbus. Sans parler des bonnes sœurs défroquées du PSU.

Pierre, lui, était en carte depuis 1977. Il finit par entrer dans un cabinet ministériel où il retrouva deux anciens copains trotskistes (Il avait eu lui aussi *sa période*). C'est ainsi qu'Arlette fut présentée à la Cour, où son bouillonnement d'idées a séduit. Ce fut bientôt le tour d'Alphonse, et vint ce grand jour où Alf et Nita furent conviés au déjeuner du Président. Il y eut de la noisette d'agneau en chevreuil, *pas mal*, le pinard était *divin* mais Tonton se fit apporter un stèque. Par chance, on n'avait pas eu à parler de la santé des ormes. Le Président était drôle et féroce à la fois, tellement séduisant, et, curieusement, il savait écouter (comme on dit à Paris, afin de suggérer qu'on a *des idées à vendre*). Alf prit quelques notes dans le taxi du retour, en vue de, peut-être, un livre.

Pierre se rapprocha de Franz : ne désirait-il pas entrer dans la mouvance du PS? Il pourrait y vendre ses propositions pour doter ce pays d'une vraie politique musicale. A moins que ce ne fût Franz qui eût fait des avances à Pierre, je ne sais plus, quelle importance : Franz n'alla qu'une fois à la réunion du comité des experts et ce fut le jour où Mitterrand s'y pointa.

Ils pouvaient enfin vivre à leur idée, sans avoir à penser tous les jours à leurs idées. Ils avaient mis celles-ci au pouvoir comme on met ses enfants en pension : sans trop savoir si c'était pour s'en débarrasser ou pour assurer leur avenir.

La mauvaise conscience avait disparu. Gagner de l'argent profitait au pays. Ils s'occupaient des droits de l'homme et de la faim dans le monde, c'est-à-dire là-bas. Ils étaient passés de la reconstitution de ligue dissoute à l'association de bienfaiteurs. Les barbus de leur côté se rasaient. Ils ne se vêtaient plus chez Alonzi Alonzo. Les hommes s'habillaient chez Lassance ou même Cifonelli. Les dames chez Azarro, Alaïa, Saint Laurent. Il y en avait bien sûr d'indécrottables : ministres ou pas, ceux-là finiront ringards comme ils sont nés. Aucune *star* à leurs réceptions, lesquelles sont *invraisemblables*. C'est qu'il n'y a personne pour *gérer leur carnet d'adresses*. « Regarde-moi ces ploucards, on se demande d'où ils les sortent », disait Arlette en désignant deux êtres suants et mal fagotés, un petit gros et un grand maigre qui se tenaient à l'écart, en fait deux savants dont leurs pairs assurent qu'ils auront un jour le Nobel.

Ils donnent aux écrivains l'impression qu'ils ont lu leurs livres. Ils retiennent par cœur qui vient d'être opéré d'un enfant et qui vient d'accoucher d'un cancer. Ils ont toujours peur des gaffes.

Dans les soirées où ils vont *faire un tour*, ils se donnent un mal fou, par des itinéraires compliqués, pour tomber sous le regard des divas mais sans les regarder, bien sûr, ou sinon par accident. Cela ferait chasseur d'autographes. Les créatures qu'on ne regarde jamais à Paris sont les pauvres, les pigeons et les célébrités. Au buffet, Nita ne voit personne. Son cœur palpite, en revanche, de l'espoir d'être vue. Voici que, par bonheur, la star s'approche, en zigzags, serrant des mains, elle lui fait un clin d'œil, sourit, lui adresse la parole enfin. On se met à badiner. Si ce connard de petit photographe pouvait se pointer.

Nita évite soigneusement de *parler boutique* : ce qui fait de la star une star (son métier) est un sujet tabou. Quant au piston convoité (s'il s'agit d'une star *utile*), Nita n'en dira bien sûr pas un mot. Non, il vaut mieux causer de n'importe quoi. De son camélia, par exemple. A-t-il résisté à l'hiver ? Le mien, je ne sais pas l'arroser. Etc. La traiter comme une personne sans qualités mais sur un certain ton. Une soirée parisienne se reconnaît à ce que tout le monde fait semblant d'être normal. Les célébrités et les agonisants sont deux catégories de l'espèce humaine à qui on ne parle que de la pluie et du beau temps.

Les inconnus sont souvent mieux traités. C'est qu'il faut les situer. Les Parisiens ont très peur de l'inconnu. Aussi est-il difficile de persévérer dans cet état : tout doit avoir un nom ici. Il est dans quel racket, ce gugusse qui s'est collé aux basques du Ministre ? Serait-ce un frimeur ? Un parasite ? Le cousin du chef des huissiers ? Ou bien une éminence grise ? Une puissance de l'ombre ? Pis que tout : UNE STAR QU'ON NE CONNAÎT PAS ? Nita n'y tient plus, elle s'arrange, brusquement maladroite, un peu avide, pour se le faire présenter. Ou bien elle se jette carrément sur cette énigme ambulante, habillée par – disons, mmh – Versace je crois bien, d'ailleurs comme mec plutôt baisable, un poil *overdressed* peut-être. Elle le fait parler de sa boutique, cette fois, pas qu'un peu. Elle le sonde à outrance. Tout à l'heure, elle ira vers Arlette : « Pendant que tu faisais ta pute avec Cordanœud, moi je causais tranquillos avec Bourbidon. En privé il est assez craquant, je dois dire. Comment ? »

« COMMENT, TU SAIS PAS QUI EST BOURBIDON ? »

L'inconnu est l'attraction des soirées parisiennes.

Le retour de la droite en 1986 avait fait sur eux l'effet de la fausse libération de Strasbourg sur les Alsaciens. Par bonheur, Il resta. Il voulut partager les souffrances de Son peuple. On ne découvrit cette fois aucune raison majeure de s'exiler sur Jupiter. Pourtant, Chirac, Léotard, Pasqua... PASQUA ! « Je ne peux pas voir ces gens-là, disait Alf — devenu un bâtisseur à la mode. J'espère bien avoir le minimum de contacts. D'ailleurs, je ne suis pas sur leurs listes, continuait-il (espérant bien être inondé de cartons, ne fût-ce que pour se rassurer sur sa cote et raconter partout qu'il n'irait pas). Ce qu'il me reste de conscience sociale m'interdit de leur servir la soupe. »

C'est une locution qui revient souvent dans le petit noyau : « Ce qu'il me reste de conscience sociale (ou : politique, morale). » Ils conservent l'empreinte de leur révolte, comme une mémoire de l'eau. Dans la vie de tous les jours, leurs divergences avec la droite se réduisent souvent à l'opinion qu'ils ont des carrés Hermès. On ne sait plus très bien s'ils sont marqués ou griffés à gauche. A part quoi, si l'on creuse un peu, ils n'ont rien en commun avec *ces gens-là*.

C'est leur fameux numéro : on est tous des bourges, surtout eux.

Ces connards de syndicats. S'il n'y avait pas ce qu'il me reste de conscience sociale.

Moi aussi, je pourrais acheter et revendre des apparts. Mais ce qu'il me reste de conscience sociale.

L'IGF est une aberration mais je suis quand même pour. Sans doute ce qu'il me reste de conscience sociale.

Bon, ce qu'il me reste de conscience sociale me dit que tout le monde doit avoir accès aux plages, mais tu me feras jamais baigner là-bas.

Parmi *ces gens-là*, il y en eut de fréquentables. Des gens malins. Extrêmement séduisants. En privé. Paulette, elle m'a bluffé. Pochetru m'a fait du gringue. Bien sûr, ils veulent nous acheter. Ce qu'il me reste de conscience politique me dit que. Mais enfin, Pochetru, qu'est-ce qu'il a en commun avec un Pasqua ? Remarque, Pasqua, tu le verrais en privé. Pour une fois qu'on en a un qui vient vraiment du peuple et qui sort n'importe quoi, au lieu de sortir de l'ENA.

Ils avaient pris le virus. Ils renonçaient difficilement aux cartons et à toutes ces soirées où on se nourrissait de chair humaine et de ravioles au foie gras. Quand ils ne sortaient pas, ils recevaient. En général, des gens qui n'avaient rien à se dire mais dont le nom vous disait quelque chose.

Ils s'entraînaient au dîner comme on joue à la dînette.

Minnie a un fils *problématique*. Il est en plein dans sa période ado. Minnie vit *ça très mal*. Bien sûr, Salomon a été un peu secoué dans sa petite enfance : « Il a payé pour nos conneries. Mais enfin, il est insupportablement arrogant avec Malika. Il la traite comme sa bonne. J'ai fabriqué un sale petit-bourgeois de merde. Il n'admet pas de l'aider à porter trois verres au prétexte qu'elle est payée pour. »

Le petit Salo ne s'intéresse qu'au fric, au cinéma gore et au traitement de texte, explique Minnie. Il est très rejetant à mon égard, il me sadise à fond la caisse. Il m'appelle la Veuve Mao. Il me donnerait à la Gestapo pour une place au Central de Roland-Garros. il dort avec ses Weston. Je ne vous raconte pas ce qu'il m'a avoué l'autre jour. A son CM2-Freinet – qui, entre nous, valait bien l'Alsacienne – il apprenait ses tables en cachette. Il dit que ça lui faisait gagner du temps. J'ai pondu un Alien. Remarquez, toutes ces bassesses qu'on a fait pour le sortir de cette jungle et lui donner un vernis, ça n'a pas été complètement peanuts. Ce petit con a beaucoup de succès auprès des minettes et il a décroché son C avec mention. Mon fils est un nul, un crétin fini mais il a de bons moments. Quand je pense aux thunes qu'on a englouties en immersions linguistiques et en orthodontie. Finalement, j'ai eu tout bon de lui faire prendre option allemand. Vous savez que tout ce qui est boche me fout les boules, c'est dans mes gènes, j'y peux rien, mais c'est quand même la filière royale.

— Ces petites ordures qu'on a pondues, dit Nita. Moi, Bobo ne pense déjà qu'à créer sa boîte. Boîte de quoi, je lui demande. Il s'en fout. Il répète ce qu'il entend. D'ailleurs, Boris écrase déjà son frère.

— C'est souvent comme ça avec les jumeaux, dit Franz.

— Vous connaissez la fille de Poupie? dit Nita.

— La charmante? dit Arlette. Celle qui ressemble à son père?

— Isabelle. Imagine qu'elle a fugué avec un Beur banlieue. Un mec hyperbaisant remarque, je l'ai vu dans la bande à Désir. Hyper militant et tout mais bon : trois jours sans nouvelles. Je te raconte pas Poupie. Et puis paf, téléphone. La gamine en larmes.

Elle s'était retrouvée à Marseille chez des vrais Groseille, tu vois, le genre affreux, sale et méchant, les nanas on les boucle, and so on. Et tu sais ce qu'elle lui demande à Poupie, sa chérie? Du pognon pour rentrer en avion, le train la branchait pas, la mignonne. Poupie dit qu'avec sa fille elle n'a aucun problème de génération. C'est juste qu'elles ne sont pas du même milieu. Vous savez que le vieux à Poupie était docker.

— C'est difficile à oublier, dit Alf, elle le balance à tous les dîners. En fait, si tu creuses, il était contremaître. Moi, mon père était un paysan, un vrai pauvre et c'est d'ailleurs pourquoi je ne serai jamais du côté de ces gens-là. Mais je ne vais pas la ramener pour ça.

— C'est surtout que t'es devenu le bon bourge sans te l'avouer, dit Franz. Tu vas plus jamais dans les banlieues et tu refuses de prendre le métro. T'es plus en prise avec la réalité des gens.

— Ça s'appelle la haine de soi, dit Minnie.

— Je m'excuse, les mecs, mais le métro, hein, quand tu peux l'éviter, bon. Faudrait être maso, dit Alf.

— Moi, c'est pareil, dit Nita. Depuis qu'ils ont supprimé les premières après 17 heures. Ce qu'il me reste de conscience sociale me souffle que c'est une bonne chose mais.

— Alf, j'aimerais bien connaître ton vieux, dit Pierre. Je suis tellement sûr qu'il me plairait.

— Bon, il est un peu beauf et complètement raciste mais il faut passer par-dessus, dit Alf. C'est un milieu psycho-rigide. Ma mère est pour la peine de mort avec torture.

— Ils sont totalement émouvants tous les deux, dit Nita. Quand je les vois nous dire au revoir à la porte du potager, ils me font complètement fondre.

— Ma vieille, tu goûterais sa tripotée au lard. C'est à tomber. De la vraie bonne cuisine de pauvres, dit Alf.

— Tout ce qu'on aime, dit Franz.

— Dis donc, espèce d'ordure pourrie, ils devaient s'occuper de nous élever un cochon, dit Arlette.

— C'est pas trop tard, dit Alf. Si tu veux, je les appelle to morrow. Mais il faut qu'on se mette à quatre ou cinq.

— Ça ne fait jamais que six ans qu'on en parle, dit Franz.

— Sans moi, les mecs, dit Minnie. Je peux pas recevoir trente kilos de cochon par la poste à la maison. Si mon paternel tombe là-dessus.

— Quoi, il est devenu casher ton vieux? dit Pierre.

— Arrête, c'est elle qui fait son retour aux sources, dit Franz. Ce qu'elle peut me brouter avec ça.

— T'as tort, dit Nita. C'est du cochon sublime. Il est nourri à la **glandée**.

— J'ai une autre idée, dit Alf. Si on allait là-bas pour la tuée?

— La tuer qui? dit Minnie.

— La tuée du cochon, dit Alf.

— Sans moi, les mecs, dit Minnie.

— T'as tort, dit Nita. C'est tout un rituel. Même sur le plan ethno, c'est passionnant.

— Moi je trouve ton idée complètement géniale, dit Arlette. Je suis hyper bookée mais je m'arrangerai. On pourrait en profiter pour opérer une descente sur Vézelay. Depuis le temps que Pierre me bassine avec Meneau.

— Si on faisait mon anniversaire là-bas? dit Pierre.

— A propos, j'ai une super idée de cadeau pour toi, dit Alf.

— Alors on y va? dit Franz. Sûr sûr?

— Moi je suis partante, dit Arlette. Alf, tu t'occupes du goret dès demain.

— OK, dit Alf, j'appelle mes vieux et toi, tu balances un coup de biniou à Vézelay, mais c'est pas sûr qu'ils aient de la place.

— Je dois pouvoir me démerder en passant par la télé, dit Arlette.

— Je ne peux pas y aller dans tous les cas de figure, dit Minnie. Mon agenda est booké et puis mon crétin de fils doit passer un concours pour je ne sais plus quelle prépa pourrie. Il va se planter de toute façon mais il vaut mieux que je sois dans son dos.

— Il y a un lézard, dit Franz. Ça va tomber au moment de la fête à Poupie.

— La fête à Poupie, on s'en tape, dit Arlette.

— C'est toujours cheap chez Poupie, dit Pierre.

— A propos, vous avez reçu le carton de Jacquot? dit Nita.

— Peut-être bien, dit Franz, c'est quand déjà?

— Mardi ou mercredi, je sais plus. J'ai dû le noter quelque part, dit Alf.

— Mardi, j'en suis presque sûre, dit Arlette. Moi ça me fait complètement chier d'y aller.

— Je pensais juste faire un tour histoire de voir la faune, dit Nita.

— Moi j'irai comme les ploucs, à 9 heures, dit Minnie. J'ai un rencart après.

— Un rencart? dit Nita. T'es au courant, Franz?

— Un peu, dit Franz. C'est son fournisseur.

— Quoi? La drepou? dit Nita.

— Ah non, je t'interdis de reprendre ces saloperies, dit Arlette.

— Arrête, je suis pas accro, dit Minnie. C'est juste là, pour le boulot.

— Moi je peux avoir trois charrettes, je touche pas à la dope, dit Alf.

— A la sauterie du 14 juillet, j'ai vu un guignol qui s'en mettait plein les narines dans un coin, dit Pierre. Je ne vous dis pas qui, vous seriez surpris.

— T'étais à l'Élysée, toi? dit Alf. Je t'ai pas vu.

— Tu m'étonnes, dit Pierre. C'était la Foire de Paris.

— Moi, j'y mets plus les pieds, dit Franz. De toute façon, les mondanités.

— D'ailleurs, là, on n'était pas vraiment invités, dit Minnie. Après le papier qu'il leur a balancé dans *Libé* sur l'enseignement de la musique.

— Tu connais pas ton bonheur, dit Arlette. Nous on s'est encore fait du socialo avant hier. Il a fallu se taper Fafa.

— L'horreur, dit Alf.

— Fafounette m'a branché toute la soirée, dit Pierre.

— La totale, dit Nita.

— Ça nous a fait complètement chier mais on était obligés, dit Arlette. Heureusement, il y avait Schwarzie.

— Je suis pas d'accord, dit Minnie. Dans le privé, Fafa est complètement craquant.

— Dis donc, à propos de Schwarzie, dit Nita. Pense à lui parler pour Poupie.

— Comment ça, quoi, Poupie? dit Arlette. Personne me met dans le coup.

— C'est pas pour elle, dit Nita. C'est le Mauricien qui l'aide à la boutique.

— Je le plains, dit Franz, il a pas fini d'en baver. C'est peut-être un grand médecin mais quand je le vois là, dans les soirées, entouré de toutes ses rémissions, je me dis dans ma tête : « Moi, tu m'auras pas. »

— T'irais quand même pas voir Israël? dit Arlette.

— Je croyais que tu connaissais mieux Franz, dit Minnie. C'est le genre à se laisser crever.

— On dit ça quand on va bien, dit Alf.

— Monsieur nous la joue Cioran, dit Arlette.

— Tu le verrais affalé devant sa télé, dit Minnie. Il regarde les trucs les plus nuls. Il se mange n'importe quoi. Plus qu'c'est débile, mieux qu'ça lui plaît.

— La télé est nulle de toute façon, dit Alf.

— Justement, c'est tout ça qu'il aime, dit Minnie.

— Pour moi, y a rien de mieux qu'un brave soap à deux sous, dit Franz.

— Moi, je bande que pour *Supercopter*, dit Nita. La maison peut s'écrouler, je rate pas un épisode. Alf trouve que c'est à vomir mais Bornigne, ce type me fait craquer.

ETHNIES

LES PARENTS D'ÉLÈVE

Les rescapés de la pilule − Leur obstination à grandir − Un métier, un avenir : engage-toi dans les Parents d'Élève − Où Antoine fait la connaissance de son premier Parent − Loisirs forcés à perpétuité − Aller au bac C − Le Transparent d'Élève − La Marrante d'Élève − Couper le cordon − Travailler son revers − Gérer son emploi du temps − Où l'on découvre que le shorinji kempo existe bel et bien et qu'il ne manquait plus que ça − Fils de filière et fils de pute − Aix a son Calisson, Paris son Temesta − Chez les coupeurs de tête : le Prof de Maths − Compétition − Ce qu'il advint de Pierrot − Pauvre Macha − Ce qu'il advint du prince Éric − Où l'on retrouve avec nostalgie la collection Signe de Piste.

La production d'enfants est strictement réglementée à Paris. En faire trop dans ce domaine peut vous conduire à l'exil : l'expérience montre qu'il est plus facile de niquer dans un 35 m² intra muros que d'y dénicher un cinq-pièces abordable. Les étrangers sont les derniers à s'obstiner dans ce créneau peu rentable : ils fournissent un tiers des écoliers.

Il y a 18 % de moins de vingt ans à Paris contre 28 % dans la petite couronne. Le vieux rend beaucoup mieux : 22 % de plus de soixante ans (contre 15 %). Mais faire un vieux prend du temps et c'est un produit qui ne tient pas la route.

Les Parisiens ont eu leurs Pim Pam Poum, on les appelait Gavroche ou Poulbot. Ils étaient arpètes, commis, télégraphistes. Maintenant, c'est en banlieue qu'on les trouve. Ils sont noirs ou arabes. Les blagues de Smaïn, c'est ce qu'on appelait en 1950 dans *Noir et Blanc* des « histoires de titis parisiens ».

Où sont les bandes de piafs qui hantaient les trottoirs, avec leurs balles en caoutchouc et leurs boîtes à savon ? Il y a si peu de place à Paris que deux écoles ont leur cour sur le toit. Des marmots, vous en voyez encore dans les squares, disputant aux

chiens [1] les bacs à sable et tapant sur les retraités à coups de petit
râteau. Ils vont souvent par paires. C'est à cause des nouveaux
traitements contre la stérilité qui fabriquent du jumeau sans le
faire exprès et qui engendrent aussi ce paradoxe : des bébés, non
seulement on en a très peu, mais on les a en double.

Bientôt, ces oiseaux rares s'égaillent dans la ville, qu'ils sil-
lonnent en patins, la tête perdue dans un Walkman. Avec leur tête
de manif NRJ. On nous les a changés en individus. Leur autonomie est précoce et même prénatale : la future maman ne cache
plus l'embryon parisien sous une robe en forme de rideau. Le
fœtus vraiment élégant est exposé au gaillard d'avant, façon mère
porteuse, excroissance choyée débordant du pantalon, précieuse
tumeur en proue : un corps étranger prêt à se détacher d'elle et à
se jeter en vociférant sur son Hatari.

Les disquettes sont leurs tartines.

On les rencontre serrés en maigres hardes dans quelques
réserves, autour des collèges et des lycées, sur les dalles des quartiers neufs. Il est interdit de les chasser. On peut leur donner à
manger. Parfois les caresser. Avec prudence.

Décimés par la pilule, ils ont une mentalité de survivants. Ils
s'appliquent à vieillir au plus vite. C'est leur grande ambition.
Passer directo du Walkman au Sonotone.

Ils ne sont bientôt plus des enfants. Ils grandissent énormément. Ils font des forêts de genoux dans le métro. (On va devoir
espacer les banquettes.) Ils sont en contact avec la drogue. Ils ont
des mœurs étranges. A table, ils se régalent avec des trucs qui ressemblent à des pots de peinture. Ils ont du mal à trouver un premier emploi. Ils habitent chez leurs parents. Encore plus bizarre :
ils vont au cinéma. Ils voient des films destinés aux jeunes qui
vont au cinéma.

On rencontre si peu de gamins qu'il n'existe plus *une politique
de la jeunesse*, ainsi qu'on disait autrefois, mais *une politique en
direction des jeunes*. C'est comme si on n'était jamais vraiment
sûr de pouvoir les toucher.

Quand le petit Parisien était fréquent, on le bricolait chez soi
avec les moyens du bord, la méthode Ogino et une cuvette, un
peu comme on faisait ses yaourts. C'était bien différent
d'aujourd'hui, où la production locale répond à des normes
d'hygiène et à des critères exigeants de qualité, eux-mêmes véri-
fiés par de nombreux tests. Faute de quoi le jeune n'est pas présentable. Surtout aux concours. L'enfant livré en vrac, sans garantie d'origine, est bientôt bon à jeter. Surtout du lycée.

On ne vit jamais dans cette ville autant de pédiatres pour aussi
peu d'enfants.

---

1. Deux à trois fois plus nombreux, les chiens.

Au fil des ans, le petit Parisien premier choix devint une denrée si précieuse qu'on se mit à l'entourer de soins constants. Ainsi naquit le Parent d'Élève, ce spécialiste formé sur le tas. Surtout le tas d'ennuis.

Voici deux générations, la plupart des enfants étaient issus de parents d'enfants. C'est l'enfant au contraire, quand il se change (par une mutation proprement effroyable) en élève, qui façonne jour après jour le Parent d'Élève. Ainsi y a-t-il, dans Paris, des bébés parents d'élève, des parents d'élève en proie à la puberté, des parents d'élève arrivés à l'âge adulte et, bientôt, des parents d'élève complètement dézingués, insomniaques, agités de tremblements, ne sachant plus où ils habitent, et bons pour la réforme.

Avec le PE, nous n'avons plus affaire à un rigolo mais à une mécanique de précision. On peut devenir parent d'enfant un soir de cuite, on ne s'improvise en rien Parent d'Élève ni entraîneur de yearling (à quoi le PE ressemble par bien des points). Il s'agit d'un véritable produit de laboratoire : le premier adulte *in vitro*.

Parent d'Élève, un genre en soi.

Le Parisien qui s'entête au bébé souvent le conçoit assez tard : quand il a pu décrocher son premier emploi, son deuxième appartement ou son troisième conjoint. Il ne voit d'abord que le bon côté de la chose. Ses petites fesses. Son gazouillis ignare. Bien sûr, ce bout de chair plein de plis menace à tout moment de tourner *à l'élève* mais il garde encore les apparences d'un nourrisson relativement inculte et muni de fronces protectrices. On peut s'en amuser comme d'un lionceau. Hélas : les dents vont lui pousser.

Il va falloir qu'il porte un appareil.

Le Parisien confie son chien à ses parents, son chat à ses amis, ses plantes à la gardienne, mais seuls des étrangers sont vraiment dignes d'avoir le soin de son enfant : on manque terriblement dans la capitale de grand-mères qui sachent assez d'anglais, de psycho-pédiatrie, de kendo, d'orthodontie et de calcul intégral pour assurer la maintenance d'un marmot.

Vous veillerez, Mamie, à ce qu'il ne mette pas ses doigts dans les prises de courant ni dans le terrible engrenage de l'échec scolaire.

C'est à l'aube des années 80 et d'une matinée de septembre qu'Antoine, mon pote, a connu son premier Parent d'Élève. Il ne s'était pas méfié : mon pote pensait trouver un simple parent d'enfant. Imaginez son désarroi.

On était à deux jours de la rentrée. Les fournitures scolaires brillaient comme des étals de pommes rouges. Antoine marchait, insouciant, à la rencontre du Parent. Pierrot l'accompagnait. Pierrot était son fils et son ami.

Ils arrivèrent à la porte du Parent. Éric vint leur ouvrir. Le fils du Parent. C'était un tout petit bonhomme, au teint de Paic Citron. Détail troublant : il tenait un livre à la main. Le Parent d'Élève, appelons-le Charles, était sous la douche. Il vint bientôt les accueillir avec un sourire brutal. Charles rentrait du jogging. Antoine rentrait de son lit.

Le PE se montra d'une jovialité harassante. Il se tenait face à Antoine tel un individu débarrassé de ses toxines devant une créature seulement débarbouillée. Selon l'usage parisien, Charles était le copain présumé d'une vague relation à mon pote. Cela bien sûr créait des liens immédiats, d'autant mieux que les deux enfants entraient en sixième au même endroit. Le plan d'Antoine était le suivant :

1) Qu'ils soient amis.
2) Qu'ils puissent pomper l'un sur l'autre.

Il apparut hélas que ces petits garçons ne boxaient pas dans la même catégorie. Éric était déjà programmé comme un logiciel. Il affichait son savoir à la demande. On dut se rendre à l'évidence : le livre à sa main droite était de Vercors et non d'Enid Blyton.

Faisant allusion à la carrière de son fils, Charles évoqua la nécessité, dans l'immédiat, d'un *bon bain de langue* et, pour le futur, ce rêve depuis longtemps caressé de lui voir *faire l'X* (« par quoi, dit Charles, avec simplicité, je suis passé moi aussi »).

Antoine se demanda ce qu'il pourrait envisager pour son Pierrot. D'un peu relevé. A tout hasard, il dit « Sciences-Po » (où il avait bien failli entrer). « Sciences-Po ? Ce n'est qu'une antichambre », laissa tomber le PE en peignoir. Il maniait d'une pogne un flacon de Braquemard fortement érigé et de l'autre s'enclaquait les joues d'une façon totalement enthousiaste. Comme dans les spots publicitaires. « Un coquetèle de jus de fruits ? proposa-t-il. Je viens d'en presser. » Pierrot se jeta dessus. Antoine refusa.

« Presser. » Charles avait une façon de dire cela qui vous faisait tomber de fatigue.

En serrant la main à Pierrot, Éric eut ces mots atroces : « On verra à la fin du trimestre qui c'est qui sera le meilleur. » (Anticipons : ce fut lui.) Antoine fut choqué, le PE aussi : « *Qui sera*, pas *c'est qui* », corrigea-t-il avec sévérité. « Éric a toujours adoré les challenges », il ajouta.

Dans la rue, Antoine dut expliquer à son fils qu'un bain de langue n'avait rien à voir avec un bain de bouche ni *le Silence de la Mer* avec *les Dents* du même endroit, et que faire l'X, c'était tout autre chose que d'écarter les jambes et les bras. Quant au *challenge*, c'était comme de jouer à faire pipi le plus loin. Antoine dit tout cela avec précaution mais l'enfant pâlit. Ils marchèrent en silence. Au kiosque, Antoine acheta *Pariscope* et vit qu'on donnait non loin *l'Invasion des Vers de vase*. Ils s'y ruèrent à la séance de midi. Pierrot faisait pas mal de cauchemars à l'époque et la vision d'un brave vieux film d'épouvante lui faisait toujours le plus grand bien. A la sortie, pourtant, il continuait de faire la gueule.

— Ça t'a pas plu? dit Antoine. Bon, ça ne vaut pas *l'Alerte aux Limaces rouges*, mais quand les vers se mettent à courir sous la peau du mec au milieu de la scène d'amour, et puis, quand le gros lombric sort par le nez de la petite fille, et...

Pierrot éclata en sanglots :

— Je veux pas chalinger avec Éric, hoqueta-t-il.

— Allez, t'en fais pas, dit Antoine. T'as vu ce nain xcé?

Quand arriva l'année de la Troisième, le nain s'était développé en long, en large et en profondeur. Outre les échecs et le violoncelle, il s'essayait à tous les nouveaux arts martiaux inventés par des moines shintoïstes au vi^e siècle. Il suivait des stages tennis-ordinateur dans les Yvelines, au château d'Ellaives-sur-Doué. Du bain de langue, il était passé à l'immersion linguistique puis à la croisière sous-marine. Il faisait des séjours réguliers aux États-Unis car en Angleterre, pour apprendre l'anglais, c'était *vraiment nul*. Ses dents avaient été redressées avec brio : elles s'allongeaient dans sa bouche et non au-dehors. Déjà il donnait l'impression d'en avoir quarante-quatre. Sa psychothérapie avait parfaitement réussi, au grand soulagement de Yannick Noah, son chat. L'orthophoniste l'avait de son côté libéré sur parole, ce qui lui rendit assez de loisirs pour aller chez l'orthoptiste et répétiter avec un répétiteur d'allemand. Comme l'avait expliqué Charles, l'allemand deuxième langue était tout à fait recommandé pour *aller* au Bac C. Et où *aller* sinon là? « Un Bac C avec une bonne mention, ça te met en pole position pour une prépa pointue. » Antoine fut abasourdi.

Il n'osa point demander ce que c'était qu'une pole position.

Ce fut cette année-là que l'étude du syriaque B fut rendue nécessaire à l'apprentissage de l'orthopédie et que Dauphine décida de ne plus accueillir que les rouquins dont le nom commençait par un G. Ou quelque chose d'approchant. Pierrot flanchait : au lycée, il faisait mal son boulot d'élève. Il se contentait d'apprendre. Puis il ne s'occupait pas assez de ses parents et ceux-ci prenaient du retard dans toutes les matières. Au lieu qu'Éric, de son côté, ne suivait aucun cours : il le précédait. Possédant le programme, il trouvait le temps de compléter le programme pendant le déroulement du programme. Charles, qui l'élevait à peu près seul, avait décidé, selon ses mots, de lui procurer *tous les atouts.*

Ce n'est plus assez, à Paris, de *jouer la bonne carte.* Il faut *avoir tous les atouts.*

« C'est un challenge avec moi-même », ajoutait Charles volontiers. Antoine traduisit qu'il se vengeait de Fabienne. L'exe de l'X. C'était une héritière. Elle l'avait accablé avec son milieu, sa famille. « Ma femme a joué un grand rôle dans ma carrière, disait Charles, mais j'ai quand même réussi. »

Que Fabienne n'aille point s'imaginer qu'il était incapable de se débrouiller seul. Loin de là : il pouvait enfin se consacrer au prince Éric, son chef-d'œuvre. Avec Fabienne dans ses jambes, leur fils aurait manqué de finition. Éric était une maquette. Une miniaturisation de son ego.

Les parents isolés qui pullulent à Paris, il arrive ainsi qu'ils soient traversés par des rêves de clonage. Ou bien ce sont des rêves de former un couple avec leur enfant. Ou bien les deux et là, c'est dur.

Antoine, lui, vivait avec Macha. Macha et Antoine vivaient ensemble. Aussi étrange que cela semble à Paris, Pierrot était non seulement le fils d'Antoine mais Macha la mère de Pierrot et celle-ci la femme d'Antoine qui était d'ailleurs son mari. Cette série de coïncidences pittoresques faisait qu'aucun *ex* ne venait intéresser la partie en leur disputant la mise au point de Pierrot. Ils avaient cependant très vite compris qu'ils devaient eux aussi s'entraîner au parentage d'élève.

Ils se demandaient seulement s'ils en feraient un métier.

Antoine fut le premier à craquer. Il se sentait plus à l'aise dans le rôle classique de père d'enfant, où il n'y avait à peu près rien à foutre, une torgnole à lancer au hasard sans sortir du fauteuil, si ça ne fait pas de bien, ça ne peut pas faire de mal, une excuse bidon à signer par-ci par-là : Antoine était un Transparent d'Élève.

Le sale boulot échut à Macha. Au début, ce lui fut très pénible alors qu'après, cela devint seulement épouvantable. C'est qu'avant d'échouer Parente d'Élève, elle avait été Marrante d'Élève à plein temps. Spécimen à peu près introuvable de nos jours, la Marrante d'Élève a connu son apogée dans la capitale au tournant des années 70. Elle pensait selon Reich et tricotait d'après *100 Idées.* Elle prenait les enfants sauvages pour des canards du Bon Dieu. Le Bébé Libre qui régnerait enfin sur le monde venait tout juste de naître dans la grotte de Bettelheim.

Pierrot était alors, aux yeux de ses géniteurs, un petit animal sans complexes et sans poils, dont l'épanouissement au creux du macramé viendrait de la chaleur des tribus, de la fraternité des couvées et du boycott des colorants. Macha s'appliquait à lui donner le sein pour éviter qu'il n'aille lui faire de l'autisme au milieu de la nuit. Ainsi élevé sous la mère puis en stabulation libre, Pierrot échapperait à l'enfer de la compétition sociale et du foie de veau trafiqué. Il grandirait avec précaution dans un monde essentiellement cancérigène. Il vivrait de bricolage, de troc et d'autogestion. Il ferait de l'écologie, militerait pour la croissance zéro et se méfierait des chiffres, à l'exemple de cette théorie des ensembles si rigolote où toutes les opérations avaient été définitivement remplacées par des pommes de terre mises en sac.

Tout doit partir de l'enfant fut une devise de la Marrante d'Élève, et : *les apprentissages viennent à leur moment.* Mais voici que tout allait au contraire à l'enfant, au point qu'il était submergé. Les *moments*, de leur côté, avaient été supprimés par manque de temps. On n'était réussi qu'en réussissant. Il n'y avait plus d'éveil mais des niveaux. Tout était affaire de degré désormais, et l'on disait *Bac+2* ou *Bac+3*, sans préciser sa discipline, comme pour les galons d'un sergent. Pierrot allait encore sur les chevaux de bois que les autres faisaient des chronos à Montlhéry.

Il n'était plus question à Paris de jouir sans entraves. Voir la vogue du sado-maso.

La vérité : sous son air relax, Macha avait toujours été hantée par la faute d'éducation à ne pas commettre et là, dans les années 80, son angoisse s'était retournée comme un gant. La conduite de l'ex-Marrante d'Élève apparut à la nouvelle Parente d'Élève comme une *évasion du réel* (par tradition, le *réel* désigne à Paris tout ce qui est chiant ou tout ce qui est en province). Elle prit bientôt des calmants au matin des contrôles et, à la veille des examens, un somnifère. Elle fit des grossesses scolaires, mimant l'accouchement des copies tout le temps que duraient les épreuves de son fils. De Pierrot, Macha disait maintenant qu'il était beaucoup trop confiant, exagérément serein. Elle voulait incessamment lui refiler sa trouille : « Tu t'imagines peut-être que ça va te tomber tout cuit. »

Entre les jeudis de son enfance et les mercredis de son fils, il n'y avait pas qu'une nuit : un monde.

Si ce taré pouvait être un peu mal dans sa peau, ce serait déjà un progrès, songeait Macha. « La vie est une guerre totale, disait-elle à Pierrot. Tu luttes contre la plaque dentaire mais cela ne suffit pas. »

Car, si les enfants sont rares dans cette ville, les étudiants sont nombreux. A mesure que les ventres se vident, les facultés débordent. Pardon : *implosent*. Un étudiant français sur deux est inscrit dans la région. Rien qu'à Paris, cela nous en fait 300 000.

Élever un enfant ne suffisait plus à leur tourment. Ils s'en voulaient pour un peu de l'avoir engendré. Faire un gosse ainsi, au jugé, avait-ce été bien prudent? Par-dessus le marché, celui-là n'arrivait pas à *couper le cordon*. On n'entendait plus que cela à Paris. « Il va falloir songer à *couper le cordon*, non? » C'était les nouveaux travaux manuels des écoliers. On devait aussi *liquider son Œdipe*.

Leur fils était handicapé, ils en prenaient seulement conscience. Quasi analphabète à sa naissance. Puis en retard pour ses dents, l'apprentissage de la lecture, le 100 mètres nage libre, les logarithmes et la puberté, sans parler des inscriptions. *Tout faire à son moment*, ça ne vous tire pas le cul des ronces : on devient une espèce de demeuré.

Les compétences de Pierrot en haïkido, voire en shintaïdo, sont à peu près nulles. Il ne se prend à rien. Il consacre des heures à découper des pochoirs dans du carton ou à se gratter les pieds. Il se moque des accords de Bretton-Woods comme de son premier poney-club.

Il joue au lieu de travailler. Ainsi, il joue au tennis au lieu de travailler son revers. Surtout, il ne sait pas *gérer son emploi du temps*, se lamentent ses PE. C'est qu'ils n'en sont plus à vouloir l'occuper, ils entendent le former pendant qu'il s'occupe. A quoi bon un voyage sans immersion linguistique, un stage de langue sans faire du cheval, une semaine d'équitation sans profiter des courts, un apprentissage du tennis sans s'initier à l'informatique? Ils voudraient faire chaque fois d'un Pierrot deux coups : le monde de l'enfance, pour un Parent d'Élève qui connaît son métier, c'est l'emboîtement à l'infini de matriochkas pédagogiques dont l'assemblage conduirait enfin à donner *tous les atouts*. Mission pourtant impossible : des bébés matriochkas naissent tous les jours. Il faut d'urgence se mettre au chinois, au golf, au shorinji kempo. Le shorinji kempo est un art martial inventé par un prêtre bouddhiste au VIᵉ siècle. Autant un art de vivre qu'une religion et une façon de se prémunir contre la violence urbaine (les journaux).

Depuis 1989, nous avons enfin ici, à Paris, un atelier de Lego assisté par ordinateur.

On commence tout doucement par faire du tissage, de la poterie et des dessous-de-plat consternants pour la fête des mères. On passe un jour à l'infographie. On finit stagiaire à vie.

Macha à Pierrot : « Si tu t'en tiens toujours à faire ce que tu veux, tu n'arriveras jamais à faire ce que tu veux faire. »

Faire quoi au juste? Ils étaient entrés dans l'enfer des *filières*. Ce ne sont pas des filières d'évasion à Paris, mais d'invasion. Il s'agit chaque fois d'entrer quelque part, dans l'espoir d'entrer ailleurs ensuite. Filière, mot terrible. Vice, perversion, drogue, le cauchemar du Parisien. L'accès aux filières se joue plusieurs coups à l'avance et réclame le talent d'un joueur de go. Il y faut des stratégies tordues. Redoubler exprès pour décrocher une mention. Choisir une option en vue d'une section. Trouver une prépa *pointue*, mais d'abord obtenir un *bon* lycée, donc avoir une adresse dans le coin. Où l'on voit qu'en soudoyant un gardien d'immeuble au bon moment le petit ira peut-être à l'ENA et qu'à Paris la sélection de l'espèce emprunte les voies du déterminisme le plus étroit [1]. Vous entendez prononcer des mots très durs contre la religion des grandes écoles par des gens qui en rêvent la nuit pour leurs enfants. Il n'y a pas de hasard dans cette ville, il y a des itinéraires. Ce qui donne l'illusion d'une liberté, ce sont les croisements incessants de toutes ces filières, les bifurcations, les embranchements. Les égouts de Paris sont une bonne métaphore de Paris-Surface.

Filières pour décrocher une inscription, un carton, un appui, un rendez-vous, un *job dans la coopé*, un appartement Ville de Paris dans Chiractown [2]. Pourquoi pas une concession bien située au cimetière Montparnasse?

Il y a, dans Paris, des tronches à filière et des gueules d'engrenage. Vers le haut, vers le bas, tout s'enclenche ici d'une façon implacable. Prenons le pire, un vrai paumé. Sans travail, sans famille derrière lui, il ne dispose d'aucune caution pour trouver ne fût-ce qu'une chambre de bonne. Il tombe dans la zone, devient bientôt pas présentable. Les squatts, les caritatifs (là encore des filières, des tuyaux qu'on se passe). Sans domicile fixe, pas de boulot. Sans papiers, pas de sécu. Sans sécu, il est refusé dans les dispensaires (que la Mairie est d'ailleurs en train de fermer à la demande du privé). N'a jamais sur lui les documents réclamés par le Bureau d'Aide sociale. Ignore ses droits qui ne sont inscrits nulle part, surtout pas dans le métro où il a ses habitudes. Devient un malade chronique. La tuberculose et le scorbut

---

1. Les établissements sont « désectorisés » aujourd'hui. La course à la bonne adresse s'est ralentie, mais non celle au bon lycée. Qu'est-ce qu'un bon lycée d'ailleurs? Selon une enquête récente, c'est surtout un lycée qu'on croit bon. Et inversement (voir *Le Monde* du 22 mars 1990).

2. Nom donné par le *Canard Enchaîné* au quartier situé derrière l'Hôtel de Ville. Lequel y dispose de 140 immeubles, loués à 40-50 F le m² (en 1988) aux pistonnés. Autres Chiractowns : du côté de la rue de Seine ou de la rue Mouffetard. Cf. *Les Paris de Chirac*, par Hervé Liffran, Éditions Ramsay.

ont fait leur apparition dans Paris, en même temps que les emplois surdiplômés et les *filières royales*.

Macha prend un Temesta à 0,25. « Toi, tu viens encore de voir une mère d'élève », dit Antoine. Macha et les autres PE se voient beaucoup trop. Elles parlent de leurs enfants partis au front ; elles se font du mal. Elles s'identifient aux merdeux comme certains hommes à leur caisse. « *Je* fais de l'huile », disent-ils, ou : « *J*'ai un bruit à l'arrière. » « *Je* suis très tentée par B », disent-elles en se tordant les poignets. Ou bien : « Bon, *tu* peux essayer Louis-le-Grand. Mais c'est à *tes* risques et périls. »

Antoine s'est mis au jogging mais Charles s'entraîne pour le marathon.

Macha s'envoie un Temesta à 0,50 et Antoine se souvient brusquement que la réunion de PE est pour ce soir. Ces rencontres ressemblent de plus en plus à des réunions de copropriété. Le lycée est d'un excellent standing, la classe est bien tenue. Hélas, il y a Pierrot, il y a Raoul, il y a Sonia. Rachid, n'en parlons pas. Ils traînent les pieds. Ils font *baisser le niveau*. Ce ne sont pas des enfants, ce sont des nuisances. Des sortes de dégâts des eaux.

« Ce sont toujours les mêmes qui gênent le travail des autres », s'écrie très régulièrement un PE secoué de tics. C'est le genre à s'exclamer dans les réunions d'immeuble : « Il y a encore des gens qui laissent traîner leur poussette dans l'entrée. »

A un gramme de Temesta chacun, c'est le jour où Antoine et Macha sont allés voir les profs. Deux familles, deux destins : quand Charles va voir les profs, ce sont eux qui prennent des calmants. Charles est la terreur des enseignants. Il en parle à la façon dont ceux-ci parlent de leurs élèves : Ballepot bavarde beaucoup trop ; Mme Ramusat est à la traîne, elle n'arrivera jamais à finir ; Tronchut manque de rigueur et s'amuse en classe. Les rencontres de Charles avec les professeurs sont des cours de rattrapage individuels où il leur prodigue ses conseils pour remonter la pente.

Antoine et Macha restent muets au contraire. Ils sont blafards. Ils ont la paume humide et les doigts glacés. Scotchés au mur, parmi les affiches antitabac, ils voient le prof marcher sur eux d'un air soucieux. On dirait un toubib sur le point d'annoncer que leur petit malade, c'est plus grave qu'on ne pensait. « Terminale » sonne dans sa bouche comme « phase terminale ». Le prof hoche la tête. « Ah vous êtes les parents de Pierre ? » (Pauvres gens, pense-t-il.) Il farfouille dans son dossier. Voyons. Mmm. Le prof d'histoire, la prof de lettres, encore, ce n'est rien. Il y a le prof de maths.

L'ancienne Marrante d'Élève qui agonise en Macha, c'est avec le prof de maths qu'elle endure ses plus grands supplices. Le droit à la parole dans les lycées, les délégués de classe, les recours, les mises à niveau, les « deuxièmes chances », tout ce pourquoi les Marrants d'Élèves s'étaient battus, le prof de maths de Pierrot l'a réduit à rien. Chacun, du pion au proviseur, s'agenouille devant lui. Il possède le talisman : la clé du Bac C, autant dire le sceau du destin. Il est visible, en outre, que ce grand sorcier blanc comprend quelque chose à ces putains d'équations au troisième degré. Avec le prof de maths, les discussions au conseil de classe ont à peu près l'utilité des démarches pour le respect des droits de l'homme en Birmanie. Il veut bien à la rigueur que le nom de Pierrot soit prononcé mais qu'il soit bien clair que son sort est réglé. « Tout homme qui a du pouvoir est porté à en abuser, se disait Macha qui a lu Montesquieu, mais ce n'est rien à côté de tout homme qui a du pouvoir et qui n'est pas mieux payé que les autres. »

En rentrant de voir le prof de maths, Antoine et Macha avalent trente comprimés chacun, ils ouvrent le robinet du gaz et, par mesure de précaution, ils se tailladent les poignets.

Sous la pression de Charles, Antoine s'est inscrit au marathon de Paris. Ce qui est bien, avec le marathon, c'est que tout le monde peut tenter sa chance, dit Antoine. « Oui, mais ce sont toujours les mêmes qui gagnent », fait observer Macha. Elle voit dans ce sport une allégorie de l'école pour tous.

Des vieux, des jeunes filles, des obèses et des handicapés moteurs : le marathon, un sport où le public court enfin avec les autres.

Antoine voit désormais de la compétition partout. Chacun veut s'en tirer. Les anciens rebelles ne sont pas les moins âpres. Il y a ceux qui *font des coups de fric*. Il y a ceux qui *cherchent des sponsors*. Il y a ceux qui *montent leur boîte*. Trois expressions qui courent la ville. Pour entrer dans une entreprise, le plus court chemin est d'en créer une. Premier job : patron. La SARL perce sous le musico. Les mieux armés passent des galères aux petits boulots de la communication ou du service. Traitement de texte, vidéo, reproduction, maquette : ce sont les nouveaux métiers de Paris quand on a les mains vides. Ce qu'ils ont appris dans les squatts, l'art du troc, le deal, la démerde, les *filières*, savoir taper des cigarettes, tutoyer facile, cela est utile aux affaires. Sans parler de la haine.

On entend parler de *coups fabuleux montés par des mecs un peu destroy*.

Séduire des pédés influents. Brancher un vieux qui a des thunes. Parasiter une star.

Personne n'y échappe. Jusqu'au perdant qui doit assurer. Une bonne place de mendiant sur les Champs, ou de vendeur à la sauvette, revient, dit-on, à quelques briques. Les mancheurs du métro ont des stratégies : le chien qui apitoie mieux que le bébé résigné de la Yougo sans âge. Les restaurés du coeur fignolent des argumentaires sur des bouts de carton (le pauvre, de nos jours, doit être légendé). Mettent au point des laïus qui ressemblent à des exposés de motivation en vue d'un entretien d'embauche.

Faire bonne impression à la clientèle. Répondre à ce que l'opinion attend d'un mancheur convenable. Avoir un plus.

« Bonjour, messieurs-dames. Je me présente à vous. Je suis relations publiques. Avant, on aurait dit : " clochard " mais je préfère ce mot : " public relations ". Vous allez peut-être vous dire : " encore un mancheur. " Ce que je vous demande simplement, c'est de quoi manger, payer ma carte orange et surtout : maintenir l'hygiène. Et sinon, un petit sourire, c'est une chose qu'on ne trouve pas à la Samaritaine. »

Quelques années plus tard.

Antoine s'est mis au rafting que Charles est déjà passé à l'élastique.

Pierrot sort d'un IUT. Il s'est découvert une passion, la linguistique, mais c'est trop tard pour lui. On a refusé de l'inscrire : Pierrot a *déjà son diplôme*. Pour l'instant, il bosse à un desk de marketing téléphonique, cette version soft de la violation de domicile.

Il a une copine, Annie. Annie apprend l'art de la maquette. Ils ont soudain décidé de se marier. A leurs PE totalement effarés, ils ont expliqué que c'était juste histoire de faire une fête. Cette raison était donnée par pudeur : un mariage, on a beau être des parents libéraux, c'est toujours un peu choquant. Convaincus du manque de sérieux de leurs intentions et rassurés sur la minceur de leurs revenus, les PE ne pouvaient en revanche qu'approuver cette union.

« Si c'est pour faire une fête, il n'y a rien à ajouter », a dit Macha.

Antoine et Annie ont quitté leurs foyers pour un studio étroit. Cela fait aux quatre PE deux bouches en moins à nourrir, ils sont ainsi plus à l'aise pour avancer le prix des cautions immobilières, des reprises, des travaux, des assurances, des stages de formation dont le jeune couple attend, sinon *tous les atouts*, du moins quelques cartes en plus.

En outre, leur départ, cela fait de la place aux parents de PE lesquels peuvent venir les voir plus souvent. Ces braves retraités n'ont jamais connu une *telle pêche* (comme dit Mamie). Un peu remuants, mais c'est de leur âge. « Un octogénaire qui n'aimerait pas chahuter et qui resterait tout seul dans un coin de la cour m'inquiéterait beaucoup plus », a dit le gériatre. La mère de Macha s'est inscrite à l'Université du Troisième Age. Macha l'aide à préparer ses exposés tout en tricotant des brassières.

Où les enfants vont-ils mettre le berceau ? A côté de la machine à traitement de texte ? Mais il y a les baffles de la Hi-Fi. Plutôt sur la loggia, avec le schefflera soi-disant nain. Oui, cela vaudrait mieux. À cause des chats. Les chats ne sont pas recommandés pour les bonsaïs ni les bébés.

Ne vont-ils pas *encore* devoir déménager ?

Bien sûr, on pourrait très bien prendre ici le bébé. Ou leur putain de bonsaï géant. Ou alors le chiard et la plante verte mais pas les chats, ça non. A cause des chiens d'Antoine.

« Hé, tu rêves ? dit la mère de Macha. Je voudrais te réciter ma leçon. »

Dans un moment de révolte œdipienne et d'excès libertaire, Eric n'a pas présenté l'X. Il a intégré Centrale. Papa était fu-rax et Maman a savouré sa revanche. Née Puissegain-Minardot, de la HSP, elle annonça aussitôt après le diplôme de son fils qu'elle allait s'occuper de l'avenir d'Eric, ce qui revint à le faire inviter au rallye Schlumberger. « J'incruste chez les bourges », disait Eric en parlant des Schlums. Il affectionnait à l'époque le parler jeune au même degré que ses Weston. C'est au cours d'une soirée *assez fabuleuse*, raconte l'exe de Charles, où il y avait un buffet et une déco d'une *gueule folle*, que son fils eut une *love affair* avec un jupe-bustier du nom d'Isabelle. Isa est la fille d'un X-Mines, un *corpsard* très cool dont la seule révérence aux traditions est d'avoir l'annuaire de l'Ecole serré avec sa Bible dans sa table de nuit. Il voulut bien adresser la parole à Eric, et même assez rapidement, en dépit du handicap de leur différence de formation. Bref : Eric a *tous les atouts en main*, ce qui ne l'a point empêché d'être recalé à son premier entretien d'embauche pour incompatibilité zodiacale avec le top management. Scorpion ascendant scorpion. Il regretta de n'avoir aucun diplôme de sciences occultes. Cela existait-il seulement ?

Cela existera : « plein de pros du search y croient ».

Eric a suivi un training par logiciel de recrutement. Au troisième essai, il a décroché le job idéal, dans une multinationale. Il avait le profil et une bonne grapho. « Il pèse déjà 30 KF », dit Charles dont les blessures guérissent.

Pierrot tombe sur Eric à la cafétéria d'Orly. Devant lui, un jus de tomates, un exemplaire du *Financial Times* et un traité de psychokinèse préfacé par un gourou du CNPF. Eric est venu chercher son père qui rentre de thalasso, Pierrot sa mère qui est en maison de repos (Macha craque un peu). Ils ne s'étaient pas vus depuis deux ans. « J'ai juste Centrale et quelques certificats allemands, explique le fils du Parent d'Élève. Tu vois, je ne collectionne pas les diplômes. Le parchemin, c'est pas toujours *the point*. Il assure ton zomblou. Qu'est-ce que t'as aux pognes ?

— J'ai voulu compétité aux masters d'escalade et je me suis viandé, dit Pierrot.

— Je préfère la glisse, dit Eric.

Eric parle de *la boîte* avec beaucoup de passion et d'enthousiasme. C'est une *carte de visite*. Elle a un *nom*. Elle est japonaise, c'est-à-dire innovante, émulatrice, très zéro-défaut comme optique, tu vois. Les States maintenant, c'est naze : les Amerloques continuent à gamberger d'une façon *terriblement* américaine. Eric table sur une Europe régénérée par le sang frais des Japs et la Grande-Bochie réunifiée : « ils vont inverser le flux du brain drain. »

Eric n'a pas le sourire brutal de son père mais des yeux semblables : un regard ingénu, aux confins de la bêtise. Cette espèce de connerie satisfaite et désarmée qu'inflige aux mieux doués l'Esprit Positif : « Ce qui surtout me branche, poursuit-il, c'est que ma boîte a une *éthique*. »

Il assiste à de nombreux séminaires, sans-les-épouses-ni-les-compagnes, où l'on apprend à *se défoncer*, soi et aussi les portes ouvertes. Comment gérer un conflit. L'optimisation des ressources. « Avec des séances de jacuzzi et des breaks de relaxation mentale où tu t'entraînes à respirer sur une musique new age. Respirer, on croit qu'on sait, on sait pas. »

Peut-être que *tous les atouts* n'aidaient pas à vivre, se disait Pierrot. Peut-être que cela ne produisait rien d'autre que des MM. Tous-les-Atouts interchangeables. Des crétins modernes. Des abrutis particulièrement intelligents.

Soyez le Raider de votre Capital humain : le prince Eric dévore ce genre de bouquin. Il s'inocule une psychologie sociale qui tient du roman-photo et de la collection Signe de Piste. Il apprend par cœur des lois et des principes qui sont la variante managériale du dicton paysan, de la prose selon Jourdain et des gestes simples du secourisme. Des préceptes en forme de triptyques : si vous ne maîtrisez pas les 3R, vous serez un jour la victime des 3C. En plus de respirer, Eric apprend à chier et à dialoguer, à mastiquer ses aliments, à connaître ses limites et à parler des vins. Une bonne maîtrise des faits sociétaux lui est devenue nécessaire.

Faute de quoi, on se laisserait enfermer dans le microcosme entrepreneurial.

Le dernier week-end sans-les-compagnes-ni-les-épouses au Château d'Esblignon-sur-Gâche a été, selon Eric, particulièrement gratifiant. C'était une idée impulsée par le nouveau pédège, il compte beaucoup sur le concept outdoor pour développer les potentiels, un Jap hyper sympa, hyper marrant, très fun, cette nouvelle génération qui s'installe à Paris, il vit à la française totalement, tu l'aurais vu au debriefing laper du beaujolpif dans sa converse, bon, ça génère pas la tristesse, il y avait là des gens du siège, presque tout le top, ainsi que des gus de la branche allemande et puis nous ; le premier soir, les types des ressources humaines avaient tendu une corde autour de trois arbres et on nous a mis au milieu, en trois équipes, avec une poutre, le challenge étant de trouver le moyen de sortir le dernier des gus en s'aidant de la poutre.

— Et ça servait à quoi ? dit Pierrot (qui se poile).

Eric le regarde comme un demeuré.

— Rigole pas, ça sert à ce qu'on sente bien que Frisés, Japs ou Français, par-dessus toutes les cultures, on doit faire équipe.

Au terme de vingt années d'épreuves et d'angoisses, le Fils du Parent d'Élève est enfin passé scout.

NOS SORCIERS

Les médecins sont trop — Où l'on évitera difficilement d'être suivi — L'infirmière, héroïne parisienne du travail — Médecins sans famille — Sang et pouls sont toujours bons à prendre, ou l'itinéraire médical d'un faubourgeois — Ses chances d'être enfin malade — Le Grand Professeur — Excédents sans frontières, Régimistes et Stars in vitro : où l'auteur envisage quelques solutions au problème des sureffectifs, adaptées à l'âge de chacun.

Il y a un médecin tous les 135 Parisiens. C'est trois fois plus que n'en dispose la moyenne des Français. Ajoutez à cela nos infirmières et nos kinésithérapeutes, nos dentistes, nos marabouts et nos aides-soignantes, tous les suffixes en *ogue* et les préfixes en *psy*, les oléopathes, les ostéopathes et les chiropracteurs : il ne reste guère de monde pour être malade. Aussi passons-nous en de nombreuses mains. D'avoir peu de gens à soigner, on se rattrape en les soignant beaucoup.

Le Parisien est le maladif du monde occidental. Dans l'intervalle de ses crises, on lui prescrit de faire attention. Énormément de prévenus pour une poignée de condamnés, voilà ce qui peuple la prison de la santé publique. Il s'agit de ne pas nous abandonner sans remède à notre bon état général. Il est provisoire, par là il est risqué. Comme ce qui est bon pour la rate est mauvais pour le gésier, et que les prescriptions se contre-indiquent, l'obsession de la prévention devrait permettre de remplacer un certain nombre de maux robustes par une flopée de santés fragiles.

Fin du couplet obscurantiste. Début des considérations d'un ignare.

Dans le grouillement des thérapeutes sur le pavé de la capitale, la concurrence est vive. Chaque fois que vous rencontrez 135 personnes, il y a au moins une paire d'yeux pour vous trouver une petite mine. C'est obligé. Pis : c'est statistique. Ces palpations discrêtes dans le métro : peut-être un jeune praticien sans clientèle. Il s'attache à vos pas. Il note votre adresse.

Vous êtes suivi par un médecin.

Malaise dans la rue ? Laissez-vous tomber : 16 000 toubibs pour 1 600 kilomètres de trottoir, cela en fait un tous les 100 mètres. On est aisément ramassable ici. Pourtant ce n'est pas la tâche habituelle du généraliste. Il s'occupe assez peu de la voirie. Non, c'est le travail des soldats du feu : outre le feu, ils prennent en charge le presque mort. On voit plus souvent à Paris des médecins-pompiers lutter contre l'infarctus à même le trottoir que des cardiologues juchés sur une grande échelle.

Trois cents établissements de soin ou de prévention s'ajoutent aux cabinets privés. Cela nous fait 18 000 arrêts-santé. Aussi, l'espérance de vie des Parisiens est-elle plus forte que celle des provinciaux.

C'est même là ce qui les rend un peu exaspérants : de les voir espérer de vivre à ce point.

23 000 infirmières (je souffre en ce moment de statistite aiguë, avec complications chiffrées). Et encore : je ne parle que des fonctionnaires des hôpitaux [1]. Les infirmières, ce sont ces filles qui vous réveillent pour vous donner vos somnifères. En 1988, elles se sont mises en grève. Ici, à Paris, nous les avons acclamées en tapant sur nos bassins avec nos urinaux (quand j'entends le mot *infirmière*, je sors mon pistolet). Ce sont nos héroïnes du travail. Nos mineurs de fond à nous.

Nous n'avons plus besoin de charbon, mais il nous faut nos granulés.

Quelques-unes des meilleures équipes de recherche qui soient au monde se trouvent ici. Dans le sillage de Pasteur, on ne cesse, à Paris, d'essayer de nouveaux traitements. Actuellement, ils tentent de guérir les tumeurs malignes avec du verre non consigné : vous jetez vos bouteilles vides dans des containers placés sur les trottoirs, elles sont broyées finement, puis elles vont à la recherche sur le cancer.

Pour être aussi nombreux, n'allez pas croire que nos médecins restent toujours à portée de main comme des garçons d'étage. Toutes les nuits et tous les dimanches, dans la ville la mieux soignée d'Europe, se lève une médecine sans visage, à base de répondeurs, de SOS et de commissariats. Aurait-on *son* médecin, il n'est pas sûr qu'il habite le quartier. Arrivera-t-il seulement à rouler ? Pourra-t-il se garer ? Des voitures à caducée qui finissent en fourrière, cela se voit à Paris. Aussi les ravages de l'auto-médication ne sont-ils pas sans rapport avec les problèmes de la circulation. Abandonné à lui-même, patient impatient et friand de

---

1. Oui, il n'y en a pas assez, je sais bien.

toutes les drogues, le Parisien va faire ses courses « au pharmacien » comme il se rend à la supérette, à quoi d'ailleurs s'efforcent
de ressembler les officines. C'est de plus en plus souvent que les
potards vous donnent de petites consultations au comptoir.

Chaque fois que le Parisien n'est pas soigné, c'est qu'il se
soigne.

Paris a toutes les espèces de toubibs en magasin, sauf le médecin de famille. Il y faudrait des familles. Privé de famille, on
observe que le médecin de famille s'étiole et dépérit. Or la moitié
des citoyens de cette ville habitent seuls plus ou moins. Et quand
ça ne divorce pas ici, ça déménage [1]. Ou les deux à la fois. Le premier médecin que le débarquant s'était attaché ne voit pas très
souvent les enfants grandir.

Ni d'ailleurs le dernier médecin se tasser les vieux. Nous avons
ici une coutume qui nous rapproche des esquimaux : nos bras
inutiles sont abandonnés dans la cambrousse. Pour passer de
l'autre côté du mouroir, c'est en général à Perpète-les-
Moulineaux. Chez nous, on ne fait pas le grabataire sans ressources. Ce n'est pas notre rayon. Nous n'avons que sept maisons
de long séjour. Seuls 20 % des vieillards parviennent à se faire soigner dans le voisinage. D'où le phénomène bien connu de *rajeunissement des immeubles*. Il fait la joie des proprios. Un vieux
jeté, c'est un loyer qui double. Chez moi, il y en avait trois voici
huit ans. Il n'y en a plus un seul. Je suis devenu le doyen des pensionnaires. Ils commencent à lorgner mon fémur.

Naître et grandir, vieillir et mourir au même endroit, c'est
devenu à peu près impossible à Paris. Les trois Parques sont dispersées dans l'agglomération. Elles n'ont d'entretiens qu'au téléphone. De loin en loin, elles s'informent de qui elles filent et de
qui elles coupent et se demandent si, par hasard, ils ne seraient
point parents.

Où caser là-dedans le médecin de famille qui nécessite d'être
suivi, qui a besoin de soins attentifs, du respect dû aux notables et
d'une jolie cuiller pour regarder les amygdales? Un visage de la
médecine quotidienne à Paris, c'est la rencontre, dans un cabinet
anonyme, de deux solitaires l'un à l'autre inconnus. Paris a trop
de médecins mais le Parisien n'a pas de médecin. Il arrive qu'il
n'y ait rien entre le nom qu'il pique au hasard dans l'annuaire
pour les bobos et celui qu'il choisit au *Who's Who* pour les maux
raffinés.

Les praticiens à la mode, voilà ce dont nous manquons le
moins. Le Parisien va chez eux pour faire comme les stars souf-
frantes. Que son collègue de bureau y aille aussi l'ennuie beaucoup plus. Quand Véronique lui raconta qu'elle venait de se faire

---

1. Tous les cinq ans en moyenne dans les deux cas.

astiquer les ratiches par le Dr Plombo, Gérard a pâli : « Comment l'as-tu *connu*? » Avec le dentiste en vogue et l'analyste mondain, un genre très porté est le pédiatre du Jet Set. (On se doute que les merdeux du Jet réclament les plus grands soins). Dans le salon d'attente du Dr Rastock, tous les dessins d'enfant ont des signatures qui vous disent quelque chose. A part quoi, le Dr Rastock les a exposés parce que c'étaient les plus beaux.

Étudions un de ces Nouveaux Parisiens, type faubourgeois, fraîchement arrivé dans un *quartier en mutation*. Sa trousse d'urgence comprend : a) un *pédiatre*; b) une *gynéco* (ceux-là sont de première nécessité, surtout si vous êtes une femme ou un enfant : les anciens mômes, qui ont grandi sans pédiatre, se demandent comment ils ont survécu); c) un *médecin jetable*, façon SOS ou tour de garde, pour les maux qui surviennent le dimanche, c'est-à-dire tous; d) un *médecin de quartier*, du genre qui-a-déjà-soigné-un-ami, pour le suivi des maladies du week-end (l'ami en question est en général celui qui vous a trouvé l'appartement); e) le *médecin-copain-qu'on-tutoie* pour les arrêts de travail, les drogues inscrites au tableau B et les somnifères (c'est en quelque sorte un marchand de sommeil), toutes spécialités éminemment parisiennes [1]. Le médecin-copain sert également de confesseur, de psychiatre, de conseiller conjugal et de partenaire au poker; f) un *dentiste-golfeur* aux tarifs exorbitants (cela rassure le Parisien) qui vous soigne d'une main et de l'autre interroge les cours de la Bourse au Minitel (le patient se sent utile); g) deux ou trois *spécialistes de quartier* recommandés par les praticiens d ou e; h) un *spécialiste coté* pour la petite chirurgie de prestige; i) un *psychanalyste* ou une *voyante*, de préférence les deux, par sécurité, mais la voyante revient cher; j) un *mandarin* hors de prix pour les maux décisifs et les maladies répugnantes et luxueuses.

Le médecin de base d (celui qu'a indiqué celui qu'a trouvé l'appart') est jeune et sympathique. Il est, à l'évidence, ravi de découvrir une nouvelle tête. « Qui vous envoie? », demande-t-il d'un ton où passe l'anxiété du surnuméraire. Puis il vous tapote et vous gronde un peu à cause de votre désastreuse hygiène de vie (les patients sont de grands enfants). Son cabinet est un peu triste, de couleur beige. Dans l'entrée, richement ornée d'une affiche consacrée aux ennuis de prostate, nul fumet de bourguignon ne se mêle aux arômes phéniqués et au désodorisant *senteur des bois* : le jeune médecin n'habite pas ici.

---

1. Nombreux les consultants qui demandent un arrêt de travail avant de partir en vacances. Ils veulent arriver en forme sur la plage ou, plus sérieusement, se reposer un peu avant de faire de la *glisse*, de la *grimpe* ou n'importe quoi d'*extrême*.

En revanche, il cohabite. En bas, dans le hall, il y a toute une série de plaques qui ne sont plus en cuivre mais en acier dépoli : avec trois confrères, il partage les frais, la secrétaire et la salle d'attente où les patients ne communient plus, ainsi que cela se faisait au temps des réputations, dans une passion aveugle pour un généraliste bourru et surmené. Il y a là, désormais, les clients de Truc, de Chose et de Machin. Les consultants s'observent du coin de l'œil. Lequel est le plus frais ? Ont-ils fait le bon choix ?

Notre généraliste, il y a peu de chance qu'il vienne tout seul à bout de soigner son client. Un nouveau patient dans le quartier est un don qu'on partage. Le médecin de base aiguille et ventile. C'est la moitié de sa tâche : dispatcher. D'abord des analyses. Tout le monde est hyperanalysé à Paris. Dans les dîners, on s'échange ses gammas GT, ses taux de cholestérol. Il y a là des implantés et des mammographiées, des pontés qui font la cour à des liposucées, tout le gratin. On s'avertit des nouveaux *facteurs de risque* apparus sur le marché. C'est un terme savant pour désigner les excès qui, eux-mêmes, ont remplacé les péchés depuis la séparation de l'Église et de l'État Général : on a l'âme près des globules aujourd'hui. Le respect religieux qui entourait les praticiens, les taux de glycémie à jeûn en ont hérité. Les pourcentages ont un pouvoir magique et leurs chiffres sont sacrés. Vous avez des Parisiens, ils se livrent au jeûne propitiatoire pour décrocher une *bonne analyse*, après quoi, cette divinité calmée, ils se remettent assidûment à se faire mourir.

Les boulangeries se font rares mais le laboratoire d'analyses n'est jamais loin. Je me demande même si on ne passe pas, après concours, du pétrin à l'éprouvette. Ajoutez-y les centres mobiles de transfusion sanguine qui font de la retape devant les églises (sans doute par analogie de Saintes Espèces) : le vampire parisien ne manque jamais de boudin frais.

Au café, près du labo, tout un petit monde grouille le matin. Les assurés sociaux qui sont entrés boire un verre pour arriver à pisser tout à l'heure croisent les assujettis qui reviennent de la prise de sang pour le casse-croûte.

Après un nombre suffisant d'analyses, voici mon faubourgeois dirigé vers le *spécialiste de quartier*. Appelons-le Z (« excellent praticien », a dit le médecin de quartier Y). « Qui vous envoie ? » demande Z. On tend sa lettre : « Ah, le docteur Y. Excellent médecin. » Le spécialiste est affable. Lui aussi est content de vous voir. Il vous fait la causette, un peu à la manière de votre coiffeur, sauf qu'il est assez rare que les coiffeurs évoquent la situation internationale en vous explorant le cul d'un doigt.

L'examen au doigt n'a rien donné. Par précaution, on vous a expédié chez X. Le radiologue. « Qui vous envoie ? » Lettre. (A

Paris, les médecins sont les derniers à s'écrire). « Ah, Z. Un excellent médecin. » X en connaît un rayon mais il est rare qu'une radio suffise à sceller votre destin. On va passer à l'endoscopie, au prélèvement, au frottis, à l'échographie, au scanner. En dépit de ces efforts, il arrive pourtant, cela s'est vu, qu'il n'y ait toujours rien. Même le cardiologue n'a pas eu votre peau en vous faisant pédaler comme un malade.

Une créature raisonnable n'irait pas au-delà. Renonçant à la médecine, elle tenterait courageusement d'apprivoiser sa bonne condition physique, de survivre à un état aussi menacé et de mener une existence normale en dépit d'une santé de fer. Point notre Parisien. Il ne se sent jamais assez bien. Dit autrement, il tient beaucoup à être malade : qu'enfin on le soigne. Aussi va-t-il courir les spécialistes. Entre tous ces bouts de corps mis à l'épreuve, parmi ces ordonnances innombrables et qui se contre-disent, dans cette orgie de psychotropes et d'anti-inflammatoires, au milieu de ces diètes épouvantables et autoprescrites où il dévore avec fanatisme sa propre chair, c'est bien le diable si notre faubourgeois n'arrive pas à se faire trouver quelque chose ou du moins à se l'attraper. Il compte beaucoup sur l'antagonisme des médicaments dont il s'empiffre en cumulant les prescriptions : frustré d'une cause principale, il se rabat sur les effets secondaires. Ou bien il souffre de *stress* ou de *déprime* (c'est obli-gatoire à Paris : inventé dans les années 60, le stress est revenu ces temps-ci très fort). Il fait aussi du sport, énormément, dont on sait pourtant qu'il n'y a rien de si mauvais pour l'organisme. Serait-il encore en bon état qu'il exigerait de subir une intervention à la mode, un appareillage ou un implant, un ravalis des joues ou un retroussis des paupières. Par ailleurs, il est hors de question qu'il n'aille, une ou deux fois l'an, se faire maigrir dans un camp à régime sévère.

Si tout se passe bien, c'est-à-dire mal, voici notre homme au dernier degré, je veux dire au premier échelon de la hiérarchie toubibale : il a une lettre pour un grand patron. Ce qu'on appelait en province un Professeur de Paris. Nous en possédons 600.

Un tous les trois kilomètres.

Le rendez-vous a été fixé dans le quartier des mandarins, au nord-ouest de la ville, qui n'est pas celui des hôpitaux. L'immeuble est pompeux, dans le genre IIIe République. C'est au troisième, une porte en chêne à deux battants. Le vestibule est immense et carré, avec deux toiles de petits maîtres. Le salon d'attente ferait un séjour agréable s'il n'y avait là comme partout des revues défraîchies.

D'entrée, cela sent la consultation mal remboursée.

Une assistante au visage fermé et à la voix d'hôtesse vous prend en charge et vous prépare à l'examen approfondi. Vous attendez un moment, soigneusement apprêté, pareil à un dîner servi, sous le regard d'un masque Dogon.

Le Professeur est entré derrière vous, par une porte secrète. Sans bruit, il sort de la pénombre, grave, sexagénaire, la lunette en demi-lune. En vue sur son bureau, la photocopie d'une interview qu'il a donnée à un hebdo et un article du *Lancet*, tiré à part grâce aux soins du labo qui entretient ses loisirs. Il jette un regard à votre lettre, il vous pose des questions atrocement pertinentes, vous palpe un peu, du bout de ses doigts qui ne touchent pas l'argent. La voix est lisse, cléricale. Le Professeur a tout son temps, il ne sera dérangé que pour des urgences : l'arrangement d'un passage sur TF1 (une intervention bénigne au journal de 20 heures), des nouvelles à prendre d'un dictateur moribond (le Professeur fait partie de son *team* d'acharnement thérapeutique). Enfin, de ce ton extraordinairement convaincant que les grands médecins ont en commun avec les grands escrocs, le praticien vous révèle si vous êtes opérable.

Si, en plus d'être condamné, vous êtes quelque chose à Paris, c'est peut-être le début d'une longue et douloureuse amitié.

Le Professeur vous fait alors entrer dans son service, qui est le meilleur, ou dans sa clinique, un *must*. Nous avons ici des hôpitaux qui se moquent pas mal de la charité, mais dont les murs et les patrons sont classés. On y vient de la province et de l'étranger, comme au Lido. Certains établissements remontent au Moyen Age, mais ils ont du mal à en redescendre. On y goûte une ambiance de science-fiction unique au monde, dans le genre *Planète des Singes* ou *Machine à explorer le Temps*, un mélange de technique de pointe et de lazaret, avec de gros ordinateurs et des peintures qui s'écaillent. On y garde au congélo tous les bouts de gens morts nécessaires aux greffes les plus étranges mais il n'y a pas de petite cuiller pour manger son yaourt.

Après avoir servi de tartine à de nombreuses pommades et de champ de manœuvres gratuit à des tests double aveugle qui feront gagner au toubib un séjour aux Bahamas, notre Parisien sortira d'ici avec le beau titre d'Ancien Cobaye des Hôpitaux de Paris. Assouvi son vieux rêve d'être enfin soigné, un rapide calcul montre qu'il a donné du travail à dix ou douze personnes : du premier SOS au Suprême Pontife, sans parler des sous-traitants, des rebouteux et des para-médicaux. Ce n'est plus un patient, c'est une PME.

En dépit de quoi, l'âpreté à soigner et l'ardeur à tomber malade n'ont pas eu raison des sureffectifs. Pour les demi-chômeurs, il a fallu improviser, recourir à des expédients, un peu comme l'Europe avec ses surplus de lait. Les jeunes sujets les plus vigoureux sont exportés. On les envoie par charters entiers dans le Sans Frontière, l'ONG, le caritatif. D'autres font des extra comme cautions médicales de magazines de santé, ce qui n'est pas foulant (on y traite les mêmes sujets depuis 1957, en changeant l'ordre des mots).

Se maquer avec des salles de gym permet de vendre des électrocardiogrammes et des certificats d'aptitude à l'effort. La caution médicale est à l'institut de soins corporels ce que la préface de René Huyghe est au livre d'art : un rituel qui profite aux deux parties. Ce qui nous donne des textes de ce genre dans les magazines : le Centre Beauchemin (*un coiffeur européen*, précise la pub) « s'est adjoint, depuis plusieurs années déjà, la collaboration scientifique du docteur J. Schein qui guide, si besoin est, le cheveu vers la santé pour une plus grande beauté ».

Les médecins de quarante ans très malins ont d'autres débouchés que de guider le cheveu. C'est l'âge où l'on compose son livre de régime à soi. Variante : contre les régimes. Bref : d'hygiène de vie. Il nous en arrive tous les jours à Paris et personne ne fait rien.

Jusqu'à nos mandarins qui, visiblement, sont trop. Mais cette fois, plus question de s'entraider. La lutte est d'une âpreté terrifiante. Parmi toutes les catégories professionnelles qui ont nos vies entre les mains, les grands médecins sont les seuls – en dehors des chauffeurs de taxi – à se traiter d'agités du bocal ou même de criminels. C'est hyper rassurant. Ils se battent jusque sous nos yeux. Les cancérologues nous font subir leurs mauvaises tumeurs dans les médias. La télévision n'a rien arrangé. Comme son nom l'indique, le petit écran ne peut contenir qu'un grand patron à la fois, et encore : assis. Or le hasard veut qu'ils soient deux, le plus souvent, à revendiquer ce titre de *star in vitro*.

C'est par miracle que nous avons jusqu'ici échappé au carnage. Une réunion secrète des chefs de famille de l'Assistance publique a permis de calmer le jeu. Tenue dans un bowling de Haute-Savoie, l'assemblée décida qu'en cas de rivalité entre deux parrains, l'un servirait la gauche et l'autre donnerait sa signature à la droite. Le soutien du parti au pouvoir garderait la vedette jusqu'à l'alternance. Jusqu'ici, le système fonctionne à peu près.

A défaut d'être la diva du moment, on peut s'en sortir en réalisant des *premières*. La médecine de pointe permet heureusement de les multiplier. En particulier, tous ces nouveaux procédés de fabrication des bébés : ils autorisent enfin des premières qui ne soient pas les dernières pour le client.

Un troisième débouché offert au grand patron, c'est encore

d'écrire un livre. Plus question ici de régime à base de pimpre-
nelle ou de se guérir les bronches en se massant les pieds.
L'auteur s'est élevé bien au-dessus des corps gras et des liga-
ments. A son niveau, c'est toutes les interrogations sur la vie et la
mort qui l'habitent. Le Professeur vous prescrit de l'ontologie à
tous les repas et se montre parfaitement capable de soutenir une
conversation avec Jacques Chancel.

Puis vient le grand âge. Sans doute en raison d'une sélection
impitoyable, on remarque que le grand médecin vit très vieux. En
quoi il se montre supérieur au grand malade. C'est lui la veuve du
couple. Bref, la plupart de ses contemporains sont à leur cou-
chant que le mandarin parisien doit encore se soucier de sa place
au soleil. Le mieux alors, pour conserver sa position, est de s'établir *sage* auprès des pouvoirs publics et de finir sa vie dans
l'éthique.

COMPTOIRS ET MARCHANDS

Le Petit Commerçant, sous l'angle du langage et des mœurs – Le
Yuppy *au marché, l'Ouwie au même endroit – Nouvelles boutiques – Où le lecteur est prié, à propos du surgelé, de passer à l'auteur ses propos givrés – D'avoir de l'indulgence pour son goût des amourettes – D'excuser, au sujet du grainetier, son discours un peu sec – D'accepter enfin, pour prix de ces désagréments, la petite* table d'orientation du marchand de journaux *(Exclusif, modèle de poche à découper).*

1. BOUTIQUIERS

Cinquante mille petits commerçants disparus en vingt ans et pourtant il en reste. Cela va du Cours des Halles au fromager affineur, en passant par le cordonnier et l'artisan boucher. Il y a aussi des Arabes toujours ouverts et des Chinois toujours accueillants (et inversement), ces deux traits les rendant parfaitement exotiques au Parisien[1]. Celui-ci n'en revient pas, il en est presque gêné.

– M. Larbi est *si* complaisant.
– Mme Heng Heng est *tellement* aimable.
– Ils sont *trop* gentils.

Les crémières aux bras robustes. Elles ont des lourdeurs dans les jambes. Des moonboots en hiver, des sandales en été. Une permanente casquée : à Paris, la coiffure de la commerçante est d'un genre classé. Les cheveux sont éclaircis. L'ennemie principale est la *mèche folle.*

Les hommes qui se lèvent à cinq heures, d'où il s'ensuit que le

---

1. La forte proportion d'étrangers dans le petit commerce, cela nous donne des rues plus colorées que nos immeubles. Les Maghrébins ne sont guère plus nombreux à la Goutte d'Or que les Ibériques dans le VIIIe. Ce qui en fait un « quartier arabe », ce sont les boutiquiers : la boutique est le point d'eau des minorités. La diversité des combinaisons ethniques dans la société marchande fait l'originalité de chacun des quartiers de Paris, une ville où les vrais ghettos sont rares et les mélanges apparents (sur le trottoir) nombreux.

monde extérieur se compose de jeunes qui ne savent plus travailler, d'enseignants qui ont trop de vacances, de fonctionnaires toujours en grève, d'agents du fisc staliniens et d'étrangers qui ne retournent pas dans leur pays, en dépit des conseils.

Ledit monde extérieur trouve cependant sa rédemption dans la figure sacrée du Client Fidèle, absous de tous les péchés du salariat et des vices de l'oisiveté.

Et les apprentis, qu'on n'en trouve plus. Et ce temps. Vous parlez d'un temps.

L'hiver, ils ont le nez rouge. La chaleur leur fait gonfler les pieds. Ils ont la tête près du bonnet de ski. Il suffit, pour le vérifier, de choisir les pommes d'en dessous, d'acheter les poires à la pièce et les pommes de terre par 500 grammes, d'enfoncer un ongle dans les radis noirs, de tordre le bec aux poules et de sonder la branchie des poissons, tous ces trucs recommandés dans les journaux par des cuisiniers qui ne doivent pas bien connaître la psychologie du commerçant parisien.

Le Parisien et son détaillant ont des échanges passionnants :
a) Le gruyère, je vous en mets deux ou trois kilos?
b) Est-ce que vous auriez un bon biftèque pour un enfant?
c) Attention, ça ne repousse pas.
d) Je suis à vous [1]. – Merci mais je vous préviens, on est déjà six à la maison.

J'aime, dans l'alimentaire, l'usage qui est fait du mot *autrement* : « Ah, c'est fini, monsieur, on ne sert plus. Qu'est-ce qu'il lui aurait fallu *autrement*? »

Au marché, on voit encore de petits producteurs venus avec une camionnette et un béret. Ils proposent des pommes de terre non calibrées, des œufs ornés de petites plumes blanches qui n'ont pas l'air collées à la main, ils apportent cinq poules et trois lapins.

Le rendez-vous bi-hebdomadaire que se donnent au marché le Détaillant et son Client Fidèle procure à l'endroit une chaleur particulière. Ce n'est point l'ambiance de secte qu'on découvre chez le boucher chevalin, ni chez le bio, où des allumés fraternisent dans l'incompréhension générale. C'est plutôt un rite provincial, une réunion de famille. En dépit de quoi, le marché parisien succombe à l'esprit du temps : si on y trouve de la tomate cerise, de la rouquette, du mini avocat, c'est qu'il y a du *yuppy* en trench coat dans le coin.

Au niveau casting, le *yuppy* et la *ouwie* forment un contraste attachant. Le *Young Urban Professional* flâne en respirant à pleins

1. Comme la sardine est à l'huile (facultatif).

poumons, avec une sensualité appliquée, les effluves du pittoresque et les émanations de l'authentique (à Paris, où le vrai est
une donnée exotique, les deux parfums se confondent aisément),
toutes choses dont la *Old Urban Widow* n'a strictement rien à
cirer. Elle va droit à ses fournisseurs habituels et renaude devant
les prix. Elle a surtout cet usage curieux de commenter le destin
de ses achats. Ah, je vais prendre de la roseval pour faire à la
vapeur, j'ai un reste de limande. Vous me donnerez trois poireaux, je les mettrai en gratin pour finir mon rôti de porc.
Comme pour se justifier, se faire pardonner ses envies (d'un érotisme pourtant discret), et se persuader qu'il vaut encore la peine
de manger les pissenlits autrement que par la racine.

Si, d'aventure, vous n'étiez pas fichu de distinguer à l'œil nu un
Nouveau Parisien d'une veuve solitaire, écoutez les conversations
des *ouwies*. Les programmes de la télévision, les maux de jambe et
ce qu'elles appellent leurs *dînettes* sont le fond du débat. (Le veuf
ou le vieil époux est beaucoup plus taciturne : si les vieilles dames
constituent à Paris des communautés de quartier, lui a souvent une
mentalité de rescapé).

Le retraité a tendance à tricher dans les queues, à s'attarder à la
caisse, à se tromper dans les pièces : cela est en général bien pris [1].
Mais il y a des petits commerçants qui sont cruels aux petites
bourses. Alors remonte du fond des âges, pour être précis du
temps de l'Occupation, la crainte révérencieuse du client pour le
BOF, ce mâle dominant.

Le vieux (Il vient de faire l'emplette d'un bloc de mou congelé) :
– Et une petite tranche de jambon, s'il vous plaît.
Le boucher : – Comme ça?
Le vieux : – Un peu moins gros, s'il vous plaît.
Le boucher : – Et *autrement*, c'est tout? Eh ben, c'est pas beau-
coup. 35,40.
Le vieux : – Avec le mou?
Le boucher : – Bien sûr, avec le mou.
Le vieux (Il sort son carnet de chèques postaux, puis se ravise) : –
Il vaudrait mieux que je vous paye en billets.
Le boucher : – Oui, vaudrait mieux. (Soudain trop aimable) : Ça
ne vous dérange pas *autrement*?
Le vieux : – Non, non. (Il paie, cela dure un moment). Bon, au
revoir. (Un temps). Il faut m'excuser. (Il donne la main au boucher
qui, c'est visible, n'avait pas prévu le geste). Il faut m'excuser, vous
comprenez, je suis tout seul à la maison.
Le boucher (toujours trop jovial) : – Oh, mais je ne vous en veux

---

1. C'est avec un sadisme résolument anti-vieux que la Monnaie Nationale s'acharne à
inventer des pièces qu'on puisse confondre avec d'autres pièces.

pas, monsieur Joseph. C'était pour rigoler tout ça. Vous revenez quand vous voulez.

Le vieux : – Ah, merci.

(Juin 1989)

Leur aisance à passer du cliché météorologique à la plaisanterie salace, de la courtoisie commerciale à l'allusion raciste, le tout d'une torsion de bouche.

Depuis qu'il a été promu *commerce de proximité*, ce qui est quand même autre chose que *détaillant du coin*, et qu'il sent les loyers monter comme une crue dont réchapperont les sujets les plus forts, le commerçant parisien prend du genre lui aussi. Il avait une passion bavaroise pour les caractères gothiques et décorait ses emballages de veaux souriants, de cochons clairement heureux d'être débités chez lui. Mais le voici saisi par le chic. Son esthétique se rapproche de celle des franchisés.

Les nouvelles boutiques sont de deux ordres : a) *Le genre finlandais*. Bois blond, briques vernissées, des fleurs séchées et des paniers tressés comme on en voit dans *Maison et Jardin*; b) *La nécropole*. Les revêtements sont en marbre. Les comptoirs vitrés sont équipés d'un éclairage spécial, au moyen de quoi les victuailles apparaissent maquillées comme des cadavres. Qu'elles sont d'une certaine façon.

Mon charcutier du coin appartient à ce style désormais. L'ancien propriétaire a vendu l'an dernier. Le nouveau s'est aussitôt mis en travaux, ou plutôt, disait un panneau : « N. *réaménage son espace de vente.* » C'était un magasin, c'est devenu un espace de vente : une sorte de tombeau de foie gras marmoréen et glacé, avec des lumières froides et des parures de deuil. C'était un charcutier normal, c'est-à-dire pas très bon et routinier, dévoué à la salade de chou rouge et aux champignons à la grecque. C'est resté pas très bon mais il y a un rayon Fauchon et les vendeuses en uniforme vous apportent de l'arrière-espace des salades de pâtes et du crabe à l'ananas. Du cliché gastronomique, il est passé à l'originalité de commande. Difficile d'y dénicher un produit *bête*. La modernité pour tous, le brocoli branché sont des fléaux parisiens. Aujourd'hui où les échoppes sont devenues des espaces, il fallait s'y attendre : les espaces verts n'offrent pas la moitié des roses qu'on trouvait dans les jardins.

L'emballage de mon charcutier n'a plus rien de gothique. Il est sobre, élégant. Il porte une mention nouvelle : *Maison fondée en 1910*.

Quand vous commencez à voir cela, *fondée en 1910*, vous pouvez être sûr que la maison a été rachetée dans les années 80 et que toute espèce de tradition a disparu de l'endroit.

Ce que je dis pour 1910 est également vrai pour 1880, 1907 ou 1912.

2. *LES MOMIES*

L'art funéraire trouve son apothéose dans le magasin de surgelés. On n'avait jamais connu de choses semblables à ces sanctuaires où sont alignés des sarcophages bourrés de momies en vrac, où règne un climat étrange de deuil inconsolé, que le profanateur de sépultures, appelé ici client, identifie bientôt : c'est d'un vide qu'il s'agit.

Il soulève avec gravité le couvercle d'un tombeau pour en sortir une petite relique glacée, opaque, et comprend qu'aucun des sens qu'il possède encore n'est sollicité dans cet igloo funèbre. Les vendeuses ont un regard horizontal, des pensées laiteuses, le givre aux dents. De toute l'histoire du commerce de détail, ce sont les premières employées dont la vision n'est peuplée que d'un alignement de cercueils vitrés. Les conséquences psychologiques restent à étudier. Chaque soir, j'imagine qu'elles accomplissent un effort déchirant, quasi orphique, pour remonter de la chaîne du froid à la chaleur des vivants. Dans leur quartier, elles deviennent souvent des pythonisses et des médiums recherchés. Elles entrent en communion avec l'âme des rosbifs morts.

3. *DU TRIPIER DU COIN, DU BOUCHER D'EN FACE ET DE LEURS RAPPORTS AVEC L'INCONSCIENT DE L'AUTEUR*

Il est plus facile de dénicher un goncourable à Paris, ou même un plombier, qu'un bon tripier. Dans toute la région ils sont à peine 300. La disparition de ce métier est l'un des effets les plus consternants de la modernité. Il faut s'y arrêter, la capitale ayant longtemps porté très haut l'abat. C'est qu'ici nous avions la fressure jacobine, et la ravigote allait au Parigot comme un gant.

Les Parisiens qui ont de la mémoire (ils mangeaient de la cervelle) se souviennent d'un monde sur lequel régnait la tête de veau entière, avec son persil dans les narines, ses cils roses de crétin albinos, son air con mais gentil. Le tripier parisien la montrait au peuple avec fierté, comme le bourreau celle de Danton : toutes deux en valaient la peine car elles étaient complètes, avec langue et cervelle.

C'était au temps du *bazar* (les anciennes Halles), avec son fameux pavillon 6, celui des échaudiers de panse verte [1].

---

1. Panse de bœuf crue non échaudée.

De nos jours, la France a du persil plat mais elle n'a plus de narines. Les enfants parisiens vont directement de la civilisation du Petit Pot à la culture du Gros Mac. Pour le reste, on leur donne à bouffer du logiciel, lequel est beaucoup moins gras que l'abat et ressemble à un toast brûlé.

Qui a vu cependant, festonnés de rognons d'un rose vif, le bouillonné d'une fraise et l'arrondi (surpiqué comme une épaulette) d'une cervelle d'agneau, le tout broché, dans un camaïeu ivoirin, sur le marbré d'un gras-double, celui-là (le kiavu en question) s'est cru dans un film à costumes de Zeffirelli.

« Il faut que l'étal ait de la gueule, m'a dit un vieil artisan, car franchement, c'est pas beau l'abat. »

Le tripman parisien apparaît aujourd'hui comme un anormal. Il pose un grave problème d'insertion sociale. Comme standing, le tripophile se situe quelque part entre le coprophage et le junkie. Aucun lit à Marmottan n'est pourtant prévu pour le viscéromane. En manque, il se rue dans les restaurants du cœur parce qu'il s'imagine qu'on en sert.

Inutile de rêver d'encore une amourette à Paris. On vous propose la botte plus facilement.

Vous pourriez passer toute une vie dans la capitale sans avoir approché une franche mule ni un pied sauce poulette. Désormais on est moins cœur que cul, on veut du train arrière, de la viande rouge, du château. On ne s'intéresse plus à l'âme des bêtes, à leur moi profond. Pourtant, ces méprisés abats sont aussi le siège des émotions, des rêves et des idées. Tout ce dont nous entretiennent assez longuement Proust, Freud et Bataille, cela n'est jamais que de la triperie d'homme. Alors que la célébration de la viande nous a surtout donné Rambo et le body-building.

L'estomac répugne aux Parisiens. Le muscle est au contraire devenu un morceau noble, notre champion, prêt à se battre pour nous sauver. Le premier on le prive, le second on le nourrit.

Dans les temps reculés où le massacre avait encore une dimension gastronomique (donc sacrée), on ne manquait jamais de bouffer le foie, le cœur et les couilles de son ennemi. C'était pour s'en approprier les vertus et cela se fait encore dans certains pays vraiment civilisés. Alors qu'avec les tueries fast food d'aujourd'hui, il n'est plus question que de *boucherie* et de *chair à canon* (dont je ne voudrais même pas pour farcir mes tomates).

Une culture disparaît à mesure que les bouchers parisiens (pour survivre) et les grandes surfaces (par vocation hégémonique) mettent la main sur le commerce des abats. Le drame, c'est que c'est gens-là vous proposent cinq ou six articles (congelés une fois sur deux), alors qu'il y a cinquante références en triperie.

Entre la viande et la tripe, la lutte est ancienne et, cela va de soi, intestine. Ce prince du sang, le boucher, a pris l'avantage sur le tripier, un homme souvent timide et taciturne, au regard lavé, aux pensées tournées vers le dedans, comme il convient à qui sait le secret des animaux. Le patron tripier ne ramène pas sa fraise. Le patron boucher est, au contraire, un artisan extraverti, un plaisantin qui vous fait des clins d'œil, qui n'hésite pas à tailler une bavette. Dans cette ville viandarde, c'est lui qui a la cote. On dit : « Je vais chez *le* tripier » mais « je vais chez *mon* boucher ».

« Nous avons toujours été un petit métier », m'a dit un tripier.

Le boucher est un bourreau, un sacrificateur, un homme de couteau. Le tripier est un médecin légiste, un magicien, un homme de marmite. Il y a une érotique du boucher, une sensualité brutale, bouillonnante comme une artère coupée. L'univers du tripier intéresse plutôt les pornographes. Il approche la bête par ses trous. Il s'enfonce dans les cloaques, les cavités. Il explore la nuit des animaux et côtoie le pipi-caca.

Leur combat met en scène le Paris d'aujourd'hui, avec ses salles de gym et ses restaurants d'habitués. C'est celui du corps et du ventre, du dur et du mou, du fibreux et du lisse, du rôti et du bouilli.

Bien sûr, il y a les modes et ce qu'elles ont d'agréable, c'est qu'elles meurent jeunes (disait Cocteau). Ainsi la vogue du mâchon, du bistrot lyonnais, le lifting de la joue de bœuf rendent un peu d'espoir au tripman. Par ailleurs, avec un beau courage chez ces êtres doux, les tripiers ont conquis au fil des ans le négoce de tout ce qui dépasse d'un bovin : la queue, la hampe, l'onglet. La limite à ces conquêtes, c'est que le tripier ne deviendra jamais boucher au point où le boucher fait dans la tripe.

La panse de bœuf est un miroir : à la façon des Romains, je lis dans les viscères le destin de ma ville étripée et je comprends que tout y concourt à mettre à bas l'abat.

1) *Prenez le dîner en ville.* Comment voulez-vous réussir un dîner avec quelque chose que *tout le monde il n'aime pas ça ?* Il est constant que chacun des Parisiens, tous les Français, la plupart des habitants de cette planète ont au moins le dégoût d'un abat. Ce n'est jamais celui du voisin. Le judaïsme n'est rien à côté de cette religion dictée par un prophète énergumène : *l'abatisme,* où les tabous se comptent aussi nombreux que les fidèles. Aussi les hôtes sont-ils obligés d'en tenir un état rigoureux, réunissant un jour les Amis de la Tête de Veau, une autre fois l'Association des Fervents de l'Amourette ou les Compagnons du Tablier de Sapeur. Tout cela est soigneusement mis sur ordinateur, qu'un dégoûté de la caillette n'aille s'égarer parmi les zélotes de la franche-mule.

Comment respecter le Jour de l'Abat dans ces conditions? Avec la tripe, on part très vite dans les complications. Aussi le tripal en phase terminale ne reçoit-il jamais personne. Il grignote sa fraise le soir au lit.

Passe encore pour un repas d'amis. Mais comment faire avec le *dîner en ville*, lequel fut inventé – par un déséquilibré, selon certaines sources – dans l'intention de réunir des gens qui n'ont rien à foutre ensemble, l'enjeu de leur conversation étant précisément d'amener au jour, en l'espace de deux heures, quelque goût à partager, qui n'est pas forcément celui de l'andouillette?

On observe que les gens qui n'ont rien à foutre ensemble n'aiment que très rarement les mêmes abats.

Vous pouvez encore leur servir un foie de veau rôti, des rognons à la graine de moutarde, des ris. Ceux-là, les dîneurs en ville feront semblant de les apprécier. Tout simplement parce que c'est cher : le Parisien ferait dix kilomètres à plat ventre pour aller bouffer une tartine de merde, pourvu que ce fût hors de prix. Un cœur de veau farci, en revanche, cela fait petit ménage.

N'espérez pas réaliser des économies avec ces histoires d'abats.

Aspect négatif d'un produit populaire : il sent le besoin, la fin de mois difficile, l'Occupation et ne convient pas à la moitié des snobs. Aspect positif : l'abat est un *plat canaille*. Aussi régale-t-il l'autre moitié des snobs, ainsi que les démagogues et les politiciens. Ce n'est pas pour rien si nos hommes d'État s'en régalent (Chirac et sa tête de veau) : la tripe a longtemps réchauffé les comices et embaumé les foires, réjoui les sorties de messe et alléché les poulbots. En résumé, elle a fait trois Républiques.

Au moins.

Signe des temps : la canaillerie ne suffit plus à séduire nos mondains dévoyés. La Confédération nationale de la triperie française en est réduite à tirer l'abat vers le haut, vers le chic carnassier. Elle veut en faire *la cinquième viande*. Encore un domaine où Paris se pousse du col : après la deuxième voiture et son ticket chic, voici la cinquième viande et son tripier huppé.

2) *Prenez l'obsession de la santé*. Sous l'empire d'une diététique expéditive, tous les abats ont été mis dans le même sac. « Vous n'imaginez pas qu'à 85 F la consultation je vais m'amuser à faire le détail entre les morceaux? » (Un médecin parisien). Bon, la cervelle est un des plus riches gisements en cholestérol de la planète. Le ris et le rognon ne lésinent pas sur l'acide urique. Mais prenez un foie de bœuf, c'est ce qu'il y a de plus riche en fer avec la poudre de cacao (le foie de bœuf au chocolat fait de vous un Popeye excentrique). Beaucoup d'abats, on l'oublie, sont des viandes maigres avec, en plus, de la vitamine B (l'oligo-élément

vous classe tout de suite, c'est ce qui se fait de plus élégant ces temps-ci).

Une Parisienne, comment la persuader que le gras-double n'est pas gras, double encore moins? *Gras* vient du latin *crassus* (épais), *double* est le nom vulgaire de la panse.

3) *Prenez la religion du vite fait*. L'abat serait long à préparer. Mais, comme m'a dit un professionnel : « La dame est crevée? Elle prend sa langue, elle la met dans l'autocuiseur, elle regarde un peu la télé et, quand l'émission est terminée, sa langue est prête. »

Rien n'est plus sensé.

4) *Prenez notre passion pour nos amies les bêtes*. Il y a dix ou vingt ans, l'aliment pour animaux constituait encore un tiers du chiffre des tripiers parisiens. Jusque dans les années 60, les pavillonnaires venaient aux portes de la ville en chercher des quantités dignes d'un zoo. Mais les banlieusards ont leurs hypers désormais et les amis de nos amies les bêtes ont leurs stocks de boîtes. Au terme d'une épopée du marketing, l'aliment pour chats donne dans le genre nouveau riche. En conséquence, l'abat pour humains prend le chemin inverse. « Sur les boîtes pour animaux, il y a marqué en gros *rognons* et *foie*, se plaint un tripier, ça dévalorise nos produits. »

La triperie a perdu sa clientèle de vieux félins habitués qui venaient chaque semaine chercher leur mou. Il n'y a rien de si snob de nos jours qu'un persan parisien (sinon, peut-être, un chat de gouttière des beaux quartiers) : le minet qui veut honorer sa maîtresse et se pousser dans le monde, il va chercher ses boîtes d'abats truffés à 2 % chez Fauchon, glissant à l'oreille du vendeur : « Vous n'auriez pas aussi un petit quelque chose pour ma vieille? »

5) *Prenez l'engouement pour la voie piétonne*. Robert fut trente-deux ans tripier rue Daguerre. Il resta le dernier. En 1960, ils étaient quatre. En 1970, il débitait encore, à ses deux étals, soixante têtes de veau la semaine, et trois cents de mouton. L'habitant des banlieues venait depuis Massy-Palaiseau, l'Arabe depuis la rue de l'Ouest. « Maintenant, les Arabes ont leurs quartiers, dit Robert. Et les banlieusards leurs grandes surfaces. » Puis la rue Daguerre est devenue l'une de ces rues piétonnes à l'usage des Nouveaux Parisiens. Sentant « baisser la triperie » dans les années 80, Robert a fait la volaille. C'est tout de suite devenu un tiers de son chiffre. En 1988, il a fini par imiter les copains, Robert. Il a vendu à un réseau de franchisés. Un de ces chocola-

tiers demi-chic : « Un tripier pour me succéder, je n'aurais jamais trouvé. » Le prix offert par le chocolatier était bien sûr irrésistible.

Épilogue : Dominique, fils de Robert, a choisi de travailler sur les marchés, ultimes redoutes de l'abat parisien. Courus qu'ils sont par les vieux, les petits ménages, les bourgeois assoiffés d'authentique et la poignée de chats qui n'aiment pas fréquenter les boîtes.

Dominique Groussard se destinait à la médecine. Il a finalement choisi de s'occuper d'organes sains. D'autres étudiants auraient-ils suivi son exemple, nous aurions encore des tripiers, quelques toubibs en moins : une cité plus harmonieuse.

4. MARCHANDS DE GRAINES

La vie continue, insouciante, mais il nous reste à peine dix graine-tiers. C'est d'ailleurs pour oublier cette tragédie que le Parisien s'étourdit dans les fêtes. Ils rendent une justice sommaire, ceux qui condamnent le parisianisme sans examiner le destin des féculents.

Plutôt que chez les schtroumpfs ou les girafes, on mènera son enfant chez le grainetier. Il y goûtera l'extase incomparable de plonger la main dans un sac de haricots (lui faire assimiler au passage la notion de *vrac*). Il y verra des lentilles qui ne sont pas faites que pour le plaisir des yeux. Il admirera les derniers pois cassés et autres merveilles de la nature.

Dans cent millions d'années, la disparition des grainetiers parisiens représentera un mystère égal à celle des dinosaures aujourd'hui : tels anthropologues songeront à une catastrophe écologique : le fameux effet de serre aura fait germer les graines. D'autres avanceront l'hypothèse d'une lutte implacable qui aurait opposé aux grainetiers les marchands de salades, et concluront à un nouveau triomphe de l'humide sur le sec.

5. MARCHANDS DE JOURNAUX

Le kiosquiste parisien est assez mal connu, mais on sait au moins ce qu'il n'est pas : un bureau de renseignements. C'est l'une des toutes premières choses que le visiteur entend de sa bouche :
— Je ne suis pas un bureau de renseignements.

Ce qui est déjà une information.

L'invendu, la pénurie de monnaie et la demande de renseignements, dans une ville surpeuplée de gens qui ne sont pas du quartier, sont les hantises du marchand de journaux.

Vous serez mieux accueilli en disant d'un trait : « *Le Monde*, s'il vous plaît, et connaissez-vous un tabac ouvert dans le coin ? » Il y en a cependant de très gentils. De plus en plus, je dirais. Mais il en est de féroces. Ce kiosquiste, du côté de l'Opéra, qui avait installé une pancarte en trois langues : « Renseignements, 50 cts. » A l'inverse, j'ai connu un vieux Parigot, il avait le goût de guider les étrangers ; il donnait aussi des tuyaux pour les courses. C'était un turfiste acharné. Il ne disait jamais : « Ça va pleuvoir », mais « Ça va être lourd, tantôt. »

L'autre jour, une sorte de Samoyède demandait son chemin à une marchande du modèle ancien (liseuse et tricot), ceci dans un dialecte ouralo-altaïque où surnageait un nom de rue. A quoi la marchande répondit qu'elle ne jaspinait pas le patagon et que, d'ailleurs, elle n'était pas un bureau de, etc. Venant au secours du Finno-Ougrien, j'indiquai par gestes la rue vers quoi tendaient ses efforts de Transcarpathique égaré. J'accomplissais ma B.A. sous l'œil sarcastique de la marchande qui, le Turkmène en allé, m'apostropha durement :

— Et *on* vous a même pas dit merci !

— On m'a dit smprt, protestai-je, c'était un remerciement sans doute.

— Il aurait pu vous dire merci en français, grommela cette dame âgée, ajoutant : Moi je ne *dis* pas le chemin aux gens qui ne disent pas merci.

— Comment pouvez-vous savoir à l'avance s'ils vont vous remercier ? voulus-je argumenter quand elle m'interrompit avec un rire cynique :

— De toutes les façons, la rue du Quatre-Septembre, c'est pas par là (geste à droite), c'est par là (geste à gauche).

Quand je rends service, en général, cela complique la vie des gens.

A ce moment arriva la serveuse du café-brasserie d'en face, avec le déjeuner de la marchande (un parmentier) :

— Alors comment ça va aujourd'hui, madame Roger ? s'enquit-elle d'un air anxieux.

— Ça va quand je me lève, c'est après quand je me baisse.

— C'est la souffrance qui est dure.

— Il faudrait pas souffrir.

— Même crever c'est rien quand on souffre pas.

— Crever, c'est rien qu'un vieux hoquet qui passe quand on se sent bien par ailleurs.

Quittons cette scène de la vie parisienne pour revenir aux gestes de la marchande m'annonçant (d'une voix triomphale) : « C'est pas par là, c'est par là ». Le kiosquiste parisien ignore la rose des vents. Sa façon de donner un chemin nous rappelle une époque fruste où n'existaient que les quatre points cardinaux (ce qui laissait dans le vague des choses comme l'Asie du Sud-Est ou la Porte de Pantin). C'est-à-dire, en langue kiosque : par là, en face, derrière et par là.

Les Parisiens

Paris pittoresque

Comment s'orienter à partir des indications d'un marchand de journaux (cadeau de bienvenue dans notre ville, à découper et à garder en poche pour rendre ses déplacements plus aisés).

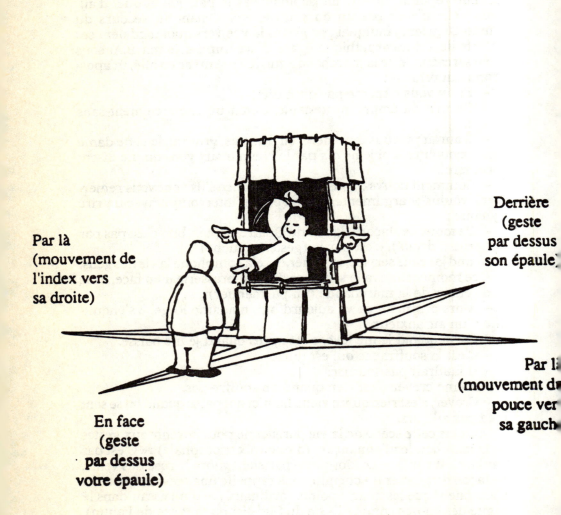

Par là
(mouvement de
l'index vers
sa droite)

Derrière
(geste
par dessus
son épaule)

En face
(geste
par dessus
votre épaule)

Par là
(mouvement du
pouce vers
sa gauche)

CASTES

LES NOTABLES

Un mythe : l'incognito parisien – Distribution des prix au village ou la distinction à la portée de tous – Nos Ringards – Où l'on voit que si le monde est petit, selon la formule consacrée, Paris l'est encore plus – Comment échapper à la notoriété – Les voisins – Illustres inconnus et inconnus célèbres – Introduction aux cercles villageois.

C'est dix fois par mois que le Parisien rencontre par hasard des gens qu'il connaît. Le reste du temps, il tombe sur des gens qu'il avait rencontrés par hasard. Pour l'ancien débarquant, c'est toujours un choc. Les provinciaux de ma génération ont grandi avec une idée en tête, ressassée par l'entourage : A PARIS, ON PEUT FAIRE CE QU'ON VEUT, PERSONNE NE VOUS CONNAÎT.

Les mères : « A Paris, tu peux faire ce que tu veux, personne ne te connaît, mais ici je te prie de ne pas sortir avec ce pull troué. »

Les filles : « A Paris, on fera ce qu'on voudra, personne ne vous connaît, mais ici je préfère que tu enlèves ta main. »

Or on ne vient plus guère se cacher dans la grande ville. C'est un genre désormais réservé à ceux dont c'est le métier : les clandestins. Les mères pourtant avaient raison : recherché ou redouté, l'incognito fut une spécialité de la capitale. C'était au temps où il y avait du monde ici. Paris, son anonymat, ses froufrous. On lui a même dressé un tombeau sous l'Arc de Triomphe, à l'Ignoré, avec un Butagaz perpétuel. Aujourd'hui, en revanche, où l'on s'emploie à trier les Parisiens comme des lentilles, l'Inconnu est difficile à dénicher. Encore plus son guide et son modèle : le Parfait Inconnu. C'est au point que, chaque année, nous sommes obligés de redécouvrir des gens, lesquels font des *come-backs*, des *retours en force*, une *seconde carrière*.

A Paris, vous servez plusieurs fois.

Je parle ici de la ville des *dîners en ville*, on m'aura compris, pas de celle des exclus sans avenir ni des inclus sans horizon. Cette ville-là est surpeuplée de stars et, quand ce ne sont pas des stars, ce sont des têtes d'affiche, des hommes et des femmes de l'année, des poids lourds de la finance, des leaders d'opinion, des faiseurs de réputation, des gens dont on parle, des qu'on a l'œil sur eux, des qui accèdent au Top 50, des étoiles au Michelin, des poulains des éditeurs, des grands fromagers, des meilleurs sommeliers du monde, des enfants chéris des médias, des signatures, des incontournables, des personnages, des piliers de l'endroit, des silhouettes familières aux gens de la nuit (gens : ce mot est très coté). A quoi s'ajoutent les relations, liaisons, copains, coiffeurs, mentors, alter ego et fournisseurs habituels de tous ceux-là. Puis les Veuves De (une espèce en plein essor), enfin les Enfants De (ils poussent comme des champignons). Pour couronner le tout : leurs ex.

Il y a une folie du hit-parade dans cette ville, où la rage de tout classer vaut bien la passion de tout nommer. On ne s'élève plus dans son métier, on grimpe dans les *charts*.

Césars, Molières, Dés d'or, Victoires, Sept d'or, Alfreds et Coupe du Meilleur Pot : de nouvelles récompenses sont ajoutées chaque année aux innombrables distinctions littéraires. Quand ce n'est pas le métier qui vous reconnaît, c'est le *milieu* qui vous donne ses suffrages. L'intention est claire : faire de tout Parisien un primé.

Gagner la bataille des médaillés en vue du Grand Marché.

On a compris qu'échapper à la notoriété réclame une attention de chaque instant. Tous les jours, vous rencontrez des spécimens merveilleusement doués pour n'être rien, et qui n'ont pu s'empêcher d'être célèbres.

J'ajoute qu'il suffit parfois d'avoir connu la notoriété en 1912, comme Antoine, Paul Guth ou Guy Drut, pour rester à flot [1]. La longévité des gloires locales tient du prodige. C'est à peine si Eddy Mitchell a besoin de chanter. Chazot ou Jean Marais, on ne sait plus très bien ce qu'ils font. Il suffit d'être là, de rappeler des souvenirs à nos Aînés, d'animer les goûters de nos Anciens. Cela s'observe souvent dans les villages.

Bon, je sais bien que nous avons perdu Roger Lanzac ou Ronnie Bird : ils n'ont pas su faire le Ringard avec assez de brio. Car il n'est pas jusqu'au Ringard qui ne soit ici un personnage. « C'est poussiéreux, on dirait du Calepied », ou bien « C'est un nul, tu vois, une espèce de Rosebique » : à entendre cela tous les jours, on s'aperçoit que les noms de Rosebique ou de Calepied sont les

---

1. Voir p. 285 – *Valeurs sûres.*

noms les plus cités [1]. Vous devenez populaire et bientôt intouchable. Vous naissez peu de chose, vous finissez Michel Droit.

Le Ringard intellectuel peut tenir un demi-siècle à Paris, a) en écrivant des préfaces (l'avant-propos est un métier ici), b) en donnant des tribunes au *Monde*, c) en participant à des colloques *quel quel*.

Exemples de colloques *quel quel* : Quel avenir pour quelle France ? Quelle France pour quelle Europe ? Quelle Europe pour quelle jeunesse ? Quelle jeunesse pour quel avenir ?

La gloire est d'autant moins évitable qu'être connu à Paris revient à être connu de Paris et qu'être connu de Paris se résume à être connu du milieu (voir ce mot). *Elle se répand dans tout Paris en disant sur toi que...*, ou bien *tout Paris parle de ton truc...*, ne vous laissez jamais bercer par ces paroles : il s'agit de trois connaissances, deux qu'on a vues hier à dîner, la troisième qu'on a eue ce matin au téléphone, et toutes du milieu. A l'inverse, vous entendez, dans un sauna mondain, parmi 2 300 invités, deux individus s'étonner qu'il n'y ait vraiment *personne* ici. Traduire : pas de *vraies* stars.

Les mêmes, dans un palais désert, parmi quatre pelés notoires et trois tondus célèbres, s'écrieront : « Mais il y a *tout le monde* ici [2] ! »

Leur ville et leur carnet d'adresses se confondent dans la cervelle des Parisiens. Comme ils réduisent le monde à la capitale, cela revient à ramener la planète à son agenda. Inutile d'aller faire carrière au Japon ou d'être un dieu vivant pour toutes les Amériques, si on ne sait plus rien de vous dans l'intra des muros : on vous tiendra pour un raté. Ce que vous ne serez jamais si vous n'êtes connu *qu'*ici.

Paris est la capitale mondiale des réputations provinciales.

Comment d'ailleurs rester dans son coin ? C'est ici la plus petite des grandes métropoles : 105 km², y compris les bois, un périphérique infranchissable, des immeubles plafonnés à 20 m, un tracé des frontières qui remonte au Second Empire. Résultat : avec 2 millions d'habitants seulement, cela nous en fait 200 à l'hectare (250 sans les bois), une densité plus grande qu'à Tokyo (145 h/ha mais une superficie de 577 km²), un grouillement à côté de Mexico (52 h/ha mais 1 479 km²), une fourmilière auprès

---

1. Le modèle est Delly. Personne n'a jamais lu Delly. Tout le monde ne cesse de répéter : « On dirait du Delly ».
2. Cela me fait penser à ce qu'écrivait une princesse pendant la Grande Guerre, depuis Venise : « Tout le monde a fui. Il reste le peuple. » Ou bien à cette réflexion, entendue récemment : « Comment, vous ne connaissez pas X [un restaurant] ? C'est l'endroit préféré de tout le monde » (avril 1990).

de Shanghai (21 ha mais 5 700 km²). En regard de Paris, l'Ile-de-France est une pampa (7 habitants à l'hectare) et même la Petite Couronne est sous-peuplée (59 ha) [1].

L'interdiction de bâtir en hauteur et la prolifération des bureaux ne nous laissent que 1 200 000 logements (en moyenne plus petits qu'ailleurs). La rénovation, chaque année, en réduit encore le nombre. Paris se vide et pourtant nous sommes les uns sur les autres. Vous tentez de vous cacher dans une de nos fameuses files d'attente. Aussitôt vous aurez affaire au redoutable *copain qui cherche un copain dans la queue* pour lui prendre son billet (sa baguette bien cuite, son paquet *d'extra mild*, son cornet de glace Berthillon).

Vous avez ce qu'on appelle à Paris *un nom* et vous souhaitez vous en défaire? On l'a vu, rien d'aussi difficile : les noms ne sont ni repris ni échangés. Le mieux est donc de rester chez soi. Car, si l'on échappe rarement à être connu de beaucoup de gens, on est très facilement étranger à son voisin. Il est de tradition qu'il sache enfin qui vous êtes, après huit ans de cohabitation, parce qu'il a découvert votre cadavre putréfié dans la cuisine (dans la série Appelle les pompiers, chéri, ça sent drôle) ou qu'il vous a vu à la télévision (tout le monde passe à la télévision ici, à tour de rôle ou par paquets de six) [2].

C'est qu'à Paris on ne parle pas à son voisin. Rien n'est jugé si mal élevé. Or, il y a *énormément* de voisins. Vous en trouverez jusque dans les ascenseurs (ces endroits où le Parisien et son prochain ont à peu près autant d'échanges amicaux que deux portions de frites sur un monte-plats). Si bien qu'on ne parle pas à *énormément* de gens.

Le sentiment de solitude à Paris est fait d'une conscience aiguë du voisinage.

Mais, à peine sorti de votre trou, échappé à tous ces individus qui sont beaucoup trop près pour être proches, et aventuré en ville, vous ne serez plus jamais en repos. Les contractuelles relèvent votre numéro, les commerçants relèvent vos coordonnées (ils tiennent à vous avoir pour les soldes mensuels), les entreprises de *mailing* relèvent votre adresse, les invités relèvent vos fautes de goût, les grandes consciences du village relèvent votre nom pour le coucher en bas d'un *appel* et là, c'est très dur côté incognito : vous entrez dans l'univers pétitionnaire, un enfer, car il n'y a pas seulement des maniaques de la pétoche (ce genre littéraire très parisien, où on signe le texte d'un autre, comme

---

1. Voir *Les Paris de Chirac*, op. cit.
2. C'est sans doute que nous disposons de nombreuses chaînes locales, dites abusivement *nationales* : six, en comptant *Canal +*.

pour ses mémoires), il y a également toute espèce de névrosés qui passent deux heures par jour à étudier les noms des signataires, sans parler des RG, dont c'est le métier.

Ou bien, vous tombez dans les mains des entremetteurs mondains, qui sont nos marieuses. Par exemple, vous avez su éviter jusqu'ici d'être connu de Coulebielle. Mais un soir : « Comment, vous ne vous connaissez pas, Coulebielle et toi ? C'est un très bon ami, il faut *absolument* que vous vous rencontriez. »

Ou alors ce sont les bonnes œuvres qui vous projettent sur le devant de la scène, à cause d'une tare congénitale que vous avez, cette inclination à faire le bien qui peut se réveiller à tout moment, même sur un plateau de télévision, et cette tendance irrépressible à le faire savoir, même aux heures de grande écoute (vous jalousez ces vedettes qui savent dominer leurs hauts instincts et qui avouent du bout des lèvres qu'elles *ont un cœur* elles aussi mais équipé d'un silencieux, et que personne ne saura jamais ce qu'elles font pour les Nègres, les Roumains et les enfants des phoques : outre d'ainsi laisser croire qu'elles donnent beaucoup, elles ont loisir de donner peu).

Si j'ajoute ces individus bien élevés (c'est-à-dire à la parisienne) qui font semblant de vous connaître [1], on voit qu'à tout moment vous risquez de tomber dans la notoriété. Plus un faux pas n'est permis, ou c'est populaire que vous allez finir. Rester dans l'obscurité, cela devient un luxe à Paris. Dans certains milieux, j'entends. Seuls peuvent se l'offrir des noms très célèbres, des Julien Gracq. Si rare la fraise qui n'est jamais ramenée (par discrétion, par principe ou par cette sorte d'orgueil qui masque une vanité, cette modestie qui est encore de la pose), si rare donc qu'elle y gagne d'être l'objet d'un culte. « Celui-là n'a rien d'une pute », dit le Parisien qui s'y connaît en tapin. L'âme de ce drôle d'oiseau est restée blanche et le grand discret fait songer à ces princesses océaniennes au teint pâle, car on les a tenues enfermées dans des grottes.

Vous aurez réussi dans ce genre-là quand on dira de vous : « Nous savons seulement que Babord occupe un appartement cosy du Vᵉ, loin de tout foin médiatique. »

Klossowski, Blanchot, cinq mille Parisiens savent ce qu'ils font et cinquante mille autres les connaissent pour ce qu'ils ne font pas : exhiber leur tronche à la télé. C'est jugé à Paris si vachement héroïque et même à ce point bizarre, qu'on y gagne bientôt d'être mieux qu'une tronche : une figure. On est montré du doigt chez son boucher : « Regarde, c'est ce M. Cioran qu'on n'a encore pas

1. Voir p. 337 – *Culture bidon*.

vu hier sur *Antenne 2* [1]. Votre célébrité s'accroît à proportion de votre entêtement à la fuir. Le seul cliché qui circule de vous, un photomaton à Palavas dans les années 50, occupe les médias au point qu'il devient une espèce d'icône, genre *Capitaine Prieur au Mouchoir*, et son modèle un Dorian Gray, un éternel jeune homme sous-exposé, une légende en noir et blanc, un peu jaunie par le temps : vivez caché, vous mourrez star.

S'il est difficile de rester dans l'ombre à Paris, c'est aussi que le soleil ne cesse de tournoyer au-dessus de nos têtes, comme dans les visions mystiques. Une fois ou l'autre, vous êtes happé par ses rayons. Vous êtes dans le collimateur. Bref : *vous êtes dans l'actualité.*

Les collimateurs s'appellent ici des *cercles de relations*. Ils se réunissent le soir sous les grands baobabs.

Le cercle de relations existe chez nous en plusieurs tailles ou modèles : le *monde*, les *people*, les *bandes*, les *mouvances*, les *milieux*. Le tout évoluant parmi une foule assez considérable de touristes, d'étrangers, d'abonnés au gaz et de téléspectateurs.

Le débarquant choisira avec le plus grand soin le cercle qui convient à ses projets.

---

1. Cioran a été *vu* récemment dans un magazine et dans un album de photos. Pour un peu, on penserait le reclus tout près de craquer, pareil à ces athées qui, sentant la fin, demandent un prêtre.

LE MONDE ET SES ENVIRONS

Où l'on vérifie que la Rive Droite est plus que rive *et moins que* droite *et qu'il en va de même en face –* Nos fameux Lam-bris Dorés *– Une visite au camp –* L'accent d'ici *– Une* société très mélangée *– L'Invitation : technique du lancer, du service et de la réception – Les grigris de la société – Le Fournisseur – Scène de la vie des fournis – Spectacle émouvant du mondain émondé.*

Il existe à Paris deux univers si éloignés de l'habitant moyen qu'il en a des nouvelles par les journaux : la *zone* et le *monde*. Depuis qu'elle a quitté les fortifs pour se promener dans nos murs, la zone est devenue un phénomène de société. Le monde est demeuré de son côté une société de phénomènes.

J'emploie le mot par commodité (parfois au sens étroit, parfois au sens large) pour désigner les naturels des beaux quartiers. C'est un univers bien plus vaste que le monde qu'a connu Proust mais bien plus étroit que la catégorie moderne des *mondains* (nous les appellerons aussi *Parigomondains*).

On peut être un mondain dans le Paris d'aujourd'hui, et habiter dans une mansarde. Il suffit d'avoir un veston Armani ou une robe genre Alaïa, de boire du champagne n'importe quand et d'être vu dans trois endroits.

Le débarquant évitera facilement d'aller dans le monde. Il est peu fréquent de voir la Jet Set (dire : *la Jet*) hanter le quai d'arrivée des grandes lignes pour recruter de nouvelles têtes. Encore moins y accueille-t-on les clandestins : dans le monde, il faut avoir son permis de rien foutre en règle. Puis c'est une société qui se tient un peu à l'écart de tout.

L'aisance, à Paris, il y a des lieux pour ça.

Si tous les gens du monde pouvaient se donner la main au lieu de se la baiser, ils pourraient faire une ronde tout autour de la

Muette. Ce serait d'ailleurs un cercle assez considérable : la réserve naturelle est immense. On peut l'observer au loin depuis les rives de la Jatte ou les toits de l'Institut Sainte-Périne. C'est, en gros, si on élargit le territoire du monde à celui du demi-monde et à leurs fournisseurs communs, ce qu'on appelle la Rive Droite, laquelle s'étend jusqu'à Neuilly, se répand dans Boulogne, coupe le XVIIᵉ en deux (cela donne, en langage immobilier : *le bon XVIIᵉ*) et possède une enclave en face, sur l'autre rive (ce qui reste du Noble Faubourg : le vieux monde).

Ainsi le débarquant retiendra-t-il que la Rive Droite n'est pas toute la rive droite ni la Rive Gauche tout ce qui traîne en face.

Toujours notre penchant pour la synecdoque.

C'est ici, dans l'ouest, que se trouvent nos fameux *lambris dorés* ***, un ensemble unique en Europe, l'une des plus grandes curiosités de la capitale (on ne visite pas). Les lambris dorés servent traditionnellement de nursery à une partie de la classe politique : celle que dénonce l'autre partie, qui *ne les a pas connus* (en résumé : qui est près du peuple, qui partage son goût pour le saucisson à l'ail et la peine de mort, qui sait le prix du pain – la droite populiste contre la gauche bourgeoise, la sainte gauche face à la gauche Régence et, dans les périodes électorales, toute la gauche devant la droite). Les lambris dorés nous ont donné, au fil des polémiques, des gens comme Badinter quand c'est Chirac qui en parle, Balladur allumé par Charasse, Strauss-Kahn dans le regard de Bérégovoy ou Fabius aux yeux du restant de l'humanité.

Sous ses lambris, le centre du monde est une espèce de camp. Bien sûr, il y a des frondaisons, des immeubles de Guimard (qui sont comme des manifestes contre l'angle droit), des hôtels tout ce qu'il y a de mieux dans le genre particulier. Mais c'est également infesté de gardiens et d'enceintes fortifiées, de chiens féroces et d'alarmes qui se détraquent. Les pensionnaires sont requis à tour de rôle pour ce qu'ils appellent des *corvées*. Ils disent aussi parfois *dîners*.

La bouffe du camp est monotone. On se nourrit surtout de préjugés.

Les obligations sont innombrables, les moindres gestes contrôlés. Les paroles sont étroitement surveillées. Ou plutôt on se surveille, on se contrôle soi-même. Dans le monde et ses environs, on est son propre flic.

Il règne ici chaque soir une atmosphère d'Oflag assez sinistre.

Aucun cinéma[1]. Nulle boutique avenue d'Iéna. L'ambiance est mise par les travestis, les putes et les dealers.

Les cantonnements sont peuplés de *riverains*. On appelle *riverain*, à Paris, surtout l'habitant de la Rive Droite. Le *riverain* droitier constitue l'ethnie locale la plus secrète. Elle a ses digicodes et ses caméras, ses voies privées, ses nuisances toujours causées par les non-riverains, ses prix réduits au parcmètre. La mairie lui adresse « des excuses pour la gêne occasionnée par les travaux ». C'est assez élégant ici d'être *riverain*. C'est beaucoup mieux que d'être *résident* ou *occupant*. On est riverain de l'avenue Gabriel. On est résident d'une HLM. On est occupant d'un meublé.

L'accès au titre de *riverain* est cependant plus ouvert qu'autrefois. Il suffit souvent d'être en colère contre un projet d'urbanisme ou un projet de sex-shop, et de s'associer pour signer des pétitions.

Dans le monde, les petits épiciers sont rares, les marchands de merguez encore plus et, s'il y a un *Arabe du coin*, c'est un émir.

A part quoi, tout ce qui n'est pas d'ici est ibérique et s'occupe de la soupe. On ne rencontre à peu près rien entre les gens du monde (et du demi-monde) et les gens de maison (et d'appartement). L'école Charcot, à Neuilly, est une école laïque, gratuite et obligatoire comme vous n'en verrez pas deux en France : 72 % des élèves viennent des « classes supérieures », 11 % sont les enfants des gens de maison.

Aussi chacun reste-t-il à sa place. Même les bœufs. Chez ce boucher par exemple, il y a le steak normal et le steak *personnel*. Celui-ci est taillé plus petit[2].

A force de rester à sa place, haut placé ou simplement *placé*, cela fait comme la grand-place d'une bourgade. A Neuilly (60 000 habitants), les *riverains* disent volontiers que « tout le monde se connaît ».

On continue à parler du *Village d'Auteuil*.

Beaucoup d'enfants du camp sont nés derrière les barbelés. Il est rare par ailleurs que les vieux soient expulsés du périmètre. Aussi les gens du monde sont-ils, sortis de leurs baraquements, assez déboussolés. Leur comportement devient gauche, leurs propos sont étranges, leurs gestes sans portée pratique. Ils n'ont pas un sou sur eux. Ils veulent à toute force glisser leur carte de crédit dans les portillons du métro et confondent les collecteurs de

---

1. Une vingtaine de musées, en revanche.
2. Voir *Dans les beaux quartiers*, par Michel Pinçon et Monique Pinçon-Charlot – Éd. du Seuil. Au reste, la discussion du prix d'un kilo de tomates par une héritière de Passy est souvent d'une âpreté peu commune. La pingrerie dans les meilleures familles fait partie du vieux chic parisien. Pouvoir se permettre d'être avare n'est pas donné à tout le monde.

verre perdu avec des pissotières. C'est cette inadaptation au réel que les snobs appellent du snobisme.

Le dialecte préservé du monde étonne le débarquant. On y grasseye encore moins qu'ailleurs. On y prend le maigre dans le jambon des mots. On y parle en chuintant, ce qui rapetisse la bouche (la lèvre se porte en avant), en aspirant, ce qui donne de la cambrure, en enflant la voix, ce qui enfle la personne, et en faisant vibrer les voyelles, ce qui est le contraire de la diction répandue par l'audiovisuel, où ce sont les consonnes qu'on redouble. Si bien que les gros mots proférés ici (c'est devenu un usage comme partout) ont une sonorité bizarre. Jean d'Ormesson, qui fait la navette entre le monde et la télévision, a une façon typée de jeter : « On ne s'est pas donné sur la gueule » ou bien : « Je ne sais rien du statut réel des chiottes de l'Académie. » Ce n'est pas lui qui va aux chiottes, ce sont les chiottes qui vont à lui.

Avec tout cela, c'est d'une société bigarrée qu'il s'agit. Dans des proportions raisonnables mais quand même. Au contraire de Barbès, le XVIe est très mélangé, on ne sait pas trop qui est qui. Les entraides bretonnes ne recrutent que des Bretons, les Toucouleurs se regroupent entre cousins, alors qu'il y a de tout dans le monde et ses environs. Des princes du sang et des rois du sucre, le gratin et le soufflé, ceux qui descendent des Croisés et ceux qui sont montés par la fenêtre, Hélène de Mortemart et M. de Fursac, Guy de Rothschild et Guy Degrenne, sans oublier Mamie Nova ni la petite bergère de service qui a épousé un bâton de berger sans emploi. Des Orléanistes y côtoient des Légitimistes, c'est dire à quel point le monde est sorti de ses marques.

Depuis que la société s'est lancée dans les affaires, elle brasse pas mal de nouveaux venus. Vous allez jusqu'à rencontrer des drôles de corps qui sont arrivés seulement par le mérite. Tous ceux d'entre eux que le Jockey ne saurait héberger sont recasés aussi sec au Polo.

Les carrés Hermès de la rue de Lübeck, les Libanais de l'avenue Foch, les baronnes radins de la Muette, les vicomtes ruinés du Faubourg, les patrons de clinique du Trocadéro et un nombre assez considérable de chirurgiens-dentistes font de la réserve naturelle des beaux quartiers cet entassement de tribus qui ne s'entendent que sur l'école privée et l'impôt sur les grandes fortunes. C'est-à-dire l'essentiel.

Parmi les gens nés, un usage moderne est de louer son nom à un couturier. C'est la nouvelle noblesse de robe, celle des *gentilshommes bourgeois* : le marchand d'eau de toilette se paie un aristo comme l'aristo s'offrait un régiment. Il faut voir nos maisons de couture se bombarder à coups de particules sous les yeux éblouis des Nippons.

Le monde dépense toutes ses forces à une sorte de tennis qui consiste à lancer, recevoir ou rendre des invitations. Quand on ne reçoit pas, c'est qu'on est reçu, il n'y a pas d'autre manière d'exister. Cela met un peu d'animation dans les baraques du camp et dissipe l'ennui d'un loisir forcé. En saison, les *cartons* se croisent en tous sens et sont lancés de toutes les façons, à la volée, en amorti, en salle ou sur gazon. A ces cérémonies de potlatch que sont les fêtes à l'Oflag, les femmes indigènes vont les épaules nues par tous les temps. Le reste du corps est emballé dans de longs métrages de faille bleu roi ou écrevisse. Elles arborent aux oreilles des sortes de cailloux qui sont reliés par signal radio au commissariat.

Les hommes portent l'uniforme du camp, blanc et noir, qui est obligatoire.

Lorsqu'ils ne s'invitent pas, les gens du monde reçoivent, comme ils disent, *pour leurs enfants*, dont ils surveillent la monte et les saillies. Cela s'appelle des *rallyes* et n'empêche nullement les yearlings d'aller faire le crétin dans les boîtes à la mode, sous l'œil indulgent d'une grande bourgeoisie plus prompte à pardonner leurs jeans à ses fils que leurs smokings à ses sujets.

La société raffole des *people* (voir *infra*). La coutume n'est pas encore tombée en désuétude de les appeler des *coqueluches* (le Tout-Paris est une peuplade exténuée où le succès lui-même porte un nom de maladie). Le monde s'amuse, tel un chat d'une souris, de ces gens qui ne se mettent pas en pingouin pour souper mais pour passer chez Drucker, de ces stars qui ne sont *arrivées* qu'un certain temps après leur naissance et qui risquent de *passer* bien avant leur trépas. La société va même parfois jusqu'à recevoir des savants, des philosophes (le genre *ex mao néo mondain* lancé est apprécié). Elle pratique alors la profondeur de pensée comme un exercice de plongée, en regardant à la pendule combien de temps elle arrive à tenir.

C'est l'inconvénient quand on est né né : on n'est pas censé avoir inventé le 21 x 27 pour autant, ni même le cachou rond. A l'inverse, quand on a du talent, les gens ont du mal à vous croire.

D'où ces malentendus entre qui est né né et qui n'est pas né né.

Par intervalles, le monde et les people des environs se retrouvent dans les pages glacées de *Vogue*, occupés à faire de la réclame pour des spiritueux. C'est le côté VRP des VIP.

Inadapté au monde comme il va, le monde tel qu'il est a grand besoin de médiations. La réalité est trop dure pour lui, il s'assoit volontiers dessus mais il lui faut des coussins. La vraie vie lui paraît étrange, romanesque, pleine d'incidents féeriques. On y rencontre, par exemple, des lavabos qui se bouchent. Or rien ne répugne au monde comme l'improvisation : le naturel n'est ici que le stade suprême du professionnalisme (cela s'appelle, au *Fig Mag* : *la simplicité dans le raffinement*). La société parisienne s'est fait une carapace de coutumes et d'objets, de grigris et de formules magiques, tout un bric-à-brac qui a pour vocation d'éloigner le réel, de domestiquer la vie, de la transformer en paysage immobile et ses acteurs en petites silhouettes posées sur l'horizon. Son goût pour les bonsaïs est ici tout à fait symbolique.

La société dispose également d'une flopée de messagers. Fondés de pouvoir, employés de maison, avocats, chauffeurs, livreurs, petites sœurs des pauvres, fournisseurs et passeurs d'argent, ils font incessamment la navette entre le monde et la ville.

Une autre distance est donnée par la politesse. Le débarquant n'oubliera jamais que, dans certaines maisons de Paris, les bonnes manières sont une façon, comme le téléfax, d'avoir des rapports sans avoir de contacts.

Incapable de se colleter avec la matière ni même d'y porter les doigts, le monde a des outils spéciaux pour tous les usages et tous les aspects d'un usage. Il n'arrive à mâchouiller la réalité qu'une fois celle-ci découpée en petits bouts. Ses quartiers, ses rues, ses immeubles ont leur *bon côté* [1]. Son univers est encombré d'objets fonctionnels et pourtant absurdes; inutiles et pourtant nécessaires. En quoi cet univers est kitsch et rappelle celui des petits-bourgeois. Ici, des poubelles de table et des bibelots signés. Là des services à caviar et des serviettes chiffrées. Ici la religion de la griffe. Là le culte du Fournisseur.

Même à Paris, il y a toujours un moment déprimant où l'existence ressemble à une liste de mariage.

La société n'est pas tout entière dans le Fournisseur. Sans lui, elle ne serait pourtant rien qu'un troupeau d'émigrés à Koblenz. Le Fournisseur lui donne l'illusion d'être encore servie. Privé de ses macarons de chez Carette, l'homme du monde ressemble à un excommunié sevré d'hosties.

---

1. C'est une manie qui s'étend dans la capitale, à mesure qu'elle s'embourgeoise. Ainsi y a-t-il le bon XXe comme il y a les bonnes tables chez Lipp, la bonne salle chez Natacha, le bon trottoir dans l'avenue Foch, le bon étage ici, le bon jour là et, bien sûr, la bonne heure pour circuler. C'est en tous sens que Paris est coupé en deux.

Le débarquant aura soin d'apprendre à distinguer le Fournisseur du Simple Détaillant. Chez le Fournisseur, il y a des livreurs et des portiers, de vieux employés en uniforme qui affichent la compétence d'experts auprès des tribunaux, des emballages en papier au lieu de sacs en plastique, et la maison a été fondée en 1903. Le cordonnier a l'air d'un chirurgien qui opère les chaussures et le fromager dirige un haras d'étalons – calendos élevés par ses soins. Ne comptez pas sur le Fournisseur pour qu'il écrive sur sa devanture : *Soldes de folie, tout doit disparaître.* Quand il cesse son commerce, il meurt avec son stock et il y a des suicides dans l'avenue Gabriel.

Le Fournisseur est spécialisé dans le réel identifié, le produit reconnu, celui qui ne fait pas peur aux beaux quartiers. Le fourni dépend de lui au point qu'à chaque objet qu'il a cassé, et qu'on ne peut remplacer, c'est son âme qui se brise. L'insensibilité du monde aux soucis de la ménagère n'a d'égale que sa prodigieuse vulnérabilité à des histoires d'embrasses et de plantes en pot :

– Non! Oh non! Je ne veux pas vous avoir entendu!

Il pose la main sur l'écouteur et, dramatique, se tourne vers sa femme, laquelle demande d'une voix blanche :

– Mais enfin, Paul, qu'y a-t-il?

– Il y a qu'ils n'ont plus de ces plaques électriques en cuivre biseauté!

– Mais c'est complètement fou! Qu'allons-nous devenir?

– Je ne sais pas, ils disent que cela ne se fait plus.

Panique dans le petit monde des fournis.

La société n'aime pas la ligne droite qui risque de conduire à l'expérience commune. Elle exprime ses sentiments comme elle épluche ses oranges : d'une façon tordue, en tournant autour. On voit des gens des beaux quartiers (et tous ces Parisiens qui les imitent) décider d'avoir une explication franche avec un bon camarade et puis, à la fin d'une heure d'entretien, ils n'auront parlé que des soins à donner aux bouleaux nains et du traitement que le Président de l'Académie de médecine, qui était avant-hier à dîner, recommande pour traiter les poux de Géraud (il est du même avis que la concierge). Mais, six mois ou six ans après, le premier questionne : « Tu ne m'en veux pas pour ce que je t'ai dit l'autre fois? », et l'autre répond (tout en se demandant de quoi foutre il s'agissait) : « A quoi bon l'amitié s'il faut prendre des gants entre nous. » Alors le premier : « Moi, tu me connais, quand j'ai quelque chose sur le cœur. »

Ils aiment à se perdre dans des allusions hermétiques, des paraboles tordues, des tournures indirectes : « Imaginez (parlant de soi) qu'une certaine dame décide un jour de dire à un monsieur que nous connaissons bien, etc. »

Être ou naître né, dilemme insoluble.

Quelque chose d'aussi simple que de vouloir inviter les potes de sa fille à une boum peut donner un texte de ce genre (imprimé sur un foulard de soie) :

Le Baron et la Baronne Guy de Rothschild se font l'illusion que vous viendrez danser chez eux autour de Vanessa.

On notera la fausse ingénuité du mot *illusion* car personne, dans la société, ne va rater cela. Mais cette assurance est trop réelle : la voie détournée du doute le plus humble seule peut l'exprimer. Cela s'appelle de la courtoisie. C'est une de ces formes d'ironie mondaine où l'insolence et la candeur ont fait l'une vers l'autre un chemin tel qu'on ne sait plus les distinguer.

Précisons aux âmes sensibles que les invités n'ont pas dansé toute la soirée autour de Vanessa. Elle a eu le droit de bouger un peu.

Ainsi va le monde dans l'ouest de Paris, ce camp de loisirs forcés peuplé de grands enfants. Au débarquant, il suffira de retenir que tout ce qui est compliqué à ses yeux devient ici très simple, et inversement.

Compliqué au débarquant, simple aux gens du monde : avoir de l'oseille, voyager avec une brosse à dents, éplucher un arbre généalogique, convier vingt personnes à dîner, changer de villégiature, naître coiffé. Compliqué pour le monde, simple au débarquant : avoir de l'oseille sur soi, voyager avec une valise, éplucher une orange, faire un plan de table, changer une prise de courant, se marier à la sauvette.

Parfois, mise brutalement en présence du peuple à la suite d'un incident (naufrage), la société s'efforce de trouver des sujets de conversation. On dit alors qu'elle *se met au diapason*.

En dehors de ces cas précis, le monde note avec un peu d'envie que le commun est sujet à des éclats de rire. Il soupire (non sans nostalgie) : « Ah, j'entends qu'on s'amuse bien aux cuisines. »

Privée de ses médiations avec le réel, la société parisienne est condamnée à l'existence la plus morne. La petite Tunisienne (exquise) qu'on avait emmenée avec soi dans cet endroit sauvage (follement beau), étant allée danser toute la nuit de la Saint-Jean avec le petit valet mauricien, nous les voyons déjeuner comme ne mangeraient pas les campeurs installés dans la petite crique en bas (ont-ils *réellement* le droit de se mettre là ?) : de lait UHT, d'un restant de margarine et de pain rassis, vu qu'ici on ne *fournit* pas. Vous lirez sous la plume des échotiers (cela existe encore et, même, cela revient) que le duc d'Aumale-Aujoyeuse mène le dimanche à la maison une existence très simple, qu'il soupe à la cuisine avec sa dame et ses lardons : abandonné à lui-même, le monde se nourrit de plats de nouilles.

Pour finir, deux précisions, surtout utiles aux débarquants de première année :

1) Thurn und Taxis ne prend pas de clients, même pour une petite course.

2) Les Rohan-Chabot ne font pas traiteur.

LES PEOPLE

Le monde enchanté des Bath People – *Où les usages se perdent
– Un nouveau Cincinnatus – Le people appartient-il à la race
humaine? Exposé d'un cas troublant – Croquis à la Daumier
d'une vision goyesque – Les bébés, ça irait, mais il y a les enfants
– Une nouvelle noblesse :* Fils De *– Un nom dans le métier ou un
métier dans le nom? – Les Veuves – Paris surpeoplé – Écoulement des stocks et articles en promotion – Où l'on s'initie à un
nouveau sport d'intérieur :* le copinage artistique *– Génies sans
bouillir – Un nouveau Sénèque – Comment se passer d'un public :
les rires enregistrés – Où l'on mesure qu'il n'y a pas de petits privilèges à Paris.*

Les people sont les héros des *rubriques people*. Dans *Paris-
Match*, « ils échangent un regard tendre et complice à l'abri des
paparazzi » (sauf un).

A voir les magazines, les people, à Paris comme ailleurs, sont
euphoriques, détendus et autobronzés. Ce sont des *bath people* (il
faut attendre, s'agissant des plus célèbres, quelques années après
leur mort pour qu'un fouille-merde de biographe anglo-saxon
découvre qu'ils étaient drogués, alcooliques et pervers, qu'ils pin-
çaient cruellement les cuisses de leur maman et qu'ils ne purent
s'endormir jamais sans caresser une batte de base-ball).

Leur nom est un fonds de commerce. Ils *se plient aux exigences
des photographes* avec d'autant plus de grâce qu'ils les ont convo-
qués. Leur entourage ressemble à un plateau du « Grand
Échiquier » et leur conversation à un *talk show*. Ils mènent une
vie à grand tirage et la chronique de leurs aventures finit par
emballer le poisson. Ils répugnent de moins en moins à faire
l'homme sandwich ou la dame tartine pour toute espèce de produits dans des soirées publicitaires et des rallyes sponsorisés.

Vous pouvez devenir un people à Paris sans avoir impressionné
grand monde. Il suffit d'impressionner la pellicule. Aussi le

débarquant un peu culotté risque-t-il de plonger un jour dans cet univers-là où l'on est beaucoup plus regardé que regardant, où les aventuriers se déguisent en noctambules et les porte-flingues en secrétaires, où des escrocs amnistiés croisent des mages celtiques, des guérisseurs et des amis des bêtes.

C'est un monde encore plus mélangé que le monde.

A ce sujet, il devient parfois délicat de distinguer à l'œil nu le Tout-Paris du Tout-People. C'était à prévoir en un temps où les chefs de lignée se passionnent pour la Coupe du Monde et les chefs de cuisine pour le Trophée Lancôme. Les membres de la gentry reconnaissent qu'ils sont passés people quand ils ne participent plus à des *galas de bienfaisance* mais à des *élans du cœur*, quand ils s'enrôlent dans le Paris-Dakar, quand la naissance de leur petite fille n'est plus simplement annoncée dans *Le Figaro* mais photographiée dans *Match*, et qu'au lieu de coûter elle rapporte.

L'ambitieux débarquant n'aura aucune peine à flatter les habitudes du people de base. En dehors des moments où il s'éclate dans des boîtes, des tournois de tennis ou des téléthons, celui-ci mène avec application une vie très banale. Aussi traditionnel autrefois que la galette des Rois dans les bureaux, le scandale est démodé dans ces milieux. De nos jours, ce sont les avocats, les notaires, les édiles et les médecins qui commettent des atrocités. Le people nouveau défraye la chronique moins souvent qu'il ne défraye les chroniqueurs (pour leur déplacement). Obéissant à la loi qui régit les mœurs de tous les hommes publics à Paris, sa conduite privée est très simple (à base de pot-au-feu, de cueillette de girolles, de promenade à vélo et de parties de Pictionary, elle flatte le réséda en nous, notre côté province). Mais bien sûr exaltante (les magazines en font quand même trois pages).

Au premier moment de liberté, le people aime (quoi qu'il arrive) à jouer avec son fils Pierre (du Japon, il lui rapporte, pour sa collection, des robots étonnants) et à pouponner la petite Lilian (qu'il a eue de cette actrice américaine; en option : qu'il a dénichée pour un bon prix dans un bidonville où il aime à chiner le bébé). Le voilà surpris par notre photographe alors qu'il se recueille sur la tombe de sa Grande Amie la Grande Chanteuse (en option : qu'il s'amuse avec une moto gentiment prêtée par H. Davidson). Son plat préféré, les spaghettis à l'ail (Sophia Loren lui a montré), il ne laisse à *personne* le soin de les préparer (c'est chaque fois une fête à la maison). Sa cave est maintenue à température constante (il aime les vins *boisés*, il apprend à s'y connaître). Il choisit lui-même ses fromages rue Pierre-Charron (où on sait les *élever*). Une causette avec le jardinier (mais c'est lui qui s'occupe des roses, sa passion). Un peu de trotting dans le parc (« tu m'en shootes deux ou trois, mon agent n'a plus de matériel ») avec Crunch et Magoo, ses deux airedales (offerts par Liza Minnelli). Trial en cuir Jitrois (Jitrois est un ami). Danse tout à fait endiablée, jusqu'à point d'heure, avec sa nouvelle compagne exotique, une princesse dans son pays (la soirée est patronnée par J and B). Cure de thalassothérapie (laïque, coûteuse et obligatoire). En profite pour lire des scénarios ou des livres de Djian, à vos souhaits. Écrit (« en fait, j'ai toujours écrit »).

La version vulgos prévoit une pétanque (rituelle) sur la Place des Lices (à Saint-Tropez), avec Eddie Barclay (et sa bande). Sous le regard des pékins (tétanisés).

On remarque que les people ont une façon de jouer aux boules tout à fait fascinante.

Un endroit que le people aime bien habiter, c'est Montmartre. De là, il peut rayonner facilement. A droite, le Fouquet's, à gauche les Buttes Chaumont, Castel au centre.

Parfois le people s'en va : *il prend du champ.* Parfois il revient : *il rompt enfin le silence.*

S'il retrouve par hasard ses camarades de classe, c'est sur un plateau de télévision. On comprend alors qu'il est une sorte d'extraterrestre. Une espèce d'Envahisseur. Au contraire de ses bons vieux copains (dont il n'a strictement rien à battre), le blanchiment du poil, la calvitie, le port des lunettes lui sont épargnés. Il s'abstient de vieillir, surtout dans les lieux publics. C'est le Faust d'un âge cosmétique où on ne confie plus son âme au diable mais son image au chirurgien.

Il y a par ailleurs de plus en plus de gens qui cessent de se faire vieux à Paris. Même ceux chez qui c'était une habitude ancrée s'efforcent d'arrêter du jour au lendemain. La tendance est à rester adolescent jusqu'aux environs de trente-cinq-quarante ans. Après quoi, on devient adulte et on s'en tient là. On compte mourir à quatre-vingt-quinze ans, dans la force de l'âge.

Dans l'hypothèse où il y aurait une mort après la vie.

Le people mâle est exposé souvent aux tentations du démon de midi, midi trente. Il profite de son aura pour recruter des petites filles à la récré, dont on a l'impression qu'elles veulent un papa, fût-il riche et célèbre et capable de les *lancer* (peu importe dans quoi). La nuit à Paris grouille de ces jeunes vieillards sauvagement retapés. On les voit dans des boîtes pour moyenne vingt ans d'âge (l'avantage des moyennes d'âge sur les âges tout court, c'est que c'est ouvert à tout le monde). Ficelés de partout, le cou tiré à quatre épingles derrière les oreilles, le sang rassasié d'oligoéléments et d'extraits de couilles de bélier : des jeunes gens au cœur ponté, saturés d'aphrodisiaques, implantés, côté tifs, comme des cressonnières. Ils ressemblent à leur reconstitution historique. On ne sait plus si ces personnages de cire aux paupières trop minces sont amoureux d'une jeune fille ou d'une différence d'âge. Mais on sait ce qu'ils haïssent : tout ce qui leur parle du temps qui s'écoule, à commencer par la peau de leur bide et la mère de leurs enfants. Machos insolents à leurs débuts, qui prenaient les femmes à la légère et le soir à la hussarde, les voici aux petits soins pour une lolita, inquiets de la perdre chaque jour un peu plus, lui donnant beaucoup, lui pardonnant davantage.

La cinquantaine est une période faste dans la vie des people de cette fin de siècle. C'est l'âge où on se fait faire un enfant par une gentille minette et un livre de souvenirs par un brave nègre.

Si le people en fin de course se lance ainsi dans le bébé tardif, c'est bien sûr pour se rassurer. Ce n'est point faute cependant d'avoir en magasin quelques exemplaires de cette race maudite par les dieux : l'*enfant de people*.

Fils De, Fille De, cela devient une position à Paris. On peut s'offrir le luxe de sortir un disque, de faire un peu de photo, un peu de moto, et surtout de créer sa *bande* à soi, comme d'autres créent leur boîte. C'est après que cela se gâte.

Quand il ne parvient pas à se faire un nom dans le métier, l'Enfant De essaie de se faire un métier dans le nom : il casse la gueule à des journalistes, il prend des overdoses et injurie des contractuelles. Il s'efforce de coucher avec des mineurs : Mec d'une Fille De ou Nana d'un Fils De, c'est presque une position à Paris.

La promotion de son lardon entre dans les nombreuses tâches de sponsoring du people. Il a commencé pourtant par l'élever discrètement, dans une serre réservée à cet usage, quelque part en Suisse ou en Normandie, ou même en plein Paris (entre sa naissance survenue dans *Paris Match* et sa puberté célébrée dans un night-club, il est fréquent que l'Enfant De s'éclipse. Surtout si les parents sont séparés. Or les parents sont séparés. Forcément).

Puis voici Junior qui fait son come-back. Il s'ébroue, regarde autour de lui et commence aussitôt à faire ce pour quoi il est programmé : des conneries. Après trois séjours au commissariat, deux soirées arrosées et une tentative de suicide, Junior est promu *sujet magazine* par les médias. C'est-à-dire people stagiaire.

People Père et Fils, import export.

Des Enfants De, on en a certes toujours connu ici. Paris a beaucoup fait dans le rejeton célèbre : fils Louis XVI, fils Napoléon ou fils Fernandel pour les malchanceux. Fils Rostand, fils Renoir ou fils Guitry pour ceux qui s'en sont bien tirés en dépit du handicap d'avoir les mains pleines. Mais le problème, de nos jours, c'est que les vieux ne mettent jamais les pouces. Ils demeurent sur le turf, interminablement. Les successions sont bloquées.

Restent les hérédités, souvent lourdes.

Ceux qui s'en sortent le mieux sont souvent issus de *deux* people à la fois. Ces enfants de la balle reprennent le fonds cô de commerce, comme Gainsbourg-Birkin fille ou Hallyday-Vartan fils. D'autres, le nom d'un des parents échappe au public, mais ils se débrouillent assez bien dans un autre créneau (Picasso fille, Belmondo fils). Puis il y a ceux qui connaissent une fin prématurée et, manque de pot, on les aimait (Pascale Ogier, Pauline Lafont).

Certains sont Fils Delon et c'est un genre en soi.

C'est le fils à Papa ou la fille à Maman (le couple unisexe) qui retient le mieux l'attention des médias parisiens. Sans doute à cause d'un fantasme de l'époque, rien n'est si populaire que la duplication : les héros préférés des magazines donnent le sentiment de se reproduire par clonage.

Quand il ne relève pas de la rubrique des faits divers, l'Enfant De relève le nom. Cette coutume a gagné le milieu des écrivains (Fille Nimier, Fils Jardin). On observe, par ailleurs, que les Enfants De ont tendance à se reproduire eux aussi dans leur milieu. Cela nous assure une importante provision de sujets people pour tous les âges de la vie.

Puis il y a les Veuves. Les Veuves people.

Car les people meurent aussi. C'est prouvé. Surtout les hommes. Songez aux statistiques : la longévité des Françaises, au premier rang des Parisiennes, est la première d'Europe. C'est de huit ans en moyenne qu'elles survivent à leurs compagnons de jeux.

La veuve est l'avenir de l'homme.

On nous annonce un très gros arrivage de ces dames à l'horizon 92. Je les vois déjà, avec leurs cabas, flâner sur le grand marché européen et comparer les prix. Parmi elles, en colonnes serrées : nos Veuves people.

La Veuve people appartient à des genres différents. Nous avons la coureuse de fond, le modèle notarial : une dame empeoplisée depuis longtemps, qui a connu les débuts difficiles. C'est l'exécutrice testamentaire dans toute sa rigueur. Puis la spécialiste du demi-fond, l'exe qui opère un come-back au moment des obsèques. Il y a enfin la sprinteuse, en nombre croissant, l'ultime jeunette, celle qui n'a couru que les derniers 100 mètres au côté de l'autre ahuri d'essoufflé (elle l'a d'ailleurs tué mais sans penser à mal). La sprinteuse n'a jamais connu les soupentes ni les gazinières. Elle est même arrivée si tard que c'est de peu si le people a connu sa veuve de son vivant.

Ce type de veuve-enfant est totalement désemparé au milieu des avocats, des amis de la première heure, des ayants droit et autres sauriens. C'est tout juste si elle se repère dans la maison. Où sont donc rangées les petites cuillers? Y a-t-il des putains d'inédits quelque part?

Où est planqué le pognon?

Madame Veuve devient très vite people à son tour. Vérifiant qu'il est à peu près impossible de ne pas se faire connaître à Paris. Surtout si on doit se lancer dans un procès mondain (pour défendre la mémoire du feu) ou se plier au rituel des émissions commémoratives (il n'y a pas que des soirées mortelles à la télévision, il y a des veillées funèbres).

Je tire la sonnette d'alarme (comme disait Bergeron): il y a surproduction de people à Paris. C'est d'ailleurs un cercle qui ne cesse de s'ouvrir à de nouvelles catégories : grands cuisiniers à peine sevrés, navigateurs solitaires quand ils ne dansent pas en boîte, disc-jockeys, bédéistes, vidéastes, marchands de vin, astrologues et présentateurs météo. Le Paris des people est surpeuplé au point qu'il faut sans cesse ouvrir de nouveaux night-clubs à son usage, agrandir les autres sur trois niveaux, créer des restaurants mahousses, prévoir des tribunes gigantesques pour les bicentenaires, des « espaces VIP » chaque fois plus vastes lors des manifestations sportives [1], inventer de nouveaux prix pour les caser dans le jury, susciter des *bonnes causes* et des *élans du cœur* à leur avantage (la mode a été lancée en 1985, avec Band Aid; avant cela, les people donnaient surtout des fonds à Capitaux sans Frontières. Beaucoup qui, jusque-là, n'auraient pas levé le petit doigt humanitaire se sont alors engouffrés dans le *geste humanitaire* : observez un tel geste de près, il se termine souvent en coup de pouce), élargir les plateaux de télévision, multiplier les *talk shows*, installer des colonies de peoplement toujours plus lointaines, jusqu'aux Bermudes, jusqu'à Saint-Barth', les envoyer tenter leur chance aux États-Unis ou au Japon, où le people surnuméraire mais vigoureux peut encore se défendre, les expédier par charters entiers dans des centres aérés spécialement conçus pour eux. Un bon exemple est la Mamounia. Le roi du Maroc y accueille le petit peuple des stars, des écrivains et des hommes politiques, tous ardents défenseurs des droits de

---

1. Voir p. 318 – *Happy many*.

l'homme en dehors des heures de sieste (les people ont une attitude très bienveillante envers l'homme) : les siens (au roi du Maroc) de défenseurs (des droits de l'homme) ayant leur logement à eux dans un habitat plus traditionnel.

Tyran ou pas, rien ne gâtera jamais le plaisir qu'ont les people à se réunir autour d'une piscine. Car, chez eux, on s'efforce de vivre entre soi. Selon l'usage parisien, on ne se rencontre ici que pour se jurer de se voir ailleurs au plus vite [1]. La conversation languissante qu'on a entamée à Quiberon, poursuivie à Formentera, continuée à Gstaad, on l'achève sur un plateau de télévision, exactement comme si nous n'étions pas là et d'ailleurs, nous ne sommes pas là, il est tard, nous sommes couchés depuis longtemps.

Cela s'appelle des *talk shows*.

Le people moyen adore les interviews et déteste les questions. Cette contradiction est résolue par le *talk show*, où le jeu ne consiste point à embarrasser son vis-à-vis mais à embrasser son prochain comme dans la danse du tapis. Devenus trop nombreux, les people parisiens ont renoncé à leurs rivalités pour créer un syndicat de défense. A la télévision, on ne s'invite plus qu'entre soi (bien sûr, il y a aussi des journalistes mais ils sont devenus des people comme les autres, et pas les moins stars). On s'y rappelle constamment au souvenir du public, on y soutient la cote des people en baisse, on s'y rafraîchit mutuellement comme de vieilles laitues. Aujourd'hui, grande promotion sur Castafiore. Demain, Brandu en solde à profiter, il viendra avec son fils dans le rôle du gadget de Pif.

Ils se font des sucrées. Ils se tiennent le drageoir.

Ce sport en salle, aux figures prévisibles, s'appelle le *copinage artistique*. Vous mettez un disque et vous commencez à copiner en tenant votre partenaire à bout de bras. Puis c'est à lui de vous montrer au peuple.

Ils se reçoivent de chaîne en chaîne. Ils se passent des pommades à tour de rôle, tels des vacanciers sur la plage.

« J'ai pour Maxime une *très grande* amitié. Quand il m'a proposé de travailler avec lui, ça a été un *très très grand* bonheur. J'ai dit oui de *toute* urgence. » La gentillesse tout-terrain du show biz. Son pilotage automatique des sentiments. Son cœur à direction assistée.

Les téléspectateurs se demandent souvent ce que boivent les people sur les plateaux. Du petit-lait.

Des people se haïssent mais se tutoient, ou l'inverse. C'est sans importance. Cela dépend du genre de l'émission et de sa clientèle.

---

1. Voir p. 277 – *Retrouvailles*.

Vous avez même de vieux couples qui se disent vous (tel cet animateur de radio recevant un écrivain : sa femme).

Ce climat de promotion croisée, c'est à la télévision qu'on le remarque mais il règne, on le verra, dans tout Paris. Il me fait chaque fois penser aux publicités de Skip. *Skip recommandé par de grandes marques.* Les machines font de la réclame aux lessives, en échange de la propagande que font les lessives aux machines.

Ainsi en va-t-il dans les *talk shows*, où les brillants sans rincer servent inlassablement la soupe aux génies sans bouillir.

Pour rester dans la poudre à laver. Le people a une importante fonction sociale à Paris : il sert à faire mousser ; aussi fait-il l'extra dans toutes sortes de soirées. La surproduction des divas est au point qu'il est facile d'en recruter.

Par intervalles, la maîtresse de maison saisit le people au bras, s'excuse auprès du petit cercle suspendu à ses lèvres : « Je vous l'enlève un moment. » On ne lui demande rien de plus : *l'enlever un moment.* En échange de quoi, il peut boire tout son saoul, manger à sa faim, on lui fera un petit sac avec les restes. On fermera les yeux sur les cuillers qui manquent.

Il peut faire aussi lanceur de boîtes ou de restaurants. Contre l'entrée ou le couvert gratuit, il est celui dont le patron signale la présence au chroniqueur qui la signale au lecteur qui ne le voit jamais.

Il arrive qu'un people se rebelle. Il en a plus qu'assez d'être *un personnage médiatique.* Il envisage sérieusement de se retirer au désert. L'autre fois, c'était au tour de Jean d'Ormesson de faire son Stylite : « C'est probablement une des dernières fois qu'on me voit à la télé, a-t-il déclaré. Je ne parle pas bien sûr des émissions littéraires. » Probablement. Une des. Je ne parle pas. L'ascèse est parfois d'un éclat insoutenable.

Les people, qui passent la moitié de leur existence à rechercher la gloire, consacrent l'autre moitié à la fuir. Ou bien ils évitent le matin les gens qu'ils draguent le soir d'une façon éhontée. Ils ont pourtant un *très grand amour du public*, à qui ils doivent *tout*, qu'on ne doit *jamais* mépriser, qui est leur *seul juge*. Malheureusement, sitôt qu'ils sont *off duty*, le public pèse aux people les moins revêches. Ce n'est plus qu'un ramassis de fans boutonneux, de groupies hystériques, de vieux emmerdeurs et de détraqués sexuels.

Le public a toujours raison, ce sont les spectateurs qui sont zarbis.

En revanche, parlez-leur du badaud. Le badaud, ils adorent.

Une foule de badauds derrière deux barrières métalliques, avec des flics devant et eux au milieu, en smoking, accueillis sur le tapis rouge (on les a recasés comme jurés dans un festival quelconque), c'est un spectacle que les people viennent de loin pour contempler.

En dépit de ses vertus admirables, le public souffre d'une tare congénitale dont il ne s'est jamais guéri : la versatilité. Heureusement qu'il y a le progrès, c'est-à-dire la *communication*. Aux people syndiqués, elle permet enfin de se débarrasser du public et, dans la foulée, d'une très ancienne malédiction : la nécessité d'être bon. Le play-back, le synthé, le faux direct, le passage de pommades entrecroisé, le copinage artistique, le public gratuit d'invités serviles qui applaudissent aux ordres comme tous les radins : les techniques sont nombreuses aujourd'hui qui soulagent les people de ce fardeau, le talent. Un talent de société suffit désormais, voir Patrick Sébastien ou Michel Leeb.

Le rire préenregistré a changé la vie de nombreux people. Il s'agit là d'une des plus belles avancées de la science. Les comiques n'ont enfin plus besoin d'être drôles (c'était le côté un peu pénible de leur métier). Aussi ne voit-on plus que des comiques à la télévision : le pleur enregistré n'est pas au point.

N'allez pas croire qu'ayant à peu près tout ce qu'on peut désirer à Paris, le people ne soit point attaché aux privilèges du vulgaire. On l'a déjà noté, ou le notera souvent, tout privilège est au Parisien ce qu'est tout sacrilège au marquis de Sade : qu'il soit à sa portée, il veut s'y vautrer. Une bouteille à son nom dans un club, un patron de bistrot qui le tutoie (le genre limonadier ventru mais moderne, à katogan), un restaurateur qui a toujours une table pour lui (« Salut Fredo, tu n'aurais pas une place pour moi ? Je suis cinq »), un accueil VIP au Village de Roland-Garros, son coussin réservé au Central (cette loge à l'Opéra des temps modernes, sans l'ennui d'avoir à écouter de la musique, juste *flop flop*), le people y tient comme à la lentille de ses yeux.

LES BANDES

Où l'on comprend qu'il y a une certaine distance, et même plusieurs stations du RER, entre la bande des Requins Bleus de Villiers-sur-Marne et la bande de chez Castel — Sans parler de la bande à Velpeau — Pour en finir avec le concept de Tribu — Le Bandard parisien — Comment il se rend nécessaire — Le Go between : *où l'on retrouve la passion des intermédiaires — Histoire véridique et déchirante de R. le Bandard*

Tout rassemblement supérieur à trois personnes est une bande à Paris. La bande, c'est plus qu'un couple, c'est moins qu'une manif. On ne saurait être plus précis.

On dira : *Untel et sa bande, la petite bande habituelle, toute la bande du XIV*ᵉ. Où l'on voit que la bande, c'est les gens qu'on connaît.

Il y a des *bandes de copains*, ce qu'on appelle parfois des *bandasses*, une expression qui marque bien l'aspect mouvant, un peu veule de ces réunions (« on s'est connus dans des bandasses, on se voyait dans des boumasses »). Il y a des *bandes de jeunes*, qui ont obligatoirement des noms, pour les médias ou pour eux-mêmes : bande des Halles ou de La Défense, Cobras, Street Dogs Gangs, Paris City Breakers, Requins Bleus, Dragons Noirs, dix autres. Ce sont des cercles très exclusifs. La minutie de leurs règlements, les épreuves d'admission, la tenue parfois exigée n'ont rien à envier aux clubs les plus huppés. Il y a aussi des bandes attachées à des boîtes, à des restaurants, à des cafés. De loin, vers deux heures du matin, cela ressemble surtout à des gens mis en tas. Au contraire des bandes de jeunes qui descendent des banlieues, ces bandes à moitié branchées sont ouvertes à tous les vents.

Dans la limite des convenances, bien sûr.

On recrutera pour les distraire quelques personnages exotiques. Cela répond à un vieux fantasme du Parisien : traverser des ambiances. Il allait danser à Ménilmontant, il mangeait la soupe à l'oignon avec les bouchers des Halles. Le problème, c'est qu'il n'y a plus d'ambiance, ou alors très loin du centre, dans des endroits un peu secrets. S'encanailler, cela fait une trotte désormais. Aussi est-il plus simple, pour un branché mondain, d'accueillir deux ou trois *breakers* dans sa boîte.

Aujourd'hui, le peuple, on le fait venir [1].

Il y a enfin ce genre de bande nécessaire aux people : peintre, couturier ou vedette, parfois même écrivain ou philosophe, une star parisienne est obligée d'avoir une cour, sinon elle passe pour un con. La plus notoire est celle de Johnny Hallyday.

Cette bande est une bande Velpeau. Sa mission est d'envelopper le people. Elle le protège du monde extérieur. Elle soigne sa solitude et panse ses chagrins. Elle éponge aussi pas mal ses éconocroques : la bande est traditionnellement pique-assiette mais tout ce que lui demande le people, c'est d'être bon public. Toujours. A la différence de l'autre public. Le grand. Le méchant.

Ce que le people recherche sur les plateaux de télévision, bien au chaud parmi ses camarades, sa bande le lui donne 24 heures sur 24 : une assurance contre cette longue et douloureuse maladie, la réalité, pour quoi il n'y a pas de vaccin. Juste des calmants.

Un avatar de la bande est la *tribu.* Expression fortement médiatisée, comme on dit. Produit typé de cette fin de siècle, un de ces mots-tiroir où sont rangés en vrac des *sociotypes*, des *scènes*, des *lieux*, des *sons*, des *ethnies*. Tout le monde se fait appeler *tribu* de nos jours, les cercles fourbus de Saint-Germain, les membres de l'Institut ou les adeptes du latex. La tribu est ce qui remplace la famille dans un monde où le concept de capitale a remplacé l'idée de nation. Ceux de mes lecteurs qui n'auraient rien pané à cette phrase, et je sais qu'ils sont nombreux, pourront toujours tenter de piger le paragraphe suivant.

A PROPOS DU CONCEPT LANCINANT, ET MÊME UN RIEN GONFLANT, DE TRIBU PARISIENNE.

La tribu, ce sont, échappés aux hiérarchies anciennes, les occupants des terres émergées qui se regroupent par affinités du moment. Ils ont, de pays à pays, et surtout de capitale à capitale, des points communs plus nombreux qu'avec le milieu dont ils sont issus. Ils s'habillent pareil, comme dans les publicités Benneton. Ils se fabriquent leur *culture* en puisant librement dans les archives de la planète (images, paroles et musiques), désormais

---

1. La tournée récente de *Mano Negra* dans des petites boîtes de Pigalle est apparue follement insolite. Tu parles d'une expédition : Pigalle est à Paris le quartier le plus mode.

totalement accessibles. Qu'ils prennent de tout un peu en vrac, cela nous donne du *métissage* et de la musique mondiale. Qu'ils se fixent sur un seul aspect, cela nous donne de la *secte* et du tambourin. Les cosmopolites d'un côté, de l'autre ceux qui vouent leur existence au culte de Krishna ou de la Harley Davidson.

Le concept de tribu est devenu, avec le temps, un foutoir indescriptible. Vous y rencontrez les cercles les plus étriqués (skins, éléphants du PS) aussi bien que les mouvements de pensée les plus évolués (fans de *Star Trek* ou de Wittgenstein).

Le Parisien tribal tient souvent des deux. Il est à la fois sectaire et changeant. C'est un mollusque. Il s'ouvre et se ferme à volonté. L'Auvergnat de Paris exécute les danses de ses ancêtres par les nuits de pleine lune et, rentré chez lui, il écoute de la musique soul. Il s'agit d'un nouveau type humain : tourné vers le large (aventurier), de l'autre obsédé de ses racines (fétichiste).

Prenez une tribu très parisienne : *la bande de terroristes*. Le bandard terroriste recourt aux moyens de transport les plus sophistiqués. Il jouit de la modernité pour imposer, souvent, le genre de morale qui avait cours avant la Guerre du Feu. Il est tout ensemble mondialiste, compétent, évolué au point de boire Contrex, et dévoué à des idées qui n'ont pas besoin d'un cerveau pour être comprises (une moelle épinière suffit).

Nous avons des bandards professionnels à Paris. Ils vont de bande en bande. Ce sont des branchés à prise multiple. Ce sont des rats de fête. Certains deviennent des notables. Prenez R. : il est arrivé par la bande.

Immigré (philippin), d'origine supposée prolétaire, bon coup à ce qu'on dit (un peu machinalement, à cause du fantasme prolo immigré), il est gentil avec les filles et pote avec tout le monde (videurs et journalistes, mondains et zonards, Beurs et Feujs, squatters et couturiers, hétéros et pédés). R. attire la sympathie des musiciens, des branchés, des *communicants*, des modèles de cent quatre-vingt-dix centimètres, bref de tout ce qui compte dans la capitale à partir de 2 heures du matin.

On l'a vu glander chez un tatoueur où il prêtait la main, traîner dans une radio dite libre, rincer des verres derrière un bar. Personne ne sait au juste ce qu'il fait, ce mec. Simplement, on le remarque. Puis, l'ayant vu, on le revoit. L'ayant vu deux fois, on fait semblant de le connaître. A faire semblant, on croit le connaître. A force de croire, on le connaît. Il fait bientôt partie de votre vie. A la vérité, vous ignorez jusqu'à son nom. R. est un pseudo.

C'est seyant.

Se renseigner à son propos, ce serait passer pour un flic ou un blaireau. Ce serait surtout s'intéresser vraiment à son prochain et, Seigneur, quelle perte de temps! Pourquoi y a-t-il R. plutôt que rien? R. est là, simplement. Posé en évidence. Contingent. Il est là, donc il est. Par un de ces glissements très parisiens, que sa présence soit inévitable la rend bientôt nécessaire. La présence est un moyen de parvenir dans cette ville. La visibilité. Je me demande s'il ne me suffirait point de rester immobile quelque temps quelque part pour devenir extrêmement populaire mais j'ai peur qu'on ne me prenne pour un portemanteau qui aurait engraissé.

R. jouit d'une visibilité panoramique.

« Seuls les rois, les filles et les voleurs sont chez eux partout », écrit Balzac. Il ne connaissait pas R.

Aucune fête qu'il n'y soit convié ou amené par quelqu'un. Ou alors il sert de rabatteur à un organisateur de soirée. Il se branche une de ces jeunes étrangères au pair apprenties modèles hyper exploitées mais *super canon* comme il s'en voit dans Paris en dehors des heures ouvrables. Avec cela au bras, ou au cou (elle est beaucoup plus grande que lui), il est reçu partout; le laissent passer jusqu'aux physionomistes avec qui il a *eu des mots*.

Le boss est content : où il y a des filles, les stars viendront, sans parler des militaires.

R. est très bon dans les soirées. Il déconne avec professionnalisme. Il danse bien. Il colle à tous les thèmes des soirées à thème. Bref, il abat son boulot de bandard et il paie ainsi son écot. Puis un immigré, dans une boum, cela fait joli. Cela fait métissage.

Il rend aussi des services. Il met des gens en contact. Selon l'expression consacrée, il fait le *go between*. Tous ces jeunes ambitieux qui traînent la nuit dans l'espoir de rencontrer un créateur, un créatif, un vidéaste, un programmateur, il peut leur arranger le coup. R., c'est une espèce de téléphone interbandes. Il connaît aussi des filières. Pour faire plaisir, il deale un peu.

Sa consécration : lorsque des chroniqueurs ont commencé à se servir de lui comme informateur. *L'incontournable R. qui connaît toutes les tribus.* On l'entend souvent dans des radios : il fait aussi partie de la bande F.M..

Je le rencontre dans l'escalier des toilettes d'un de ces restaurants à rendez-vous, indispensables et pas très bons, que Paris appelle des *cantines*. R. discute le bout de gras avec un maître d'hôtel : s'il tape sur le ventre d'un grand nombre de divas, il tutoie aussi des pingouins, cela n'est pas donné à n'importe qui.

Jusqu'à la dame-pipi qui le regarde d'un air gentil.

Comme on s'est aperçus trois fois dans notre vie, nous tombons dans les bras l'un de l'autre. « Ça me fait hyper plaisir de te voir, me dit R. Viens, je suis en train de bouffer avec P., quoi tu l'as jamais croisé? Il est hyper sympa, il sera hyper content de te connaître. » Celui que R. appelle P. est un écrivain célèbre. P. est son petit nom pour les intimes.

C'est seyant.

P. me regarde comme si j'étais un cancrelat. Non seulement il n'a aucune envie de me connaître, mais il est saoul comme une grive. R. et P. sont occupés à engloutir des métrages de saumon qu'ils font passer avec des seaux de vodka. Pour tenir compagnie, je prends une lichette des deux. Et je m'interroge : que fait un type comme R. avec un type comme P. (lequel est en train de nous bassiner à propos d'Heidegger)?

Tellement chargé qu'il ne se rappelle plus qu'Heidegger, c'était *l'an dernier.*

Bien sûr, mon bandard possède ses classiques, Cioran, Guattari, Baudrillard, il connaît tous ces gens-là, il a serré la louche à Deleuze mais je ne suis pas certain qu'en plus il sache lire. « Tu viens à ma fête? me dit-il au moment des adieux. Je donne une super fête vendredi. Ça me ferait super plaisir. » Il me donne une adresse à Pigalle, dans une de ces boîtes à tiroirs et à niveaux. « P. viendra aussi, ajoute-t-il. Hein, P., t'oublie pas, vendredi? » P. n'entend rien. Injurier un couple à la table voisine l'occupe tout entier. Il soupçonne la fille, une touriste hollandaise, de ne pas aimer Léautaud.

Tout cela, c'est le R. que les bandes connaissent : son côté carrosse. Maintenant, son côté citrouille : *l'Histoire Véridique de R. le Bandard.*

Il bout dans une marmite de merde. Il squatte l'appartement d'un copain (qui est *parti pour L.A.*). Le téléphone est coupé. (R. se fait appeler au café d'en bas). Il a une histoire de permis de séjour. L''hiver, il grelotte de froid. Les badges sur sa veste épaulée dissimulent des taches et des trous. Il ne peut plus taper personne : il a trop de dettes. Il est tricard à sa banque. Il lui est arrivé de bouffer le thé au fond de son verre à moutarde pour tromper sa faim. Il pique encore un peu de blé à qui il baise. On le soupçonne même de tapiner un peu. G., l'éditeur de P., une mauvaise langue de la région, assure qu'il « il suce des queues par-ci par-là mais pas pédé, hein, juste pour la thune ». Le reste de son argent de poche est fourni par les deals mais lui-même, pour tromper sa mort, consomme de plus en plus. Il triche sur le poids, il surcoupe en large et en biais. Sa fête dans une boîte à Pigalle était nulle : une aumône du taulier (R. lui recrute des clients); on lui a laissé trois tables sous un ampli, avec deux bouteilles de blanc, une de Tequila, des biscuits Bahlsen. **P.**, bien sûr, n'est pas venu.

R. dans la vraie vie : P. lui sert de soupe populaire. Sans ce *vieux pote hyper cool*, il ne mangerait pas à sa faim. R. est un prolétaire de la nuit. Le night clubbing, pour lui, c'est du caritatif. Il partage le saumon de P. car il n'a personne avec qui diviser une portion de frites : sa consommation publique de produits de luxe augmente à proportion de sa débine privée. Il raconte partout que P. est un mec *hyper généreux* et qu'ils sont *hyper amis*. R. veut dire par là que P. ne supporte jamais de boire seul et que, même à jeun, il lui faut un public.

R. est un bon public aux yeux de P. En outre, il lui fait ses courses.

LES MOUVANCES

Pauvre Balzac – La bande en plus mou – Où le débarquant, élevé dans l'idée qu'il ne faut pas adresser la parole à des inconnus, se gardera d'accepter une sucette dans un bar parisien – Les implications – Où les enquêtes s'enlisent et les mouvants s'en sortent – Eloge du crime paysan et de l'atrocité cantonale.

Entre la bande et le milieu, comme entre chien et loup, cette zone crépusculaire : la mouvance. Vous rencontrez tous les jours ici des gens qui ont le genre mouvant. Qui sont dans la mouvance de. Le rapetissement de la capitale y est pour beaucoup. A mesure que les mégalopoles se vident, les rescapés s'agglutinent et les mouvances se remplissent. On entend parler d'un sidéen dans l'entourage d'une relation qui a une connaissance qui. Puis dans l'entourage d'une relation. Puis dans l'entourage. Est-ce la maladie qui progresse, la ville qui se dépeuple, les mouvances hétéros qui se rapprochent des mouvances homos ? Les trois.

On connaît de moins en moins de ces mondes étrangers l'un à l'autre. Les mystères de Paris se transforment en secrets de polichinelle. *La Comédie humaine*, Balzac la ferait de nos jours en moins épais. La jungle dont il parlait, c'est devenu un chapelet d'oasis dans un désert de bureaux, où les animaux dénaturés se rassemblent autour de quelques points d'eau. Vous commencez à fréquenter un abreuvoir. Au bout d'un mois, on vous paie des coups, on vous tape sur l'épaule : vous vous sentez pris dans une mouvance.

Mais de quoi s'agit-il au juste ? C'est indéfinissable. Par définition. Une bande en plus mou : l'entrée dans la mouvance se repère à ce que vous connaissez des gens par leur prénom sans savoir leur nom, par leur surnom sans savoir leur prénom, par leur visage sans seulement savoir comment les appeler, et que vous les tutoyez sans remettre leur figure : tout le contraire de ce qu'on vous a appris à l'école. Vous vous liez à des inconnus.

C'est parfois un peu dangereux : mouvance, ce mot s'emploie aussi à la PJ. Dans le genre *outlaws*, nous avons eu ici la mouvance mao, la mouvance d'Action directe, la mouvance pédophile (l'affaire du Coral) : vision policière de la vie parisienne. On reconnaît alors la mouvance à ce qu'un nom célèbre, ou même un nom qui vous dit quelque chose, est entendu Quai des Orfèvres. La mouvance parisienne, c'est son côté maléfique, s'étend sur les confins imprécis du terrorisme et de la militance, de l'affaire de mœurs et de la particularité sexuelle, des relations publiques et du proxénétisme, du business et du banditisme, du trafic de drogue et de la consommation de stupéfiants, du voyou et du people. Les mouvances fourmillent de gardes du corps, de « secrétaires particuliers », d'avocats bizarres.

Le débarquant est prévenu : en se trouvant dans une mouvance, il peut se retrouver en taule. C'est à cause de ces quatre fléaux parisiens (nos cavaliers de l'Apocalypse) : 1) les filières, 2) les carnets d'adresses, 3) les rumeurs, 4) les histoires de cul (comme on dit ici pour les affaires de cœur). A cause de quoi, de Ben Barka à Rouillan, en passant par Markovitch, il y a eu ce qu'on appelle des *implications*.

Quand il y a implications, il y a mouvance.

On gardera pourtant l'espoir d'être relâché. Comme suggéré par le nom, la mouvance est un de ces endroits où les enquêtes s'enlisent.

Qu'un juge d'instruction emploie ce mot, ce peut être pour montrer qu'il a fait son boulot, en allant très loin, et qu'étant allé trop loin, on va au non-lieu.

A Paris, chaque fois qu'un citoyen est arrêté alors que, pour des raisons qui le regardent, il a bricolé une bombe, repassé son voisin, planqué de la poudre dans sa platine laser, installé une jeune femme dans un studio auprès d'un téléphone, négocié des secrets de la Défense nationale, mis la main dans la caisse d'un établissement public ou dans la culotte d'un scout, il y a des Filofax qui brûlent aux quatre coins de la ville.

Aussi avons-nous un goût particulier pour le drame paysan. La belle vendetta provinciale. Le massacre à la tronçonneuse, la guerre de clans, le découpage en rondelles des cocus et des amants, la grand-mère coulée dans le béton, tout cela fait un tabac dans la capitale. L'affaire Dominici, l'affaire Marie Besnard, l'affaire Villemin, ces faits divers colorés et barbares rafraîchissent le Parisien. Énigmes sans bavures, atrocités en lieu clos, incestes en direct de la ferme : mystères insondables mais circonscrits, tueries exotiques où les salons ne sont pas impliqués, horreurs garanties sans mouvances.

SOUS L'EMPIRE DU MILIEU

Les milieux parisiens sont des lieux de vie – Organigrammes – Les milieux de la communication – Échangisme – Et la mort dans tout ça ? – Ces milieux où l'on trempe – Milieux littéraires : notice et marche à suivre – Un personnage très parisien : l'Écrivain Tout Court – Faut-il coucher avec un Écrivain, même Tout Court ? – Où le scoutisme et le parisianisme échangent à nouveau une poignée de main fraternelle – Cul cul la praline et Panpan cul cul : où la polémique nique nique rencontre ses limites – Les milieux de la pub : où est passé le saucisson ? – Les milieux de la mode : tout doit disparaître ! – A propos du Sentier lumineux – Surplus et débouchés.

Le débarquant aura bien du mal à échapper au milieu. Il aura très vite affaire, par exemple, aux fameux *bruits qui circulent dans le milieu.*

Sans parler des *rumeurs qui agitent le microcosme.*

Le milieu professionnel est la cellule de base de la vie parisienne. Rappelons que cette ville est un pensionnat où déambulent des peuplades orphelines et des personnes déplacées en banlieue : tous ces exilés privés de leurs racines, la plupart de leurs relations sont *dans le milieu.* Les collègues, ils les voient plus souvent que les enfants. Leurs amis sont plus proches que leurs vieux. En outre, ils déjeunent sur le lieu de travail, ou dans le coin.

C'est plein de lieux de travail ici.

A Paris, vous n'*embrassez* plus une profession, vous *pénétrez* dans un milieu. On voit par là que le milieu est assez hard. C'est un bouillon de culture pour les bruits de chiottes, les histoires de cul et les allusions sexuelles. Sans parler des attouchements.

Les gens qui ne sont pas *du milieu* sont d'un autre milieu. Les gens qui ne sont d'aucun milieu sont des demandeurs d'emploi.

Pourtant même la zone a ses règles, ses circuits, ses entreprises et ses métiers. Milieu est un mot qui va avec tout. Au gré des modes, j'ai entendu dans cette ville les formulations les plus bizarres : Je suis *au cœur du milieu de la Forme*, ou bien : *il faut être dans le milieu du Look pour comprendre.*

On veillera à bien distinguer les milieux de l'enquête des milieux de l'édition et les milieux des assurances des milieux du pouvoir. Mis à part les milieux de l'immigration qui se mélangent peu, il n'est plus toujours aisé de s'y retrouver. Ainsi, les milieux religieux ont-ils tendance à se glisser partout. Les milieux financiers aussi. Aux frontières qui les séparent sur le papier, là où les *bandes* s'agitent et les *mouvances* glougloutent, les milieux parisiens se divisent, se brouillent et s'entremêlent.

Observez au microscope le petit peuple des ruisseaux, vous aurez une idée de cette ville où les amibes de nos amibes sont nos amibes. C'est au point que beaucoup de milieux en viennent à former un magma. Une espèce de méta-milieu. Les *milieux de la communication* en sont largement responsables : ils imposent leur loi aux autres. Ça communique de plus en plus, et dans tous les sens. Ça devient poreux, mou, humide. Les milieux s'agglomèrent et se changent en bouillasse. Ce sont des vases communicantes.

Puis il y a les entreprises. Elles se marient. On s'aperçoit brutalement qu'il ne faut plus contrarier M. Dugenou. Qu'un concurrent féroce fait désormais partie de la maison. Qu'un marchand de casseroles et un marchand d'armes, ou bien un journaliste et l'objet de son enquête ont un patron commun. Que les torchons et les serviettes font partie du même groupe de presse. Les milieux s'acoquinent, deviennent de vastes parentèles, avec des cousins ignorés qui débarquent sans prévenir. A Paris, où les bureaux ont remplacé les maisons d'enfance, il n'y a plus d'arbres généalogiques, il y a des organigrammes.

Les milieux se fédèrent. Les relations bilatérales se développent. Les échanges se multiplient [1]. On se rend visite d'une *culture* à l'autre. Les journalistes sont romanciers, les publicitaires sont sociologues, les curés sont médiatiques et les chanteurs sont charitables. Les comédiens font restaurant. Les bouchers vendent des petits pois. Et tout le monde a désormais quoi donc?

TOUT LE MONDE A DÉSORMAIS UNE POLITIQUE DE COMMUNICATION.

---

1. Y compris les échanges amoureux : il y a désormais tout un va-et-vient érotique entre les milieux. Les vétérans qui ont servi dans le même corps, comme disait l'autre, sont nombreux. Cela s'ajoute à nos classiques *amis communs* et crée, de cercle en cercle, de nouveaux liens.

La communication, cela donne à la vie parisienne cette allure de quinzaine commerciale que la province nous envie. Le camelot a le pas sur la camelote, l'annonceur sur le publiciste, le présentateur sur le présenté et le disc-jockey sur le disc-cheval. Les journaux deviennent des supports (dans les magasins, on dit : présentoirs). Les attachées de cœur sont parfois des amies de presse.

Dans le grand tartare de la communication, on ne sait plus très bien qui est qui. Prenez le boulevard Saint-Germain. Une frontière passait entre Lipp et les Deux Magots. Le palais Bourbon et la Sorbonne étaient les capitales de deux pays sans relations diplomatiques vraiment suivies. Entre les sphères du pouvoir et les cercles intellectuels, il y avait une espèce de no man's land. Désormais, on s'échange, contre des médailles et des titres, des adhésions et des soutiens.

Les gens de presse et les hommes politiques, n'en parlons point. Cet air complice qu'ils ont aujourd'hui sur les plateaux. A *L'Heure de vérité*, on se sent de trop. Et je taquine. Et j'allusionne. On devine les vieux camarades, habitués à prendre le petit déj' ensemble. A tremper des mouillettes dans l'*œuf the record*. Leur plat préféré. Jamais les journalistes n'ont été aussi potes avec leurs sujets. Ils finissent par se ressembler. Alain Duhamel a des mines de vieux radical à gilet. Catherine Nay fait ambulancière des beaux quartiers, comme ils aiment chez les gaullistes.

Les communicants règnent sur ce qui est devenu un ensemble flou : l'Empire du Milieu. Ce sont les princes du marais où les Nouveaux Parisiens agitent leurs petits bras en clapotant. Bien plus que la haine ou la passion – ces émotions d'avant-guerre, ce qui a disparu des cercles parisiens est l'effet de contraste : la forme. C'est-à-dire la conscience.

Prenez les écrivains. Autrefois, ils étaient au Quai ou à la soupe populaire. On les distinguait. Ils avaient des contours. Aujourd'hui, ils trempent dans les milieux de la communication. Ils ne vivent pas, ils baignent. A peine le genre écrivain-camétapin-séropo-expérience-des-limites, le maudit à la Selby Jr qui écrit à la paille de fer, a-t-il l'air encore à peu près vivant, dans la mesure où il est à moitié mort.

Alors comme ça, la mort existe ? Voilà autre chose.

Paris est la seule mégalopole du système solaire où vous êtes à la fois écrivain, critique, éditeur et membre d'un jury. C'est-à-dire un syndicat de milieux à soi tout seul. La confusion des genres, c'est la compromission enfin à la portée des honnêtes gens. Le tripatouillage éditorial est arrivé au moment où on n'est même plus cynique mais inconscient. Avant-guerre, on lavait encore son amour-propre tous les matins. On reste sale sur soi désormais. La complaisance est devenue un élément du pittoresque.

Bien sûr, en public, des petits saints. Il suffisait de les voir chez Pivot. La force de Pivot : il semblait n'appartenir à aucun milieu. Il ressemblait à un juge de paix que les citoyens honnêtes de la ville seraient allés chercher en province pour échapper à la pression des gangs. Un rôle à la Spencer Tracy.

Lire des livres et des journaux à Paris, pour qui s'intéresse aux à-côtés, cela demande des compétences aujourd'hui. Bientôt on exigera des diplômes. Le milieu pèse sur l'écriture au point qu'il ne suffit plus de comprendre, il faut décoder.

Quelques conseils au débarquant :

1) *Déchiffrer la critique*

Percer le secret des amitiés, des ressentiments. Les échanges de procédés. Les organigrammes. Liens qui unissent les éditeurs aux journaux, les chroniqueurs aux comités de lecture, les journalistes aux écrivains. Situer tout cela par rapport aux jurys. Qu'y a-t-il aussi *derrière* les vannes? On fait une telle place aux dithyrambes que les critiques vraiment méchants, une poignée, sont respectés d'instinct. Écrire du mal, c'est devenu synonyme d'être honnête. Bien sûr, les victimes n'ont de cesse qu'elles aient démasqué ce puritain : l'incorruptible a ses bassesses, il ne tranche pas, il se venge, la preuve, tenez (et c'est reparti avec les organigrammes) : Bloblo ne pardonne pas à Macheprot d'avoir voté contre lui au Goncourt mais il ménage (curieux, vous ne trouvez pas) Duchemolle, lequel publie chez Roger-Suchard, une filiale de Cajou-Lachaunie, à qui devrait revenir le Médicis, en échange de quoi Duchemolle devrait peser en faveur de Bloblo au Fémina, etc. Je dis exprès n'importe quoi pour que ce soit ressemblant.

La complaisance tempérée par les règlements de compte.

Quelles mœurs, et surtout quelle fatigue.

« Le lecteur frémira, un écrivain de race lui est né » : des formules comme celle-là ne sont pas rares sous la plume des chroniqueurs. A Paris, on a facilement le coup de brosse pathétique. Pour faire bonne mesure, vous serez l'objet d'une notice dans notre livre saint : le Grand Catalogue des Références. Votre bouquin fait de vous, c'est le moins, un héritier de Chateaubriand, Maupassant, Tolstoï et Woody Allen. Parmi toutes les variétés de lépidoptères qui butinent sous nos climats, le romancier est le seul papillon qui naisse épinglé.

Étonnez-vous qu'ensuite, il ait parfois du mal à voler bien haut.

Mais le couronnement, la cerise sur le gâteau de la critique, c'est quand vous cessez d'*écrire* (comme tout le monde) pour devenir un *écrivain* tout court (comme pas mal de gens). Un jour, on dit de vous : *c'est un écrivain*.

Gasp.

Dites maintenant : *c'est un plombier*. Au contraire des écrivains, les plombiers sont rares dans cette ville. Pourtant, ça ne fait pas du tout le même effet.

Écrivain tout court, c'est beaucoup mieux que *romancier* ou *essayiste*. Nous avons le générique hautain, et même élitiste. L'imprécision, à Paris, vous distingue de la masse [1]. C'est vrai depuis longtemps pour les noms de lieu. Nous avons toujours eu la Butte, le Bois, le Faubourg, le Quartier, les Champs. Maintenant, nous possédons un hôtel qui s'appelle *l'Hôtel*, un bar qui s'appelle *le Bar*, une auberge qui s'appelle *l'Auberge*, des bains douches qui s'appellent *les Bains*. Je pourrais en citer trois cents. *L'Entrepôt, le Comptoir*. Des mots-images. Des appellations d'une simplicité rare. Donc luxueuse. On dirait un livre de lecture à l'usage des CE1.

Dans le genre apocopé, nous avons aussi l'*Appart*. C'est le nom d'une boîte installée dans un F.4. Ils sont en train de réinventer la surboum, avec le proprio dans le rôle des parents.

2) *Décrypter l'œuvre*

Après examen minutieux et traitement informatique de 43 217 titres bien placés pour les prix, l'auteur peut affirmer ceci :

– Un tiers des romans parisiens (32,07 %) sont des *romans à clés*, qui traitent des milieux parisiens. Le Parigomondain les lit comme on joue au schmilblic : « A qui pensez-vous ? »

– Un autre tiers (34,12 %) est composé *d'ouvrages chiffrés* : on croit tantôt reconnaître des personnages réels alors que c'est inventé, tantôt on s'imagine que c'est inventé alors qu'il s'agit de personnages réels.

– Un dernier tiers (33,81 %), ce sont les *livres portes ouvertes* : on y parle de son père, de sa mère, de son chat, des enfants qui ne vous rajeunissent pas, des hommes qu'on a aimés, des femmes qu'on a eues, et surtout de soi.

Le jardin secret de ce genre de romancier se réduit à son numéro de carte bleue. Au lit avec lui, la débarquante, ou le débarquant, aura l'impression étrange de se sentir caressée comme un sujet possible.

Vous les quittez, ça leur fait un début.

Je sais bien qu'on a toujours procédé ainsi, et les meilleurs écri-

---

1. La vogue des initiales *(BHL)* obéit au même ressort psychologique : on est assez connu pour se passer d'un nom. De même : *Jean-Edern* (pour Hallier). Naître avec un prénom composé, c'est déjà un début de carrière à Paris.

vains. Le problème aujourd'hui, pour les sujets de roman, c'est que tout le monde se connaît dans le bourg.

La communication nous a changés en bons garçons et en braves filles. Depuis qu'ils communiquent dans cette capitale trop petite, les Parisiens se serrent les coudes à les broyer. Ils ont les uns pour les autres, de milieu à milieu, des regards de franciscains colombophiles. Ils échangent des BA que c'en est écœurant et ne cessent de renvoyer les ascenseurs que pour servir la soupe dans les monte-plats. C'est qu'il y a des stars désormais dans tous les corps de métier : on prend vite l'esprit people à Paris. La mentalité show biz.

Notre vice social, ce n'est point le clientélisme comme à Nice ni le clanisme comme en Corse. C'est le scoutisme. Dans les vapeurs qui montent du bayou, le parfum âcre de la corruption est recouvert par l'odeur sucrée des pommades antimoustiques.

Pour vous dire à quel point nous en sommes : j'ai l'air de faire la morale, en réalité je m'en fous. Totalement. Arf arf arf arf.

Je vous ai bien eus.

En résumé, vous aurez du mal à vous faire cracher à la gueule dans cette ville.

Notre esprit gnangnan ne contrarie en rien le goût des méchancetés et des rumeurs bien crades : celles-ci nous aident à porter le fardeau de nos gentillesses. Le bruit de chiotte est le contrepoint des accords de guitare autour du feu de camp.

Il va de soi que l'injure est un genre parisien mais c'est surtout un art de rue. En intérieur, les enfants se font dans le dos. Les flatteries : dans toutes les positions.

A ce propos, le débarquant ne se méfiera jamais assez des éloges. Ils ont beau être forcés, pour des raisons mystérieuses, ils font plaisir. Au point qu'on cherche à retrouver cet état. Un jour, on oublie les organigrammes et les échanges de procédés. On ne songe plus à ce que vous doit votre position, votre métier, votre grand-oncle, votre nom. On s'installe dans le confort du tout-à-l'égo. On se croit réellement extra. Le compliment parisien est une drogue d'accoutumance. De vieux junkies, brutalement sevrés de louanges serviles (en général à cause d'une erreur de mise en pages), se jettent sur les journalistes à la façon dont les camés attaquent les pharmaciens. « Allez, dites un peu de bien de lui, conseille le rédac'chef. On ne peut pas le laisser dans cet état. »

Un jour, vous ne savez plus si vous êtes brillant ou si on vous fait reluire.

Par intervalles, dans les milieux de la communication, un justicier se dresse. Il en a marre des louveteaux consensuels. Il veut faire à toute force dans le pamphlet. On le laisse s'amuser. A lui aussi, on envoie sa ration d'eau bénite : « Le lecteur frémira, un polémiste de race lui est né. » Bref, on s'en tape. La polémique est inoffensive aujourd'hui – un genre, un esthétisme – et les rhéteurs se rencontrent à Saint-Germain plus souvent que sur le pré. Il est bien porté d'ailleurs de cogner sur *tout* le monde (ainsi : *la classe politique*), ce qui rassure *chacun*. Puis nos pamphlétaires ne se prennent pas pour des merdes. Ils s'écoutent agonir. On perd de vue leur cause, on ne voit plus que leurs effets. Toutes les trois lignes, ils invoquent Léon Bloy, Bernanos, Léautaud parce que, là aussi, il faut des labels. Ils réveillent le cadavre de l'injure surréaliste. Nous faisons de la polémique, dans la région, comme nous faisons du design : intemporel, référencé, avec une dominante du *style trente*. En dépit de gros efforts pour se rendre odieux, le provocateur parisien est un *communicateur* de plus. Il participe au jamboree des médias.

Il en va des milieux communicants comme des people du show business : leur rapport au réel est la fameuse *sanction du public*. Les milieux de la presse ont le CESP qui mesure le lectorat, les milieux de l'édition ont les tirages, les milieux des partis ont les adhérents, les milieux du PAF ont l'audimat et, pour tout le reste, il y a les sondages. Cela introduit parfois de l'inquiétude chez les scouts. Aussi les milieux font-ils comme les people : ils arrangent la salle. Le CESP est un peu magouillé, les ventes sont un rien gonflées, on bidonne un chouia les adhésions, l'audimat sert au PAF de pafomètre et les sondages sont redressés chaque fois qu'ils ont tort.

Il n'y a guère de malentendus du côté de la population française qui ne puissent être arrangés auprès d'un échantillon représentatif de la population française.

Devenue à Paris un réflexe, la promotion commerciale impose un certain climat. Pour la première fois, en 1989, un réalisateur de télévision a poursuivi un journal pour critique défavorable. Il a gagné.

Deux milieux parisiens frappent les visiteurs : la publicité et la mode. Dit autrement : l'emballage.

Le milieu de la publicité était comme un corps étranger dans ce vieux pays catholique et guindé. Même à Paris, on le trouvait bizarre (années 60) ou dangereux (années 70). Nous n'en sommes plus là. La publicité est parvenue au cœur de la communication.

Doucement elle devient invisible : à l'exemple de ces films de promotion qui passent en première partie dans les salles et qui se font donner pour des documentaires.

Même qu'il faudrait que ça cesse.

Le publicitaire passe la main au journaliste. Il en fait son prête-nom. Il lui installe un publi-monde où *Trois jours sans nouvelles de Fleury-Michon* ne veut plus dire : *Où est passé le saucisson ?*

La pensée pub n'a plus besoin de s'afficher dans Paris. Son esthétique est partout (un maniérisme de l'image propre). Son style. Son langage. Son éthique. Parce que, bien sûr, ces super-louveteaux sont à fond pour la morale. La drogue, la faim, les enfants martyrs, demandez-leur, ils sont vachement contre [1].

Bande de gélatineux. Tas de gluants. Ogonioks. Petits santons.

Les milieux de la publicité et les milieux de la mode ont (parmi d'autres) un point en commun : mieux ils s'imposent, moins on les voit. Vous avez des publi-reportages qui ressemblent à des articles normaux. Vous avez des magasins de mode qui ressemblent à des entrepôts vides.

On reconnaît un créateur en vogue à ce qu'il n'y a strictement rien dans sa vitrine et, à l'intérieur, pas grand-chose. Ou alors un truc zinzin, peut-être une locomotive ou des bonbons acidulés, ce genre-là. Les pubs de mode, c'est pareil : des Zorros, des gens tout nus, un cochon en laisse, mais surtout pas de ces choses qui se mettent sur le dos. C'est remplacé par du *concept*.

En quoi le débarquant distinguera très facilement Gaultier, Girbaud et aussi tous ces magasins de *prêtap* dont les noms ressemblent à des titres de chanson, d'un fromager affineur. Le fromager parisien expose ses fromages, c'est une pulsion chez lui, il les montre avec fierté. Il y va de son petit commentaire écrit à côté. « Pâte onctueuse ». « Une saveur très riche, elle conviendra aux amateurs ». « Arôme puissant mais fruité ». « A profiter : fabrication traditionnelle et limitée, au lait cru, en direct du parc de la Vanoise ». Auprès des anachorètes de la place des Victoires, le fromager parisien est un exhibitionniste.

La publicité est assez forte pour se passer des réclames. La mode est assez puissante pour se passer des vêtements. La pub fait surtout de la pub à la pub et la mode est tellement à la mode que les fringues sont devenues secondaires. Elle peut même se proclamer anti-mode, organiser sa dérision (Gaultier), se moquer du *total look* et des *fashion victims*.

C'est qu'on est passé *créateurs*.

---

1. La pensée Baden-Powell ne cesse de gagner du terrain sur notre planète. Les concurrentes au titre de Miss Monde 1989 ont dû *montrer la force de leurs sentiments écologistes.*

Yeap.

Chaque jour à Paris, des restaurants sont remplacés par des boutiques de fringues et des boutiques de fringues par des magasins de sape. C'est au point que le chiffon est obligé de financer des *cantines* : il faut bien recevoir les fournisseurs.

Ceux du prêt-à-porter achètent la rue Tiquetonne. Ils s'installent rue des Rosiers (ils reprennent le hammam). Ceux de la haute couture s'attaquent à la place Vendôme : ils ont des *nouveaux lieux* du côté de la rue de Castiglione.

Côté basse couture, ce n'est pas *Paris brûle-t-il ?*, c'est *Tout doit disparaître !* On ne voit que cela sur les vitrines (Liquidations Monstres et Soldes de Folie pour Cause Cessation de Commerce par Arrêté Préfectoral Fermeture Définitive J'arrête et Je Mets Tout au Nom de mon Cousin).

TOUT DOIT DISPARAÎTRE !

Un titre de film catastrophe.

La mode investit la culture et s'installe dans la presse. Elle apporte de l'argent frais, me direz-vous, retape des hôtels anciens, repave des cours du XVIIIᵉ, tient à bout de bras des revues qui ne vivraient pas sans elle, et vous râlez ? Non, non, ce n'est pas pour cela que je râle (en dehors du fait que je râle pour tout). La question est ailleurs : la sape s'emploie, d'une façon méditée, exactement comme la pub, à faire passer les arts appliqués pour les arts tout court et les mouvements de la mode pour le mouvement des idées.

Exemple : les stylistes, pardon, les créateurs, s'intéressent au théâtre. Ils dessinent des costumes. Rien n'est plus chic. Une couturière doit être couture de nos jours. Avant, on avait droit à une lecture de la pièce. Désormais, c'est un avant-goût des collections. Iago se fait très épaulé cette année. Célimène rallonge.

Les présentations de mode sont devenues des *shows multimédias* mais ce n'est rien à côté des spectacles qui ressemblent à des défilés.

Deuxième étape. En 1989, Jean Paul Gaultier cherche à racheter le théâtre de la Renaissance (finalement repris par Arestrup). Pour *sauver* l'endroit, mais quand même pas pour y monter des pièces. Monter des pièces serait un peu ringard (logique du nouveau : il n'y a plus les anciens et les modernes , mais le ringard et l'actuel).

« Bien sûr, nous n'aurions pas à proprement parler fait du théâtre. Mais nous voulions organiser des concerts, des expositions, des défilés, des shows de prêt-à-porter. » (Christian Menuche, P-DG. de la Société Gaultier.)

J'imagine qu'un foyer de théâtre ferait un show room hyper bien.

« Et ce que nous aurions fait aurait sûrement été bien plus intéressant, poursuit M. Menuche, bien plus créatif, bien plus culturel que bon nombre de pièces jouées sur le boulevard [1]. »

On le croit sans peine. Là n'est pas la question.

Les couturiers étant devenus ce qui se fait de mieux dans le
genre créateur, on est fier aujourd'hui de se balader avec *YSL*
écrit sur la poitrine, des *Sonia Rykiel* brillants comme des
enseignes et les sacs publicitaires ne font plus *cheap* comme
autrefois. Les trottoirs de la capitale ressemblent à un Paris-Dakar
à pied. La sape a réussi à nous couvrir de slogans à sa gloire. Le
plus fort : en nous faisant payer. Nous allons couverts d'étiquettes
comme des malles-cabines. Non, pas des étiquettes : des marques.
Les étiquettes, c'est prisu. Alors que les marques, c'est une culture
désormais, encore une : *la culture de marque.*

Jusqu'aux mômes des banlieues qui vous disent : « Ça, c'est de
la kemar ! »

Les danseurs des jeunes compagnies sont lookés chez le bon fai-
seur. Les rock-stars aussi. Plus question d'improviser dans ce
domaine, le positionnement est trop important. On ne sait plus
s'ils expriment « ce qui se passe en ce moment dans la tête des
jeunes » ou une tendance du prêt-à-porter.

A l'étape suivante, le créateur de mode pour les rockers est
généralement saisi du démon de Midem. Il enregistre un disque
et produit un clip.

L'équivalent de la pensée pub, dans la confection, c'est l'*esprit
dandy.* L'esprit dandy permet à la fois de défendre une certaine
posture morale dans l'existence et de fourguer du 20 % cachemire.

Nous avons ici des gens de mode qui font très intello et des
intellos qui sont très mode. C'est le Sentier lumineux. L'art de la
coupe en biais et la problématique post moderne sont enfin réunis
sous le beau nom de concept. Mao a fini à Paris comme il avait
commencé : dans les encolures.

J'ai fait un rêve. Venues de Neuilly et du Marais, la publicité et
la mode opéraient leur jonction au pied de la Pyramide, comme
ont fait les Russes et les Américains sur l'Elbe, en 1945. Il n'y
avait plus ce jour-là dans Paris que des marchands de chiffons et
des marchands d'espace.

J'entends le débarquant s'étonner (ainsi qu'il convient à qui
débarque) : *Qui porte tout ça ?* S'il y a de moins en moins de
monde et de plus en plus de fripes, Seigneur, *à qui vendent-ils ?*

---

1. *Nouvel Observateur* du 5 octobre 1989.

C'est une vraie question qui pose un vrai problème et qui devrait être l'occasion d'un vrai débat, comme dirait Léotard. J'ai enquêté là-dessus aussi. La sape a trouvé trois types de réponses :

1. La clientèle étrangère. Comme il fallait s'y attendre, elle a des mœurs exotiques : elle achète en dehors des périodes de soldes. Nous avons ainsi de nombreux chalands japonais. Les Japonais aiment bien venir en France, mais pour acheter des produits japonais. Ce sont des touristes atypiques.

2. On a mis au point toutes sortes de procédures : les soldes publics, les soldes privés ouverts à tous, les soldes permanents, les remises à la caisse, les demi-grossistes qui font la vente au détail, les boutiques de dégriffés, les stocks, les entrepôts et les dépôts. Bref, une incessante braderie où le prêtap est vendu au rabais, c'est-à-dire à peine au-dessus de son prix.

Ces décrochez-moi ça du second marché occupent l'espace qui n'est pas dévolu aux vraies boutiques. Comme il y avait autrefois des films qui sortaient sur les Champs et des petites salles pour les reprises, nous avons désormais une mode d'exclusivité et une mode de quartier.

N'allez pas croire : à nos soldes, on rencontre quelques fauchés et beaucoup de gens aisés. Il est connu que le Parisien aime faire ses emplettes dans deux circonstances : a) quand c'est cher ; b) quand c'est donné [1]. Il achète quand c'est cher car il mesure la qualité au prix [2]. Il achète quand c'est donné car il a toujours joui dans la combine. On le voit alors se ruer en hurlant sur le chiffon et, venu sans idée préconçue, s'acheter un article dont il n'a pas besoin, c'est-à-dire s'en adjuger cinq d'un coup car, à ce prix-là, comment se priver ? La scène se répétant chaque fois que c'est le moment des soldes, c'est-à-dire tous les deux mois, il est devenu difficile de se ruiner à Paris autrement qu'en faisant des affaires.

3. Le coup le plus subtil fut l'invention des superposés. Peu importe alors qu'il y ait une boutique pour dix habitants : vous enfilez un collant, des chaussettes, une jupe, un pull, un caraco,

---

1. Voir aussi p. 312 – *Parler faux*.
2. Pour la quantité, c'est l'inverse. L'idée du luxe, chez un Parisien, c'est que plus c'est petit, plus ça coûte. On tient là quelque chose comme le syndrome du caviar. Rien n'est si cher au poids qu'une layette vraiment chic. Un maillot de bain signé par un créateur, une nuisette reviennent facilement à 15 000 F le kilo. Le scandale, c'est que j'ai dû effectuer ces pesées chez moi. Dans la plupart des boutiques de mode, les balances réglementaires sont cachées dans un coin. Sans faire de la délation, je ne suis même pas certain qu'il y en ait une chez Sabbia Rosa ou Chantal Thomass.

un blouson, vous jetez pour finir un châle sur l'épaule : c'est comme si vous étiez sept clientes à la fois.

A-t-il laissé son nom quelque part le génie boutiquier qui, pour la première fois dans l'histoire de l'humanité, a eu l'idée de transformer les gens en stocks?

LEXIQUE À L'USAGE DES MISSIONS

DIALECTES PARISIENS :
Syntaxe, vocabulaire et prosodie,
enrichis de nombreux exemples et de peu d'exercices

*Une langue pauvre – L'*adoparisien : *où l'on voit qu'être* nul, *ce n'est pas si grave que ça – Le Super et l'Ordinaire – Le* parigomondain : *où l'on voit que* mourir *est, à* vomir, *tout à fait préférable – Le* gastroparigomondain – *Où l'on apprend à supporter les insultes et à se méfier des compliments, selon l'antique sagesse – Guillemeteries – Tout ce qu'on aime à Paris, et ça fait beaucoup – Introduction à la Pensée Catalogue – A propos de* ça : le psychoparigomondain – *Et le* technoparigomondain, *tant que nous sommes – Du maniement interactif des implosifs – What's next ?*

A Paris, une poignée de mots sert à tout. On discute avec acharnement mais on s'exprime avec paresse. Comme on s'entend sans s'écouter et qu'au lieu de répondre, on réplique, le mal n'est pas bien grand. Il s'agit moins d'échanger des idées que d'émettre des signaux.

La pauvreté du vocabulaire rend son usage assez déroutant : on fait avec ce qu'on a. Nous sommes, il ne faut pas l'oublier, dans une région montagneuse entourée d'une cuvette sédimentaire et relativement coupée du monde. L'étranger, l'instituteur fraîchement nommé, le jeune député s'épargneront des méprises en suivant quelques principes. Nous limiterons notre étude aux dialectes les plus répandus : l'*adoparisisien* et le *parigomondain.*

L'*adoparisien,* ce sont les mots des jeunes Parisiens qu'aiment employer les vieux Parisiens pour oublier un instant qu'ils vont crever. Le *parigomondain* est ce mélange de mots grossiers (du genre qui sert à écrire en langage parlé) et de mots affectés (du genre qui sert à parler en langage écrit) faisant, si j'ose dire, le fond des propos de salon. Par extension, nous appellerons *Parigomondain* le parigomondanophone.

Au contraire des anciens parler bourgeois et parler populaire, le parigomondain et l'adoparisien ont de nombreux points de passage. L'adoparisien, c'est du parigomondain à l'état naissant. Cela vient de cette étrange manie du Parisien dont nous reparlerons : il veut être autre chose que ce qu'il est. On le reconnaît même à cela : il faut donc croire que c'est raté. Par exemple, le bourgeois ne veut pas passer pour un bourge, le vieillard pour un vioque ni Renaud pour un fils de famille. Aussi le jeune Parisien puise-t-il dans l'argot des banlieues, le vieux dans celui des jeunes et une Parigomondaine de bonne souche peut très bien vous dire qu'elle *se fait des couilles en or* avec un job qui *la fait bander.*

L'abréviation des mots à deux syllabes au plus, cet usage adolescent s'est par ailleurs répandu chez les Parigomondains. Ce qui nous donne : *assistant-réa*(lisateur), *compile d'actus* (compilation de bandes d'actualité), un *long* (métrage), un *cong*(é) *pay*(é), une *cata*(strophe), les *Rita* (Mitsouko), la *Jet* (Society), etc.

L'ADJECTIF, L'ADVERBE D'INTENSITÉ

L'adjectif a été découvert ici très récemment. Il s'agit, pour l'essentiel, d'adjectifs qualificatifs. Leur palette est restreinte. Les grognements émis par les protagonistes de *la Guerre du Feu,* c'est, à côté, Cicéron. Pour tout arranger, la signification des adjectifs n'a aucun rapport avec le sens donné par les dictionnaires.

Ou alors c'est par hasard.

● *L'adjectif et l'adverbe en adoparisisien*

L'adoparisien connaît deux adjectifs : *nul* et *génial.* On les croirait vieillis, ils sont inusables. Opposition simple mais étrangement féconde. On a vu des enfants parvenir au bac C sans avoir jamais usé d'autres adjectifs en expression orale (il est vrai que le bahut était nul mais génial le prof de maths).

L'opposition nul/génial s'est enrichie d'un certain nombre de variantes. On obtient (en résumé) le paradigme *gore, naze, glauque, dur, dur dur, lourd, grave, craignos, bof* [1] opposé au paradigme *flashant, géant, lourd, grave, canon, mortel, délire, classieux, good, cool, zen, wouahou* [2]. Listes bien sûr incomplètes.

Chez le Parisien, cet animiste (il parle, on l'a vu, de sa ville comme d'une personne), *nul* et *génial* qualifient pareillement les êtres et les choses. Un débouche-évier peut être génial. Sans pour autant mériter le Nobel de la vidange, celui qui sait s'en servir

---

1. *Bof* signale parfois un dégoût métaphysique.
2. *Wouahou* exprime dans certains cas une ferveur mystique.

aussi : le génie couvre un large horizon qui va du système D à la théorie de la relativité et du chausse-pied au téléfax.

De la même façon, la nullité, c'est souvent moins grave qu'on le dit.

Un tableau résumera ce qui précède *(Tableau nº 1)*.

Le problème, avec génial et nul, c'est : que dire de mieux, que dire de pis? Si mon tailleur est génial et si ma sœur est nulle, comment qualifier un artisan qui le surpasse, une frangine encore plus con? Une solution fut bricolée : on ajouta du *super* mais très vite, il fallut passer à *l'hyper* (en quoi le langage suit l'évolution du commerce de détail). Puis, ces cartouches brûlées, toute enflure nouvelle *(super mega, hypra)* risquant de conduire à la crevaison en côte du langage parlé (en quoi il ressemble beaucoup chez nous à une vieille chambre à air), le dernier recours fut d'être sobre. On dirait simplement : *trop* ou *très*, ou encore *hyper bien*. Cette fille est *trop*, ce mec est *très*, ce film est *hyper bien* (ou ce couteau à huîtres). *Trop*, par ailleurs, et un nombre croissant de mots *(la bête, la brute)* sont, au choix, positifs ou négatifs. Comme pour les pions du go, le contexte les fait passer du blanc au noir ou aller du noir au blanc (un bon tagger est une *brute*, un surdoué est *une bête*).

Il y a comme une fatigue du dialecte. Une butée. Elle est bien symbolisée par le succès de *limite* : *c'est limité, il est limité*. Le soufflé retombe, on revient à un langage froid, à des épithètes mesurées : *cool* est devenu l'équivalent de *génial*.

Grave est pire que *nul*. *N'importe quoi* signale la plus grande indignation. Exemple :
— Et rentre avant minuit.
— *N'importe quoi*!
— Les nazis n'avaient même pas pitié des enfants.
— *N'importe quoi*!

La vérité est cruelle : nos cuves sont à sec. Nous avons épuisé nos réserves d'adjectifs adolescents et enthousiastes. Peu à peu, nous passons du super à l'ordinaire. A la criée, nos étals de mots nouveaux ressemblent aux marchés moscovites : très peu de choix et rien en stock.

Une remarque à propos du génie : l'adoparisien donne dans le génial et le parigomondain dans le génie. Autrefois réservé à dix individus par siècle, du genre dont on reproduit l'effigie sur les billets de banque, ce mot est désormais associé au nom d'un vulgarisateur doué, d'un graphiste de talent, d'un couturier en vogue, d'un coiffeur malin, d'un escroc à la mode. Il n'est plus du tout exceptionnel de rencontrer trois génies à la même heure dans un bar (génial).

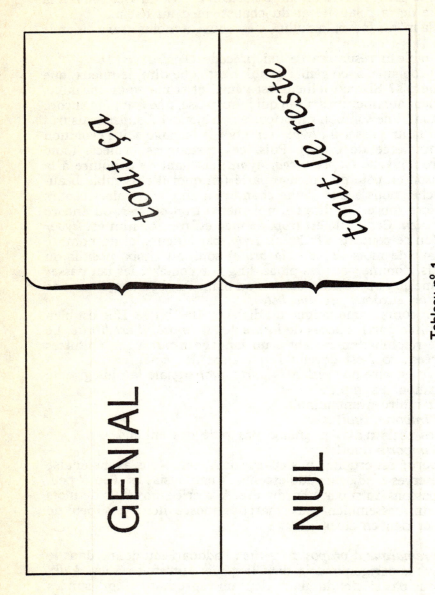

Tableau n° 1
**Du bien et du mal en adoparisien
(débutants)**

● *L'adjectif et l'adverbe en parigomondain*

En parigomondain, *immonde* équivaut à *nul* et *sublime* à *génial*. Un vocabulaire autrefois réservé aux fanatiques et aux prédicateurs sert à désigner la sauce de salade. Émerge-t-on de l'indicible qu'on trempouille dans l'ineffable. *Divin* désigne un bain chaud.

Au même rang que *divin* et *sublime*, nous aurons : *dément, fou, fabuleux, craquant, superbe, à fondre, à tomber, à mourir, formidable*, voire *sublissime* (?), et, du côté de l'*immonde* : *in-vrai-semblable, hal-lu-cinant, in-sup-portable* (en trois mots), *scandaleux* [1], *hon-teux* (en deux mots), *à tuer, à vomir, à chier* (et autres malaises digestifs). Bref *l'hor-reur* (ou *la totale*).

Règle n° 1 – *Ce qui est à mourir*, dans cette ville, donne plutôt des raisons de vivre aux gens normaux. Exemple : *son bébé est à mourir*, cela n'implique en rien que la maman devrait se mettre la tête dans le four. *Je meurs pour le Palais Garnier* n'impose aucun sacrifice.

Règle n° 2 – Pour tous ces adjectifs, on placera l'accent tonique sur la première syllabe, sur la deuxième aussi pourquoi pas. Mais si l'on désire (ingénument) se faire entendre, un seul moyen : ACCENTUER TOUTES LES SYLLABES. La nécessité de hurler a conduit beaucoup de Parisiens à cesser de fumer.

Le parigomondain fait un usage immodeste des adverbes d'intensité et cela, de préférence, à contre-emploi. Prenons *assez* (ou *plutôt*). On voit bien qu'*assez bien*, c'est moins bien que bien mais qu'en est-il d'*assez génial*, d'*assez sublime* ou d'*assez divin*? Il ne s'agit point d'atténuer l'expression. Au contraire : on regonfle un de ces bons vieux superlatifs épuisés par les excès mondains. On le requinque au moyen d'une piquouze euphémique. *Ce type est assez* (ou *plutôt*) *génial* : le type en question s'en trouvera mieux flatté. Surtout si l'on appuie d'un *vraiment* : *ce type est assez génial, vraiment*.

Il en va de même avec *un peu, un petit peu, une sorte de, une espèce de* : « Cette pièce, c'est *un peu* le must dans la crainte. » (Dans la bouche d'un comédien. Traduction : « c'est à chier ».) « Ils sont partis sur l'idée *un petit peu* basse d'une exposition itinérante. » (Entendu au restaurant. Traduction : « leur idée est nulle ».) « Chez moi, c'est un peu une sorte de bordel » (Une ména-

---

1. *scandaleux, scandaleuseusement* sont ambivalents : il est *scandaleusement* doué; d'une beauté *scandaleuse*, mais aussi : il est *scandaleusement* bête; des prix *scandaleux*. De même pour *insensé* : ce décor est *insensé* (Traduction : *totalement nul* ou au contraire *d'une invention géniale*). Le Parigomondain, plus il s'exprime avec force, plus on doit lui faire préciser sa pensée.

gère). Voici quelques années, elle aurait dit : « C'est le bordel inté-gral. » Où l'on voit que l'euphémisme est un excitant déguisé.

Curieux dialecte où l'on préfère marier l'eau et le feu (c'est _assez dément_) ou manier la surenchère que d'employer, connement, le mot juste.

Le mot juste ? Vous n'y pensez pas. Si je disais : _vous avez raison_ (au lieu de : _vous avez absolument raison_) ou : _il est gentil_ (au lieu de : _il est merveilleusement gentil_), c'est simple : ON NE ME CROIRAIT PAS. Comment justifier une expression aussi absurde que : _c'est un écorché vif au dernier degré_, sinon par cette hantise, permanente – et justifiée – à Paris, de n'être pas cru ? Il est pareillement devenu _totalement_ indispensable d'énoncer qu'on est en présence d'un _vrai_ débat, d'une _vraie_ question, qu'Untel est un _vrai_ pote, qu'on a fait une _vraie_ rencontre ou qu'on est en train de vivre une _vraie_ histoire : l'aveu qu'en parigomondain les débats tout court et les questions toutes bêtes, la plupart des potes et des rencontres, sans parler des histoires, tout cela est tenu pour faux.

Le plus étrange : ce que je viens d'énoncer, j'aurais pu dire le contraire aussi bien. Comme l'adoparisien, le parigomondain a tant hyperbolé que le simple, le mot nu, on va le voir, revient _très fort_.

En résumé, nous avons inventé la langue réversible.

Il arrive ainsi que le Parigomondain de base, renonçant à sa diète euphémique comme on fait une rechute dans un régime, se prenne à entasser comme jamais les mots outrés. D'où ces tournures aberrantes : _absolument extraordinaire, tout à fait essentiel, follement dingue_. Accélérateur bloqué, le langage s'emballe. Il devient alors rien moins que _complètement extravagant_ d'avoir une chambre d'hôtel sans frigo garni. Et, pour peu qu'on ait des travaux dans sa salle de bains, on vit _dans le surréalisme le plus absolu_.

On voit des Parisiens sombrer dans l'alcoolisme ou la paranoïa. Cela ne doit pas nous faire oublier tous ceux qui, chaque jour, tombent dans la redondance.

Revendiquer, à l'inverse, la sobriété ? Cela même ne suffit point à ces gens compliqués : ils recherchent la sobriété mais _totale (un fourreau d'Alaïa, d'une sobriété totale)_. Le simple verse à tout moment dans le _simplissime_ ou dans l'_hyper simple_. Jusque dans le moins, il leur en faut plus.

Une remarque à propos de la folie : les dialectes parisiens se fournissent depuis longtemps dans les hôpitaux psychiatriques. A petites doses au début, dans les milieux mondains : _dingue, dément, insensé, sauvage, fou_ surtout (un personnage merveilleux et complètement _fou_, avec une espèce de violence magnifique ; la salade _folle_ de Manière ; l'invention _folle_ de Saint

Laurent; la classe *folle* du buffet; la gueule *folle* de la décoration;
un *fou génial* et *totalement* amusant). Puis, dans une impulsion
totalement destroy, on a ouvert la porte des asiles en grand et une
meute lexicale hurlante s'est jetée, pour commencer, sur l'adoparisien : *allumés, frapadingues, déchirés, délattés, déjantés, défaits,
destroyés, hallucinés, éclatés, chtarbés, jetés, carbonisés, explosés,
dézingués* et *déglingués* se glissèrent en bavant et en dansant le
pogo dans le vocabulaire le plus quotidien. Enfin s'est levé un
vent de folie généralisé. C'est un vent du Sud, on le doit aux Juifs
tunisiens. Il n'y a plus de *liquidations monstres* à Paris mais des
soldes de folie. Rassurons pourtant le visiteur sur la santé mentale
des Tunes : *c'est la folie*, une telle phrase signifie qu'il y a une certaine animation. *C'est la folie, la folie*, dénote une animation certaine. *C'est la folie, la folie, la folie totale*, sert à montrer qu'il se
passe quelque chose d'assez agréable et de plutôt intéressant.

Faire s'emballer des adjectifs, à d'autres moments leur tenir la
bride, tout en poussant les adverbes : ces jeux de pédale subtils
entre l'accélérateur et le frein du langage (sans oublier le double
débrayage [1]) introduisent une certaine complexité – ou inco-
hérence – dans ce véhicule primitif, cette novlangue si démunie
qu'est le parigomondain.
On a vu qu'un *assez dément* aura souvent le poids d'un *complètement dingue*. Tout est dans le ton, comme on dit. L'étude de la
prosodie est essentielle à la connaissance du parler des mondains,
et parfois des adolescents (lesquels, nous le savons, ont tendance à
se confondre).
Prenons l'exemple de *bien* : *hyper bien, totalement bien* sont, à
l'oreille, plus marqués que *génial* ou *sublime*. Ou même, bêtement : *bien*. *Bien*, c'est déjà beaucoup. *Mal*, dans *je suis mal*, dit
d'une certaine façon, c'est énorme. Quant à l'étrange *un peu bien*,
c'est carrément super (il est *un peu bien*, ce mec). Ou le curieux
follement bien. La simplicité du mot, cerné qu'il est d'apprécia-
tions outrées, signale cette denrée rare à Paris : une conviction
esthétique ou morale (ou les deux : nous sommes en pleine vogue
du dandysme, le beau et le bien, c'est en gros la même chose). *Il
est bien fait*, en revanche, signale, en dépit des apparences, un
type *parfaitement naze*.
Tout comme ce sont les bourgeois les plus compliqués qui
donnent à leurs enfants les prénoms populaires les plus simples
(et inversement), on assiste donc à une montée de l'adjectif ou de
l'adverbe qui ne mangent pas de pain. Il en va de *bien* comme

---

1. **Double débrayage :** on use de la litote et de l'hyperbole dans la même phrase (« Vous
faites *absolument* partie de ces gens qui donnent *un peu* le vertige »).

d'*assez* ou d'*un peu* : l'inflation galopante du langage donne ses chances à l'euphémisme. *Cet endroit est bien, ce type est bien*, c'est, dit d'un certain ton, plus fort que *ce coin est fabuleux, ce mec est extraordinaire*. Également très coté, l'adjectif substantivé *bon*, dans : *lui, c'est un bon* (inversement : *un mauvais*). De la même façon, on parlera, en toute rusticité, *d'une jolie idée, d'un joli coup, d'une jolie histoire*. Hier, on aurait dit : *un coup génial*.

Règle n° 3 – Quelque chose de *bien*, c'est quelque chose de *sublime* quand on pense ce qu'on dit.

C'est qu'il est très urgent de calmer le langage et de parvenir à un désarmement réciproque et contrôlé des adjectifs et des adverbes. Autrefois réservé à *L'Équipe*, le vocabulaire guerrier est en train d'envahir la presse parigomondaine. On en vient à des formules du genre (dans *Glamour*) : *Martin Margiela amorce le virage infernal de la mode pour une nouvelle découpe furieusement trashy*. Ce sont les stylistes de nos jours, les chorégraphes, bref la meilleure société, qu'on vous présente comme *destroy*.
Cette nouvelle affectation de simplicité, déjà on la connaissait en adoparisien, dans l'usage qui est fait de la négation euphémique : *c'est pas génial; pas triste; pas extra; il est pas aidé comme mec*. (Il arrive aussi qu'on mette les litotes en tas et qu'on en fasse un gros pâté : *moi, si tu veux, a priori, ça ne m'a pas semblé très évident*.)
L'adjectif euphémique, c'est donc le nouveau chic parisien. Au milieu de tous ses *sublimes*, parmi ses *admirables*, le gastroparigomondain s'en régale [1]. Une *amusante petite* salade de homard aux truffes. Un *intéressant* canard au civet. Une *petite* adresse *sincèrement* parisienne. Une *brave* cuisine de ménage. Un vin *malin*. La fricassée *légère* de roustons *frais* dans leur *petit* jus de roubignolles à la fleur de sel de Guérande. Cela va jusqu'à l'ostentation : une *simplissime* tranche de foie de veau.

Une remarque à l'usage des gourmands : l'étranger se méfiera de la rusticité de ces énoncés. Il doit savoir que, si on lui propose du cabillaud, cela s'appellera de la *morue fraîche* et coûtera beaucoup plus cher. *Frais* est un mot qui fait vendre. D'une façon générale, l'humilité des noms de plat ne présage rien de bon, côté addition. Un pigeon *tout simplement* rôti, à la carte, c'est vingt sacs. Ne parlons pas d'un homard *juste* poché.
Nombreux les Parisiens qui se font payer de mots.

Pour en finir avec notre nouvelle passion de la litote : dans cette ville, *pas mal* est infiniment supérieur à *moyen*. *Pas mal*, c'est

---

1. Le gastroparigomondain est ce dialecte popularisé par MM. Gault et Millau.

même très bien. Exemple : *pas mal ce petit pinard* (*pas mal* ou *pas dégueu*). Traduction : ce Gamay est *vraiment super*. *Pas mal* aussi, le destin de Walesa : la vogue s'amplifie de la négation euphémique, et ce *bien* que nous avons étudié s'inverse en *pas bien*. Ce type n'est *pas bien*, cela va beaucoup plus loin que tous les *nul, immonde, honteux, scandaleux* ou *gerbant* dont est peuplé l'enfer des mots parisiens. Il en va de même, on l'a vu, avec un simple *mal* lâché d'un ton sec, symétrique de *pas mal* et pour le moins aussi fort : *espèce de salaud, tu m'en as fait baver*, cela pèse peu à côté d'un : *c'est mal ce que tu m'as fait. A la limite*, on en arrive aux aberrations de la page suivante *(Tableau nº 2)*.

Cette mode de la litote est vraiment rigolote (et même *assez amusante*). On entend facilement à Paris : « La portion de beurre, dans ce restau, c'est *absolument honteux* », ou bien : « Leur pain est *proprement scandaleux*. » En revanche, qu'une indigène prononce avec calme : « Pour moi, tu n'es *pas* un mec *bien* », tirez-vous une bastos. Alors que si elle vous jette, en toute simplicité : « Tu n'es vraiment qu'une *sale ordure pourrie* (à la rigueur : un *rat puant*, une *espèce de crapule immonde*), patientez, vous êtes mûr pour tomber dans ses bras.

Il suffit de s'habituer.

Paris est cette ville où les insultes les plus graves sont tenues pour des marques de tendresse, alors que les plus courtois éloges sont pris en mauvaise part. S'il entend professer : *mon fils est un crétin absolu, ma fille est totalement débile*, l'étranger, bien loin qu'il renchérisse (ce serait une source de difficultés), aura soin de traduire : *mes enfants sont merveilleux*.

Pour démolir son prochain, en revanche, rien de tel qu'un compliment. L'étudiant en parisianologie retiendra les faux-amis suivants. Ils lui seront utiles pour éviter des contresens à la version de l'examen.

Il est mignon	C'est un naïf
Il est consciencieux	C'est un imbécile
Il est brave	C'est un crétin
Il est gentil	C'est un con
Il est bien gentil	C'est un con fini
Il a une culture classique	C'est un vieux con
C'est avant tout un grand bosseur	Il n'a aucun talent
C'est un buveur d'eau	Aucune fantaisie
C'est un incorruptible	Une espèce de curé
Il est très discret sur sa vie sexuelle	Il n'en a pas
On ne lui connaît aucune aventure	Il est impuissant

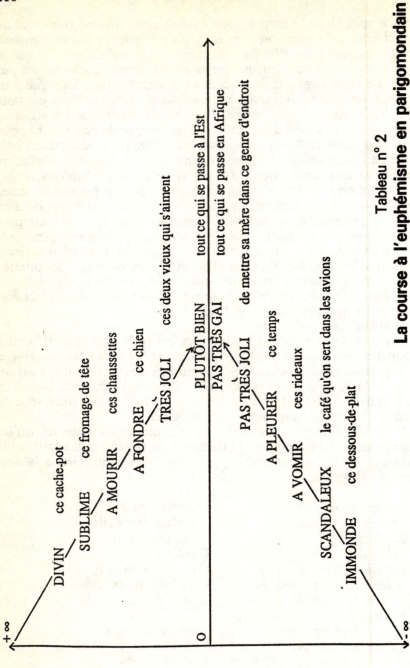

DIVIN ce cache-pot

SUBLIME ce fromage de tête

A MOURIR ces chaussettes

A FONDRE ce chien

TRÈS JOLI ces deux vieux qui s'aiment

PLUTÔT BIEN tout ce qui se passe à l'Est

PAS TRÈS GAI tout ce qui se passe en Afrique

PAS TRÈS JOLI de mettre sa mère dans ce genre d'endroit

A PLEURER ce temps

A VOMIR ces rideaux

SCANDALEUX le café qu'on sert dans les avions

IMMONDE ce dessous-de-plat

+ ∞

0

- ∞

Tableau n° 2

La course à l'euphémisme en parigomondain

Ce n'est pas un tueur	C'est une nouille
Je sais que c'est votre grand ami	Je sais bien que vous êtes pédés tous les deux et qu'il vit chez vous
Ce n'est pas le genre à se mettre en avant	C'est une merde
Tout le monde l'aime bien	C'est un raté
Il a du mérite	Avec la femme qu'il a
Elle a un visage émouvant	Elle est tarte
Il est totalement émouvant	Il est parfaitement inoffensif
Il est parfaitement inoffensif	Il est faible et lâche, mais gentil
Je l'ai lu, il y a des choses	Son bouquin est à peu près nul

Cela posé, je connais des gens discrets, honnêtes, courtois, fins et cultivés, qui ont cependant des qualités.

Le candidat s'évitera enfin des déboires en apprenant les règles suivantes :

Règle n° 4 – Les adjectifs tels que *superbe* (ou équivalents) sont réservés aux jolies femmes s'adressant aux moches. Exemples : *mais tu es sup-erbe* (facultatif : *ma chérie*) = *comme tu es en beauté* (sous-entendu : *aujourd'hui*)

Règle n° 5 – Les qualificatifs du genre *immonde* (ou équivalents) sont réservés aux jolies femmes parlant d'elles-mêmes. Exemples : *ne me regarde pas, je suis im-monde* (variantes : *j'ai une peau hideuse, mes cheveux sont af-freux, je deviens complètement obèse*).

Règle n° 6 – *Tu ne devrais pas bouger, tu es bien mieux comme ça, je t'assure*, se dit à une femme qui est plus grosse que vous.

Règle n° 7 – *C'est un crétin et je dirais même un crétin prétentieux*, se traduit par : *il ne savait même pas qui j'étais, et ça n'avait pas l'air de le gêner.*

LA PONCTUATION

Que vient faire l'examen des signes de ponctuation dans l'étude d'une langue parlée? diront d'aucuns. C'est que d'aucuns n'ont jamais mis les pieds à Paris, une ville où les points d'exclamation sont visibles à l'œil nu, sortant des bouches, s'élevant en chapelet, en grappes, avant d'exploser comme des bulles de savon. Un beau matin, deux Parisiens se rencontrent pour la toute première fois depuis la veille au soir. En adoparisien, cela donne :

– Ouah! toi!

– Ouahou! salut!

Et, en parigomondain :
– Bon! jour! femme! de ma! vie!
– Rrraah! vieille cra! pule! de mon! cœur!

Beaucoup plus étrange : la *ponctuation vocale*. Après avoir pratiqué longtemps le *point oral* (« j'en ai fait mon deuil, *point* »), le Parigomondain s'est jeté sur la mode des *guillemets parlés*. Fruits consternants de la litote et du deuxième degré, il n'est pas rare d'entendre de tels énoncés : « elle a, *entre guillemets*, rencontré la drogue » ; « j'ai vu des garçons un petit peu androgynes *entre guillemets* » ; « cette nana, je me suis aperçu *entre guillemets* qu'elle avait vraiment des couilles ».

L'étranger notera que, dans tous ces exemples, on pourrait aisément remplacer *entre guillemets* par *au Bois*. Il se souviendra pourtant qu'*entre guillemets*, il n'y a pas de quartier chaud portant ce nom à Paris.

LE VERBE

Très peu cultivé dans la région. Les variétés disponibles sur les marchés se comptent sur les doigts d'une main en rentrant le pouce : *aimer* ou *adorer*, *être* ou *faire*, cela suffit à nos besoins.

● *Aimer, adorer*

L'amour à Paris est inépuisable. Je veux dire : intarissable. Effeuiller la marguerite revient à écouter un disque rayé, dans la mesure où l'on *adore* à peu près tout ce qui n'est pas haïssable. Encore faut-il nuancer : depuis le temps qu'ils servent à tout, les mots de l'amour et du ressentiment ont à peu près cessé de s'opposer. Ce sont des agents doubles, ils s'échangent volontiers. « *Va, je ne te hais point* », Chimène ne dirait plus cela. En revanche : « *Petit salaud, je te hais* », serait l'aveu d'un attachement réel : « *Je la hais, cette petite frappe, sur la tête de ma mère, je la hais* », expliquait l'autre jour une bourgeoise parisienne (d'origine pied-noir certes) en parlant de son amant (jeune il est vrai).

A l'inverse, veut-on balancer une vacherie, virer un casse-pieds, *je t'adore* est un préambule très utile : *écoute, je t'adore mais*... C'est qu'adorer prend ici tous les sens (y compris le sien). J'adore la mozarella et j'adore ne rien faire, j'adore ta mère, Madrid et mon chat, j'adore ton gilet, ces petites merdes que tu collectionnes, j'adore tes seins, les cachous, ton accent, ces chaussures, j'adore *Marc et Sophie*, ce genre de conneries.

Rayer la passion inutile.

Progrès de la litote : il en va du verbe comme de l'adjectif et d'*adorer*, c'est beaucoup moins que d'*aimer* à Paris [1]. Encore ce dernier mot a-t-il servi au point (on s'est tellement essuyé dessus) qu'à l'oreille le visiteur, le touriste, le micheton distinguent assez mal un aimer bien d'un aimer d'amour. A Paris, la confusion des sentiments n'est rien à côté du bordel dans les mots. Vous entendrez ce genre de confidence : « *Je l'adore, peut-être même que je l'aime, en tout cas, j'en suis amoureux.* »

Une remarque au sujet de la tendresse : par contagion, *tu es un ami* est un aveu plus agréable que *tu es un amour*. Un amour, c'est quelqu'un qui vous passe le sucre. Encore faut-il mesurer l'amitié à l'aune de l'adjectif choisi. *C'est mon ami, mon pote, mon copain* témoignent d'un sentiment à peu près réel, surtout quand ils sont lestés d'un *meilleur*, d'un *vrai*, d'un *vieux* ou d'un *seul vrai. C'est un ami*, en revanche, *c'est un copain* ou même *un très bon copain*, ce genre de formules souvent ne désignent rien de plus qu'une relation. Mais rien de moins qu'une relation flatteuse. Soit l'énoncé :« *P.P.D.A., qui est un ami, m'a dit l'autre jour : Écoute, ma chérie...* »

Rien n'y désigne une grande amitié, mais tout y dénonce l'ostentation du locuteur : 1) je connais P.P.D.A., 2) je l'ai vu pas plus tard qu'avant-hier, 3) non seulement il veut bien m'adresser la parole mais, 4) en plus il me tutoie. Quatre messages en douze mots : *plutôt pas mal*.

Quant à l'emploi du mot *chérie*, ce n'est rien d'autre à Paris que la politesse de l'indifférence.

Une remarque au sujet de l'amour : tout ce qu'on aime, cette expression des Parigomondains est réservée à tout ce qu'ils ne supporteraient jamais plus d'une heure. Exemples : « Les merguez, l'accordéon, les petits hôtels ringues, les mémés, les grosses pétasses qui dansent avec des mecs frimes, la foire du Trône, les bals popu, l'art stalinien, la mode Tati, bref *tout ce qu'on aime* ».

● *Faire*

C'est un verbe à tout faire que *faire*, sauf la Thaïlande (*faire* la Thaïlande *fait* plouc). A Paris, on n'agit pas, on *fait* (ou on *passe à l'acte*). Le reste du temps, on se contente de *gérer* (un conflit, une rupture, une carrière, un carnet d'adresses, un succès, un échec, une histoire d'amour, un agenda sans parler des ressources

---

1. En revanche, *ne pas adorer* exprime un sentiment fort, nullement symétrique au falot *adorer* : « Ce mec, je *ne l'adore pas* vraiment et je sais que tu *ne l'adores pas* non plus. »

humaines). Exception : les gens qui se bourrent la gueule au déjeuner, à la suite de quoi ils deviennent *ingérables* :
« André, il faut le prendre le matin, après il est ingérable ».

On *fait* de l'huile, sa pute, une super-fête, sa crise, à côté, où on nous dit de faire, un retour aux sources, un retour à ça, b.c.b.g., court, sa parano, dans la fringue, désordre et classe, dans le grandiose. On *se fait* une toile, une bouffe, un plan baise et tout Balzac. Elle se l'est *fait*, il se l'est *faite*, il faut se *les faire*, il m'a *fait* la totale mais je vais me le *faire*, il a *fait* trois mille entrées, elle a *fait* l'Olympia, c'est Goude qui a *fait* Orangina et c'est Angelo (Tarlazzi) qui *fait* Guy (Laroche). Et, las de *faire*, on peut encore *jouer* (les surimp, les coordonnés). Et qu'est-ce que tu nous *joues* là ?
Monsieur nous la *joue* homme pressé à la Morand.

• Être

Ne s'emploie jamais seul. Être ou ne pas être n'est vraiment pas la question dans cette ville. On peut en revanche *chercher à exister*.

On n'est même pas quelqu'un. On est quelque chose. On est *plutôt B.D.* ou *assez Beauf*. Ce qui nous conduit au nom.

LE NOM

Paris en est fou. Le nom est notre principal attribut. Tout se ramène à des paquets de substantifs mis en tas qu'on arrive à se payer en économisant sur la syntaxe. Cette manie ne date pas d'hier, elle ne fait qu'empirer. Notre modèle grammatical, c'est le collage. La marqueterie. On rêve d'une orgie de noms. De phrases 100 % pur nom, avec le minimun d'adjuvants.

Ne dites pas	Dites
Une nouvelle manière de coiffer	*Un nouveau concept coupe-coiffure*
Il s'habille chez Lassance	*Il est sapé Lassance*
Une coexistence miraculeuse	*Une coexistence miracle*
C'est rustique	*C'est campagne*
Il est charitable	*Il donne dans le caritatif*
Il a bouffé tout ce qui traînait dans le frigo	*Il a fait une OPA sur le dîner de ce soir*
C'est chic	*C'est luxe*
C'est raffiné	*C'est couture*
C'est confortable	*C'est confort*
Valmy, lieu symbolique	*Valmy, lieu symbole* [1]

---

1. *Image symbole, femme symbole*, etc. : *symbolique* a disparu.

Elle est devenue sobre	*Elle verse dans le minimalisme*
Un film à succès	*Un film triomphe*
Un endroit pour se détendre	*Un espace-loisir*
Il exagère	*Il est limite*
Ils aimeraient avoir un bébé	*Ils ont un désir d'enfant*
Elle est un peu hommasse	*Elle est un peu mec*
Les loisirs débiles	*Les sports de l'extrême*
Il débarque	*C'est le genre nouveau venu*
Il m'a réveillé	*Il est arrivé genre une heure du mat'*
Un ouvrage mythique	*Un livre culte*
Une vraie star	*Un acteur culte*
Un film très attendu	*Un film déjà culte*
Un texte important	*Un texte référence*
Pour se distraire	*Au niveau distraction*
Histoire d'une vie passionnée	*Historie d'une vie passion*
Il travaille énormément	*C'est une bête*
La collection de Lacroix est très variée	*La collection de Lacroix est très patchwork*
Êtes-vous sentimental ou sensuel?	*Êtes-vous cœur ou cul?*
Il ne pense qu'à chasser	*Il est dans un mood chasse.*
Je bouffais trop	*J'ai eu ma période nourriture*

L'accouplement obsessionnel des substantifs fait du Parisien un être double. On ne mène plus telle action (qui appellerait un verbe). On n'a plus telle qualité (qui demanderait un adjectif). On est carrément deux choses à la fois : présentateur-star, animateur-vedette, invité-surprise, disc-jockey-fétiche, appartement-témoin (non, ça c'est pas quelqu'un). J'ai même lu ceci : *Inès est le totem-phare de Chanel* (dessinez-moi un totem-phare qu'on rigole).

Le destin du nom est celui de l'ordinateur. Il s'agit d'enfermer toujours plus de données dans un volume toujours plus réduit. On accélère la communication et on miniaturise le message. Voici quinze ans, un Parisien parlait volontiers d'un meuble de *style 1930* ou *des années cinquante*. Aujourd'hui, on dit *trente* ou *cinquante*. Exemple : *un buffet cinquante*. Deux noms ajustés sans le moindre interstice pour y glisser de la préposition ou n'importe quelle cheville. Encore plus fort : *des bijoux trente réédition Puyforçat*. Soit quatre noms sur cinq mots, une substantivation à 80 % pour : *des bijoux qui sont la réplique des créations de Puyforçat dans les années 1930*.

Une remarque à propos des millésimes et des décennies : vingt et dix curieusement ne s'emploient pas (*un mobilier vingt*, personne ne dirait cela). Zéro zéro non plus (on dit : *Belle Époque*). Les années quarante n'existent pas vraiment : elles sont divisées entre Occupation et Libération. Au contraire des années soixante et des années quatre-vingt, les années soixante-dix ont également du mal à percer. Quatre-vingt-douze, qui symbolisait la banlieue, connaît une nouvelle carrière avec le *Grand Marché de 92* (lequel débute en 93). Quatre-vingt-douze a carrément fait la peau de l'an 2000, cette vieillerie dont on ne parle plus à Paris. Tous les enfants, dès la maternelle, *se préparent à 92*. Cette mode nous a valu un titre du *Monde* qui me hante, allez savoir pourquoi :

LA TRANSFUSION SANGUINE À L'HORIZON 92

Si Paris est substantivé à mort, c'est sans doute que le Parisien ne supporte pas l'inconnu. Il faut l'observer l'hiver à la veillée. Il ne fabrique pas des jouets en bois : son passe-temps à lui, c'est nommer. L'insolite, le jamais vu, tout ce qui nous arrive de la province et de l'étranger en vrac, les faits de société, les sons, les modes, les sports et les idées, cela est soigneusement trié en famille, baptisé en dialecte, étiqueté comme des confitures, rangé dans ces cases de la société parisienne qu'on appelle parfois, on l'a vu, des *tribus* mais aussi des *looks*, des *styles*, des *types*, des *profils*. Ou bien on brasse une poignée de noms comme on mélange des cafés, et cela nous donne du *métissage*.

Notre modèle de pensée, ici, loin de tout dans la montagne, c'est le catalogue de la Redoute. Nous transformons les événements en vignettes. Les existences les plus compliquées sont réduites à des patrons de prêt-à-porter. Le Noir devient un *Black*. Le *Groseille* est notre modèle de collection homme-femme-enfant pour le quart-mondiste. Grigris médiatiques. Noms-badges. La vie comme une panoplie, le racisme représenté par une petite main. Images légendées, accessoires de mode. Echantillons. Une vision du monde disponible en plusieurs tailles. Un réel qu'on peut commander en trois couleurs. Des ambiances livrées en kit. Voilà où nous a conduits la fabrication à la chaîne des substantifs.

Rien n'est qualifié, tout est référencé. Tout truc renvoie à un machin. Le nominalisme parisien a pour modèle l'image publicitaire : le réel semble définitivement recensé, archivé, réduit à des types simples, sans épaisseur et sans passé, mais qui disent quelque chose à tout le monde ici.

Le Parisien a horreur de ce qui n'est pas désigné ni classé. Une case vide dans son lexique, un objet non identifié, un invité inconnu, il est pris de malaise. L'innommé, c'est l'épouvante. L'innommé, ça n'a pas de nom. Quand on a trouvé le mot *Beur* pour ces espèces d'enfants hybrides qui surgissaient de partout, le Parisien s'est senti tout de suite soulagé. Il n'y eut que les Beurs pour n'être pas tellement ravis.

Des noms! Des noms!

En résumé : à Paris on gère un peu, on fait beaucoup, on aime passionnément, on adore à la folie et, quand on est, on est aussi quelqu'un d'autre, grâce à la passion de nommer. Ou plutôt quelque chose d'autre : qui est moins que soi, une image, une notice au catalogue. Vous d'un côté : votre épaisseur humaine dont personne n'a rien à cirer. De l'autre, votre place au fichier nominatif. L'étiquetage est sommaire. Les seules nuances sont apportées par une poignée d'adverbes *(pas très ou très, pas trop, assez, plutôt)* :

Je ne suis pas trop télé
Arlette Laguiller est assez Tahiti-Douche
On n'est pas très chiffon
Il est un peu genre (prononcer : gen-reu)
Elle est très sexe
Le rouge est assez tendance
C'est très métier, de dire du mal des copines
Elle est plutôt vieille droite
Je ne suis pas tellement opéra
Sans arborer le kit casquette-bracelet de force, il est quand même assez cuir.

Le moindre geste déclenche un signal. Une fiche sort du fichier : « Partir d'Orly, ça fait un peu charter, non? »

L'attribut peut se rapporter à un milieu *(Je suis assez small town. C'était une ambiance très quart monde)*. On arrive alors à des castings, à des tableaux vivants *(Elle est plutôt Lequesnoy, lui c'est le bon Beauf. Je ne suis pas très dîner en ville)*. Cela peut tourner à la saynète. Car si nos phrases sont pleines de noms, nous avons aussi des noms qui sont des phrases (on les appellera noms-séquence) :

Il a le look maturité et valeurs sûres
Pour mes courses, je suis très coin de ma rue.
Lui, c'est le style Benneton Beaugrenelle
Elle, c'est le genre on a de l'argent
C'est le genre volcan mal éteint (traduction : il a encore quelques idées)
Le genre loubard on tire des gonzesses à cinq est dépassé
Un bon plan angoisse, façon subway comme à New York

Bayon nous apprend dans *Libération que* " Bernard Lenoir ex Pop Club, ex Feed Back, ex Enfants du Rock, est toujours plus musique pas comme les autres. "

On voit par là que le Parisien est une amibe : à la différence des êtres organisés, il n'évolue pas, il mute (il y a d'ailleurs ici sans cesse de *nouvelles races* : d'écrivains, d'entrepreneurs, de cadres, de militants, etc.) Le Parisien traverse une série d'états et ne ressortit pas aux sciences humaines : il est du domaine de la chimie. C'est qu'il n'a pas d'histoire mais des transformations (succès à Paris des imitateurs, des transexuels, des travestis). Un jour il est *assez bab*, le lendemain *plutôt gagneur*. Autrefois *col blanc coincé*, le voici passé *jean-baskets*. Il est référencé comme une soirée à thème. Et ces gens qui furent un moment *assez hard sex* sont maintenant *très new age, tu vois, avec à la limite, tout un côté roman-photo*.

Car, si nous n'avons point de visage (c'est trop compliqué un visage, ça bouge tout le temps), nous avons des côtés (et aussi un profil, pour notre patron) : « Cachepot a peut-être du talent mais je n'aime pas *son côté* baby star. » Il y a même des côtés de côtés : « *côté* lecture, Marcel a souvent un *côté* je sais tout ».

D'aller ainsi d'état en état (de nom en nom), cela fait qu'il n'y a plus de patrimoine en commun. Chacun a sa *culture* (celle de sa *tribu*, généralement livrée avec un genre musical et assortie à ses vêtements). Celle des autres, il la repousse : « c'est pas ma culture. » Ce qui n'empêche point ce perpétuel mutant de passer de l'une à l'autre, au gré des métamorphoses : issu d'une culture rock, il acquiert une culture d'entreprise. Ou bien il fait la navette entre une culture d'opposition et une culture de gouvernement. Venu d'une culture banlieue (nourrie de culture BD), il est entré dans une culture de mode.

Au temps où la société de consommation n'était pas démodée, nous redoutions d'être un jour tous pareils et anonymes. Le contraire s'est produit : nous sommes tous différents et nommés. Cela s'appelle l'individualisme de masse.

De cette ville, vous sortirez couvert de noms, et codé jusqu'à la moelle. En premier lieu, très important : votre signe du zodiaque (il vous suivra partout). Le listing s'achèvera sur votre genre de pompes. Vous ne serez pas connu, mais situé.

Jusqu'au moment, du moins, où vous aurez changé de blouson.

L'humanité a franchi un grand pas, voici plusieurs millénaires, quand elle s'est déprise du Catalogue de la Redoute qu'elle lisait dans les cabinets au fond des grottes, pour se plonger dans des ouvrages non illustrés, avec des phrases qui se suivent. Le Parisien a fait le chemin inverse. Avoir si peu de verbes et d'adjectifs (pour décrire des actions, des qualités), réunir des substantifs en si grand nombre (pour désigner des aspects, des états), cela dénote une mentalité primitive, qui a beaucoup de peine à s'élever au-dessus des Trois Suisses. Exprimer des pensées ne se fait plus du tout. Arborer ses idées suffit, sous forme de badges, de pins, de *participation à une prise de conscience* – je n'y peux rien, ainsi cause-t-on à la télé –, à un grand *élan de générosité* : tout ce qui a un nom ici donne aisément son cœur à lécher.

Je parle d'idées, c'est moins que cela : des bons sentiments. A votre revers, le bouton blanc signale que votre drogue à vous, c'est la famille, les courses éperdues sur la plage et la connerie militante. J'imagine que tous les dealers en portent.

Les Parisiens sont également contre la myopathie et les inondations. Ils sont fortement opposés au cancer, au tabac et aux bombes posées dans les cafés. Dans le monde simplifié de la pensée catalogue, vous avez le mal et, page suivante, le bien. Il suffit de choisir son modèle. Nous nommons comme nous adjectivons *(nul, génial)* : sur un mode binaire. Ce qui sert de pensée dans les salons en 1990 est ce qui servait de morale dans le primaire en 1912.

N'empêche. Où peut conduire l'abus du verbe être...

Le fléau du nominalisme atteint tous les dialectes. *Cette fille est cinglée, elle ne supporte personne,* cela devient en adoparisien substantival : *elle est déglingue, cette meuf, elle a la haine totale.* Là aussi, les symptômes sont anciens : cf. *la frite, les boules, la galère, la classe, la baston; le plan* surtout, formidable machine à transformer des verbes en substantifs. Mais le mal s'étend. *On a beaucoup ri* nous donne, au choix : *on a ri total* ou *ç'a été le rire total.*

Ce que j'aimerais être un nom. A Paris, on n'en aurait que pour moi.

Ne dites pas	*Dites*
C'est dégoûtant	*C'est la gerbe*
C'est infernal	*C'est l'enfer*
C'est angoissant	*C'est l'angoisse*
C'est catastrophique	*C'est la cata*
Ça marche	*Ça a la pêche*
C'est très agréable ici	*C'est délire comme endroit*
Si on mangeait	*Si on se faisait un plan bouffe*
Il est fou	*C'est un naze*
Il est prétentieux	*Il est frime*
Il est bon (mauvais)	*C'est un bon (un mauvais)*
Il est bien atteint	*C'est un grave*
Il est chiant	*C'est un gonfleur*
Je suis furieux (écœuré, désespéré)	*J'ai la haine*
Je rêve	*Je me tape un délire*

Le son est sale	*C'est un son garage*
Ça me prend vraiment la tête	*C'est la bonne prise de tête*
Ça m'éclate	*C'est l'éclat*
J'assure	*J'ai le juice*
Il est malade	*Il a la mort*
Elle est belle	*Elle est canon*
Une fameuse idée	*Une idée béton*
C'est pour rigoler	*C'est pour le fun*
Je zone	*Je suis à la zone*
Je galère	*Je suis dans les galères*
J'aime skier	*J'aime la glisse*
J'aime gagner	*J'aime la gagne*
J'aime grimper	*J'aime la grimpe*

En abusant du nom, l'adoparisien est entré dans le domaine de l'allégorie. On imagine de grandes fresques, genre pompier : *L'Angoisse, la Gerbe et la Cata poursuivant le Fun et l'Éclat sur les marches de l'Enfer.* Ou bien : *La Glisse, la Gagne et la Grimpe écrasant la Haine et la Mort.* Ou encore : *La Prise de tête d'Abdel Kader par le Duc d'Aumale.*

Aux antipodes de la *prise de pied*.

Où la névrose nominaliste touche au pathétique, c'est en gastro-parigomondain. Il n'y a plus de noms de plats, il y a des orgies de substantifs où la moindre brindille de céleri a les honneurs de la carte. Le dernier grain de coriandre, la chose au monde la plus humble, qui faisait jusqu'ici son petit boulot d'épice sans jamais se pousser du col, comme avant lui ses parents, le voici sous les feux de la rampe. Du coup, la coriandre se croit. On aura la cruauté de lui rappeler le destin d'une autre étoile du music-hall, le poivre vert, coqueluche naguère du Tout-Paris, tombé ringard, voué à faire des cachetons, condamné aux noces et banquets dans des trous perdus.

Le saint pierre au jus de céleri-rave et asperges à la sauge : ce n'est plus une recette, c'est un inventaire.

Une remarque et j'en aurai fini : une tendance contraire se fait jour (et très horripilante). Au lieu de faire des noms avec des verbes, il s'agit de faire des verbes avec des noms (ou des adjectifs). Le phénomène est à son début. Il n'est pas trop tard pour appeler à la lutte armée :

Cet été, nous allons *baicriquer* en Corse [1]
Elle va *dalider* tous les samedis [2]
Il *s'automédique*

---

1. Faire du bateau sans s'éloigner des côtes : de baie en crique (parigomondain).
2. Elle se rend chaque samedi sur la tombe de Dalida.

Ça *dessoiffe*
Je *positive* [1]
Tu *confipotes*
Il *tabastoppe*

On notera que ces néologismes viennent souvent de la publicité : l'intérêt du publicitaire est de nous faire croire que nous sommes vivants, et même actifs, et que, dans le cimetière des mots, le cadavre du verbe bande encore.

Exercice

L'étudiant s'amusera à rechercher dans la presse parisienne la plus nominalisée des *phrases-clip*. J'entends par phrase-clip cette accumulation de substantifs au montage cut, à la syntaxe réduite, au vocabulaire codé opaque et qui, à la manière des clips ou du catalogue de la CAMIF, résume le monde à un assortiment d'ambiances étalonnées ou d'images déjà vues. Bref, une collection d'échantillons. Exemples :

On a connu Manset minet, sapé bande du drugstore, mini-shetland, riding boots Manby, gabardine anglaise à martingale, mèche, clope, racing et poker ; ensuite ça a été barbe Manson et bouffes d'affaires ; puis jeans routard ; aujourd'hui, c'est : je me peigne avec une brosse à chien [2]. (Soit un taux de substantivation d'environ 70 %, en comptant pour un le nom-séquence de la fin.)

Sorti des mains d'un nominaliste parisien, vous ressemblez à un compte rendu d'autopsie.

LE PRONOM

Ce et *ça* ont très bien pris dans nos serres. Associé au verbe être, *ce* renvoie à un substantif : son succès est celui du nominalisme, je n'y reviens pas *(la pochette, c'est tendance ; la world music, c'est l'éclat)*. Arrêtons-nous sur *ça*.

Ah, *ça*.

On connaît depuis longtemps ses ravages chez les psy. Eh bien *ça* n'a pas cessé. Dépouillant sans effort le structuralisme solide pour s'adonner au subjectivisme gazeux (toujours selon la chimie des états), l'intellectuel parigomondanophone continue d'assigner à une instance mystérieuse, appelée *ça*, un rôle tout à fait tyran-

---

1. *Notre problème est de positiver notre message* (un conseiller de Claude Evin, 19 février 1990. Et ça a sûrement son bac).
2. *Libération*, 2 octobre 1989. La phrase est de Bayon, un chef de file des nominalistes intelligents (ironiques).

nique. Ça y en a être grand manitou, dieu des montagnes, puissance invisible. Ça y en a être d'ailleurs pas pour rien si la langue de bois des psy évoque de si près la langue de buis des curés.

Paris ne pense qu'à *ça.*

Ça hante la ville. *Ça* soulève le toit des maisons. *Ça* va même se nicher dans le poste. Après avoir regardé une émission sur les phobies, un analyste pousse ce cri d'alarme dans *Libération* :

Ça thérapise à qui mieux mieux!

Un conseil, avant d'aller plus loin, aux étudiants en parisianologie (1re année) : le candidat veillera à ne point confondre le *ça* des psy (qui fait symptôme) et le *ça* des hommes publics (lequel fait rigolo). S'exercer à bien établir la différence entre :

Ça respire, ça chauffe, ça mange. Ça chie, ça baise (Gilles Deleuze et Félix Guattari).

Et :

Ça m'en touche une sans faire bouger l'autre (Jacques Chirac).

Sous l'influence de la psychanalyse, *ça* a relégué la plupart des pronoms personnels au rang d'afféteries surannées. On dira : *ça s'amuse bien ici,* ou alors : *ça fait son intéressant.* Le bon vieil *on* n'est plus en vogue que chez trois sortes de gens : a) le jeune néo-franchouillard relax, comme on en voit dans les publicités pour des soupes, les films avec Blanc ou Jugnot ou les émissions de Dechavanne *(on se calme);* b) mon boucher – en concurrence avec *il* : « *Qu'est-ce qu'on voudrait? Un beau biftèque? On le lui met dans la pointe ou dans la culotte?* »; c) moi.

On notera qu'en dehors de *ça* le vocabulaire psy connaît une certaine décote chez les mondains. C'est comme les fauteuils-tulipes : quand les salons de coiffure s'en éprirent, les salons des gens coiffés se hâtèrent de les bazarder. La psychologie est devenue un produit de masse. Entendue à la télévision, cette phrase dans la bouche d'une *call sex* parisienne évoquant son métier :

– *Il y a une qualité d'écoute au niveau du sexe qui n'est pas un talon d'Achille mais un levier vers autre chose.*

Et ceci dans un bistrot, dit par un camionneur à son équipier :

– *Toi, tu nous fais une amnésie de censure, mon vieux.*

De nos jours, chacun a des bouffées de parano, des épisodes délirants, des fantasmes (ou des désirs qui sont *de l'ordre* du fantasme), des côtés sado-maso, des tendances narcissiques, un vécu occulté, une forte oralité et une chatte tigrée au cœur pulsionnel. J'ajoute qu'il y a *une espèce de schizophrénie* chez tout Parisien conscient des usages. Ses enfants ne tètent plus des mouchoirs (avant de *liquider leur Œdipe*) mais des *OT* (objets transitionnels).

La psychomanie n'exclut pas le litotisme : *« Un peu quelque part, ils brident leur sexualité »* (entendu dans un magasin de chaussures).

Percée stupéfiante du psychomondain dans le monde du spectacle : *« J'aime bien l'intériorité des choses, c'est ça qui me branche (...) Y a une jouissance interne au niveau du contrôle du rire (...) Le fait d'avoir travaillé l'écriture, ça m'a débloqué plein d'trucs au niveau de pleins d'choses »* (Marianne Sergent, sur France Inter). Plus inattendu, Bartabas, du cirque Zingaro, lequel ressemble à un psy à peu près comme un stère de bois à un chiffonnier en bois de rose : *« Le spectacle est complètement rituel : au niveau image, ça a un côté cathédrale et puis il y a le côté cabaret, avec des objets qui ont un vécu »* (sur Canal Plus).

Depuis que le R.P. Lacan est passé de l'autre côté du miroir (ses jeux, son stade), le jeune psychanalyste ambitieux a réussi une conversion spectaculaire dans la presse parisienne. Voir les articles de Miller ou de Sibony. Miller donne son avis sur tout : c'est le Montand du divan. Les psy nous disent comment en finir avec la guerre du Liban ou l'*effet* Le Pen. Plus une conversation mondaine, qui n'évoque des pulsions ou des fantasmes, des blocages ou des non-dits. Des peuples entiers somatisent. Les prises d'otages font symptôme. Il y a aussi pas mal de résistances et de nombreux transferts. A propos de transfert, le sport (cette activité jusque-là peu cérébrale qui nous rapprochait des animaux, sauf que nous y sommes moins bons), jusqu'au sport qui s'enfreude à fond la caisse :

Pour bien saisir ce qui se joue là, disons que la glisse se révèle, à celui qui l'a, comme un abandon de soi se muant en un don du corps [1].

Une remarque dans la série ça n'a rien à voir avec le pronom mais pendant que nous y sommes : la psy n'est pas seule à hanter les murs de la ville. Le vocabulaire des sciences humaines et des sciences exactes, celui des théoriciens et des technocrates, se glisse partout dans les maisons. Vous quittez un brave petit mot le soir, vous le retrouvez au matin tout habillé en costume cravate, et plus question de rigoler.

---

1. *Libération*, 2 août 1989.

Ne dites pas	Dites
Il y a un manque d'explication	Il y a un déficit d'explication
Cela demande un certain recul	Cela exige une certaine distanciation
L'écart d'inflation	Le différentiel d'inflation
C'est routinier	C'est sclérosant
C'est original	C'est créatif
C'est important	C'est historique
C'est pas simple	C'est complexe
C'est compliqué	C'est sophistiqué
Les propos de Coinsteau	Le discours de Coinsteau
... s'accordent à l'époque	... est en phase avec l'époque
... d'où le succès de Coinsteau	... d'où l'effet Coinsteau
... qui va grandissant	... et sa montée en puissance
... et pourrait à la longue provoquer	... susceptible de générer sur le long terme
... une réaction des hommes politiques	... un phénomène de rejet dans la classe politique
Ce n'est pas de mon ressort	Je ne suis pas décisionnaire sur ce coup
Téléphoner au comptable	Contacter la cellule paie
Réfléchir	Créer une cellule de réflexion
Étudier la situation	Réunir une cellule de crise
Améliorer ses résultats	Optimiser sa réussite
Devancer l'appel	Anticiper l'appel
Agir	Passer à l'acte
Minimum	Minimal
Essentiel	Minimaliste
Se rouler dans l'herbe	Aspirer à une relation première avec la nature
Un magasin	Un espace de vente
Un terrain de jeux	Un espace ludique
Un étage	Un niveau
Un ensemble	Un complexe
Un endroit	Un lieu
Un hypermarché	Un lieu de vie (la vie, il y a des lieux pour ça)
Une réserve	Un potentiel
Une possibilité	Une potentialité
J'en ai assez	Je stresse
J'en ai plus qu'assez	Je déprime
Une silhouette raffinée	Une silhouette élitiste
Un styliste audacieux, exotique et coûteux	Un créateur hardware et ethnique chic
La nouveauté spectaculaire est indispensable aux casseurs de prix	Les avancées médiatico-innovantes constituent une stratégie incontournable pour le discounter [1]

---

1. Relevé sous abri dans la bouche de Michel-Edouard Leclerc (*Libération*, 4 septembre 1989).

LA DÉCLINAISON

Paris décline ces temps-ci. La mode surtout : *Une petite robe à danser, déclinée en trois longueurs.* La mode a refilé sa syntaxe à la pub – ou inversement : *Une campagne d'affichage, avec déclinaison dans les médias.* La pub l'a inoculée aux architectes : *Le musée imaginaire de l'Institut du monde arabe se décline sur deux niveaux.*

LE PLURIEL

Désormais, nous avons *des* cultures (d'entreprise), *des* lectures (de Sade), *des* libertés (installées plutôt à l'étroit dans des *espaces de liberté*).

Dans les bons jours, la société parisienne est une *société plurielle.* Dans les mauvais jours, une *société à deux vitesses.*

LA TERMINAISON

Régie par une sorte d'assolement triennal. Paris a longtemps cultivé l'*isme*. Il prenait bien sous son climat. Trop bien. Il y a eu surproduction et le cours de l'*isme* s'est effondré. Grâce à une politique de reconversion brutalement conduite (primes d'arrachage, extermination des intellectuels de gauche, retournement accéléré des vestes, amendement du terrain des idées et brûlage systématique de *Cequonavaitha dorée*, cette plante parasite), le Parisien s'est défait de la plupart de ses *ismes*, à l'exception du *parisianisme* (qui repousse comme du chiendent).

L'espace disponible a été replanté en *ique*, une variété hâtive. La première récolte nous a donné surtout de la *bureautique* et de l'*informatique* mais il en arrive, par croisement, tous les jours. Ainsi, de l'*emblématique (le plus emblématique des cinéastes nazis)*

Une assez curieuse et envahissante graminée a pris dans les lycées : la *problématique*. On comprenait un problème. Désormais, *on appréhende une problématique* [1] : *Ce prof-là, pour appréhender sa problématique, bonjour.*

Une remarque au passage à l'intention des étrangers également de passage : bonjour, dans ce cas précis, est une forme abrégée de

---

1. Il n'y a d'ailleurs plus de problèmes dans ce pays. Dès le primaire, on ne demande plus aux enfants d'en résoudre mais de se mettre dans *une situation de recherche.* J'ajoute que la problématique commence à toucher les parents. (« *Son fils était problématique. Il a eu sa période drogue quand il était ado.* »)

l'adoparisien _bonjour l'enfer_ ou _bonjour l'angoisse_. L'étranger de passage évitera de répondre à un tel salut. Exemple :

Correct	Incorrect
– Ah vous voilà, monsieur Zchmÿckth, bonjour !	– Ah, monsieur Zychmÿckth, pour se garer dans ce quartier, bon-jour !
– Bonjour madame !	– Bonjour madame !

A PROPOS DU VOCABULAIRE À LA MODE

Le colportage est le dernier des vieux métiers de Paris. On y colporte des histoires drôles, des rumeurs et des mots en vogue. Il est très difficile d'en repérer l'origine : chacun ne connaît que son dealer. Cela s'appelle _le bouche à oreille_. Pour ce qui est des locutions, la presse en assure l'épandage. Les journalistes puisant l'essentiel de leur information dans les journaux et les Parisiens ayant à cœur d'imiter en tout les Parisiens, le mot nouveau se propage à la vitesse d'une marée à cheval. Ce fut le cas de mots et d'expressions tels qu'_incontournable, montée en puissance, modernité, jouer dans la cour des grands, interactif_.

Arrêtons-nous sur _interactif_. Autrefois, dans une exposition, vous regardiez une vitrine éclairée. C'était un loisir interpassif. Aujourd'hui, vous appuyez sur un bouton, cela s'allume et c'est interactif. Ou bien, dans les grands magasins, on remplace les grands panneaux avec la liste des rayons que tout le monde pouvait consulter en même temps, par des écrans et des claviers devant lesquels on fait la queue : c'est interactif. Ou encore les sondages express de la télévision (Hitler était-il nazi ? Peut-on manger ses frites avec les doigts ? Êtes-vous prêt à payer plus cher un objet plus coûteux ?) : c'est interactif.

Ainsi, le mot lancé, un rituel s'installe autour. L'interactivité n'a point pour but de libérer ni d'égayer l'accès des larges masses aux connaissances mais de mettre l'individu en posture d'oraison devant un symbole de la modernité. Il est rare que l'expression à la mode désigne une nouveauté, laquelle aurait attendu sagement dans son coin qu'on voulût bien la nommer. C'est au contraire le nom nouveau qui instaure un nouveau comportement et suscite les instruments pour le servir (lui rendre un culte). Un exemple gratiné fut une exposition sur le thème de _La foule_ à Beaubourg. On était prié de se frayer un chemin parmi des mannequins de cuir pour ressentir _l'effet de foule_. Bien sûr, il y avait une foule de visiteurs qui jouaient des coudes pour tenter l'expérience. C'était interactif.

Dans un autre genre, le succès brutal du verbe _imploser_ au cours des années 1988-1989 n'a pas livré son secret. Référence obsédante à la télévision ? Désormais, plus rien n'explose. Ni même n'éclate (éclater ça fait vieillot, ça fait chambre à air). Le Liban, le Parc des Princes sont *au bord de l'implosion*. La famille traditionnelle implose, l'Empire soviétique aussi. Le monde ressemble à une catastrophe dans le sous-sol de la FNAC : le microprocesseur a partout remplacé la dynamite. Seuls les gens s'éclatent encore. On attend pour bientôt la sortie des dossiers implosifs et les voitures bourrées d'implosifs dans les rues de Beyrouth.

A PROPOS DE L'ANGLAIS

L'auteur n'a rien dit des mots d'anglais ni du verlan qui émaillent nos dialectes. C'est que de cela, on parle depuis longtemps partout. L'auteur préfère piquer ses idées comme il va aux champignons : dans des endroits tenus secrets.

Il sait bien qu'il y a des gens qui voudraient nous imposer un quota de mots européens. Il pense que ce sont des rêveurs. Le mot américain coûte dix fois moins cher à produire. Là-bas, ils n'ont pas toutes ces syllabes et tous ces pronoms protégés par les syndicats, à quoi nous sommes obligés de donner du travail.

Bien plus intéressants que les mots : les locutions, les tournures anglo-saxonnes. Les bouts de phrases. Le phénomène est envahissant mais assez nouveau. Dix fois par jour, on entend dans cette ville des formules du genre : *Why not ? And so on. Take it easy*. Ce n'est pas ma *cup of tea*.

Où l'on retrouve, comme dans le parler-catalogue, un effet de collage. Sauf que la marqueterie des mots est en deux tons cette fois, avec incrustation d'anglais par pans entiers. Une conversation de salon ressemble à une bande-son doublée aux deux tiers par des comédiens étourdis. Cela nous fait une *espèce de schizophrénie* de plus.

Exercice de vocabulaire

L'exercice suivant permet de se lancer dans l'apprentissage de la conversation anglaise, tout en achevant l'étude syntaxique du parigomondain. Il s'adresse aux élèves de terminale. Soit un dialogue très parisien. On se servira des locutions suivantes pour le compléter :

Go between – Mood – Have a good time – Cup of tea – See you –

So what – Break – Who's next – Who's first – Himself – I'm ready – Take it easy – Fishing for compliments – Mood – Overdressed – Are you sure – Fashion victims – Physical breakdown – Short of time – Sorry – I'm not amused – Number One.

— Non ...?
— Vérifie. Ça a été annoncé par Pierre Bergé ...
— La question, c'est ...?
— Au ministère, en tout cas, ils sont à la limite du ... Dédé en a plus que marre de faire le ...
— Bon, on y va?
— ...
— ... , moi je ne peux pas. Je suis trop ...
— Allez un petit ... ne te fera pas de mal, non?
— Laisse-le, il est dans un ... boulot.
— Et alors...
— ... je pensais juste que ça t'aurait fait du bien de venir.
— Je suis même pas en tenue.
— Tu parles, tu serais plutôt ...
— Hé, t'as vu ma tronche?
— Et alors? ...?
— En plus, ces gens-là, c'est des ... Vraiment pas ma ...
— Laissez les filles, c'est le gonfleur ... ce mec. Ah voilà un tacot ...
— Bon, je vous laisse les poteaux, ...
— ...

Maintenant, pour se détendre avant la sonnerie, un peu de conversation parigomondaine.

Exercice de lecture

LE RETOUR DE BRIVE

La scène se passe chez les écrivains, c'est-à-dire dans le noir : les auteurs redoutent la lumière du jour. Ils se réfugient dans des bars ombreux où ils ont leurs habitudes. C'est là que sont débattues les grandes questions. Langage du mythe et prose narrative. Que peut la littérature? Où as-tu acheté ça?

— Bonjour, Martial, donnez-moi un Virgin Mary, s'il vous plaît. Vous reconnaissez Madame, bien sûr? Vous voyez qu'on vous amène des célébrités. Que prends-tu, ma chérie?
— Comme toi, mon chou. Ah le voilà.

– Bonjour, femme de ma vie.

– Cher grand ami. Vous connaissez Geneviève, j'imagine?

– Nous nous sommes vus à Brive.

– Ah, c'était comment cette fois?

– Ah, quand je suis rentrée, j'avais une impression de crrrasse. Non mais de crrrrrasse.

– Ah, je te comprends.

– Au bout d'une journée là-bas, il y a un grand moment de déconstruction.

– Augusta s'est branchée dans le train avec Sylvain. Ça a été le bain de sang.

– Moi j'ai voyagé avec Sabine. Elle est toujours aussi mignonne.

– Elle est émouvante.

– Elle a un très très grand projet sur les pays de l'Est. La culture, and so on. A priori ça ne m'a pas paru très évident.

– Vous savez que Jean a rendu finalement. Je veux dire, il a fini de rendre.

– Ah, tu l'as lu?

– Ah, il y a des choses bien.

– Je crois qu'il reprend certaines choses.

– C'est Pénélope.

– Il y a des problèmes d'organisation.

– Il écrit avec ses tripes. Bon.

– En tout cas, il compte bien y passer, le pauvre. Il répète déjà.

– Il n'y est jamais passé? Dites lui de se détendre. Qu'il ait deux ou trois formules en tête, cela suffit.

– Moi je dois aller demain à la Trois dans je ne sais plus quoi. Surtout ne me regardez pas. D'ailleurs je n'ai qu'une fenêtre dans l'émission et c'est à 11 h 15.

– Ne fais pas comme Juliette. Elle a pris des bêta-bloquants. Elle avait entendu qu'Albert faisait ça. Elle a pris son pouls toute la journée : 140, 150 mais ça ne lui faisait toujours rien, et puis une heure avant d'y passer elle était molle. L'horreur.

– Ça m'est arrivé. L'horreur totale.

– Ton déménagement?

– Je suis en plein. A la maison, c'est le surréalisme absolu.

– Déménager c'est rien. C'est ranger.

– Allez, see you to morrow.

– Bise.

– Au revoir.

Rendre : remettre son travail.
Y passer : aller chez Pivot (archaïque).

NOMADES

TAXICOLOGIE PRATIQUE

Un oiseau rare – Levallois, cité de légende – La véritable histoire des taxis de la Marne – Taxicologie, première leçon : *le plumage, l'habitat –* Taxicologie, deuxième leçon : *la prise au nid, la chasse devant soi, l'affût, usage de l'appeau –* Taxicologie, troisième leçon : *approche du chien, approche de l'oiseau –* Taxicologie, quatrième leçon : *sédentaires et migrateurs, chants et cris d'oiseau –* Taxicologie, cinquième leçon : *psychologie de l'animal, scènes de la vie des nids.*

« Si vous ne trouvez pas de taxi, c'est à cause de l'humérus clausus », m'a dit un pochetron.

Le taxi, c'est le Paris qui ne bouge pas (surtout aux heures de pointe) : ils étaient 14 300 en 1967, ils sont 14 300 aujourd'hui, ils seront 14 300 sans doute au jour du Jugement, quand le temps sera venu de régler la dernière course [1]. Un humérus clausus, c'est cela : numérotés comme des abattis, les taxis ont cessé de se reproduire en milieu urbain. Le taxi mâle fait-il la nuit, c'est la femelle qui est de jour. Et inversement. Se retrouvent-ils par hasard ensemble, ils sont bien trop stressés pour songer à autre chose qu'à se rafraîchir la plage arrière.

La situation serait moins grave si nous n'avions tant de taxicomanes qui se promènent en liberté dans nos rues. Habitués très tôt à *en* prendre, ces enfants gâtés ne peuvent plus s'*en* passer.

Le taxicologue décèle le taxicomane à l'oreille (il émet une sorte de *hep!*), à ses douleurs au bras (le taxi se prend rarement par le nez, on se shoote bras levé en agitant les doigts), à l'aspect général (le taxicomane est généralement couvert de notes de

---

1. A l'heure où j'écris, les autorités ont déclosé le numerus : 600 nouveaux taxis devraient s'additionner à ceux qu'on ne trouve pas. Il faut ajouter à ce nombre quelques dizaines de taxis clandestins. Leur imposer d'inscrire la mention *clandestin* sur la vitre arrière serait une mesure souhaitable, vu qu'une bonne partie d'entre eux sont des chauffeurs privés de licence pour faute professionnelle.

frais), à l'odeur enfin (après chaque prise, le taxicomane dégage une senteur caractéristique de vieux chien).

La liste est longue des occasions où on ne trouve pas de taxi à Paris. Elle coïncide à peu près avec celle des moments où on en a besoin. Ainsi quand il pleut : le taxi s'en va immédiatement se réfugier dans les arbres. La tête sous son aile, il attend que ça se tasse.

Il est plus facile de héler n'importe quelle voiture à Moscou que d'arrêter un taxi à Paris. Ce qui leur manquerait plutôt là-bas, ce sont les destinations. Pourtant, dans une ville bourrée d'énormément d'adresses telle que New York, où il y a encore moins de taxis qu'à Paris (12 500), il est plus aisé d'en dénicher. Ce n'est donc pas d'un humérus clausus que nous viendrait tout le mal.

C'est ailleurs qu'il y a un os.

Quelques conseils au débarquant lui permettront de vivre comme un Parisien, c'est-à-dire de finir par prendre le métro.

BIDULE

Commençons par le *bidule*, nom donné par les tacs au machin sur le toit. Quand le bidule est éteint, le taxi ne s'arrête pas car il est occupé. Quand le bidule est allumé, le taxi ne s'arrête pas non plus car il rentre sur Levallois [1].

A Levallois se trouve un important gisement de taxis, exploité depuis la plus haute Antiquité.

Quand il rentre sur Levallois, rien ne peut détourner le taxi de cette entreprise. On reconnaît la puissance de l'instinct à ce que les taxis sont capables de rentrer sur Levallois dans les positions les plus difficiles, y compris en lui tournant le dos [2].

Vérifier, en consultant le dateur situé à l'arrière du véhicule rentrant sur Levallois, si le tacman est à moins d'une demi-heure de la fin de son service – faute de quoi il aurait l'obligation absolue de vous prendre en charge, serait un geste tout à fait recommandé au débarquant si le tacman n'était déjà loin.

Pressé de rejoindre au plus vite la grande boum des taxi-boys là-bas.

A Levallois.

---

1. Variante : Courbevoie.
2. D'où le débat sur l'origine du mot taxi. Les meilleurs lexicologues, sans parler des taxicologues, y voient une abréviation de taximètre. Prompt à se dresser contre les édits de la science officielle, l'auteur avance pour sa part l'étymologie *taxie* (du grec *taxis*) : « Réflexe inné, ou plus souvent acquis, qui amène un animal supérieur à se diriger vers un point d'où lui parvient un signal indiquant une proie, de l'eau, de la chaleur, etc. » (Larousse.)

MARNE

Il arrive que le taxi de Paris soit dans l'impossibilité de vous prendre sans pour autant rentrer sur Levallois. Il devient alors un *taxi de la Marne*, le héros d'un épisode « au caractère de goguenarde fantaisie si familier à notre esprit français » (Général Maunoury). Une légende brillante comme une carrosserie, soigneusement entretenue au chiffon à poussière et qui vaut qu'on s'y arrête. L'indiscipline des chauffeurs « provoqua accrochages, embouteillages, retards de toutes sortes [1] ». Beaucoup de voitures, au lieu de cinq soldats, s'arrangèrent pour n'en prendre que trois. D'autres s'efforcèrent de quitter le convoi. Au deuxième jour, il fallut des menaces pour empêcher la débandade. Toute l'affaire se résumait à un parcours de 50 kilomètres, payé au tarif fort.

Sous le taxi de la Marne perçait le tacot parisien.

STATION

Au bout d'une demi-heure, une heure, vous renoncerez à ce que votre grand-père n'appelait jamais autrement que *héler un taxi en maraude* (après quoi on s'asseyait sur le strapontin en face des adultes, à l'arrière de l'une de ces tractions avant qui sentaient le feutre chaud et qui ressemblaient à de petits salons poussiéreux).

Vous marcherez alors jusqu'à une station. Il y a deux sortes de stations à Paris : a) les stations où l'on peut trouver un taxi, b) celles où il n'y en a jamais, les stations mortes, situées qu'elles sont trop près d'une gare, ou bien victimes d'un changement dans les plans de la circulation, ou simplement abandonnées aux voitures en infraction. Reconnaître à l'œil nu les stations mortes et les garder en mémoire est le travail d'une vie.

A côté des stations où on ne trouve jamais de taxis, il y a les non-stations où on est à peu près sûr d'en avoir. Ainsi de la place des Victoires en fin de soirée, au moment de la ruée vers l'Ouest des femmes de cadres sup venues faire leur shopping à deux. Il existe, à l'inverse, des quartiers interdits, comme le Sentier où le taxi ne se rend jamais que sous la menace d'un fusil à pompe et encore.

Tomber sur un taxi dans cet écheveau de petites rues affairées revient à rencontrer quelqu'un qui a compris l'intrigue du *Grand Sommeil*. C'est juste pour donner un ordre de grandeur.

---

1. Stéphane Audoin-Rauzeau, *Le Monde*, 3-4 septembre 1989.

MARAUDE

On peut aussi tenter sa chance sur un grand axe, à condition de bien repérer les spectres blanchis qui sont déjà postés depuis une plombe au bord de la chaussée et d'aller se mettre plus loin en avant, jusqu'au moment où d'autres ou les mêmes font pareil avec vous, ce qui, par bonds successifs, devrait rapidement vous mener à une station de métro.

Ces guetteurs de taxi sur les grands axes se guettent aussi entre eux, à la façon du Bon, de la Brute et du Truand dans la scène du cimetière. Qu'une voiture surgisse, il n'y a d'ailleurs plus que des brutes et des truands. Pour peu qu'un individu surgi de nulle part se jette sur la portière, on peut aller au baston. Jeunes et vieux, messieurs bien mis et mesdames en tweed se lancent alors avec sauvagerie dans une de ces querelles qui appartiennent chez nous à l'art de la rue. Le tacman attend, impassible et neutre, l'issue du tournoi, avec ce genre de fierté qu'on voit aux belles tziganes, pour qui les hommes se battent au couteau dans les vieux films.

C'est pour lui qu'on se griffe au visage. Le tacman est un homme-objet.

FILE

Cas de figure idéal : une file de tacots devant une station sans file d'attente. Montez dans la première voiture et décidez d'aller loin. D'aller près, c'est une tare sociale à Paris. Un piéton bien élevé se tient toujours à deux bornes de sa destination. C'est une question d'élégance. Sinon, vous êtes condamné au dernier taxi de la file, ce qui est humiliant. Pour échapper à sa condition de paria, le dernier taxi de la file souvent se défile. Ce qui, de proche en proche, réduit bientôt la file à rien.

TÉLÉPHONE

Ici encore, le débarquant a le choix (le choix, ce leurre du Parisien, qui lui procure l'illusion d'une liberté) :

a) Composer le numéro d'une borne d'appel. Avec de la chance, ce sera pour lui l'occasion d'entendre pour la première fois les accents caractéristiques de l'artisan taxi : une voix lasse, un peu vieillie, celle d'un homme qui sort du silence et va y retourner.

b) Composer le numéro d'une société de taxis-radio. Ce sera pour lui l'occasion d'entendre pour la première fois les accents caractéristiques de la société de taxis : une musique de Morricone.

La musique de Morricone étant, par essence, interminable, la réponse sera très longue à venir. Elle pourrait être de deux types :

aa) *5-6 minutes*. Le taxi sera là dans un délai compris entre 3 et 10 minutes.

bb) *Aucune voiture pour l'instant*. Cela veut dire chez nous *jamais*. En particulier :

aaa) S'il pleut.

bbb) Si c'est une *heure de pointe*, moment où les taxis qu'un *point noir* n'a pas piégés vont se réfugier dans les aéroports, manger un morceau ou se faire tapoter la banquette au garage.

PRIVILÈGE

Ces différents cas de figure nous ramènent à la situation très parisienne du *privilège pour tous*. La seule manière d'avoir un taxi à tout moment est de le réserver ou de s'abonner à un « service-club ». Le débarquant y prendra l'habitude locale d'avoir à carmer pour s'ouvrir l'accès d'un service accessible à tous (il retrouvera cette curieuse coutume à tous les étages de la société, jusque dans les asiles de nuit où le box individuel est parfois payant).

OUF

Ayant échoué à ne pas trouver de taxi et n'étant *pas plus de trois*, le débarquant finit par monter dans une voiture. Une reconnaissance des lieux s'impose :

a) Le chien. On ne le verra pas forcément tout de suite. Aussi le débarquant cardiaque ou sujet aux phobies aura-t-il pris soin d'emporter ses pilules : le chien peut surgir très brutalement du siège avant, occuper aussitôt tout l'espace de la cabine et se mettre à vous renifler telle une espèce de Rantanplan. Il s'agit d'une simple mesure de police : le chien vérifie si vous sentez le *client*. Nouez de bonnes relations avec lui. Il est essentiel de bien s'entendre avec le taxi-chien, lequel est là pour protéger le chauffeur et prendre le volant en cas de besoin. Le caresser comme vous caressez son maître : dans le sens du poil. S'il saute sur vous comme sur une boîte de Pal choisie par les éleveurs, sachez que c'est parce qu'il vous trouve sympathique. S'il va jusqu'à vous lécher la truffe, c'est qu'en plus il vous trouve européen. Au moment de payer, trouvez une façon de sortir votre portif qui ne ressemble pas à un défouraillage. Bien montrer les billets au cabot [1].

Mon ami Faiduski s'était installé à côté d'un chien particulièrement dégueu. « Il pue votre chien », laissa-t-il échapper. « Il sent moins que vos pieds », ne le lui envoya la conductrice pas dire.

---

1. Afin d'éviter toute contestation au moment de payer le chien, se souvenir que, le compteur n'étant pas encore révisé, la somme à payer est supérieure au prix affiché.

Une demi-heure après, dans un bouchon, elle en était à lui raconter sa dépression. Faiduski, les larmes aux yeux, l'écoutait en caressant le chien.

b) Le chauffeur. Quand ce n'est pas un chien qui est au volant, le taxi est généralement conduit par un homme ou par une femme. On apprendra vite à les distinguer. La femme-taxi a des seins nettement plus développés que le taxi-homme qui, en revanche, a des poils et doit se raser souvent.

Il y a plusieurs types de chauffeurs :

aa) Le type vieil européen.

A l'origine, essentiellement un Breton, un Auvergnat ou ce personnage mythique : le prince russe qui a connu Raspoutine et qui, depuis longtemps rangé des voitures, ne se promène plus qu'en caisse clouée. Aujourd'hui, de provenances très diverses.

L'artisan taxi moyen (8 700 à Paris) est un Français banlieusard et âgé (il faut attendre longtemps qu'une licence se libère, en outre celle-ci est très coûteuse). Reconnaissable à sa plaque de licence bleue, l'artisan-taxi typé européen est un homme de cinquante-soixante ans, irascible et communicatif à la fois, qui a des problèmes de dos (il n'évoque jamais ses problèmes d'yeux). Écartée la bourre de verre qui le protège, il est facilement intarissable. Dans tous les pays du monde, le taxi local est la providence du petit reporter à qui il fournit, entre l'aéroport et l'hôtel, l'irremplaçable point de vue de l'homme de la rue.

Aussi le lecteur de journaux ne sera-t-il jamais surpris d'apprendre que, dans tous les pays du monde, ça va mal et ça ne risque pas de s'arranger.

L'artisan-taxi travaille seul et il a ceci de commun avec les personnes qui vivent seules qu'il aime bien se raconter. Il se fait mousser d'une façon ingénue. Sa conversation commence souvent par *moi je*. « Moi je n'aime pas m'embêter. » « Moi je crois que les gens deviennent fous. » « Moi je suis un partisan du progrès, par exemple je me suis toujours servi d'une calculette mais il ne faut pas non plus que ça devienne n'importe quoi, comme ces bébés qu'on fabrique avec des œufs. » « Moi, tel que vous me voyez, m'a dit un tacman, je commence ma journée et je ne veux pas vous faire rater votre avion, alors vous me dites le périphérique, je vous réponds c'est bloqué. Par Gobelins peut-être ou bien alors ce qu'on pourrait faire, c'est Tolbiac et puis après on sort et on prend par-derrière vu que par devant c'est bouché et si ça ne marche pas on verra, ce que je veux moi, c'est vous faire arriver dans les temps, j'en fais une question de principe surtout pour ma première course, mes enfants se fichent de moi, ils disent Papa tu as trop de principes et je dis j'y peux rien c'est mon caractère, j'ai le principe dans le sang, pour parler vulgairement, bon finalement, qu'est-ce qu'on fait ? »

C'est le jour où j'ai raté mon avion.

Vieil anar poujado-pavillonnaire, l'artisan type aime à parler de sa banlieue. C'est l'homme qui donne des nouvelles de la nature au Parisien. Il fait la navette entre la couronne et les couronnés. C'est un messager du gazon, le porte-parole du jardin et le prophète des changements de temps. L'araignée tisse ses fils au ras du sol, il va faire chaud, les pies sont bavardes, il va rincer, la tortue s'est cachée sous le tuya, la taupe est rentrée tôt cette année, nous aurons un sale hiver. Au Parisien endurci, le vieux tacman décrit des événements fabuleux, des vols de canards sauvages au-dessus des toits.

Mon chat s'est lavé les cuisses ce matin, je me suis dit : on aura de la pluie, la circulation sera infernale. Et puis ce n'est pas tout, le greffier s'est passé la patte entre les deux oreilles, c'est mauvais signe les deux oreilles, quand c'est seulement la gauche, au contraire, c'est qu'il va faire beau. J'ai un chat exceptionnel. Vous aimez les chats, monsieur ?

J'ai connu une taxi-dame, elle rêvait d'un Paris à la Chirico : si on pouvait ôter toutes ces voitures. Paris, monsieur, n'est plus ce qu'il était. Les gens sont tombés fous. Et puis l'hiver sera dur, d'un autre côté, me direz-vous, les mouettes sont arrivées tard, et quand elles arrivent tard, c'est bon signe, seulement voilà, les hirondelles sont parties de bonne heure. Mauvais. Une drôle de race, ici, les hirondelles, elles ne sont pas du tout comme chez moi dans l'Aisne, chez moi, pour faire leur nid, elles picorent la bouse de vache.

Le vieux tacot solitaire est un élégiaque vicinal compliqué d'un monomaniaque urbain. Tandis que la dame regardait les oiseaux, Léon épiait les trottoirs. Comme tant de gens par ici, il avait deux métiers. Ses voisins lui commandaient une table, une gazinière, trois chaises, une poussette. Léon, pendant ses courses, surveillait les portes cochères, les décharges, les poubelles. Un jour ou l'autre, il tombait sur l'objet convoité. « Permettez », disait-il au client. Léon s'arrêtait pour charger à l'arrière. Retapée dans son garage de Saint-Maur-des-Fossés, où il avait son atelier, la chose était revendue. Tout son quartier s'équipait ainsi de rebuts parisiens. Il profitait au mieux de cette ville où l'on jette beaucoup car il n'y a pas de placards, des greniers encore moins.

Rien qu'il n'eût trouvé, Léon. c'est fou ce qu'on peut rencontrer sur les trottoirs de Paris. Des frigos, des étagères et des télés. Des machines à écrire. Des vélos sans roues et des roues sans vélo. Des chutes de tissu à pleins sacs dans le Sentier. A Barbès, la grille au-dessus des rails du métro aérien est un cimetière de pompes dépareillées. Allez savoir pourquoi. Des histoires énigmatiques. Cela me fait rêver comme les bois flottés que la mer a laissés. Les naufrages de Paris. Un jour, Léon tomba dans une poubelle sur un trousseau de bébé chic au complet. Propre, repassé, ficelé avec soin. Il mit une annonce chez le boulanger. Il en eut un bon prix.

D'autres chauffeurs sont moins lyriques. Ils ouvrent la bouche pour résumer leurs positions sur 1) la peine de mort, 2) les étrangers. En gros, ils sont 1) pour, 2) contre. Rien ne les en fera démordre, surtout pas le Parisien de base qui, entre un taxi libre mais raciste et un taxi occupé mais vice-président du MRAP, choisira la liberté.

Pour la paix de sa conscience, le dilemme lui sera épargné le plus souvent.

bb) Le type jeune Européen

Le jeune tacman est à son compte très rarement. Aussi n'est-il pas typé comme l'artisan. Il a moins l'air de sortir d'un film en noir et blanc. Son pull n'est pas tricoté main, sa tête est nue, son style moins pavillonnaire, ce qui ne veut pas dire plus urbain. Pour trois rigolos, sept sont terriblement taciturnes. Ils ont des traites à payer, des dettes à rembourser. Puis ils s'emmerdent. Après une journée de galère, ils ont tendance à s'exprimer comme leur CB : des syllabes avalées, des bouts de phrases (rien n'est si déprimant que le bredouillis étranglé qui sort de ces engins : des mots comme un crachin). Lèvres serrées, le jeune tacman soupire parfois. Il a l'air vaguement furieux. Il en a marre d'être seul, assez de se taire. D'un autre côté, son client et lui n'ont pas gardé les cochons ensemble.

cc) Le type jeune étranger

30 % des taxis parisiens sont conduits par des immigrés. Cambodgiens, Africains, Portugais, Arabes. Cela met en rogne le chauffeur lepéniste. Son métier va-t-il connaître le même destin que la profession de diplomate, laquelle est passée – il le voit bien avec ses clients – aux mains des étrangers ?

On aura des conversations assez marrantes avec les tacmen immigrés. S'ils parlent français, bien sûr. Sinon elles seront très marrantes.

Le client qui débarque aura quelque chance de tomber sur ce spécimen : le chauffeur qui débarque aussi. Il aura soin de se munir d'un plan.

Connaître le nom des rues n'est pas une priorité absolue pour devenir taxi à Paris. C'est une particularité de cette ville à quoi nous tenons beaucoup. Tout ce qu'exigent les employeurs du débarquant-taxi, c'est qu'il lui remette les trois quarts de sa recette. Après quoi il cessera d'être exploité pour devenir endetté.

DROITS ET DEVOIRS

Au contraire des apparences, le client d'un taxi parisien a toutes sortes de droits et son chauffeur très peu. Les appliquer à la lettre ferait de lui un nabab. S'il aime à jouir de ses privilèges, on lui conseillera d'allumer un cigare et d'interdire au tacman de fumer, de lui faire éteindre sa radio, de baisser les vitres en hiver, de les remonter à la saison chaude et de commencer par s'entraîner dans une salle de boxe.

Si le client est timide au contraire ou lâche ou tolérant, bref de bonne humeur, il s'attachera moins à étudier ses droits qu'à saisir la psychologie du tacman. Il tirera leçon de l'impression ressentie dès la première minute : *il est de trop.*

Voyant le chauffeur jouer avec sa vitre, s'amuser avec son chien, griller une clope, se raser tranquillement devant sa glace en écoutant sa radio, siffloter, sortir pour pisser, causer avec les taxis voisins, il aura le sentiment un peu gênant d'assister à une scène de la vie privée et comprendra enfin que le tacman est ici *chez lui.*

Sa voiture est son foyer. Il y passe la moitié de son existence. Il habite un village de 14 300 âmes, où tout le monde se connaît et où le nouveau venu est regardé de biais. C'est qu'on a ici toutes les manies du célibat. Vu la dureté des temps, on est bien obligé d'accueillir des hôtes payants mais, dans un logement aussi petit, ce n'est pas une vie.

Vous pouvez recevoir, bien sûr, mais pas plus de deux personnes à la fois. Sans chien je vous prie. Mon chien n'aime pas les chiens.

Au revoir, monsieur. Attention aux voitures en sortant de la maison.

ÉPILOGUE

Il existe un vaste malentendu entre le taxi parisien et son client. Ce sont pourtant deux individus qui devraient se sentir animés du même idéal : aller d'un point *a* à un point *b.*

Pas plus nombreux qu'il y a vingt ans, les taxis parisiens chargent pourtant deux fois moins de clients [1]. Responsable : la circulation. La licence leur revient à 25 plaques, dont une partie irait en dessous-de-table (destiné, dit-on, à des mouvements politiques). Artisans ou non, ils travaillent dix heures par jour pour s'en tirer. Certains sont des permanents du volant : ils ne connaissent du sommeil que la sieste.

La maison-taxi est comme une maison de passe : le client ne voit jamais les autres clients. Il ignore qu'il y a aussi, de ce côté-là, des arnaqueurs, des pingres et des mauvais. Il ne sait pas mieux

---

1. Je tire mes renseignements de *7 à Paris*, 7 février 1990, n° 429.

que le chauffeur est imposé au forfait sur les pourboires, qu'il y en eût ou non, et qu'il paie une redevance sur ses emplacements réservés, fussent-ils squattés par des voitures.

On a compris qu'il est plus commode de laisser le chauffeur et son client s'empailler que de s'attaquer au fond du problème : l'apocalypse automobile. Le tacman fait la gueule aux passagers car on ne peut pas toujours faire la gueule à des bouchons. Il rêve, pour sa maison à roues, de couloirs à contresens – comme sur le boulevard Saint-Michel. Il est partisan des transports en commun. S'il n'était pas de droite, il serait de gauche.

Les conducteurs de taxi parfois se mettent en grève. Ce sont des moments difficiles où l'on n'en trouve pas, comme d'habitude.

LES LEMMINGS

Une ville coupée en deux — L'arrière et l'avant — Voitures et pié-tons — Tous contre tous : un Beyrouth automobile — Comment on s'écrase — Un souvenir de passant — Un rituel parisien : la Prise de Conscience *— Ce qu'on peut faire avec un PV dans les salons — Quatre roues, et motrices en plus — Sammy n'est pas content — Max n'est pas satisfait — Mobil homes — Où l'on retrouve le plaisir dans la souffrance — Panique à l'hôpital — Où, non content d'imiter les renards (comme le verra plus loin le lecteur patient), de copier les abeilles et de s'inspirer des phasmes (comme s'en souvient le lec-teur attentif), le Parisien se prend à singer les mœurs du lemming — Encore un rituel :* l'Opération Coup de Poing *— Où le personnel soi-gnant donne des inquiétudes aux malades — Le* Point Noir, *une liturgie — La* Mise en Fourrière, *une expiation — Et la mort dans tout ça ?*

La France, je ne vous apprends rien, est coupée en deux sur beaucoup de sujets. Y a-t-il consensus, vous avez aussitôt les enne-mis du consensus. Les consensuels eux-mêmes ne tardent pas à se manger le nez. Cela s'est vu en 1989 : une fois convenus que la Révolution avait eu lieu et qu'elle était finie, les gens ont commencé à se prendre la tête pour ou contre Robespierre, Louis XVI, les Chouans, l'Abbé Grégoire et François Furet. Ce sujet épuisé, on est passé au Bicentenaire : les Parisiens ont embrayé sur le gaspillage, le sommet des riches et les restrictions à la circulation dans le centre. On s'est surtout empaillé là-dessus, les restrictions à la circulation dans le centre. Les Montagnards étaient favorables à l'enlèvement des voitures, les Girondins disaient : pas question.

La coupure de la France en deux, quand il s'agit de voirie, le Parisien l'éprouve dans sa chair. Une passion historique le sub-merge. Le souvenir des bouchons pour la venue d'Édouard II en

1313 lui trotte dans le chou. Quinze siècles de problèmes de stationnement lui mettent la rate au court-bouillon. Gentil louveteau tant qu'il demeure au local des scouts, son goût abstrait de la querelle lui revient sitôt qu'il se déplace en ville autrement qu'en métro.

Prenez un exemple. Ou plutôt : prenez un bus à 18 heures. Aussitôt, vous repérez deux camps. Les gens qui viennent de monter ont une profonde aversion pour les gens du fond. C'est un sentiment viscéral, qui remonte à très loin. Les gens du fond ont toujours eu mauvaise réputation chez nous : ils refusent de se pousser. « VOUS POURRIEZ PAS VOUS SERRER UN PEU À L'ARRIÈRE ! » hurlent les gens du devant (très colères). Rien n'y fait. Les gens du fond sont des privilégiés, des conservateurs égoïstes. Ils votent traditionnellement à droite, alors qu'à l'avant du véhicule on est plutôt marqué à gauche. On est militant, revendicatif. On exige une plus grande équité.

Ne parlons point de ceux du milieu. Le genre centriste si vous voyez. Un peu curé. A ceux du fond, ils demandent (très poliment) : « Vous ne pourriez pas vous pousser un peu, je vous prie, ce n'est pas pour moi, c'est les gens à l'avant qui sont trop serrés. » A ceux du devant, ils répondent (l'air désolé) : « J'avancerais bien, madame, mais voyez vous-même, je ne peux pas bouger, les gens refusent de se serrer au fond. » Aux uns : « Soyez gentils. » Aux autres : « Soyez patients. » A tous : « Je n'y suis pour rien. »

Vous allez me traiter de rigolo (je vous connais par cœur) : devant et au fond, direz-vous, c'est un peu les mêmes individus. Ceux du fond ont commencé leur carrière en montant dans le bus. Partis de rien, ils ont progressé à la force du poignet. Et ceux de l'avant, ils y arriveront peut-être un jour ou l'autre, à l'arrière, et là, parvenus au fond, vous verrez s'ils ne prennent pas leurs aises. Vous verrez un peu s'ils vont se serrer.

OK. Je voulais simplement montrer pourquoi je ne croyais pas au centrisme dans ce pays. Ni à la prétendue neutralité des autobus.

Prenez un autre exemple. Ou plutôt prenez votre voiture à 8 heures. Là, c'est frontal. Classe contre classe. Le conducteur n'a pas de mots assez durs pour *les gens*, ainsi qu'il appelle les passants (« *Les gens* traversent n'importe quand »). Le piéton a de nombreux griefs contre *les voitures*, c'est son mot pour désigner les automobilistes (« *Les voitures* se garent n'importe où »).

Là aussi, les rôles peuvent s'échanger. Il y a des automobilistes qui, se métamorphosant en piétons, deviennent aussitôt des *gens* et s'en prennent aux *voitures*, et inversement. J'en connais. Mais cette fois, le conflit est plus âpre. Plus subtil aussi.

Plus âpre. Vous trouverez, dans chaque camp, des irrédentistes. Un Parisien sur deux utilise les transports en commun (les deux tiers des déplacements se font par ce moyen). Mieux : plus d'un sur trois ne possède même pas de voiture (moyenne nationale : un sur quatre). La capitale du désastre automobile est la grande ville la moins motorisée du pays. Ce sont les banlieusards qui font l'appoint : ils occupent près de la moitié des emplois.

Plus subtil. Le Parisien en veut au banlieusard (pour la raison susdite). Le banlieusard en veut au Parisien (il pourrait se passer de bagnole). Le conducteur de Paris et le conducteur de banlieue en ont après le piéton (qui le leur rend au centuple). Le piéton, le conducteur de Paris et le conducteur de banlieue sont en rogne après le livreur. Le tacman exècre le piéton, le conducteur de Paris, le conducteur de banlieue et le livreur. Le riverain est exaspéré par le piéton, le conducteur parisien, le conducteur de banlieue, le livreur et le tacman qu'on-n'en-trouve-pas. Le riverain, le piéton, le conducteur parisien, le conducteur de banlieue, le livreur et le tacman pestent contre : a) les deux-roues (« y t'coupent la gueule »), b) les manifestations officielles et privées (100 par an), c) les chantiers (un millier chaque année).

Bref : le Liban, en version soft. Les Balkans. La question d'Orient.

J'ajoute que le roulant en veut au mal garé, qu'il en a aussi pas mal sur le cœur à propos de la voiture qui est devant (elle n'avance pas), de la voiture qui est derrière (elle klaxonne) et des voitures en général, surtout quand, par intervalles, notre chauffeur, voir plus haut, abandonne sa bagnole et se change en piéton [1].

Bien plus qu'à son prochain, l'automobiliste parisien en veut à son double. C'est-à-dire à lui-même. Sans se l'avouer, il pratique la haine de soi.

« Les gens deviennent fous avec *leurs* autos », dit notre automobiliste impénitent, tout en klaxonnant comme un agité. « Il faut être *vraiment* dingue pour conduire dans cette ville », ajoute-t-il volontiers en coupant une rue piétonne.

Avec ces rancœurs, on est surpris qu'il y ait si peu d'accrochages violents dans des coupe-gorge tels que la Concorde, la Bastille ou l'Étoile en soirée. C'est peut-être que les conducteurs se détestent au point de s'éviter. (L'étonnement du débarquant devant le ballet incohérent des voitures sur nos grandes places n'est rien à côté de sa panique au moment de s'y engager la première fois. Il se sentira adopté quand il aura compris que c'est exactement comme les

---

1. Les quatre roues se sont trouvé un nouvel ennemi : le scooter (il représente 26 % des deux roues vendues en Région parisienne).

autos tamponneuses, sauf que le but de la partie est de ne pas tamponner les autres [1]).

En résumé, dans cette guerre de caisses, les belligérants sont si nombreux et tellement semblables qu'on ne les distingue plus. C'est la lutte de Tous contre Tous.

Tous espèrent bien l'emporter mais Tous n'ont pas dit leur dernier mot.

Je n'ai pas dit : Toutes. « Pas étonnant, c'est une femme au volant », cela s'entend un peu moins. Les conducteurs parisiens ont compris que les conductrices parisiennes étaient en conctact radio avec des forces mystérieuses. Je ne voudrais pas extrapoler, ce n'est pas mon style, mais j'en connais une, des voix célestes lui conseillent des itinéraires féeriques. Une autre, je ne sais comment, elle parvient toujours à se garer à deux pas de sa destination. Avec la troisième, on se croirait dans un hélico, sa voiture décolle en vrombissant, elle survole les trottoirs, patrouille au-dessus des contre-allées et finit par se poser n'importe où.

Leurs collections de PV comptent parmi les plus belles de la région.

Nos voituristes et nos transportés en commun, il faut les voir s'affronter. C'est le bain de sang, comme on dit dans les salons de thé. Les positions se sont durcies. Les sectateurs sont devenus sectaires. Les familles se divisent. Les enfants sont maudits par les pères. Quand il s'agit de bagnoles, il n'y a plus guère que les chiens qui s'écrasent. Sans parler des mômes [2]. Regardé d'un œil froid, ce genre de polémique rappelle nos discussions sur la chasse. Le passant se voit comme une espèce à protéger, surtout en période de reproduction. L'automobiliste considère que la chasse au piéton est un droit qui remonte à la Nuit du 4 août, où le permis de conduire cessa d'être réservé aux nobles et aux curés.

Il estime en outre que le gibier a sa chance.

Le piéton se pose volontiers en moraliste, en écolo, en sage. Il se croit intelligent comme ses pieds. La réalité est plus complexe. Il traverse effectivement, comme on dit, « n'importe où n'importe quand. » Le spectacle est quotidien des petites vieilles qui se jettent sous les roues des voitures (avec autant de chance de s'en tirer que l'homme de tête dans la première vague sur Omaha Beach), tout en hurlant des imprécations et en distribuant des coups de canne.

---

1. Dans le climat de fête foraine hallucinée qui règne à l'Étoile sur le coup de 18 heures, un curieux humour de flic s'est instauré : désabusé, presque dandy. Comme toutes les formes d'humour, celui-ci est nourri d'un profond désespoir : si les poulets en poste à cet endroit plaisantent si volontiers, c'est qu'ils ont le sentiment élitiste d'incarner l'impuissance totale des forces de l'ordre.

2. Un millier de petits Parisiens renversés chaque année. On prévoit que 10 % des jeunes piétons seront touchés avant l'âge de vingt ans.

Paris s'enorgueillit d'avoir des vieillards intrépides.

« Je me les ferais bien, ces ahuries, m'a dit un tacman, mais qui qu'est emmerdé après, toujours le conducteur. » C'était un homme froid et cruel.

Bref, il arrive que le piéton se comporte à la manière d'un automobiliste normal. C'est-à-dire d'une façon totalement frapadingue. La pulsion suicidaire est avérée dans bien des cas. Ainsi, vous avez le syndrome du Vengeur Masqué. Ce genre de piéton, on le croirait tout prêt à mourir, rien que pour faire chier, du moment qu'il est dans son droit (il la ramène et s'écrase en même temps, d'une certaine façon). J'en connais également de cet acabit. Rien que parmi mes proches, il y a moi. Passant professionnel et borné, je m'obstine à l'application d'une règle de l'ancien droit coutumier : la priorité au piéton engagé dans les clous (ordonnance de Philippe Auguste, 1207). Par précaution, je lève le pouce. Voici bien des lunes, une campagne formidable avait eu lieu sur ce thème. Cela s'appelait *Pouce, je passe*. Il s'agissait de protéger les enfants. Si un enfant levait le pouce, on n'avait plus le droit de le renverser.

J'obtiens des résultats étonnants. Quelques vieux conducteurs, visiblement, s'en souviennent de la campagne *Pouce, je passe*. Ce n'est pas tant qu'ils renoncent à m'écrabouiller mais on les sent attendris en faisant ça : « Tu te souviens du temps où on leur disait de lever le pouce? », marmonnent-ils, avec des larmes dans les yeux, tandis que mes os craquent sous leur train avant. D'autres, ça doit leur rappeler plutôt un péplum, ce gladiateur sans carapace au pouce levé. Ça les fout en rogne, ils cherchent à m'avoir de toutes les façons. Leur voiture me poursuit dans les escaliers, ils enfoncent ma porte. Ils cherchent à m'achever dans la cuisine. Rien n'est aussi vindicatif qu'un Parisien quand il est dans son tort [1].

Remarque en passant : cette campagne *Pouce, je passe* appartenait à un genre national, *la Prise De Conscience* ou *PDC*. La Prise De Conscience, dans ce pays, tient plus de la prise (au sens de prise de tabac) que de la conscience (au sens de conscience morale) : ça picote un moment et c'est vite oublié. Il s'agit d'un rituel. Nos Prises De Conscience les plus fameuses sont : le problème des incendies de forêt (tous les ans), le problème de l'hécatombe sur les routes (tous les deux ans), le problème de la réforme de l'enseignement (tous les trois ans), le problème de l'alcoolisme (tous les quatre ans), le problème de l'audiovisuel (tous les cinq ans), le pro-

---

1. Voyant un piéton engagé sur la chaussée, le conducteur parisien a pour premier réflexe d'accélérer pour passer devant lui. Pour deuxième réflexe, d'essayer de passer dans son dos. Votre survie dépend de l'enclenchement rapide du réflexe suivant qui le pousse à épargner son prochain pour s'éviter des ennuis, du genre papiers à remplir.

blème de la réduction à cinq ans du mandat présidentiel (tous les sept ans).

Un service annuel est célébré en hommage à Sainte PDC. Cela s'appelle le rapport de la Cour des Comptes.

La Prise De Conscience s'est peu à peu détachée de la conscience. Elle mène aujourd'hui une vie autonome, sans avoir plus besoin de sa maman. Ainsi, ce restaurateur qui, à propos des Champs-Élysées, déclare : « Les *prises de conscience* se sont réveillées [1]. »

Le piéton parisien est moins sage qu'il ne le prétend. S'il se fait des illusions là-dessus, c'est que l'automobiliste est encore plus azimuté qu'il ne paraît. En fait, ce n'est pas un spécialiste des transports qu'il nous faut, c'est un psychiatre. Mais un psychiatre à la tête de Paris, est-ce bien raisonnable ?

Le conducteur est un personnage à facettes. Il y a en lui du prédateur, du sanglier (il aime bien être seul, il ne prend jamais personne en stop). C'est aussi l'héritier, à l'âge de la voiture pour tous, des clichés sur le Parigot des années 30 : le goût de râler, l'amour de la resquille, la passion du système D, tout cela porté au stade industriel. Aventurier baroque et agressif, il traverse aussi des périodes d'abattement proches de l'hébétude. Des fantasmes l'habitent. Il connaît des bouffées délirantes. Ces derniers temps, il voit sa voiture comme un plateau-repas. Il dit : « *cet abruti m'a mangé mon avant ; il m'a mordu mon pare-chocs ; je lui ai bouffé son aile* ».

Prenez les PV. Nos contraventions n'ont rien pour séduire. Grises, imprimées sur un papier dégueulasse, rédigées souvent dans une langue médiocre, elles ne cherchent pas à tirer l'œil. A flatter le coupable encore moins. L'attitude des Parisiens à leur égard relève pourtant du fétichisme.

Nous sommes fiers de nos PV au point d'en semer partout. Une culture intensive, à même le trottoir, nous assure plusieurs récoltes par an et des tonnages à faire pâlir les céréaliers du Middle West : 7 millions de contraventions d'une année l'autre, soit 40 % de la production nationale. D'où un problème d'écoulement. Le Midi a ses excédents de tomates, nous avons nos surplus de papillons. Nous sommes contraints d'en jeter beaucoup. Comme dans toutes les régions de monoculture, il n'est ni chic ni tentant de se gaver du produit local à tous les repas.

Acquitter l'amende, dans ces conditions, est assez ridicule. On s'en vante rarement. Vous auriez l'air d'une truffe. Le club des 30 % d'impayés est beaucoup mieux fréquenté. C'est avec fierté

---

1. Formule rituelle à la télévision, quand on veut faire du sensationnalisme : « Ces images-choc, nous avons choisi de les montrer pour *déclencher* une prise de conscience. » Où l'on voit que la prise de conscience est un prétexte et qu'en outre, elle fonctionne à la façon des minuteries.

qu'on exhibe ses collections de contredanses séchées. Qu'on se montre ses herbiers.

Ce qui est du dernier bien : avoir, pour finir, de telles sommes à payer (on se les communique avec émotion, telles des enchères inouïes), qu'il est nécessaire de prendre un avocat.

L'amende est comme le caviar. Le prestige est attaché au prix.

Faire annuler ses contraventions, c'est très standing aussi. De cela, on se flatte jusque sous le nez des bourrins. (« Allez-y, je m'en tape. Demain, hop député, elle va sauter. ») Cela met en branle, chez le Parisien bien né, sa vieille passion des magouilles [1], le plaisir qu'il a d'afficher ses relations ou, plus simplement, son habitude ancienne d'aller cirer des pompes à toute occasion, qui s'est ancrée dans ses mœurs et qu'il suit sans y penser, comme on suit son instinct.

Cent parlementaires se sont engagés récemment à ne plus faire sauter les PV. Leur héroïsme a été salué. On se souviendra d'eux comme des quatre-vingts du *Massilia*.

Mais quels étaient leurs noms déjà?

Ce vieux peuple catholique (habitué à la remise des péchés) compte également sur l'amnistie. Quand elle est supprimée, comme c'est à la mode ces temps-ci, on prie le soir pour sa résurrection. L'espoir n'est jamais totalement perdu : il y a des automobilistes jusque dans les plus hautes instances de l'État.

Acquitter, collectionner, faire sauter, donner une fausse adresse, compter sur l'amnistie, il y a cinq façons usuelles de se servir d'une contravention à Paris. Une seule est de la payer.

Nous approchons du sac de nœuds de la Concorde. Le moment est venu de renoncer à son rendez-vous, de se détendre et de mettre une cassette :

CONCERTO POUR QUATRE ROUES MOTRICES

Le véhicule à quatre roues motrices est une sorte de tracteur à l'origine destiné à tirer des canons. Il servit ensuite à transbahuter des généraux américains cabochards dans les films de Hollywood (*Jeep*), à enchâsser des pontifes tous terrains (*Papamobile*), enfin à ensabler des vedettes de l'écran (*Paris-Dakar*). En résumé, la 4 X 4 est conçue pour aller partout, à l'exception appréciable des endroits civilisés. C'est pourtant une folie à Paris et la région compte 20 % du parc national. Cela nous a donné une *nouvelle race* de conducteurs particulièrement gratinés. En général, le quatriste

---

1. Un autre jeu très pratiqué est de donner une fausse adresse.

est un non-salarié : le bénéfice d'une TVA à taux réduit pour véhicule utilitaire a permis les noces explosives de la boutique et du baroud. Une Toyota Land Cruiser LJ 70 s'arrête devant soi, on s'attend à voir sortir un chasseur d'hippopotame. C'est un livreur de twin-sets.

Vous rencontrez sur le pavé de Paris des espèces de Crocodile Dundee diplômés de l'ESSEC, qui négocient des contrats avec maestria et des virages avec difficulté. Ils ont les joues à peine mangées par une barbe sans appétit et des boucles brunes s'enroulent dans l'échancrure de leur chemise Marlboro Classics. Il y a un retour au poil chez les Parisiens, ou plutôt : la 4 X 4, c'est la revanche du poil. C'est celle aussi des courts en pattes. La quatre roues motrices vous hisse un peu au-dessus des voitures de tourisme, un peu au-dessous des camions : à l'horizontale de l'Aventure.

Cinéma d'épouvante : *L'Invasion des Nains Géants.*

Elle élève des conducteurs moyens au rang de supraconducteurs et permet d'écraser le petit peuple, pas comme en Afrique, bien sûr, dans les vrais rallyes : au moins du regard.

Un autre avantage : elle se porte sale et même boueuse. Encore faut-il trouver de la boue. Parfois nous arrive, portée par le vent du Sud, une poussière rouge venue du Sahara. Elle est du meilleur effet sur une 4 X 4.

A part quoi ce n'est pas un cadeau. Je ne parle pas du prix (15 plaques et plus) mais de la conduite en ville. Prenez Sammy, il n'arrête pas de râler après son engin.

Sammy est venu se rafraîchir d'une Budweiser à la terrasse et il n'a pas fini qu'il en commande une autre (c'est ainsi qu'Hemingway aurait fait). Son arrivée au point d'eau a été tout à fait étourdissante avec, par ordre d'apparition : la sono pour stade de 20 000 places, la 4 X 4 en gloire, trois filles très brunes et pourtant très blondes, lesquelles ont jailli de l'engin à la façon des pop-corns, lui-même enfin qui, après un bon coup de latte à ses pneus, s'est approché du café en faisant tourner un gros porte-clés du genre chaîne de puits. Pour le reste, un Borsalino, des cheveux mi-longs passés à l'eau lourde, un jean bermuda, des lunettes Vuarnet, un quart de barbe, des bottes pointues en peau d'ornithorynque, au total un look crade soigneusement briqué. Tiré à 4 X 4 épingles, Sammy pourtant se plaint : « C'est le pied, OK, mais ça revient *tellement* cher et tu vois, sur neige ou sur sable, ça a une pêche de folie, mais là à Paris, avec le pavé mouillé, c'est l'enfer. J'ai toujours les glandes de faire une casquette. »

Faire une casquette : se renverser sur le toit. Gasp.

Sammy ne cesse de renauder après sa 4 X 4 mais on le voit partout en compagnie de son gros tas de pneus, affichant un air barbare et gentil. Pourquoi ? Sammy s'étire, regarde son magasin de l'autre côté de la rue : « Ah putain, t'imagines si c'était la mer, là, en face, au lieu qu'on ait une vue sur le stock. »

Nous tenons sans doute la réponse : Sammy est un rêveur. Une sorte de Walter Mitty qui aurait réussi. Il y en a des milliers comme lui à Paris, au volant de leur Mitsubishi Pajero ou de leur Jeep Cherokee. Pas seulement dans nos zones montagneuses ni parmi le désert des bureaux, non plus que sur la piste, encombrée de taxis brousse, qui conduit du Sentier au Vésinet et de là vers Deauville, à travers le Pays des Hommes Bleus. Mais aussi dans les rues dites *piétonnes*.

La 4 X 4 est la projection, dans le monde réel, de l'univers mental du conducteur parisien : son rêve d'aller partout, son fantasme d'ignorer les interdits et d'avoir la ville à ses pieds. C'est comme dans ces films d'horreur où le désir inavoué des gens prend corps sous l'aspect d'un monstre écrasant tout sur son passage.

Fin de la cassette.

L'automobiliste parisien est convaincu qu'entre le Préfet de police et lui, c'est une espèce de jeu : Juve contre Fantômas. Il ne s'estime pas au-dessous des lois ni même au-dessus. Il se voit à côté. En fait, il ne croit pas aux règles, lesquelles changent tout le temps, tolérance un jour, le lendemain répression. Il improvise des ripostes hasardeuses à des attaques aléatoires. Il se croit victime d'une fatalité, prisonnier d'un destin ricanant, ce qui ne le dispose pas au civisme. S'il ne paie pas ses contraventions, au bout du compte, c'est qu'il s'imagine que c'est pour de rire. Un jour, la police gagne, demain ce sera lui. Verbalisé, il n'est pas fautif. C'est juste qu'il n'a pas eu de chance. D'ailleurs, se garer en double file, « il fait ça depuis dix ans ». Il ne croit pas à l'impartialité des flics.

— Ah bon, c'est interdit de stationner ici ? Apparemment pas pour tout le monde.

Un délit impuni est considéré par lui comme une œuvre d'art. Tel Parisien qui n'a jamais très bien mesuré toutes les possibilités de son automobile (il ignore qu'elle peut rouler à moins de 130) est un jour allumé par un radar aux abords de la ville. Il gagne aussitôt la prochaine bretelle, revient sur la route, se refait photographier au même endroit et à la même vitesse, et plaide que le radar est détraqué.

A d'autres moments, très brefs, il se sent vaguement coupable et prêt au repentir.

Il faut voir Max dans ce rôle. Max, dont je n'ai jamais très bien compris s'il était architecte ou marchand de biens (il parle

d'affaires à ne pas manquer, jamais de concours à ne pas rater).
Max, donc, se déclare prêt à renoncer à sa voiture mais *totalement*,
sans regret, sitôt qu'il y aura de *bons transports en commun*.
Disant cela, il se croit raisonnable jusqu'à l'extravagance, alors que
ses propos ressortissent à l'éternelle pensée magique : 1) Max tient
les transports en commun pour bien pis qu'ils ne sont, au motif
qu'il n'y a pas mis les pieds depuis 1903. 2) Les solutions qu'il imagine ne l'impliquent jamais, elles tombent du ciel : lui n'est responsable de rien. Et, bien sûr, comme tous les faux vertueux (ces voituristes qui se proclament doués de bon sens, prêts à s'amender, à
s'incliner sportivement devant un meilleur argument), mon pote
est un maximaliste. Il a mis au point une utopie. Il voit déjà Paris
entouré de parkings souterrains et vastes comme des Atlantides,
où des hôtesses riantes en petite jupe rouge viendraient vous chercher au volant d'espèces de bulles de savon silencieuses et vous
conduiraient à des navettes en plexiglass. De là, vous auriez accès à
des tramways en site propre, à des métros semblables à des salons,
à des vaporetti, à des minibus articulés qui se faufileraient comme
des anguilles dans le ballet des taxis angéliques. Bref, s'il fait le raisonnable, c'est là qu'il est le plus toqué. Max jure de prendre l'autobus *quand il ne faudra plus l'attendre une heure*, le taxi *quand on
aura mis fin au numerus clausus*. A aucun moment, il ne songe que
c'est surtout à cause de lui et de ses pareils qu'il ne trouve jamais
de taxi, qu'il attend l'autobus. Sa logique lui sert à cacher sa mauvaise foi. Laquelle est le symptôme de son cœur idolâtre. En fait, il
ne s'entend qu'à conduire. C'est un fanatique, voilà tout. Un adora-
teur du volant.

On n'en finirait pas de noter les ravages, chez nos voiturés, de la
pensée magique. Si l'automobiliste parisien était le sage qu'il prétend, il irait à cheval depuis longtemps. Une moyenne de 14 km/h
(7 en heure de pointe), l'impossibilité de rouler ou, sinon, de
s'arrêter, sans parler des frais, des amendes, des accidents, des
agents hurlants et des agents polluants : un marchand de voitures
avancerait-il des arguments semblables, il n'aurait aucune chance
en face d'un marchand de bourrins.

Quand on le pousse un peu, notre homme reconnaît qu'il perd
son temps dans un engin qui fut conçu pour en gagner. Alors,
comme chez beaucoup de ses semblables, perce une justification
d'un autre ordre. Elle ne rassure pas mieux sur sa santé mentale :
dans sa voiture, il est peinard, il se sent *chez lui*, il écoute *sa* radio.
Il lit tranquillement *son* journal. L'autre jour, il était dans *son* bouquin, il aurait voulu que le bouchon durât plus longtemps.

Contre mauvaise fortune bon cœur ? L'explication est trop
courte. C'est oublier que nous avons affaire à un être mentalement
fragile et menacé. Le métro est la seconde voiture du Parisien,

peut-être bien, mais la voiture est devenue sa seconde maison. Son cabanon. L'ultime retraite du citadin. Comme on l'a vu chez les taxis : une espèce de caravane. Un foyer clandestin débarrassé de la smala où, en plus, on peut engueuler *réellement* ses voisins, leur dire : « Attends, pétasse, je vais te le pousser ton tas de boue. »

Ce qui se fait encore assez peu, en Francilie, dans les hameaux pour cadres.

Toute mesure a quitté Max au volant. Ce qui a barre sur lui, c'est la recherche du plaisir dans la souffrance : ce goût des macérations que nous avons tant de fois reconnu chez le Parisien.

Dans les bouchons, par exemple, cette peuplade adore se faire du mal. Elle organise à la première occasion (souvent suivie d'une deuxième) un monstrueux concert d'avertisseurs – hommage lyrique à son impuissance – dans l'espoir affiché d'augmenter son stress. Le bouchon n'est pas soluble dans le klaxon, cela se saurait. Le naturel de l'endroit feint pourtant d'y croire. La pensée magique a encore frappé.

Donner de l'avertisseur avec, pour motif, qu'un autre a commencé et ainsi de suite, c'est plus que puéril, c'est de l'ilotisme. Ce diagnostic est confirmé par l'attitude du Parisien quand il s'engage dans un carrefour bloqué : que le feu passe au vert, il tentera aussitôt d'avancer, compliquant l'écheveau, diminuant ses chances de s'en tirer avant minuit. Les feux, à quoi notre héros donne une importance modérée d'habitude, il ne leur obéit qu'au moment où il faudrait s'en abstenir à tout prix. Il trouve en eux une sorte de justification à sa bêtise. Ce crétin se sent *couvert*.

Il veut que ce soit encore pis. Il ne jouit que dans l'inextricable.

Bientôt, le voici à jamais coincé au milieu du carrefour. Sa voiture, c'est sa maison après tout, avec des soucis de maison. S'il y a une chose dont une maison se préoccupe avant le reste, c'est de rester où elle est le plus longtemps possible.

Il n'y a bientôt plus que les flics pour le tirer d'affaire. Je lui en veux pour cela. Son immaturité. Cette impuissance à jamais se débrouiller sans flics.

Les cobayes dans les labos, les rats dans les labyrinthes sont pliés de rire quand ils observent le comportement des indigènes au volant.

Il y a quelque chose de morbide dans l'encombrement parisien (cette espèce de monstrueuse camisole de force pour caisses agglutinées). On y sent la résignation des esclaves mais aussi la jouissance des réprouvés. Le poids d'une malédiction. La célébration collective de l'échec de la raison.

L'embouteillage parisien, c'est le crépuscule des dieux à la portée des boutiquiers.

Cette capitale des Lumières, qui continue à se vendre sous un label *qualité de la vie*, elle se métamorphose deux fois par jour en un monceau de tripes. Entre l'image convenue de Paris et le spectacle de nos confitures de trafic, c'est un peu le même contraste qui sépare l'hygiénisme haussmanien du bordel impétueux de nos arrière-cours.

Le problème, dans cette cité *hospitalière* : les soignants ne valent guère mieux que les patients. Les patients ont un grain. Les soignants ont un grain *et* le pouvoir. Ils changent de thérapie sans arrêt. Ce n'est pas bon pour les malades. Tantôt, ils recourent à l'incantation, tantôt ils prennent *des mesures draconiennes* (c'est un mot consacré). Un jour ils plantent des épingles dans des statuettes en cire, le lendemain ils emploient les grands moyens. Quand ils emploient les grands moyens, les choses empirent.

On a construit un périf, des voies rapides, creusé des souterrains. De l'autre main, on a exilé du Parisien et fabriqué du rurbain. On a installé des villes à la campagne tout autour de Paris. Grâce à quoi le trafic a augmenté de 2 % par an, tandis que le périf devenait le passage obligé des camions faisant la navette entre le nord et le sud de la France, et des banlieusards de l'ouest se rendant, allez savoir pourquoi, dans les bantoustans de l'est.

L'avenir nous annonçant de nouveaux souterrains, des parkings, des voies rapides et des querelles incessantes entre l'État, la Ville et la Région, on va pouvoir continuer à *friser la paralysie* et à *frôler la thrombose*, autres mots consacrés.

Chacun sait que les rocades, les voies rapides et les parkings souterrains attirent les véhicules comme des mouches. On appelle cela l'effet d'aspiration. Lutter contre la circulation automobile par l'accroissement du flot des voitures : cette manie de leurs médecins traitants n'est pas faite pour rassurer les pensionnaires de l'asile. Ils se disent que leurs soignants n'ont pas inventé le chausse-pied. Envoyer de l'oxygène et du gaz carbonique en même temps dans le nez des malades, forcément ça inquiète.

Les lemmings sont des animaux curieux qu'on rencontre en Norvège. Ces petits rongeurs se reproduisent à une telle vitesse qu'ils sont pris d'angoisse tous les quatre ans et vont se jeter dans la mer du haut des falaises. Après quoi ils recommencent aussitôt à se reproduire. C'est à peu près au même rythme que l'automobiliste parisien devient fou. qu'on prend des mesures pour le soigner et que, se sentant un peu mieux, il recommence à se détruire.

Pour tout arranger, le médecin-chef est ici élu par ses patients. Du moins par les fous internés : les pensionnaires de l'*intra muros*.

Le grand patron du service ne sait plus comment s'y prendre pour endiguer les banlieusards qui viennent ici en hôpital de jour, sans du même coup faire du chagrin à sa clientèle privée : les intra-murés, riverains, commerçants, lesquels sont opposés aux voitures sauf quand ils ont besoin d'elles, et parfois les deux en même temps.

Le médecin-chef a une grosse clientèle de détaillants parmi ses lits privés. Son bureau est encombré de saucissons reçus à Noël en cadeau, de fourmes d'Ambert, de chaussettes transparentes en fil d'Écosse. En échange de quoi, la corporation des fouaciers, celle des drapiers et toutes les autres lui demandent à genoux de ne plus laisser établir ces saletés de couloirs d'autobus à contresens.

Cela tombe bien. C'est l'une des rares mesures qui sont efficaces.

Il y a des périodes où il ne faut surtout pas faire de peine aux malades, où le médecin-chef se donne comme défi de faire de son hôpital une capitale de l'Europe sans toucher à la voirie [1]. Puis des moments de quart d'heure colonial où, intérêts particuliers ou pas, TOUT LE MONDE EN A MARRE. Les dingues tapent sur leur gamelle au réfectoire. Alors, brusquement, le personnel passe de l'anti-psychiatrie à l'électrochoc. On prend des *mesures draconiennes* et on exerce une répression *tous azimuts*.

Cela, c'est encore un fantasme à nous, une manifestation specta-culaire de la pensée magique. Sa formulation la plus parfaite est ce que nous appelons *l'Opération Coup de Poing*. Une Opération Coup de Poing, ce n'est pas destiné à régler un problème mais à montrer qu'on le règle. Elle ne tend pas vers un but, elle recherche un effet. Par exemple, la moitié de la préfecture de Police, un quart du Conseil des Ministres et soixante journalistes descendent brus-quement sur un quai de métro, ramassent deux seringues et un demi-gramme de dope, en fait du Mannitol. L'Opération Coup de Poing (OCP) est une drogue à double usage : elle excite les médias pour apaiser les gens. C'est la traduction policière de la Prise De Conscience (PDC).

Une formidable séance d'électrochoc, avec cabanon et camisole, eut lieu dans les derniers jours de l'an 1989. Le mal principal étant le stationnement illicite, et personne n'osant demander aux conducteurs de ne plus jamais s'arrêter (il y faudrait le courage d'un Mendès), on prit le parti soudain de punir les contrevenants. En résumé, d'appliquer la loi. A la surprise générale, ce fut effi-cace. Aussi décida-t-on immédiatement d'arrêter le traitement. Les

---

1. « J'ai écarté toute mesure coercitive ou discriminatoire qui, par ailleurs, là où elles ont été adoptées, n'ont pas fait preuve de leur efficacité. » (Jacques Chirac, Interview à *L'Express*, 12 février 1988).

gens roulaient mieux mais ils étaient au bord de l'infractus. Je veux dire qu'ils se faisaient trop souvent piquer en infraction. Ce qui est très mauvais pour la santé des élections : 40 % des résidents parisiens se servent de la voirie comme d'un garage.

L'administration de l'hôpital, c'est son cauchemar : comment punir les voitures en épargnant les automobilistes ? Bien sûr, il existe un consensus chez les gens qui roulent contre les gens mal garés. Mais toutes les études de sociologie politique le montrent abondamment : les citoyens qui déposent leur bulletin dans l'urne sont des citoyens *garés*.

Il n'y a pas encore de vote-in dans ce vieux pays où il est impossible d'exprimer son suffrage sans s'arrêter.

J'ajoute que la direction de l'hôpital est divisée contre elle-même. Le médecin-chef (le maire) s'occupe du confort des malades. Il n'arrête pas de se chamailler avec l'administrateur général (le préfet de police), lequel surveille les allées et venues des timbrés. Les intérêts de la Région, pour tout arranger, ne sont pas ceux de la Ville. La petite couronne ne pense pas comme la grande. l'ouest se dresse contre l'est. Etc.

Pour les pensionnaires, c'est vachement rassurant.

En général, après l'électrochoc, on revient à l'antipsychiatrie. La vie du patient est ainsi rythmée par l'alternance des Coups de Poing et des Coups de Cœur. Dans l'exemple ci-dessus, l'administrateur a témoigné d'un équilibre psychique guère plus enviable que celui du médecin-chef. Après avoir sévi un mois (conformément au manuel de psychiatrie amusante), il a tout simplement demandé aux Parisiens de se montrer *un peu raisonnables*.

Ce qui est *vraiment dingue*.

Deux millions de voitures particulières circulent chaque jour dans Paris, a expliqué en gros le préfet de police [1]. Quinze mille de moins, tout irait mieux. Nous voulons par conséquent persuader une personne sur dix de renoncer un jour sur dix à prendre sa voiture.

Première observation : Réunissez deux millions d'habitants de la Région parisienne dans n'importe quel endroit et dites-leur qu'il y en a quinze mille de trop, vous verrez que les quinze mille ce n'est aucun d'entre eux [2].

Deux millions d'habitants de la Région parisienne, quand ils se sentent visés, sont tout à fait capables de se faire passer pour un million neuf cent quatre-vingt-cinq mille habitants de la Région parisienne.

Deuxième observation : Le jour où j'entendrai un habitant sur

---

1. Pierre Verbrugghe, dans *France-Soir* du 1er décembre 1989.
2. Sans parler des banlieusards dits « enclavés » qui, passé 20 heures, n'ont d'autre moyen de se rendre à Paris qu'en 2 ou 4 roues.

dix de la Région parisienne annoncer, son tour venu, au petit déjeuner : « Ah, c'est ce matin que je ne prends pas ma voiture », et faire un gentil signe de la main aux neuf autres agglomérés en partant à pied vers la gare ou la station du RER, je me fais suédois.

Aussi les choses n'ont-elles pas traîné : après deux mois d'anti-psychiatrie, hop, à la douche : Re-*mesures draconiennes*. Puis retour au laxisme le plus complet.

Nous en sommes là à l'heure où j'écris dans mon cabanon.

Dans le genre incantatoire, il y a aussi la vieille question des *Points Noirs*. Nous avons des Points Noirs qui sont connus dans toute la région. On vient les voir de loin, la foule s'y agglutine. Ils sont encore plus fréquentés que nos points chauds. Cela fait des embouteillages à force, qui sont en quelque sorte des rassemblements de fidèles : les PN font partie de ces endroits où on aime à se retrouver nombreux.

Il y a deux messes par jour aux Points Noirs. L'une à mâtines, l'autre à vêpres. Le début de l'office est annoncé par un concert de klaxons, sa fin par une chorale de sifflets à roulette. Les moments les plus prenants de la cérémonie sont ceux où les ambulances du SAMU s'efforcent de processionner entre les pare-chocs qui nous servent de prie-Dieu. Dans le rituel de la messe noire des Points, cela s'appelle le chemin de croix des mourants. Des miracles parfois s'accomplissent. Des transfigurations. Vous entrez là pas très bien, vous en sortez au plus mal.

Il arrive que des bébés naissent dans les bouchons des Points Noirs. Pour s'occuper, on commence à les élever sur place.

Le Point Noir d'Alésia est un sanctuaire réputé. Situé dans ce que nous appelons le *Triangle des Hôpitaux*, les pompiers, les ambulances et les cars de Police Secours s'y donnent rendez-vous tous les soirs pour communier dans la même impuissance. Chaque fin de semaine, alors que les Parisiens partent (ou reviennent) et qu'arrivent (ou s'en vont) les banlieusards, c'est la grande cérémonie solennelle, une liturgie inchangée depuis des lustres, avec procession de fidèles jusqu'à Malakoff. Le Point Noir d'Alésia est un lieu de pèlerinage. Un mémorial. S'il est l'objet d'une ferveur particulière, c'est qu'il permet à la fois de rater son train à Montparnasse, son avion à Orly, sa sortie sur le périphérique et son entrée aux urgences.

Tous les cinq ans, à la veille des scrutins municipaux, selon un rituel qui remonte aux Pères de l'Église, les candidats de l'arrondissement promettent de s'attaquer au Point Noir d'Alésia. Ce qu'ils oublient de dire, parce que cela va de soi, c'est qu'il faudrait raser le quartier.

Nos gardes-malades – casquette blanche, casaque bleue – ont accoutumé de se rendre chaque dimanche aux Points Noirs par petits groupes. C'est en général bien après l'arrivée des fidèles. Mais il faut les voir, en surplis immaculé, servir la messe des heures durant, enchaînant vêpres et complies, jouant du bâton à la façon d'un encensoir. Certes, fussent-ils sur les genoux, ce ne sont pas toujours des enfants de chœur. On leur laissera que ce sont des artistes. D'un sifflet rustique, le poulet parisien tire des stridulations, des roucoulades qui auraient séduit Messiaen, si celui-ci n'avait perdu son temps dans les forêts.

Reste que nos aides-soignants sont à l'image de nos médecins : leurs manières sont un peu bizarres. L'*engorgement* et la *fluidité*, ils ne pensent qu'à cela. Ce sont des obsessionnels, avec fixation anale. L'évacuation des voitures leur fait oublier aisément la circulation des piétons.

Faites le test qui tue : un piéton est engagé sur le passage clouté. Vous le laissez passer (mettons). Presque aussitôt un poulet vous trille aux cornets.

Vous venez d'appliquer l'article 220 du Code de la Route. Ce n'est pas bien grave mais c'est embêtant.

Nous voici maintenant aux abords de l'Étoile. Le moment est venu de renoncer à rentrer chez soi, de se détendre à fond et de mettre une nouvelle cassette :

ENLÈVEMENT DEMANDÉ [1]

Un rituel obsédant de la vie parisienne est la cérémonie d'enlèvement des voitures. Moment idéal pour observer la fascination du Parisien devant le malheur des autres.

A l'usage de nos lecteurs du nord de l'Albanie, rappelons en quoi consiste la mise en fourrière d'un véhicule automobile (nous posons comme postulat qu'ils savent en quoi consiste un véhicule automobile) :

Un camion-grue s'arrête, deux mercenaires en descendent (ou parfois deux prolos en bleu armés d'un flingue et d'une paire de moustaches), ils enchaînent la voiture, la soulèvent, l'embarquent et c'est fini.

Comme show, il y a plus palpitant. Plus original aussi : la scène se répète 100 000 fois par an (pour être précis, 280 fois par jour en

---

1. Titre d'une chanson fameuse de Nathalie Kauffmann, qu'elle me pardonne. Je l'embrasse.

1989). Il n'y a rigoureusement aucun suspense : c'est toujours la fourrière qui gagne. Pourtant, à chaque fois, on s'attroupe. Pas en très grand nombre mais enfin on s'attroupe.

Une déferlante d'enkrishnés rasés à choupette ne trouble en rien le Parisien. J'ai vu de tout dans cette ville, les genres les plus baroques, des christs en culotte de velours chargés d'une lourde croix à roulettes, une espèce d'aborigène égaré se promenant nu sous la pluie. Chaque fois dans l'indifférence générale. Une mise à la fourrière, en revanche, cela met quelque chose en branle dans la tête de mes concitoyens. C'est un spectacle qu'ils possèdent par cœur, tels de vieux Chinois à l'Opéra de Pékin, des pépés japonais au kabuki. Malgré tout, ils en suivent toutes les péripéties, solidifiés, dans un état proche de l'imbécillité. La scène est vaguement déplaisante, comme la vision d'une bétaillère : il y a là quelque chose de l'accablement du Parisien, de sa résignation.

Analysons de plus près l'attitude du badaud à fourrière. Sans doute y entre-t-il de la bêtise (ne jamais sous-estimer la bêtise du genre humain : la bêtise, c'est l'appel de la nature en nous). J'y décèle également de la souffrance (« Cela m'est arrivé, à moi aussi »), du soulagement (« Cette fois, ce n'est pas la mienne »), de la joie mauvaise (celle du piéton quand c'est un conducteur qui en bave), mais avant tout une culpabilité non avouée : le Parisien prend-il un air léger, il sait bien qu'il est toujours en tort, côté bagnole. Ses stationnements licites sont des occasions qu'on arrose. Habituellement cynique (la loi est faite pour les imbéciles), férocement jésuite (je compte m'arranger de mes péchés), l'automobiliste parisien, confronté à la Mise en Fourrière, se découvre brutalement janséniste : il se sent destiné au Mal. La certitude de sa damnation voiturière lui donne ce regard un peu vide, cette mâchoire pendante, tandis que s'élève dans les airs la chignole tractée.

C'est souvent les larmes aux yeux que je contemple ces abrutis. Fin de la cassette.

La voiture a bouleversé la ville. Parmi nos principaux urbanistes, nous comptons Haussmann et ses avenues, Baissmann et ses sanisettes mais aussi la bagnole et ses tracas. Elle nous a donné la civilisation du parking, du bittoniau en ciment, de la voie rapide et du souterrain. Car bien sûr, comme toujours à Paris, cela finit par des enterrements.

Dans les sous-sols, je ne vous raconte pas, c'est une salade russe. Ces temps-ci, on y trouve des voitures, des piscines et des maîtres-chiens. Les clodos, les skins, les sectes sataniques et les marchands de bonbons au poids ont chacun leur concession. Les squelettes occupent l'espace qui n'est pas réservé aux commissions parlementaires et les réseaux routiers se glissent sous les galeries marchandes. Les Parisiens élégants ont eux-mêmes rejoint dans nos terriers les bricoleurs du dimanche : partis du sous-sol du BHV, nous en sommes à construire une Maison de la Mode sous les Tuileries [1] : il ne s'agit quand même pas de s'enfouir sous n'importe quoi.

En surface, les voies de transit découpent la ville en plaques. Les piétons sont parqués dans des réserves. Paris est fracturé. Il se crée à nouveau des villages mais ce sont des villages pour les jours ouvrables. Ils ne sont pas peuplés de villageois mais de ressources humaines. C'est-à-dire d'employés qui se ressemblent tous et de gens sans emploi qui se ressemblent aussi.

L'apocalypse automobile profite à la nuit. Les Parisiens se racontent qu'à 3 heures du matin c'est formidable, *on peut enfin circuler* [2]. Aussi sortent-ils volontiers et, comme ils n'ont rien à faire à cette heure-là, ils vont, faute de mieux, dans les boîtes. Le *night clubbing* leur est un prétexte pour rouler. La nuit, quand on y réfléchit, c'est le seul moment, entre hier et demain, qui ne soit pas aujourd'hui (ça valait le coup d'y réfléchir). Par tradition, les valeurs s'inversent. Les Points Noirs sont désertés mais il y a des bouchons dans les dancings. Le périf se change en son contraire et devient un anneau de vitesse. Il est du meilleur ton, chez les motards, d'y *cartonner un 220 chrono*.

Mourir mais vite, pour une fois.

---

1. Bon exercice pour les enfants parisiens : *dessiner une maison souterraine.*
2. A 3 heures, pas avant. Surtout le samedi où, vers 1 heure du matin, d'étranges cohues surgissent du fond de la nuit. Des bouchons venus de l'espace, dont la préfecture se désintéresse totalement. Un observateur qualifié me dit que c'est à cause de nos points chauds. Ils font goulots d'étranglement : les visiteurs ralentissent en famille pour contempler nos putes.

LE PETIT MASO PRESSÉ À LA PARISIENNE ET SA GARNITURE DE SADIQUES GRATINÉS FAÇON MÉTRO

Où l'auteur, Parisien assez normal donc totalement parano, se voit poursuivi par d'anciens nazis – Comment le DAE entretient le SDI, ce qui manque rarement de déclencher l'OCP – Airaté-pistes contre Masopolitains – Où l'auteur s'attaque aux jeunes et aux musiciens – Autres méfaits de la Airatépo – Rencontre de l'auteur et d'un chien – Nouvelles allégories parisiennes : la Lecture Par-Dessus l'Épaule et l'Adoration des Bébés – Comment les alliés de la Airatépo ont prétendu résoudre la question cycliste – Ultimes agissements de la secte – SOS.

On a eu dix exemples, chez le Parisien, de sa capacité de souffrir. Cette ville a été soigneusement aménagée pour l'inconfort des soumis et les masos s'y pressent en foule dans les bouchons, les cantines à la mode, les stades, les transports en commun, partout où on a réellement une chance de s'en prendre plein la gueule.

Les salles de gymnastique où ils ont leurs habitudes, les régimes qu'ils s'infligent, les chaises design où ils s'assoient ont été conçus selon des notes de travail laissées par un savant fou. Quand ils assurent à leur médecin qu'ils ont besoin d'un coup de fouet, on ne sait jamais si c'est au figuré.

Pour être sûrs d'être dérangés même quand ils ne sont pas là, ils branchent des répondeurs.

On sent le masochisme jusque dans nos tours de phrase. Des gens qui ont coutume de dire :

« Cela *promet* d'être chiant »,

ou, à l'inverse :

« Cela *risque* d'être intéressant. »

Ces gens-là sont mûrs pour le plaisir dans l'esclavage.

Mais un maso sans maître, ce n'est plus qu'un pauvre homme. Aussi disposons-nous d'un corps de sadiques spécialement entraînés. Prenez la RATP : j'ai eu très tôt le soupçon qu'elle était noyautée par un réseau d'anciens nazis. Il doit y avoir quelque part une espèce de Airatépo : ces nostalgiques des années 30 se sont donné pour mission de nous en faire baver.

C'est un scoop.

Les vétérans de la Airatépo ont quitté le sévice armé mais ils n'ont pas perdu la main. Leur terrain de jeu favori est le métropolitain, un endroit qui leur a paru adapté aux menées souterraines.

Au début, leurs instruments de torture étaient assez primitifs. Ainsi du terrifiant *tourniquet à piquants* – digne d'un film de Terence Fisher – qu'on peut encore admirer en certains endroits. Pris là-dedans, vous n'avez qu'un désir : avouer. Chaque fois que je m'engage dans cette espèce de chevalet gothique, je me mets à dénoncer sans pouvoir m'arrêter et je manque mes rendez-vous.

Cela n'est rien pourtant à côté du traitement hitlérien des *accès* du métro. Nous jouissons des portes au monde les plus lourdes. Elles sont d'un maniement si pénible qu'un seul but a pu présider à leur mise en service : la sélection de l'espèce.

La Airatépo s'est également efforcée d'installer des *courants d'air*, chaque fois que c'était techniquement possible, dans les entrées du métro. Il faut alors voir au guichet les talbins qui s'envolent. Nous avons ici quelques accès souterrains qui ressemblent à des souffleries de l'Aérospatiale. On y étudie la résistance des petits vieux à des vents de force 8.

Il y a, dans chaque station du métro, une porte nue et jaune, soigneusement fermée au verrou. L'apercevant, l'usager maso ne peut réprimer un frisson délicieux. C'est ici, à l'abri des regards, que les agents de la Securitate ferroviaire conduisent les suspects haut de gamme. La légende prétend qu'ils adorent faire des trous dans les gens, avec les vieilles poinçonneuses. Vous entrez délinquant, vous sortez validé.

Ce que j'en dis, c'est des on-dit.

Le *sentiment d'insécurité* dans le métro suit les vogues propagées par les medias. Une saison les tireurs, puis les bandes, les *indésirables*, les dealers. Et, tous les cinq ans, la totale. Pour impressionner vraiment nos masopolitains, le sentiment d'insécurité exige malheureusement beaucoup d'entretien en un temps très court. Par intervalles, des photographes de la presse à sensation sont expédiés dans les souterrains où ils paient quelques gamins pour incarner le sujet (les sujets de reportage ont leurs tarifs désormais, qui n'est pas le même pour *exploser un Renoi*, devant l'objectif, ou *pouilledé un Perf* [1]).

---

1. Casser la figure à un Noir. Piquer un Perfecto (blouson).

Cela s'appelle dans les journaux une *Descente Aux Enfers* (DAE). Après quoi des équipes d'officiels arrivent sur le quai d'en face et tâchent de trouver une gélule de guedro pas trop bidonnée. Où l'on retrouve l'*Opération Coup de Poing* ou OCP (voir *supra*). Au même instant, des équipes de bureaucrates font un lâcher de statistiques, selon la technique du tapis de bombe et sous la forme du *pourcentage d'augmentation*, lequel fait toujours plus d'effet que la *donnée brute* et la *mise en perspective*. Où l'on retrouve cette autre figure de rhétorique : la *Prise De Conscience* (PDC).

Munie d'une trousse garnie de tout le nécessaire en DAE, OCP et PDC, la Airatépo peut commencer à travailler.

« Le crack? De l'intox, dit un brigadier de la police *underground*. Si on voulait vraiment nettoyer le métro, il faudrait faire un travail social avec ces jeunes. Mais ça arrange tout le monde qu'ils soient là parce qu'ils entretiennent un *sentiment d'insécurité*. » Citation extraite de *7 à Paris*, 14 février 1990, n° 430, prix 7 F. Un autre flic spécialisé : « Les statistiques et les sondages, c'est de ça qu'on crève. Nous sommes tenus de respecter un certain quota d'interpellations par jour. Ce quota fait grimper les stats et, dans la presse, ça se traduit par une *augmentation de l'insécurité*. Si on est au-dessous, la hiérarchie conclura que nous ne faisons pas notre travail. »

Doté d'un sentiment d'insécurité soigneusement entretenu au chiffon de poussière et à la cire Abeille, notre maso est à la fête. Continuons à le suivre à deux pas (juste pour lui foutre un peu la trouille) [1].

L'épreuve suivante est d'abord un supplice pour les yeux : ces portillons ajourés, aux découpes en forme de rognons (dont on peut voir un alignement funèbre à la station Châtelet, par exemple), seul un cerveau malade a pu les inventer. Les objets de répression sont rarement beaux à Paris; il y aurait une morale à en tirer s'il en allait autrement pour les objets de séduction.

Voir les sucettes Decaux.

Notre maso approche maintenant du quai. Un nouvel obstacle se dresse. Jusque-là dissimulés par un angle mort, il s'agit de femmes en rogne et en bleu et d'hommes au visage buté. Ils guettent le Jeune, le Noir et le Foncé. Bref : le Fraudeur Patenté. Entraînés de longue main à reconnaître au coup d'œil les Arabes, les Nègres et les Adolescents, cette milice a pour tâche de vérifier si le Fraudeur Patenté est muni de sa patente.

Au détour d'un couloir, quatre jeunes infraterrestres, l'aspect dénutri, s'essayent à jouer de la musique de chambre dans le pié-

---

1. D'accord avec vous : il y a des problèmes *réels* dans le métro. Inutile de m'écrire, je suis au courant.

tinement des correspondances. Un cercle de masomanes avertis les entoure. La Airatépo tolère ce genre de manifestation. Mieux, elle l'apprécie. Cela donne un côté *Arbeit durch Freude* tout à fait sympathique à l'ambiance de rafle du métro à 18 heures. Doucement préparé par ce quatuor à cordes, le maso pressé approche alors, avec la résignation qui fait le charme un peu mélancolique des abattoirs, de son prochain tourment : le musico roulant à ampli.

En dehors de mes problèmes et de mes handicaps, j'ai deux difficultés dans l'existence. 1) je déteste la chasse et j'adore le gibier, 2) j'aime bien les musicos mais je les passerais volontiers dans un presse-purée, eux et leur canon à décibels, quand je les vois se pointer dans une rame, fier-à-bras, et que toutes les issues sont bouchées.

Dans les couloirs, c'est bien, c'est passager, on traverse de la musique. L'acoustique est superbe. On marche dans du son, l'impression est agréable. Dans les wagons, c'est le son qui vous traverse, il rebondit sur les parois et se laisse tomber sur vous comme un poulpe.

Nous avons ici, dans le métro, le musico sauvage, dont la chasse est ouverte, et le produit d'élevage bagué, à la silhouette familière, et tellement habitué aux souterrains qu'on se demande s'il saura jamais voler. Pareil avec nos marchands de melons et d'avocats : il y a le vendeur patenté et le vendeur à la sauvette. Les mancheurs aussi ont leur territoire. Tout ce petit monde se met parfois sur la figure, au nom des *droits acquis*, ces privilèges du pauvre.

Le musico roulant impose sa vision de Piaf, Bob Marley ou Johnny Cash à des masos tétanisés par son côté *ouah vive la zicmu vive les jeunes vous avez vu vos tronches les çaifrans ah ah bougez vos culs youpi soyons gais.*

Vous me direz les musicos, il y a d'autres cibles, des causes plus justes. Je piétine les faibles, bon, ce fut toujours un plaisir dans cette ville, une coutume charmante, mais cela doit bien faire marrer la Airatépo.

Ma réponse est : le bruit, voilà ce qui me gonfle les rouleaux (pour parler comme Pasqua). L'incessant crincrin de Paris, la musique d'ambiance de ce conservatoire de masos. Le son qui s'égoutte des ascenseurs, des magasins, des motos, des voitures, ce suintement, ce sirop sur le pancake de nos vies. Les alarmes programmées pour la détraque. L'insupportable grignotis crunch crunch de rongeurs swinguant qui émane des baladeurs qui fuient :

HALTE AUX BALADEURS QUI FUIENT

De ce point de vue, le métro fait école à Paris-Surface. Il s'agit, en gros, de remplacer toutes les musiques d'accompagnement par des musiques d'ambiance, le son localisé du vieux monde par le son sans origine et sans but de l'ère de la communication. Prenez les manèges de chevaux de bois. Au nom de la lutte contre le bruit, on a interdit leur musique grêle. Tous les ex-enfants, leur parle-t-on de chevaux de bois, se souviennent d'une musique aussitôt. Les prochains adultes se rappelleront seulement avoir tourné en rond sur un vaisseau fantôme, dans une mer circulaire et vide.

Je connais un endroit, il y a un de ces manèges zombies et puis, en face, un magasin qui vend de la hi-fi. Nul ne songe à lutter contre son bruit à lui. La nappe sonore qui, sortant de là, s'installe sur le trottoir, est parfois si épaisse qu'il faut plier pour avancer.

Car ne croyez pas que les sons s'envolent.

La manif NRJ. Une date à Paris dans l'histoire de la démagogie sonore. Le droit revendiqué pour une grosse radio commerciale d'écraser les radios plus petites. Une poignée de nouveaux communicateurs jetant des milliers de jeunes bisons dans les rues de la ville pour crier leur idéal : le confort d'écoute.

« *La soumission à une mentalité de génération (à cet orgueil du troupeau) me répugnait toujours* [1]. »

C'est très mal vu à Paris de dire cela. Battues et rebattues, nos oreilles doivent avoir l'air content. Le son, c'est cool. Avant de les voir supprimer (pas à cause de nous, simplement : non rentables), la Airatépo se réjouissait sans doute de ces téléviseurs à crincrin sur les quais du métro. Les fameux Tubes. Le bredouillis incontinent qui sortait sans répit de ces engins de torture clean. Censés mettre de *l'ambiance*.

« *Nous ne parlons pas pour dire quelque chose mais pour produire un certain effet* [2]. »

A noter : ce sont les mêmes qui voulaient nous entuber qui font la guerre aux musicos. Ce qu'ils veulent, c'est du son qui rapporte.

La technique a fait du bruit un armement personnel. N'importe quel azimuté peut se balader dans les rues piétonnes et les sous-sols avec une bombe à son, un Exocet à décibels, et surtuer tout ce qui se tait. Boîtes à rythme, boosters, stéréos, synthés, amplis, claviers, karaokés, samplers, cocoders : machines céliba-

---

1. **Milan Kundera,** *La Plaisanterie.*
2. **Goebbels.**

taires pour individus qui s'expriment. Ce n'est qu'un début. Le portable va transformer toute personne valide en homme orchestre. En PME. Il y aura les sédentaires et les nomades. Installés au pourtour des mégalopoles, les premiers travailleront chez eux devant leurs écrans. Reliés par des antennes à l'univers entier, ils n'iront plus au bureau que pour les pots de fin d'année. Les seconds occuperont les centres villes et les couloirs du métro avec leurs engins hurlants. Les gens vraiment curieux ne quitteront plus leurs pantoufles. Seuls voyageront les routiniers à l'âme casanière. Allant par l'Europe comme s'ils restaient sur place. De pays en pays, se retrouvant entre soi. Dormant dans les souterrains.

Stade suprême de la démocratie urbaine : le son mondial, la pâtée universelle et obligatoire. Fin des rêveries du promeneur solitaire dont la dernière issue, pour se protéger du bruit, sera d'en consommer avec des écouteurs.

Qui fuiront sans doute.

La maigre revanche des minorités opprimées : se transformer en tyrans pour les oreilles des autres.

Accordez-lui des droits, le bruit prend le pouvoir. Le son n'est pas un démocrate. Avec lui, c'est toujours le silence qui s'écrase. Tout cela allait sans dire mais c'était pire en le disant. Zzzouing scratch crouiiik. Retour au sado-maso des profondeurs.

Poursuivant son entreprise de déshumanisation, la Airatépo a obtenu un résultat intéressant : c'est à qui montera dans les rames sans laisser descendre.

Cela ne se faisait jamais à l'époque de l'ancien métro, celui qui sentait le fer chaud, où il était interdit de cracher, où des panneaux recommandaient au travailleur manuel de boire un litre de vin par jour (je veux dire : *jamais plus* d'un litre).

Le changement a été brutal. Il est sans doute lié à la mise en service des nouvelles voitures, où les entrées sont plus larges. Ne plus laisser descendre les voyageurs, afin de mieux foncer sur les places encore chaudes, c'est peu de chose, mais (comme souvent avec les choses de peu) ce n'est pas rien. C'est la fin d'une courtoisie minuscule : cette politesse un peu mécanique des gens nombreux, un de ces rituels collectifs et quotidiens qui distinguent l'individu du prédateur et la foule du troupeau.

L'heure de pointe. L'ayant évoqué au début de cet ouvrage, je ne dirai rien du plaisir singulier qu'elle procure au Parisien vraiment maso. Revenons sur le quai (la porte s'il vous plaît, laissez descendre, mais je descends aussi, monsieur, y a pas le feu) et admirons au passage deux agents du Groupe d'Intervention et de

Protection des Réseaux : « de gabarit imposant, entraînés aux arts martiaux, d'une courtoisie extrême mais équipés d'une matraque ». [1]

Sur le quai, nos sadiques de la Airatépo n'ont pas chômé. Cherchant incessamment ce qui pourrait nous faire souffrir, ils ont eu cette intuition qu'après avoir supprimé le personnel du quai, il fallait s'attaquer aux sièges. Avec les sièges, il y a toujours un risque que les gens s'y assoient. Aussi les Airatépistes ont-ils lancé une vaste campagne d'arrachage : à la station Étienne-Marcel, il en reste six de chaque côté. Ailleurs, c'est plus subtil, les sièges ont été remplacés par un accessoire de type nouveau, grâce à quoi le maso savoure la jouissance de n'être ni assis ni debout. Ainsi peut-on lutter contre trois fléaux à la fois : les dealers, les *indésirables* (nom que prennent les *nouveaux pauvres* en dehors des grands froids) et les gens un peu fatigués.

Soigner le mal par le mal (et redoubler ainsi le bonheur des masos), cette devise est chère à la Airatépo : un de ses gestes les plus audacieux fut de lutter contre les graffitis sauvages en recouvrant les murs de consternants graffitis domestiques. Une politique de gribouille dans les deux sens du terme [2].

On pouvait compter sur notre amicale pour donner aux bergers allemands l'accès du métro. L'Anschluss des hommes et des bêtes répondait aux aspirations profondes d'un règne animal tenu en laisse trop longtemps : n'étaient admis jusqu'ici dans les rames, en vertu du traité de Versailles, que les petits chiens dans les cabas (ils ressemblaient à des commissions mal emballées). C'était d'une grande injustice. Nous avons désormais dans les sous-sols tous les modèles jusqu'à 120 kilos. Il y eut d'abord le chien du maître-chien. (A l'exemple de l'Abbé Pierre, le maître-chien s'attaque à la grande pauvreté mais ses moyens sont différents.) Après quoi, tout le monde s'y est mis. Un des plaisirs raffinés du maso parisien étant de s'enfermer avec du chien en tas dans des endroits pas faits pour, tels qu'un deux-pièces cuisine, il était normal que les canidés eussent un jour les droits des sous-locataires à deux pattes. Dont celui de se déplacer partout librement. Pas à pied, bien sûr, ils risqueraient de prendre l'air. Ni en taxi, le chien n'y est souvent pas admis.

Le chien qui conduit le taxi est très à cheval là-dessus.

Restait le métro.

J'étais l'autre jour occupé à lire mon canard, bercé par le chant d'un vol de ramiers Guaranis qui s'était posé dans la rame, quand

---

1. Christian Blanc, président de la RATP, 19 octobre 1989.
2. Le mot est d'Alain Riou, dans le *Nouvel Observateur*.

je sentis qu'on dévorait mon journal. Levant la tête, je m'aperçus que ce que j'avais pour voisin n'était pas le manteau d'astrakan mouillé que j'avais cru mais un gros chien frisé. Il se tenait bien droit, comptait les stations en mâchouillant mon *Libé*, sa maîtresse gentiment assise sur ses genoux.

Nous avons causé un peu, le chien et moi. Tout compte fait, cela me changeait du Lecteur de Journaux Par-Dessus l'Épaule, ce doux maniaque au regard en biais qui hante le métro parisien, toujours à l'affût d'une occasion en dépit de ses yeux usés. (Déchiffrer *Libé* de front est déjà difficile, de côté, c'est du basque.)

En plus du Lecteur de Journaux Par-Dessus l'Épaule, nous avons ici l'Admiratrice de Bébé. L'Admiratrice de Bébé est actionnée par une cellule photoélectrique greffée dans son crâne. Vous placez un pitchoun dans un rayon de soixante centimètres, l'Admiratrice de Bébé se déclenche aussitôt et qu'il est mignon et quel âge qu'il a et comment qu'il s'appelle. Le profane s'imagine volontiers que l'Admiratrice découvre le Bébé, qu'elle étudie pour la première fois cette merveille de la nature : un petit merdeux ambulant. Cette impression est fausse : l'Admiratrice de Bébé peut très bien avoir son exemplaire personnel à la maison. C'est qu'elle obéit à ce vieux principe de l'espèce que les enfants des autres sont toujours mignons. Seuls ses sales chiards si souvent sont si chiants. Ce qui, en même temps qu'une observation pertinente, est un bon exercice de diction.

Principe qui peut s'inverser totalement. Vous obtenez alors l'Ennemie des Bébés des Autres.

Un cercle d'Admiratrices de Bébé autour d'un petit Black est une scène familière du métro parisien. Les AB peuvent bien voter Le Pen, c'est plus fort que tout, elles adorent les petits Blacks.

Dans le style plus je connais les nègres, plus j'aime les négrillons.

La Airatépo a fait des émules dans Paris-Surface. C'est de longue main, par exemple, qu'une poignée de sadiques s'intéressent aux autobus : apprenant que, sur certains parcours, on allait doubler le service aux heures de pointe, ils exigèrent que le véhicule supplémentaire collât toujours au cul du premier. Ainsi éliminerait-on tout danger de réduire l'attente de moitié. Ce fut un grand moment pour les masos.

Un beau matin, le Schtroumpführer Kellerman, haut dignitaire airatépiste, venait de s'installer tranquillement dans un bus lorsque, dressant l'oreille, il s'aperçut avec stupeur que le machiniste ouvrait la bouche : il annonçait les stations aux passagers. On remplaça aussitôt la voix du conducteur par un texte enregistré, énoncé d'un ton aussi glacial qu'un abri Decaux en novembre et soigneusement choisi pour coller le cafard aux âmes les mieux trempées.

Garemontparnassesection : il est rare d'entendre des accents à ce point indifférents au voyageur. Cette voix synthétique est un modèle de froideur. J'entends bien que la Régie veut éviter de prendre parti pour ou contre la section Montparnasse. Mais trop de neutralité vous pèse comme une menace.

Après quoi nos tortionnaires, ou plutôt leurs confrères de l'Hôtel de Ville, s'attaquèrent à la voirie. Une importante réunion fut consacrée aux cyclistes. Thème : comment s'en débarrasser ? Aux yeux de ces braves gens, les cyclistes (140 000 à Paris) sont des espèces de sous-hommes. Vous avez le piéton, une larve, le cycliste, un rat, le deux roues, un serpent à sonnettes, et puis l'automobiliste : lui seul appartient à la race des seigneurs.

Bon, des cyclistes, il en claquait beaucoup, mais dans le désordre le plus complet. Apprenant qu'en dépit de ses ordres, le cyclard courait toujours (avec cette façon insolente qu'il a de siffloter, de regarder les conducteurs à l'arrêt, de *poser la main sur le toit des voitures*), le mystérieux responsable de l'Amicale des Sadiques Parisiens entra dans une colère épouvantable. L'extinction de l'espèce fut planifiée. On créa des parcours d'extermination, marqués par une bande verte, dans l'espace compris entre le couloir pour autobus et le haut de la chaussée : ceux qui ne seraient pas écharpés par les engins de la RATP, les voitures les esbigneraient.

Tout était prévu mais on n'avait pas compris la nature profonde du cycliste parisien. Sa vélocipédéité. Le cycliste ondoie. L'instinct le conduit à faufiler sa roue. Incapable de se plier aux instructions, il continue à se faire tuer en vrac.

Nos vétérans sont très fiers aussi des sanisettes. Uniforme vert, casque blanc de roi Ajax ammoniaqué, engin rutilant : on croirait l'avant-garde de Rommel dans un rêve de Kadhafi. Il n'y a rien de si impérieux que ces ramasseurs de merde. Comparés au balayeur ou à la camionnette réservoir, c'est *L'Équipée Sauvage* en regard de *Jour de Fête*.

Quand elle veut réellement s'amuser, notre réunion de sadiques fait comme tous les sadiques : elle se livre à des expériences sur les faibles. Ainsi furent créés, en quelques endroits de Paris, les *cheminements expérimentaux pour mal voyants*. Averti par la lecture d'un panneau, le mal voyant suit un renflement de la chaussée, lequel le conduit à un passage clouté où l'attend un signal sonore. Ayant sacrifié de la sorte au premier devoir de tout responsable dans cette ville (donner l'impression d'agir), on décida d'en rester là. Exagérément développée, une expérience perd assez vite le caractère expérimental qui fait son charme. Aussi, quand ils tiennent à cheminer expérimentalement, nos mal voyants sont-ils obligés de se rendre à deux ou trois coins de rue de la capitale. Ce qui les amuse cinq minutes.

Tous ces exemples, Monsieur le Président de la République, m'ont persuadé qu'une organisation secrète antimaso s'est infiltrée chez nous. Leurs habitudes sont perverses, leurs mœurs cruelles. Ils se tiennent aussi soigneusement cachés que les oreilles de Philippe Gildas, (qui sont, vous le savez, l'un des derniers mystères de Paris). Cette menace m'empêche de dormir. Mes lettres à la DST ont fini au panier. Si j'évoque le sujet en séance, mon analyste se comporte exactement comme d'habitude : il lit son journal *(La Cote Desfossés)*. Aujourd'hui, j'ai peur, Monsieur le Président. Cette bande de vieux nazillons me suit partout. Sur le quai du métro, je sens leurs équipes de pousseurs dans mon dos. Ils épient mes correspondances.

LES PIÉTONNIERS

Du piéton et du piétonnage – Piètre piétinement du piteux pié-
tonnier – Pour en finir avec le Forum, ce malheureux – Feu sur le
Centre! A bas l'Internationale Centriste! – Pour en finir avec la
Coupole, la pauvre – Je crains les Grecs et les boutiques de pré-
sents – Où l'on voit que, dans nos rues piétonnes, les voitures
peuvent enfin rouler – Rêve de cintre, par un vieux portemanteau.

On naît piéton mais on devient piétonnier.

Le piéton de Paris est un spécimen craintif, souvent bougon, mais doué du sens des réalités. Il a son boucher, il fait mettre des fers à ses chaussures, il est sujet au rhume des foins. Où il marche, il y a des arbres, des portails, des bancs, des cortèges de la CGT et des marchands de couleurs. Autant de traces du vieux monde. Tandis que le piétonnier baguenaude. Il se promène entre les pages d'une sorte de livre d'images stéréotypées (on les trouve à l'identique dans tous les centres de toutes les villes de tous les pays d'Europe). Il visite un haut lieu de l'authentoc universel, avec des éclairages hyperréalistes, des sculptures gadget, des fontaines-gag, des orgues de barbarie sortis d'usine, les derniers kepons des terres émergées, des musicos transcontinentaux et des croissanteries. Il n'y a aucun endroit où se glisser entre les magasins. Beaucoup d'arrière-boutiques sont de simples dépôts ravitaillés par les fabriques : le piétonnier évolue dans cet univers pas franc de faux artisans qu'on appelle des franchisés, et cela sent moins la friture que l'affèterie.

Les voies piétonnes ont conservé leur ancien nom mais il n'appelle rien en vous. Ce n'est plus qu'un nom sans rue. Personne ne fait d'ailleurs attention aux plaques. Le piétonnier ne s'oriente pas, il se laisse porter.

Transplantés en zone piétonne, on remarque que le fromage se couvre de noix et que le canard se change en magret sous vide.

Les pains sont attaqués par des céréales inconnues, les crottes en chocolat sont corrigées par le design, les pâtes sont rouges et vertes et les talons sont minute.

Respecter l'environnement ? Et l'environnement, il me respecte ?

Le piéton de race connaît l'heure où arrive le pain chaud chez le (dernier) boulanger (du coin). Chez le panetier, il n'y a que du pain froid et le piétonnier hésite entre le modèle aux algues et le modèle aux douze graines disposés sur des torchons néanmoins à carreaux.

Le piéton fait ses courses. Le piétonnier fait ses achats.

L'affluence piétonnière a cette allure indécise, hébétée, qu'on voit aux manifestations fraîchement dispersées.

Le piéton se promène en ville le soir. Le piétonnier déambule dans quelque chose qui lui rappelle une maquette. Il s'aperçoit avec horreur que, derrière, il n'y a rien.

On s'est sottement battu pour la voie piétonne. On croyait en finir avec la voiture au profit de l'habitant. Le résultat est qu'il y a de plus en plus de voitures et de moins en moins d'habitants. En fait, on achevait de liquider une civilisation urbaine patiemment mise au point depuis Philippe Auguste. Il est vrai en tâtonnant.

Les zones piétonnes allaient libérer la ville. Simplement elles lui tournent le dos. Elles transforment des morceaux de la capitale en stations balnéaires, le reste en parkings et en autoroutes. Le piétonnage constitue le stade suprême de l'urbanisme post-industriel, post-moderne et post-machin. Tout autour s'installent des voies rapides bordées de barrières métalliques. On y vient de loin pour se faire écraser.

Le Forum des Halles est un ghetto ludique. Ses vitres miroirs lui donnent l'allure d'une salle de bains. Elles reflètent ce genre de pensées un peu vides qui vous viennent en vous rasant. Son jardin est un cimetière sans le charme des tombes en friche. Au cœur, la ville s'enfonce. Avec ses arceaux, le centre de la capitale est devenu un bord de mer compliqué d'un souterrain.

Cette espèce d'évier débouche sur des tuyaux.

Vous voulez mon avis ? Il n'y a plus de centre à Paris. Il n'y a plus de centre en Europe. Il y a en revanche une Internationale des Centres Villes. Les rues marchandes en sont déjà au Grand Marché. Partout les mêmes boutiques. Bijoux en fil de laiton. Junk foods et junk people. Baladins et camés. Un univers calibré comme un steak haché. Bientôt la place Rouge sera un centre ville. En attendant Tien An Men. Et l'on se sentira obligé de dire que c'est un progrès. [1]

Circulez librement, il n'y a rien à voir.

---

1. Ce sera un progrès, bien sûr. Ne me faites pas dire des choses.

La création du Forum, le rajeunissement de la Coupole et la disparition des merceries comptent parmi les crimes impunis de la modernité parisienne. La nouvelle Coupole, c'est de l'idéologie piétonnière poursuivie à l'intérieur. Avec n'importe quelle cantine pour Franciliens (Hippopotamus, Bistro Romain, etc.), il n'y a plus qu'une différence de taille et de prix. Chic normalisé, *revival* énervé de l'*ancien*, hôtesses bioniques, réservations obligatoires, déplacements canalisés, ripolinage vaguement écœurant, la faune devenue affluence, cela fait d'un endroit où tout était possible, comme dans la rue, un lieu où rien ne peut arriver, comme dans la voie piétonne. Ils en sont à offrir le couvert gratuit aux *célébrités*. Pour assurer l'animation, comme font les musicos dans les quartiers piétonniers.

Une vedette à la Coupole n'a plus l'air d'une star mais d'un radin.

Les commerçants étaient opposés aux voies piétonnes quand les piétons étaient pour. Aujourd'hui, c'est plutôt l'inverse. Le piéton voit bien que ce n'est pas fait pour lui mais pour la circulation de la marchandise.

Quand je dis piéton, je veux dire : moi. Je sais que d'autres variétés de l'espèce, des passants chevronnés dont le professionnalisme n'est pas en cause, sont d'un avis différent. Il faut de tout pour défaire un monde. En juin 1973, aux applaudissements du voisinage, le quartier Saint-Séverin fut « rendu aux piétons ». Les rues seront plus calmes et plus propres, avait promis la mairie. Allez-y voir. Le voisinage en question (par ailleurs assez snob) n'en peut plus de ses 120 gargotes, grecques pour l'essentiel, où l'exposition de morceaux de viande crue, de poivrons invendus et de poissons mous est supposée faire envie aux étrangers (on voit par là que, dans tout cochon, il y a un touriste qui sommeille).

Je n'ai rien contre les Grecs, attention. Même dévots du sirtaki-tarama, ce sont des gens vifs et charmants. Je demande seulement qu'on les noie à leur naissance vu qu'après, on s'attache.

La poissonnerie remplacée par une saumonerie, le boulanger par un panetier, le pâtissier par une multinationale du bonbon fourré, le volailler par un confits-shop, le grainetier placide par un macrobioticien halluciné, le droguiste par un marchand de savons parfumés aux herbes de la steppe provençale (l'espace culinaire parisien – section produits régionaux – constituant une espèce d'Austrasie qui va de la plaine hongroise aux confins des Pyrénées), le cuisiné par du sous-vide, le préparé par du prêt à cuire et le reste occupé par du bistrot authentoc, du croissant au jambon, du caraco taïwanais, telle est la rue piétonne. Le tout parfois bon, souvent cher, sans surprise et sans âme.

S'il n'y avait que les rues piétonnes. Cela gagne, à petits progrès, les rues voiturines.

Les marchandes des quatre saisons mises à la retraite, au prétexte qu'il n'y a plus de saisons, voici les marchands tout court au rancard, au motif que *tout court*, ce n'est pas assez pour le vrai-faux chic parisien.

Je connais un endroit, dans le sud de Paris, il n'y a plus de boulanger. Un artisan voulait s'installer à la proue d'un immeuble. Le gérant a trouvé cela vulgaire. Il a donné le fonds à un marchand de sapes moches : le 63e du quartier.

Vulgaire, le pain.

Un des avantages reconnus au piéton par la Convention de Genève est l'usage du trottoir. Serait-il transformé en garage pour les deux tiers et en patinoire à crottes pour le reste, on note que, privé de trottoir, le piéton s'étiole et dépérit. C'est son espace à lui et à ses amies les putes. Le piétonnier n'a aucun trottoir, lui, où se ranger des voitures. C'était d'autant plus risqué, dans les premières années du piétonnage, qu'il croyait la zone piétonne réservée aux piétons. Il comptait sans les caisses des riverains, les camionnettes des commerçants, les camions des livreurs, les cars des flics, les deux roues des coursiers (toute une vie consacrée à la remontée des sens interdits), les véhicules des resquilleurs (la rue piétonne n'est pas qu'une promenade, c'est un raccourci) ni les gros cubes des motards.

« La zone piétonne? Quelle zone piétonne? Le quartier devient aussi fréquenté que la rue de Rivoli. » La présidente de l'association Vivre à Beaubourg [1].

« On raconte qu'ils veulent remplacer le marché couvert par un parking, m'a dit un cafetier de la rue Daguerre. J'y comprends rien, ça donne en plein milieu de la rue piétonne. » Ce cafetier n'a encore rien compris au piétonnage. C'est d'ailleurs un excellent cafetier. L'annonce de la transformation, sur 20 hectares, du Sentier en zone piétonne a suscité un immense éclat de rire chez tous les propriétaires de Range Rover du coin (la Range Rover, on le sait, est un engin tout-terrain, particulièrement adapté aux conditions du désert et du cheminement piétonnier). A moins d'augmenter le nombre des porteurs nubiens dans des proportions pharaoniques, on ne voit pas ce qui éliminera les véhicules du Sentier. Tout véhicule est utilitaire dans le Sentier, eût-il l'air complètement inutilitaire. Prenez les cintres. Comment transporter tous ces cintres? On rencontre, dans ces rues, des chargements de cintres inouïs. C'est un vrai cauchemar de penderie.

Quand deux gros culs bourrés de cintres entrent en collision, il y en a jusque sur les toits.

1. *Le Parisien*, 1er décembre 1989.

FOLKLORE

**Étranges coutumes, usages pittoresques
et détails insolites
Nouveaux cris de Paris**

Certains traits donnent à penser que les premiers Parisiens avaient peu de chose en commun avec les tribus voisines. Ç'aurait été des espèces de Basques, en moins béret. Les *Parisii* seraient arrivés d'un point mystérieux de l'horizon, dans des nacelles d'osier, avec leurs astrologues, leurs répondeurs et leur accent gras. En un sens, c'est assez gonflé comme hypothèse. En sens contraire, il est vrai que des mœurs aussi curieuses ne se rencontrent ni en Valois ni en Brie. Sans parler du Hurepoix. Beaucoup témoignent d'un système de pensée prélogique.

RETROUVAILLES

Introduction aux nouveaux cris de Paris – Où l'on apprend que, si la Terre est ronde, selon une hypothèse reconnue, Paris l'est aussi – Le Tournenrond, sa vie, ses mœurs – Rumeur et vérité – Les voyages de M. Tournenrond – Charters mondains – La tribu des Qui y aura.

Imaginez une pièce de Feydeau réécrite par Ionesco. Des personnages vont de long en large et, chaque fois qu'ils se croisent, ils lèvent les bras au ciel en hurlant : *Ouiii! Chériiie!* ou *Ouaaah! Saluuut!*

Ce sont les fameux transports parisiens. De tels élans s'observent tous les jours dans la capitale. On ne se quitte le soir avec agitation que dans le dessein de se retrouver demain avec enthousiasme [1]. Nous sommes condamnés aux rires forcés à perpétuité. Vu d'une distance de trois mètres, cela ressemble au mouvement brownien d'une bande de maniaques.

Impertinent et mondain, un malade du Sida en faisait un jeu. Dans les soirées, il se tenait près des portes, lançait des *Chérie!* et des *Salut!* Tout le gratin séro-négatif plongeait sous la moquette pour n'avoir pas à l'embrasser. On comprit alors ce qu'il y avait derrière les effusions parisiennes, c'est-à-dire rien.

C'était l'époque où l'on n'était pas *tout à fait* sûr que le Sida ne se transmît par la salive. On ne savait pas encore très bien si c'était médical ou d'extrême droite comme idée. Or la salive est une denrée très abondante à Paris, où des riens en font couler beaucoup. Si bien que nous avons eu chaud. C'était effectivement d'extrême droite.

Les retrouvailles perpétuelles, cela vient de ce qu'on ne cesse

---

1. Vous êtes parti huit jours? En parigomondain, cela donne : « On ne te voit *plus.* » Vous êtes parti un mois? « Tu as *totalement* disparu. » Vous êtes parti un an? On vous croit mort.

de tourner dans cette ville. On fait la tournée des bars, des commissariats, des éditeurs, des hôpitaux, des soldes, des journaux, des grands ducs et des bistrots. On tourne sur le périf. On tourne dans le quartier (pour un automobiliste, la seule façon de n'être jamais en infraction est de ne jamais s'arrêter). On circule dans le milieu. On zone dans le métro. On s'aime aussi en rond, comme le montre un des jeux favoris du Parigomondain : le *Kibezki*[c]. Il consiste à remonter d'*ex* en *nouvelle* et de *nouveau* en *exe* et à tenter de former des familles Tuyau-de-poêle.

Les exes des uns sous les ex des autres font une exualité très compliquée.

Si vous ajoutez aux ex les anciens de Janson et les anciens de Sciences-Po, les anciens du PC et les anciens d'Occident, les anciens de l'ancien *Express* et les anciens du vieux Saint-Germain, les vétérans de 68 et les rescapés de la nuit, les amicales bretonnes et les associations montmartroises, les réunions de parents d'élèves et les bandes du Forum, les *piliers* et les *incontournables*, les inscrits au tennis et à l'ANPE, un rapide calcul montre que si l'on se voit, c'est qu'on s'est déjà vu.

Très vite, on l'a noté, le Parigomondain a le sentiment étrange que tout le monde se connaît [1]. Y compris physiquement, parfois. Paris, c'est le vagabondage sexuel compromis par l'endogamie villageoise. Si, *en plus*, on se faisait des enfants, il y aurait des problèmes de consanguinité, des goitres, des hanches luxées. Des figures sous vos yeux se défont, se recomposent, finissent par se rejoindre sous une forme imprévue. L'amour du changement – le changement dans l'amour – a pourtant ses limites : aux murs de la ville. L'espace mental est courbe. Par rebonds successifs, on finit, à peu de chose près, par se retrouver entre soi.

Toute immersion prolongée de deux corps dans un milieu parisien aboutit à des histoires curieusement récurrentes ou symétriques. Exemple : Alphonse vit avec Antoinette qui est l'exe de Patrick, lequel vit avec la sœur d'Alphonse.

Les rumeurs aussi vous *reviennent*. Elles repassent même à bien des reprises, en forcissant. Elles prennent du jarret. C'est qu'en matière de bruit de chiotte, DEUX SOURCES ÉGALENT UNE CERTITUDE. Quand un Parisien vous dit : « Je le tiens de deux côtés », traduisez : « Cela ne fait pas un pli. » A première vue, c'est navrant. Au deuxième regard, c'est consternant. Imaginons que A. raconte à B., *sous réserve* (cela ne lui est venu que d'un côté), ce que C. vient de lui dire *sous le sceau du secret*. B. fonce aussitôt sur sa Vespa pour le répéter à D., lequel ferme d'urgence le magasin pour en faire part à E. Celui-ci appelle immédiatement son copain A., afin qu'il soit *le premier au courant*.

---

1. Voir p. 155 – *Les notables*.

A., par définition, était déjà au courant mais, grâce à E., il croit tenir ce qui lui manquait : ses deux sources. La rumeur enfle alors au point d'éclater, à la façon dont éclatent les vérités.

Projet de monument pour la capitale : la Famille Fenouillard. On tourne en rond et on n'arrive jamais à quitter la ville. Objet à la mode symbolisant le mieux Paris : un mini-sac à dos. Il donne l'idée du voyage mais il est trop petit pour qu'on puisse vraiment partir.

Ces oiseaux de nuit qui passent de quartier en quartier (selon le vieux poncif : *la nuit est une errance*), sont-ils en voie de rompre le sortilège ? L'Histoire le suggère. Installés au Palais-Royal en 1789, les *night clubbers* émigrent à Montparnasse dans les années 20, se retrouvent à Saint-Germain dans les années 50, aux Halles dans les années 70, à la Bastille dans les années 80. Aujourd'hui, ils remontent vers le Nord avec un acharnement tel que la question vaut d'être posée : vont-ils enfin trouver l'accès de l'autoroute A1 ?

Le confinement parisien a son avantage : il permet le fameux *bouche à oreille*. On ne parle que de cela, ici, au moindre lancement : « Il faut enclencher le bouche à oreille » ; « le bouche à oreille a bien fonctionné ». Comme si c'était une espèce d'installation électrique. Il obsède les Parisiens au point que les anthropologues de l'an 3000 croiront que c'était notre façon de nous embrasser.

Le bouche à oreille est à l'empire du Bien ce que la rumeur est aux puissances du Mal. Dit d'une autre façon, le bouche à oreille est à l'industrie culturelle en crise ce que le bouche à bouche est au noyé : un procédé de réanimation. Pas un éditeur, aucun producteur, nul boutiquier qui ne vous explique : « Une seule chose compte vraiment, je peux vous l'affirmer après trente ans de métier, c'est le BOUCHE À OREILLE ! »

On se demanderait pourquoi, dans ces conditions, ils consacrent tant d'efforts à la promo, si la promo n'était devenue, à la télévision, une sorte de service public, gratuit et obligatoire.

Le Tournenrond anxieux allume régulièrement le Tournenrond frivole : « Tu devrais sortir un peu de cette ville, bordel ! Voir comment sont *vraiment* les choses [1]. » C'est compter sans l'aptitude des Parisiens à refaire Paris à la campagne. Il ne leur faut pas cinq minutes pour remonter leur salon dans n'importe quel terrain de camping. Se laisser pour le plaisir de se revoir, ce n'est pas que dans l'intra des muros, cela vaut aussi pour Deau-

---

1. Variante : « Tu devrais descendre *un peu* dans le métro. » On dit aussi parfois : « Essaie de regarder plus loin que ton nombril ! » Ah, le nombril : jusqu'à la numérotation en spirale des arrondissements parisiens qui donne l'image d'un ombilic, d'un ventre rond, celui du Père Ubu.

ville ou Les Arcs, Quiberon, Juan-les-Pins, Varengeville, New York University, Batz, Avignon, Belle-Ile, Canisy, Marrakech, Glyndebourne, Gordes, Biarritz ou même Saint-Tropez, dans l'arrière-pays bien sûr. Les tribus parisiennes ont leurs centres de loisirs assignés comme les municipalités ont leurs colonies de vacances : elles glandent où on leur dit de ne rien faire.

Le parisianisme aéroporté commence à poser des problèmes de sécurité aérienne. « Tiens, un passage de Parisiens » : c'est tout juste si les vieux lèvent encore la tête. « Ils sont en avance cette année », se réjouit un chasseur. Les commerçants ont graissé leur fusil, les appeaux sont prêts mais le cœur n'y est plus. On est trop habitué.

L'hiver ou l'été, qu'importe, du moment qu'on se retrouve : le vol des migrateurs obéit aux lois de l'instinct. Quand le voyage n'était pas prévu, c'est seulement qu'il était prévisible. Aller tous ensemble casser le mur de Berlin. Se faire filmer ensemble à Bucarest, occupés à distribuer des pansements Urgo et tous les invendus du Bicentenaire (les soldeurs de l'An II). Dormir tous ensemble au même endroit car ce qui est chiant, avec le monde extérieur, c'est qu'il n'y a la plupart du temps qu'un hôtel, et encore, qui soit *possible*.

Les affaires étant de plus en plus étrangères, la façon qui nous reste de transformer un événement mondial en événement parisien est de nous rendre sur place en formation serrée. Aussi devient-il, par temps couvert, très difficile de distinguer un coquetèle au sol d'un charter mondain : ils ont l'Aeroflot, on a l'Aero-Champ'.

La question que posent les grandes consciences volantes est la même que celle des voyageurs de presse [1] et des grands reporters de l'ethnie des Matuvus (tous calfeutrés dans le seul hôtel *possible*) : QUI Y AURA ?

Pour réussir une opération de relations publiques : choisir le plus bel hôtel du plus bel endroit au monde, avec vue sur une aurore boréale, et donner à chacun la liste des QUI Y AURA (les autres invités) comme, si déjà, ils avaient donné leur réponse. Un petit déjeuner gratuit avec du jus d'orange, plus M. X et Mme Y, c'est trop : *tout Paris* ira, si bien que même QUI Y AURA y sera.

L'habitant de la capitale se moque volontiers du *franchouillard* (mot parisien qui signifie compatriote). Ce qui le fait poiler, c'est la joie bruyante du franchouillard à l'étranger, quand il tombe sur des Français par hasard. Elle n'a pourtant d'égal que le bonheur du Parisien en voyage, quand il retrouve des Parisiens comme convenu.

---

1. *Voyageur de presse* : qui participe à un voyage de presse.

PLUTÔT DEUX FOIS QU'UNE

Le jeu de la Partie Remise — Où l'on comprend que, s'il n'est pas démontré que l'Histoire se répète, il n'est plus à prouver en revanche que le Parisien repasse les plats — De la réunion à la réunionnite — L'enfer du challenge — Les unes qui marchent par les temps qui courent — Un mal récurrent : le stress — Étrange comportement de Paris-Surface, sous le regard consterné de Paris-Cave.

Cause, bien souvent, de nos retrouvailles perpétuelles : l'éternel retour. A Paris, non seulement l'espace est circulaire mais le temps est courbe. Toute action est répétée ou accomplie en deux fois. C'est comme une angoisse : on n'arrive pas à se donner entièrement tout de suite, à épuiser un plaisir ou un sujet. Il faut faire de deux pierres un coup.

Vous pouvez jouer ici à toutes sortes de jeux mais notre partie préférée (avec le *Kibezki*) est la *Partie Remise*. A l'issue d'une rencontre languissante ou d'un déjeuner interminable, vous entendrez : « Il faut vraiment qu'on se revoie », ou bien : « On doit absolument recauser de tout ça ». Pourquoi ? Parce qu'ici, *on ne s'entend pas*, qu'*on n'arrive pas à se parler* – précise le Parisien n° 1 (qui vient pourtant de jaspiner pendant deux plombes et qui a lui-même choisi cette *cantine* où il a ses habitudes). A quoi le n° 2 répond (tout en gagnant rapidement la porte : il est *à la bourre*) : « Quand tu veux. » A quoi le n° 1 rétorque d'une voix hachée (il n'a plus que *trois minutes devant lui*) : « On s'appelle. »

Formule fatale, comme on verra.

Pour tout arranger, le Parisien ne prend plus de digestif, ce qui l'empêche d'aborder toute cette vaste catégorie de sujets qu'on n'abordait qu'au digestif, et dont beaucoup ont fait l'Histoire de France. Bien sûr, il est d'usage à Paris de prendre un second café mais cela ne remplace pas.

Deux petits cafés plutôt qu'un seul grand, notons-le au passage. Encore cette manie de répéter. Elle se niche partout : apportez un plat salé au Parisien, il ajoutera du sel avant d'y goûter.

Plutôt deux fois qu'une. Toujours.

C'est pour *arriver à se parler* (enfin), croirait-on, que les Parigomondains ont lancé la mode de se rencontrer dans des bars. Erreur funeste : dans les bars, *tout le monde est là*. Le syndrome des retrouvailles perpétuelles vient miner les efforts pour échapper à l'éternel retour. « Le bar du Plaza, c'est comme les petits déjeuners au Crillon, vous disent les attachées de presse. Les gens ne vous écoutent pas. Ils épient les tables voisines. Ils se demandent ce que Talonnette peut bien faire avec Sonotone et Bolduc. »

Bref : « Il faudra qu'on se revoie. »

Quand vous aurez réussi à doubler vos notes de frais en dédoublant vos rendez-vous, vous deviendrez une raquette classée au jeu de la Partie Remise [1].

On a compris qu'il se joue sur deux sortes de terrains : les endroits bruyants où on peut se parler mais où on ne s'entend pas, les endroits calmes où on s'entend mais où on ne peut se parler. Ce qui, additionné, ne laisse plus beaucoup d'espace aux confidences. D'où cette religion chez les puissants (politiciens, financiers, espions, patrons, voyous) du salon particulier des restaurants ou de l'appartement discret des amis communs. Le petit salon et l'ami commun sont à Paris les mamelles du pouvoir, les cordes à nœuds de l'intrigue, les nourrices du crime.

En résumé, il n'y a pas de vrai déjeuner dans cette ville mais une désolante cohorte d'occasions manquées avec, parfois, aperçu en rêve : le modèle des rendez-vous, le Déjeuner idéal, à quoi on n'atteint jamais.

A défaut qu'ils aient la bouffe constructive, l'usage s'est considérablement répandu chez les Parisiens d'organiser des réunions. Hélas, le pli fut bientôt pris de se réunir pour préparer les réunions. On appela cela : *déblayer le terrain*.

Tu feras tout deux fois : la malédiction de Pharaon avait encore frappé.

La réussite de la vraie réunion (la deuxième) n'en sera guère assurée pour autant. Paul a un retard si considérable qu'il équi-

---

1. A propos de note de frais, il existe à Paris un dialogue type. Autant le dévoiler au débarquant; un jour ou l'autre, il y sera confronté au moment de l'addition :
A : – Non, non, vous plaisantez; vous êtes ici sur mon territoire.
B : – Si vous insistez; il me reste à vous remercier.
A : – C'est D. qu'il faut remercier.
(D : nom de la boîte de A.)

vaut à un congé et Pierre n'a pu attendre plus longtemps car *il a un déjeuner* [1]. Aussi n'est-il point rare que la deuxième réunion soit consacrée à poser les prémices d'une troisième.

A l'usage des débarquants de première année, récapitulons ces nouveaux cris de Paris que nous avons appris : *Oui Chérie! – Ouah Salut! – Qui y aura? – Faut qu'on se voie! – On s'appelle! – Y a réunion!* C'est retenu? Poursuivons.

Quand on ne refait pas, on anticipe. Il s'agit de la même anxiété. J'ai parlé de ces indigènes qui se font donner un arrêt de travail afin d'être en forme pour les vacances. Ou qui se mettent au régime « avant leurs analyses ». Il faut y ajouter tous ceux qui se font bronzer avant d'aller bronzer.

Cette malédiction de la redif, de la reprise (comme on dit dans *Pariscope*), ou cette passion d'anticiper, elle prend la dimension d'un fléau sitôt qu'on pénètre dans l'enfer du challenge (comme on dit chez Bouygues). Vous voyez des lycéens reçus au bac et qui redoublent leur année dans l'espoir d'une mention (afin d'accéder à une *prépa pointue*). Ce sont souvent les mêmes qui sautaient des classes dans le primaire.

Sauter pour mieux reculer.

On commence par resaler ses frites, on finit à Polytechnique, je vous aurai prévenu.

Vous me direz : les minots n'y sont pour rien. L'époque les accule à tout faire deux fois. Bronzer avant d'aller bronzer, c'est la clé de notre système d'enseignement. Un exemple effrayant (il y en a mille) : la sélection à l'entrée du CFJ [2]. A voir les épreuves du concours d'admission, une évidence s'impose : le métier de journaliste constitue une formation indispensable pour accéder au Centre de Formation des Journalistes.

Habile transition. Les champions de l'éternel retour sont les hebdomadaires parisiens. Des *Unes* y reviennent tous les ans, à la même saison. A la semaine près, parfois. Avec cette régularité qu'on observe dans le mouvement des planètes. Nos couvertures relèvent de la mécanique céleste plutôt que du *mouvement des hommes et des idées* (comme on dit dans les mailings). Le profane doit se convaincre que tout événement est un gêneur pour les médias. Cela dérange les plans. L'actualité, les patrons de presse s'en passeraient bien : c'est imprévisible, ça revient cher, neuf fois sur dix c'est à perpète. Ils réclament son abrogation depuis longtemps (on commence seulement à les écouter en haut lieu). Entre

---

1. Le débarquant soucieux d'être pris au sérieux ne dira jamais qu'il va déjeuner ou dîner mais qu'il a *un* déjeuner ou *un* dîner.
2. Moins impitoyable cependant que la sélection pour l'accès au grade de candidat à « La Roue de la Fortune ».

l'éternel retour et l'histoire linéaire, il y a longtemps qu'ils ont choisi.

Les Unes qui reviennent, ce sont les Unes qui marchent par les temps qui courent. Les Unes qui marchent, ce sont celles qui se vendent bien sur Paris-Surface (les lecteurs dans les caves, on s'en fout). Les Unes qui se vendent bien sur Paris-Surface sont essentiellement consacrées au mal au dos, au sexe, au stress, au logement, au sida, aux salaires, aux Francs-Maçons, aux Français les plus cons, les plus riches ou les plus salauds. Sitôt qu'ils aperçoivent un titre de ce genre, les Parisiens de surface se propulsent en hurlant vers les kiosques, sous l'œil ahuri des Parisiens dans les caves, lesquels s'agglutinent aux soupiraux.

Les nouveaux cris de Paris, liste complémentaire : *Chic le mal au dos! – Diantre les salaires! – Foutre les salauds!*

VALEURS SÛRES

*Des succès construits en dur — Stars en stock et vedettes pri-
mées — Le sorbet de chez Berthillon, le nez de chez Cyrano et
autres valeurs sûres — Olivenstein, Adjani, Baudrillard et autres
placements pierre — Le foie gras et son verre de sauternes et autres
comportements clés en main — Du succès parisien et de l'avantage
d'être mort pour en profiter à fond la caisse.*

Avec tout cela, personne ne s'étonnera du goût que nous avons
pour les valeurs sûres et reconnues (comme on dit chez les frontières d'Israël). Dans ce qui fut longtemps une capitale des avant-
gardes (comme on dit dans les après-guerres), rien de mieux que
le déjà-vu pour asseoir un destin. Non seulement nous avons les
maux au dos les plus récurrents, mais nos créateurs, nos person-
nalités, nos *people* sont conçus pour durer [1]. A défaut pour revenir. Johnny Hallyday, Yves Montand, Edgar Morin, Pierre
Mondy, Maurice Duverger, Jacques Martin, Claude Lévi-Strauss,
Chantal Goya et Jean Dutourd sont parfaitement inoxydables.
Plus rien ne leur arrivera jamais. On garde tout ce qui peut
encore servir, même Michel Fugain.

Au théâtre, cinq ou six valeurs sûres tiennent les grandes salles,
ou alors elles se produisent dans un festival et cela sera repris à
Paris (l'éternel retour, c'est aussi l'éternel retour au bercail).

Il va de soi que l'avant-garde continue pendant les bravos.
Mais, qu'un rebelle accouche d'une réussite, on le prie de régula-
riser sa situation au plus vite. Paris ne veut plus de ces succès
bâtards qui sont des enfants de l'amour. Il n'a pas fallu trois ans
pour que le rock alternatif se change en courant continu et se
laisse épouser par le show-biz [2].

C'est que le rock comme la BD sont devenus des *cultures*, nous

---

1. Voir p. 155 – *Les notables.*
2. Une exception : *Béruriers noirs.*

l'avons vu : autant dire des valeurs sûres. Être promu culture vous ouvre à Paris pas mal de portes. Le promu cultivé peut aspirer à une distinction dans l'Ordre des Arts et Lettres.

Notre goût des valeurs reconnues s'accorde à notre religion des noms. On se rend à Aix pour Jessye Norman. On ne va pas voir *Cyrano*, mais Belmondo dans *Cyrano* (les grands noms du cinéma ne cessent de remonter *enfin* sur les planches, mais c'est toujours pour *se frotter à de grands textes*. Bonjour l'audace : des gens un peu tapés se mettent au service de gens un peu morts).

Paris est entré dans la logique des stocks. Nous avons des réserves d'enthousiasme, des provisions d'élans du cœur et des stars (épaissies comme des fonds de sauce) pour vingt ans et plus.

Côté musique, il n'y en a que pour les intégrales. Les *compils*. Le compact disc, ça vous a un côté rentier.

Où l'on retrouve la mentalité Trois Suisses : les valeurs sûres sont nos références suivies par le fabricant. Ouvrir le catalogue suffit à combler nos désirs. Débat sur la drogue ? Nous avons de l'Olivenstein en magasin (le poivre vert passe, le toxicologue reste). Problème de pauvreté ? Cet hiver encore, on parlera de l'abbé Pierre pour avoir le cœur au chaud. Cet article ancien n'existe qu'en noir (cela va avec tout) et se remonte avec une clé. Euthanasie ? Mademoiselle, descendez-moi un Schwarzie. Non, les piles ne sont pas fournies.

Guy Bedos occupe un créneau à lui seul, celui du comique engagé. Le Luron à peine froid, un clone a surgi : on va jusqu'à imiter les imitateurs.

Nos placements pierre sont des archétypes. En cela, nous avons pris modèle sur les politiques. Pour se débarrasser d'un truc qui les gonfle, ils le font incarner : M. Sécurité Routière, M. Agriculture de Montagne, etc. De braves fonctionnaires, brutalement métamorphosés en problèmes insolubles, sont chargés de cristalliser l'espoir, et surtout détourner la colère. De la même façon, nos valeurs sûres sont des symboles vivants. Il y en a un par créneau, rarement deux : Hallier a été nommé une bonne fois Provocateur du Monde des Lettres et Gainsbourg Provocateur du Monde du Spectacle [1]. Adjani incarne la Star et ses Caprices, Inès de la Fressange, la Classe qu'elle est innée (successeur désigné : Lucie de la Falaise), Deneuve, la Française qu'elle est belle. Lévi-Strauss la Race des Grands Intellectuels qu'elle est éteinte, Paloma Picasso : l'Héritière, Saint Laurent : le Triomphe-encore-une-fois-cette-année. Rheims symbolise depuis si longtemps le

---

1. Excusé pour raisons de santé.

Monde de l'Objet qu'on se demande ce qu'il fait d'autre au juste. La Verny figure l'Éminence grise des Lettres depuis que le Paulhan est épuisé. Autant le Bien est une marchandise suivie (l'abbé Pierre), autant le Mal part très vite des linéaires et fait l'objet d'un réassort incessant. C'est tantôt du Carlos, tantôt de l'Abdallah. Ou du Rouillan. Khomeyni est mort, voici Saddam Hussein. L'essentiel et d'avoir toujours un produit leader en magasin.

Notre rayon Droits de l'Homme, je n'ai pas besoin de vous faire l'article. Vous pouvez organiser chez nous un débat à n'importe quelle heure. On a dix intellos programmés, prêts à démarrer là-dessus comme des logiciels. Attention, ils ne sont pas tous compatibles.

Dans le rôle des Natures qui n'entrent pas dans le jeu des médias et dont les entretiens ont toujours pour sujet qu'elles ont horreur des interviews, nous avons en ce moment *la* Dalle et *la* Bonnaire. *La*, c'est pour faire Nature.

Godard tient chez nous depuis un demi-siècle le rôle du Créateur Forcément Génial Tout en Étant Suisse. Jean-Paul Gaultier, étiqueté Enfant Terrible de la Mode, devrait le rester jusqu'à un âge avancé. Baudrillard est le Penseur Chargé de Penser à notre Place, au fur et à mesure que les choses se passent.

Mieux que des valeurs sûres, nous avons des icônes et des lieux saints : des êtres, des objets, des rituels à nos yeux sacrés. Arletty (rayon Légende Vivante et Mémoire du Cinéma), Charles Trenet, Robert Doisneau (il possède les clés de la ville, on dit chez nous : *le Paris de Robert Doisneau*), Léo Malet, Mouna, la N.R.F. et le sous-sol du BHV, c'est les larmes aux yeux que nous les évoquons.

Peu importe que vous soyez sobre ou alcoolique, méchant ou gentil, si vous l'êtes tout le temps ou du moins : à la demande. Le moins qu'on puisse demander à une Valeur Sûre, c'est de compter sur elle.

Au total, on ne connaît que ce qu'on reconnaît. Voir notre manie du néo, du réinterprété, du retour à. Ou notre goût des produits étiquetés (un roman *dans le ton des Hussards*, une ambiance *très trente*). Il n'y a pas de sorbet, de pain ni de gamay, pour ces montagnards doublés d'insulaires, mais un sorbet, un pain ou un gamay *de chez*.

Par exemple, je dis n'importe quoi : de chez Berthillon, Poilâne ou Marionnet.

Nous aimons les associations automatiques, les assortiments : cela nous évite la plongée dans l'inconnu. Le foie gras *et* son verre de sauternes. BHL *et* sa chemise, la charlotte *et* son coulis, le mezcal *et* sa tranche de citron. Il y a un côté circuit touristique, toutes prestations comprises, dans la plupart de nos engouements.

Le Parisien a énormément de mal à improviser en quoi que ce soit. Il aime les comportements clés en main. Pour le nouveau encore plus que pour l'ancien. Ce restaurant américain qui s'est ouvert aux Halles : il y a trente mètres entre les tables mais il est interdit d'y fumer la pipe ou le cigare. L'Amérique se porte *avec* l'interdiction de fumer.

Bachibouzouks. Ogonioks. Crétins des Alpes.

La Petite Robe Noire Sexy, c'est forcément Alaïa. « Ouah, ta robe noire, super! C'est d'Alaïa? » : on entend cela tous les soirs [1]. La plupart du temps, bien sûr, il s'agit simplement d'une petite robe *qui fait créateur*.

Il arrive que l'opinion se retourne. Des étoiles se sont éteintes brutalement dans le ciel de Paris, tels Raymond Marcillac ou Alice Saunier-Seïté. D'autres ont jeté un nouveau feu sur le tard, qu'on croyait épuisées, comme François Mitterrand ou Jean Amadou. Mais décortiquez le renversement le plus inattendu, cela cache encore de la paresse d'esprit. Honni par la gauche parisienne jusqu'aux premiers jours du printemps 1981, Mitterrand fait l'objet d'un culte à compter du 10 mai au matin. Une analyse sociologique un peu poussée montre que c'est parce qu'il avait gagné. Les hommes et les bistrots obéissent aux mêmes lois : *à Paris, le meilleur moyen d'avoir du succès est encore d'avoir du succès.* Deuxième axiome : *à Paris, le plus court chemin vers l'immortalité est la mort.* Considérée jusque-là comme une fin particulièrement tragique, la mort change désormais le succès d'estime en triomphe et la gloire en apothéose. Tous les hit-parades seraient enfoncés, tous les Top 50, s'ils n'étaient prudemment réservés aux survivants.

La vie, chez nous, ce n'est jamais qu'un passage en vedette américaine. Une cité qui se passionne à ce point pour les hommes du jour, les événements de la semaine, les femmes de l'année, les faits marquants de la décennie, les contrats du siècle, ne peut avoir que du respect pour le dernier bilan, celui qui les coiffe tous.

La Révolution française fit un tabac quand on fut bien sûr qu'elle était froide. Ne parlons pas du Général.

Mort, non seulement vous êtes au zénith mais vous poursuivez votre carrière. *Exclusif : Dolto parle encore à nos enfants*, titre un hebdo, six mois après le décès de Françoise [2]. Nos enfants seraient sans doute terrifiés par cette apparition s'ils n'étaient habitués très jeunes aux fantômes : ils voient régulièrement sortir

---

1. Au moment où j'écris, le noir est démodé. Mais on dit cela tous les ans.
2. *L'Express*, 12 février 1990.

de nouvelles œuvres de Coluche, de Desproges, de Reiser ou de Bellus. Goscinny s'obstine à leur présenter les aventures d'Astérix.

Nous les aimions tant. Il serait inhumé de ne pas leur faire une place.

Coluche a compris qu'il était mort quand il a senti que tout le monde lui léchait le cul. Avant, il croyait simplement qu'il s'était encastré pleins gaz dans un camion.

Ces Parisiens qui ont fait la moue devant la viande de Coluche et qui vénèrent ses cendres. Ces téléviseurs qui vous servent tous les trois mois du Clo-Clo survolté. Du Le Luron décongelé. Du Desproges attiédi et de la Dalida réchauffée : on ne sait plus si on est devant son récepteur ou son micro-ondes.

Il y a des existences ringardes à Paris mais aucun coma n'est dépassé.

Cette vénération des dépouilles (et l'emploi tout à fait excessif du mot *culte*) ressortit à la pensée magique et confirme notre intuition : le cerveau parisien est un fossile vivant, l'un des derniers témoins de la mentalité prélogique, le vestige d'une peuplade aux superstitions étranges. Car ne pas cracher sur les morts, rien ne défie autant la raison. Non seulement cela ne peut plus leur faire du mal mais ils ne sont pas en mesure de vous mettre sur la gueule.

Un être doué du sens commun se dépêcherait au contraire de dire du mal des gens pendant qu'ils sont morts.

LA FEUILLE DE SALADE

*Où le visiteur surprend le rite étrange du Saladisme — Réfuta-
tion, à son sujet, de l'hypothèse religieuse — Où l'auteur avance
une théorie nouvelle de la Feuille de Laitue qui, sans être tout à
fait reconnue par l'anthropologie officielle, a le mérite d'aider à
passer le temps.*

Si, par un jour d'hiver ou par n'importe quel temps, un voyageur pousse la porte, sur le coup de 13 heures, d'un de ces restaurants pour employés, avec menu à 49,90 F, chèques déjeuner et
réserve du patron en carafe, ou bien, vers 13 h 30, celle d'une de
ces cantines pour cadres avec délice du Périgord et kirs royaux, il
sera surpris de surprendre un rituel surprenant : chacune des
assiettes qui devant lui défilent, du mayo au tartare, du hareng à
la raie, du foie gras (*et son verre de sauternes*) au rognon à la
graine de moutarde, s'orne à son bord d'une *feuille de laitue.*
Défraîchie, d'une couleur pas catholique (celle du papier des
Gitane maïs, en moins goûteux), la feuille de laitue parisienne ne
paraît point destinée à la consommation des hommes ni même
des lapins. Pour beaucoup de chercheurs, il s'agirait d'une
offrande aux dieux, ou plutôt de l'empreinte (inconsciente) d'un
rituel oublié [1]. C'est avec un soin religieux que les convives évitent
en effet d'y toucher et c'est avec la même dévotion silencieuse que
le garçon la rapporte, plat après plat, tout au long du menu servi
exclusivement de 12 h 30 à 14 heures.
Il n'y a guère que la salade qui ne soit point décorée d'une
feuille de laitue. Pour cette raison que, de la salade, on n'en sert
plus (ou alors *du chef, chicken,* en plat unique). L'ayant, une fois
pour toutes, dirait-on, remplacée par cette idée de salade.
Le voyageur est ici témoin d'une de nos coutumes les plus

---

1. *Mystique de la Nature et Modernité. Un rite païen dans le Paris d'aujourd'hui : la
feuille de salade sans vinaigrette.* Thèse de III⁰ cycle par André Trouchet (non publiée).

étranges. Seuls quelques esprits forts parmi les restaurateurs négligent leur devoir envers la feuille de laitue.

Ils mettent de la frisée.

L'énigme mérite qu'on s'y arrête un moment si on n'a vraiment rien d'autre à foutre. Bien sûr, nous observons également, un peu partout dans Paris, le rituel de la *Tarte aux Pommes* [1]. Mais la Tarte, au moins, on la mange. On communie sous les deux espèces de la Pâte et du Fruit. Tandis que la Feuille est tabou.

Et si le saladisme était moins que religieux, plus que décoratif : s'il avait une fonction sociale? L'auteur sait qu'il s'écarte, en avançant son hypothèse, de l'ethnologie officielle. L'idée lui en est venue après avoir hanté les couloirs d'un certain nombre d'entreprises, la plupart du temps contre son gré.

Dans tous les bureaux parisiens, on rencontre un personnage très populaire, entouré par chacun du plus grand respect : le Ringard de Service. Vous avez le ringardos de première classe, reconnaissable à son titre de conseiller de la direction, et le tout-venant de l'incompétent, personnage sympathique, grognon et un peu maniaque, dont plus personne ne sait très bien à quoi il s'emploie.

Vous me direz : quel rapport avec la laitue? J'étais comme vous, j'avais, dans un coin de ma tête, le Ringard de Service, la Feuille de Salade dans un autre, et rien qui les liait ensemble.

Jusqu'au jour où j'ai compris l'utilité du Ringard, sa mission symbolique, d'où venait l'attachement à son égard du patron le plus cynique, et la sympathie du personnel à son endroit : au pédège, il sert à montrer qu'il n'y a pas plus social que lui, aux employés à se convaincre qu'il y a bien plus nul qu'eux. Ainsi concourt-il à la bonne marche du saladier.

Il en va de même avec la feuille de laitue gratos : le restaurateur se fait passer pour un munificent et le plus mauvais des plats paraît toujours meilleur que ça.

---

1. Voir p. 38 – *Les habitués*.

MST

L'année de la mozarella : grandeur de la salade de tomate et décadence du carpaccio — Essor du chapon et déclin du coffee-shop *— De l'hygiène des modes — Une MST dans la classe politique : le* déficit *— L'amour est-il une MST? — Fini de jouer — Style* stal *et genre* pote *— Degrés — Mode antimode : les naturels de l'Ile-de-France.*

De l'année du Bicentenaire, je garderai le souvenir impérissable d'une époque où on ne pouvait aller nulle part sans bouffer de la salade de tomate à la mozarella.

Conséquence de l'étroitesse des lieux : Paris est une espèce de pension de famille où tous les convives mangent la même chose en même temps. Les plats du jour sont à l'année ici. Parfois, deux poncifs finissent par se croiser. Ils donnent naissance à une recette bizarre, hybride, demi-chic, dans un de ces restaurants à formule où les modes se cachent pour mourir. Le carpaccio télescope le chèvre chaud et cela donne, au Bistro Romain, le *carpa-chaud*.

Ce qui laisse entendre que le carpaccio sera bientôt immangeable dans sa version carnée. Au cimetière des Viandes Rouges Totalement Démodées, les fondues bourguignonnes l'attendent en se poilant.

Un trait de plus à notre masochisme : tout se passe comme si on ne cherchait point à se donner envie des choses mais à s'en écœurer. On ne goûte pas son plaisir, on l'épuise.

On le crève comme on crève un cheval.

— Ils sont fous ces Parisiens, me disait un négociant. Du chapon, du chapon, il leur faut du chapon. Cela faisait vingt ans qu'on n'en voyait plus nulle part, du chapon. Et puis hop.

Il n'y a pas que la nourriture. Cette société en boucle se refile ses tics de langage, ses rumeurs sur l'état de santé du Président (il est en phase terminale), ses histoires juives, ainsi que ses briquets jetables, lesquels circulent de comptoir en bureau, éternellement piqués, bientôt énigmatiques. Il serait passionnant d'étudier l'itinéraire d'un briquet publicitaire à Paris, pour peu qu'on fût capable de se passionner pour n'importe quoi. Cela donnerait une idée du frottement entre les milieux. J'ai sur ma table un briquet dédié à la gloire d'un fabricant d'engins de chantier, et qui me laisse perplexe.

La nouvelle cuisine est remplacée par la mode bistrot : les restaurants du premier genre où l'on va dîner ouvrent aussitôt des annexes du second type où l'on va manger. Paternellement, les divas modernistes se penchent sur la *brave cuisine de ménage*, les *plats canaille* qu'elles avaient répudiés au profit de la nourriture en mousses et en lamelles.

Le mâchon latino-ibérique a ratatiné très brutalement l'offensive des Delikatessen que des Sépharades tunisiens déguisés en Ashkenazes new-yorkais proposaient à tous les coins de rue.

Etc.

Tout cela appartient au fonds inépuisable des Manies Socialement Transmissibles. Les MST sont nombreuses au point qu'il n'y a pas un magazine un peu « parisien » qui n'en dresse des états. Cette rubrique météo s'intitule *In et Out, Up and Down, Bien et Nul*. Elle a curieusement prospéré dans les années 80, au moment même où l'on assurait qu'à Paris il n'y avait plus de diktat, que tout était *métissé*. C'est sans doute qu'elle fonctionne sur le mode binaire qui convient à nos mentalités primitives. Puis la rubrique météo assouvit notre passion taxinomiste, notre terreur de l'innommé, de l'inclassé, du hors cote. C'est une sorte de service d'hygiène du parisianisme qui garantit la fraîcheur des engouements.

Les brocolis, les bretelles, les pluies acides, l'affaire Gregory, la BMW et Lech Walesa sont complètement cuits. Le *In-Out* est à ma connaissance la seule méthode de rangement qui ait pour idéal le bric-à-brac.

N'importe quoi peut devenir soudainement *out* à Paris (le mot *out*, par exemple) à l'exception notable des gens qui tiennent les rubriques *In* et *Out*. Aussi s'agit-il d'un poste envié [1].

Il y a ce moment où la Manie Socialement Transmissible se retourne (la plupart des MST sont réversibles). Cet impressionnant cataclysme est annoncé par le mot *finalement* :

---

1. Il semble qu'à son tour il tombe en désuétude.

– La coke, *finalement*, c'est trop nul.

Ou à l'inverse :

– Tu sais quoi ? Joséphine vient d'acheter une maison à Minorque. *Finalement*, c'est à la mode, les Baléares.

L'utilisation d'un tel adverbe peut surprendre à Paris. *Finalement* donne l'impression qu'on a pesé le pour et le contre. Or c'est une action tout à fait déplacée dans une ville où les individus surpris à nuancer en public font l'objet de poursuites.

Les tics de langage se propagent chez nous à une vitesse inouïe. En 1989, il a suffi d'un mois pour que la classe politique tout entière remplace *manque* par *déficit* : cela nous a donné le *déficit de démocratie*, le *déficit d'explication*, le *déficit de solidarité*. Rocard nous parle d'un *déficit de coordination*. Quant à l'inégalité professionnelle, elle a carrément disparu : Yvette Roudy la remplace froidement par un *déficit d'égalité* [1].

C'est avec gravité que le Parigomondain apprend qu'il doit absolument boire de l'eau de Chateldon, circuler à Solex (depuis qu'on n'en fabrique plus) et ne pas être le dernier à saluer le retour à la tendresse. La Manie Socialement Transmissible est l'aspect le plus voyant du conformisme parisien, cet avatar frivole des mentalités provinciales. C'est qu'on fait les choses ici parce qu'elles se font, y compris l'amour. Depuis que nous avons lancé l'érotisme, dans les années 1960 (en même temps que la contraception), la pornographie dans les années 1970 (en même temps que la vie en communauté) et le sexy dans les années 1980 (pour remplacer le sexe), les manières de lit sont entrées dans le circuit des MST [2].

Je ne parle pas ici des mœurs : les mœurs, au contraire de la mode (qui change), ne sont capables que d'évoluer. Je parle de ce qui s'affiche de la sexualité, qui n'est que la partie émergée de la baise et qui n'a jamais été aussi baroque : nous avons connu des années à partouzes et des années gays, des années bisexuelles et des saisons branleuses. Des moments couilles molles. Pendant six mois, il n'y en a eu que pour la chasteté. A l'heure où j'écris, on revient à la fabrication des bébés en appartement (coïncidence : en plein boom de la génétique). Le SM se porte depuis trois saisons. Il a de nombreux fans, ce qui n'est guère étonnant dans une ville de masos. Cela nous donne des petites annonces du genre : *Homme marié, cérébral et dominateur livre sa femme ficelée*

---

1. *Le Monde* du 9 mars 1990. Explication possible à la fortune de ce mot : notion comptable, un *déficit* peut toujours être comblé. Notion psychologique, le *manque* (ou le *défaut*) donne un peu le vertige, surtout quand on n'a pour bagage que l'ENA.

2. L'érotisme, pour un Parisien, c'est quand c'est chiant et bien écrit, le porno quand c'est vulgaire et rigolo.

comme un rosbif à pls hommes bien foutus (scato, barbus exclus).
Ils pourront s'en servir comme d'un colis, le tout dans le respect
de l'autre.

Vu la mode, une copine s'était mis en tête de recruter un
esclave : ça lui reviendrait moins cher qu'une femme de ménage.
Très vite elle dut renoncer. Nous n'avons ici que des soumis très
haut de gamme. Maîtres d'eux-mêmes, ils n'entendent pas être
traités comme des animaux n'importe comment et choisissent
avec le plus grand soin les semelles qu'on leur donne à lécher.
Leurs exigences sont encore plus nombreuses que celles des Portugaises au noir.

Autrefois, quelqu'un disait : « Si on jouait ? » Et quelqu'un
d'autre : « Oui, mais à quoi ? » Une telle liberté de ton fait rêver.
Aujourd'hui, il faut : 1) que jouer soit dans l'air du temps (donc
avoir envie de rester chez soi, se sentir bien entre générations différentes, être d'humeur *ludique*, bref tout un travail prépara-
toire) ; 2) si la réponse est oui, savoir à quoi on joue en ce
moment. Ainsi, le 16 novembre 1988, à 0 heure locale, les Parisiens ont abandonné le *Trivial Poursuit* pour jeter toutes leurs
forces dans le *Pictionary*. La décision avait été prise à 23 heures,
au cours d'une réunion secrète du Comité des Tendances. De nos
jours, vous êtes désuet d'un coup.

Même le soleil est bien tombé. Il n'y en a que pour l'eau.

Sous les yeux éblouis des touristes, on s'est senti pris d'une passion violente pour la crème brûlée, les oligo-éléments, les tapas à
la française (hors-d'œuvre variés mais servis dans des sou-
coupes), la *house music* (déjà ringue), les *travel writers*, les
ravioles, les bars d'hôtel et les parquets cirés.

En ce moment, il y a un *retour à la nouvelle*. On ne va quand
même pas jusqu'à en lire.

Les MST n'ont pas épargné l'intelligentsia. Elle ne sort pas
toute nue, la vérité, chez nous, et l'idéologie a toujours eu son
dégriffé : l'existentialisme et son duffle-coat, le stalinisme et sa
veste de cuir ceinturée, le maoïsme et son Perfecto, le fascisme et
sa coupe de douilles, le droit de l'hommisme, ses badges et ses
cols ouverts. Il y a un genre de moustache, travaillée au fer, et de
lunettes, cerclées métal, qui à Paris n'appartiennent qu'à un
cultureux communiste (PC tendance gentil membre).

Le Parisien est appliqué et consciencieux avec ses MST. Il a
beau faire, il a un côté bon élève qui apprend son rôle pour la fête
de fin d'année. C'est que, ayant répudié l'état de nature avant le
reste du genre humain, il se sent toujours plus ou moins en scène
et soumis au jugement du public. Les tâches les plus simples sont

pour lui les plus compliquées car il ne lui suffit pas de les accomplir : il veut les incarner. Il est tout à fait capable de changer une conduite en attitude et d'être terriblement affecté dans le quotidien. La banalité l'encourage à la pose. Il ne se contente pas de prendre le métro. Il en fait tout de suite un principe.

Mettre ou ne pas mettre une cravate, un choix aussi anodin devient dramatique s'il doit sortir. On est si facilement *overdressed*. On est si aisément *vieux bab'*. Si, au lieu d'aller dans une soirée, notre homme passe à la télé, l'histoire de la cravate vire à la tragédie. Il prend la fièvre. Il est obligé de s'aliter trois jours. Il consulte des spécialistes. Les conseilleurs, hélas, ne sont pas les payeurs. Ah! si seulement il n'avait rien à décider. S'il avait déjà une image au point, comme BHL ou Gainsbourg, Noiret ou Charasse.

Pierre *s'habille* pour aller chez Paul qui, présumant le contraire, ne s'est pas *habillé*. Aussi Paul s'habillera-t-il quand il ira chez Pierre, lequel a tenu le raisonnement inverse. Pierre et Paul ne sauront jamais de quoi l'autre a vraiment l'air dans la vie.

Le naturel du Parisien est décanté et regazéifié, comme le Perrier. Rester simple lui demande un travail énorme.

Où il devient tordant, c'est dans le fameux premier degré. Le premier degré, semble-t-il, implique une certaine spontanéité : un mot dont le Parisien n'arrive à saisir le sens qu'après avoir beaucoup étudié, consulté les dictionnaires, voyagé dans des pays sans complications, où les gens font de la musique en tapant sur des bidons. Bref, le Parigomondain a besoin, pour être spontané, d'un minimum d'entraînement.

La mode vient-elle du premier degré, il apprend à se comporter au premier degré avec soin et à lire *Rustica* avec fanatisme. Après quoi, on se réunira entre sectateurs du premier degré, afin de se comporter au premier degré tous en même temps, de préférence dans une boîte, et de jouir, en se laissant filmer, de l'effet sur les autres. Dans un tel comportement, le lecteur a reconnu sans peine tous les ingrédients du deuxième degré.

Ici, on ne part pas du réel pour dégager un concept. On part d'un concept et on le fait exister.

Où l'on voit qu'il faut prendre avec scepticisme la nouvelle du retour au naturel à Paris. L'authentique est en effet tenu dans les milieux autorisés pour la première MST des années 90. Dès le 1er janvier, il était de rigueur de *déconner* et de ne plus se déplacer qu'en bande de *déconneurs*. C'était assez facile au début, vu l'époque de l'année, mais autant annoncer au Parisien qu'il n'est pas au bout de ses peines : *Actuel* a consacré tout un dossier à lui expliquer ce qu'il sera désormais nécessaire de faire pour parvenir à rester simple[1]. D'abord, un enfant ou plutôt : un bébé, seule variété de la famille des enfants qui soit vraiment chic (« chaque jour apporte la nouvelle : un bébé vient d'arriver chez un copain »). Ensuite, jouer avec son enfant ou plutôt : son bébé (c'est, pour un papa[2], beaucoup plus facile à lancer en l'air comme dans les pubs à la télé). Pour continuer, traîner avec ses potes (« Les gens ne sortent plus jamais seuls, nous apprend *Actuel*, on ne voit que des bandes de copains qui déconnent entre eux »). Enfin se rendre au Monoprix et acheter un disque bien nul : « Moi, c'était *Tomber sous le charme* de Louis Féron, et vous ? » (Toujours dans *Actuel*). Il est par ailleurs indispensable que la bande de copains déconneurs assiste à la scène (celle du Monoprix). C'est qu'il s'agit d'exprimer qu' « on n'a plus honte de ses goûts, bons ou mauvais » (*Actuel*, encore).

On a compris qu'il y a, paradoxalement, une fraîcheur du Parisien et même une naïveté. Un authentique premier degré qui n'est point dans son aptitude à renoncer aux MST mais dans le naturel avec quoi il s'y rue au contraire, mettant à sacrifier au dernier bateau un tel emportement qu'on se dit que ce n'est plus d'une vogue qu'il s'agit, c'est d'un cataclysme, quelque chose comme la Renaissance, les Lumières, le Romantisme, et que plus rien ne sera jamais comme avant, jusqu'au moment où il s'en détourne, estimant, avec la même candeur, totalement bidon ce qu'il trouvait hyper bien l'autre semaine, boudant ses jouets comme un enfant, faisant les lapins de la mode apparaître et disparaître à volonté, selon les mécanismes bien connus de la pensée magique.

Pour n'importe quel schmilblic en vogue, le Parisien peut avoir l'enthousiasme qui signale les fois les mieux trempées. L'année suivante, on s'aperçoit que sa foi était trempée mais à la façon d'un biscuit. Il adhère à toutes les croyances, c'est sa façon de croire. Après quoi, il affirme (environ tous les dix ans), que plus rien n'a de sens. Ce sont les moments où Ionesco, Cioran, Baudrillard ou les Nuls le font rire.

Les nouveaux (derniers) cris de Paris : *Où trouves-tu des chapons ? Ils sont sublimes ! — Finalement, y en a marre des branchés ! — Areuh areuh ! — Il y a un retour à la nouvelle !*

Et il faut s'en réjouir.

---

1. *Actuel* n° 127, janvier 1990.
2. Surtout pas une maman. La maman se porte assez peu ces temps-ci.

ÉTAT DES LIEUX

Stupéfaction de l'Helvète – Sidération du Japonais – Mise hors de cause de l'Ottoman – L'Auvergnat et son Trou – Le culte de Sainte Minuterie – Théorie et pratique du Cabinet – L'eau chaude est au frais – Sanisettes.

Les vécés des cafés parisiens laissent un grand souvenir aux étrangers. Ce jour où, pour la première fois, ils ont entendu la petite phrase : « Les toilettes sont en bas », sans savoir que c'était la porte ouverte avec une pièce de 1 F à l'aventure. Ils en parlent souvent le soir à la fraîche, en Suisse ou en Oregon, et d'y penser, ils sont encore pliés en deux.

Comme à l'époque.

Pouvant difficilement classer nos ouataires au rang des commodités, ils les mettent au compte de nos traditions. Les Japonais surtout sont fascinés. Les toilettes tiennent une grande place dans leur civilisation. Ils ont même ouvert un musée des cabinets, c'est dans l'île de Shikoku. J'ignore si le conservateur du musée y a fait installer un gogue de style Bar des Amis haute époque, ou s'il existe au Japon des règlements douaniers qui interdisent l'importation des trous dans le sol.

De nombreux visiteurs restent persuadés que nos vécés à la turque sont un legs de l'Empire ottoman. En quoi ils se trompent. Nous avons connu ici les sièges d'à peu près tout le gratin des assiégeants depuis les Huns mais la Porte nous a laissé une paix royale. Le vécé de bistrot parisien n'est pas une relique de l'Histoire, c'est un monument intemporel. Une célébration du goût de chiotte. Avec son Trou primordial et ses deux émouvantes Empreintes de Pied, c'est aussi un hommage rendu à la sobriété de l'Auvergnat du Paléolithique, à son minimalisme, au côté *less is more* des premiers bougnats.

Avant que Jacob Delafon ne s'en mêlât, lui et ses inventions coûteuses et baroques.

Le vécé souvent s'illumine dès qu'on ferme le verrou, d'une façon magique. D'autres fois, c'est un bouton qu'il faut tourner : le cabinet replonge alors dans l'obscurité au bout d'un certain temps, ce qui amuse beaucoup les enfants et revient aux parents moins cher que le train fantôme. Il y a une raison à tous ces événements féeriques : *on est prié de laisser l'endroit aussi noir qu'en entrant*, selon une très ancienne devise du Massif Central où certaines sociétés secrètes continuent de célébrer le culte de Sainte-Minuterie, dans des cérémonies tenues en cachette des agents de l'EDF [1].

Il arrive que l'entrée soit payante, ce qui est quand même assez gonflé (se renseigner auprès du gardien). Nos vécés de bistrot se font en deux modèles : pour hommes et pour dames. Les vécés pour dames sont plus propres. L'homme bien élevé ne fréquente que ceux-là.

Habitués à ces endroits, les Parisiens ignorent souvent à quel point ils déconcertent le visiteur. Les guides les plus usuels oublient de se pencher sur nos toilettes à la turque. Sans doute sont-ils persuadés que les touristes préfèrent *aller* à l'hôtel, dont l'alliance avec le trône est déjà de longue date.

Avec les conseils qui vont suivre, l'auteur est conscient de combler une lacune.

AVANT

Ranger son argent et ses papiers dans des poches boutonnées. Passer la bride de son sac autour de l'épaule et en travers du torse. On aura pris soin de laisser ses bijoux au coffre de l'hôtel, à l'exception des boucles pour oreilles percées. Si les seules poches qu'on possède sont des poches de pantalon non fermées, argent, cartes de crédit et titre de séjour seront tenus avec fermeté dans la main droite, glissés sous le bracelet de la montre ou dans les bonnets du sous-tif. Placer la petite monnaie dans sa bouche. Si on est vêtu d'un manteau, le rabattre par-dessus sa tête après avoir déposé le contenu des poches dans ses chaussures. Si on possède des lunettes, les serrer entre ses dents ou les coincer derrière l'arrivée d'eau [2].

Ces précautions sont d'autant plus nécessaires qu'autour des Empreintes de Pied, le sol est en pente : *tout ici conduit au Trou.*

Vérifier si le cylindre métallique fermé par une clé suspendue au cou du patron contient une réserve suffisante. Le papier n'est

---

1. Il est connu que certains bistrots parisiens sont en partie financés par du fric au noir (tontines, prêts de la main à la main, etc.) S'ils évitent les frais, vous explique-t-on, c'est aussi, savoureuse expression, « pour ne pas *éclairer* l'argent ».
2. Une telle opération peut vous amener, dans des cas très rares, à découvrir des petits paquets blancs soigneusement pliés en forme de rectangle. Ne pas y toucher. Il s'agit d'offrandes aux dieux.

pas un vulgum PQ dans les vécés parisiens, c'est une denrée précieuse et rare.

APRÈS

Vos difficultés commencent vraiment. Elles naissent de la conjonction désastreuse de trois facteurs :

1) La chasse d'eau déclenche une très violente cataracte dont le rôle est d'évoquer les torrents d'Auvergne au printemps.

2) La porte s'ouvre vers le dedans.

3) Si le cabinet est équipé du tout-au-verrou, et le lavabo extérieur gratifié d'une minuterie, vous risquez, en tournant le loquet, d'être plongé dans un noir absolu.

Dans le cas d'une porte s'ouvrant sur votre droite en sortant, la marche à suivre est celle-ci (voir schéma) :

Retirer la petite monnaie de sa bouche, rabattre son manteau, ranger ses objets, chausser ses lunettes.

Saisir la porte de la main droite et la tirer *doucement* vers soi (a). La contourner au même rythme : vous seriez sinon bloqué par le battant, et sur un sol pentu (b). D'un même mouvement, enjamber le Trou, en gardant présent à l'esprit qu'au terme de la manœuvre votre pied droit peut se trouver à contresens sur l'Empreinte de faïence destiné au pied gauche. Si le mouvement est exécuté d'une façon correcte, votre posture finale sera : pied gauche à l'extérieur du cabinet, pied droit en appui sur l'empreinte du pied gauche, main gauche agrippée à la porte.

Je vous laisse quelques minutes, le temps pour vous de répéter ces gestes à la maison, en vous aidant d'une porte et d'un trou quelconques.

. . . .
. . . .

Bon. Nous sommes au moment crucial :

Bien assuré sur le pied droit et retenu à la porte de la main gauche, faire pivoter le buste sur la gauche tout en l'inclinant, main droite vers la chasse d'eau. Ce mouvement, pour être bien exécuté, demande une certaine pratique du golf.

Tendre le bras droit vers la chaîne (c).

Manœuvrer la chasse d'eau d'un geste bref et vigoureux. Retirer aussitôt la main droite. Amorcer le repli.

La cataracte se déclenche et menace de tout emporter : ne pas céder à l'émerveillement qui guette toujours l'espèce humaine devant les phénomènes de la nature. Le salut dépend de la célérité de l'usager : ramener vivement le pied droit à l'extérieur de la cabine et refermer la porte sur la rivière en crue, tout

Paris pittoresque – Les toilettes du café :
Comment s'en tirer

en évitant de bousculer le client qui téléphone, celui qui se lave les mains, l'employée venue chercher un balai (*d*).

Ensuite

L'usage du savon en poudre s'est répandu dans nos burons. Celui du sèche-mains également, avec ses inconvénients connus, en particulier le fait qu'il ne sèche pas les mains. La formule idéale, celle des troquets fastueux, est la réserve de savon liquide associée à l'essuie-main en séchoir automatique.

La présence de deux robinets fait souvent illusion auprès des visiteurs : le robinet d'eau chaude est un trompe-l'œil, mis là par symétrie. Ici encore, le souci de l'esthétique a primé. Ce n'est pas que nous n'ayons pas inventé l'eau chaude, mais elle est strictement rationnée depuis sa découverte et réservée dans nos rades à la confection des cafés.

Je rappelle que les vespasiennes, à l'exception de deux exemplaires connus de tous les chauffeurs de taxi [1], ont été supprimées des rues de la capitale et remplacées par des sanisettes disco, qui reviennent très cher aux SDF [2] (se munir d'une pièce de 2 F). Cela tient du salon de coiffure et du tombeau, avec un robinet à musique. Les sanisettes sont les derniers caissons d'isolation sensorielle qui nous restent, depuis que la mode en a passé. Enfermé là, le monde n'existe plus, on se demande ce qui vous guette à la porte. Très vite l'angoisse vous prend et vous coupe toute envie.

Les sanisettes n'ont inspiré aucun écrivain jusqu'ici. Ce n'était pas le cas des urinoirs. Les romanciers d'avant-guerre les évoquent plus souvent que la Tour Eiffel. Henry Miller leur a consacré de belles pages. Au sens purement figuré, les vespasiennes sentaient le soufre. Le baron de Charlus s'y rendait souvent, ainsi que le fait remarquer un maître d'hôtel dans la *Recherche* :

« Certainement Monsieur de Charlus a pris une maladie à rester si longtemps dans une pistière. Voilà ce que c'est que d'être un vieux coureur de femmes, il en a pris les pantalons. »

Les nouveaux cris de Paris, suite : *Les toilettes, c'est en bas* !

---

1. Voir p. 19 – *Paris, vue générale.*
2. Sans Domicile Fixe.

EN AVANCE

Où l'on voit les décennies accéder à la retraite à neuf ans — Un bond dans la connaissance : le bilan anticipé — Cette pauvre vieille chose d'An 2000 — Le syndrome du hamster — Marchands de primeurs — Délices d'initiés — Premier : un métier qui s'apprend.

Le Parisien veut être toujours le premier.

C'est encore un scoop.

Comment accorder ce désir avec son goût actuel des valeurs éprouvées? Il y a deux recettes :

1) Remplacer l'avant-garde par le nouveau. Au contraire de l'avant-garde, le nouveau s'accommode très bien de l'ancien. Il suffit d'une nuit pour faire un *nouveau philosophe* d'un ancien mao, un *nouvel homme* d'un quinquagénaire, un *nouveau pauvre* d'un vieux chômeur, un *nouveau Johnny* d'un éternel Hallyday. Par ailleurs, il n'y a plus de vieux romans mais un *retour au romanesque*, de vieille peinture mais de la *peinture transhistorique*, de vieux design mais du *contemporain intemporel*, de pastiche d'ancien mais du *post-moderne*.

Avec le nouveau, on ne risque plus d'être dépassé comme avec l'avant-garde, mais seulement périmé. Il suffit alors de changer le produit en rayon. On est allé de l'idée de révolution à une mentalité de conserveur.

2) Remplacer le plaisir de l'imprévu par l'anticipation de l'inévitable. Notre façon d'être en avance est essentiellement calendaire. A force de vouloir doubler ses rivaux, la coutume s'est installée à Paris de remettre au jour même ce qu'on pourrait faire le lendemain.

Cette tendance s'accélère. Dès 1988, on s'est mis à célébrer le Bicentenaire (par le livre surtout). Dès 1989, on a tiré un trait sur les années 80. Mieux, le bilan des années 90 est déjà dressé. Les magazines savent ce qu'elles seront. Il semble qu'on s'achemine ainsi vers un genre nouveau : la rétrospective prévisionnelle. Au lieu de se payer des bilans tous les 10 ans, on pourra les mensualiser.

Et que seront donc les années 90? Devinez :

TOUT LE CONTRAIRE DES ANNÉES 80.

Dès janvier 1990, on rencontrait des Parisiens très absorbés dans leurs nouvelles tâches. Ils voulaient absolument faire les premiers tout le contraire d'avant. Pareils aux résistants de la dernière heure, ceux qui avaient porté aux nues les années 80 n'étaient pas les moins acharnés à les piétiner avec une brutalité sans exemple.

Harcelés par les enquêtes d'opinion, abrutis de sondages-minute, de commentaires instantanés et d'articles météo consacrés à l'air du temps, les Parisiens ont acquis une mentalité de polaroïd. Ils se sentent jaunir en un clin d'œil. Ils se regardent et se voient déjà au passé. Rassasiés d'eux-mêmes, ils n'ont plus qu'une hâte : solder leurs décennies avant l'heure et acheter les suivantes en primeur.

A Paris cependant, l'amour du déjà là ne va jamais sans le goût du déjà vu. Les années 90 commencent par se pencher sur les années 60 avec la même frénésie qu'avaient montrée les années 80 pour les années 50.

Pour être franc, je ne suis pas mécontent qu'elles soient terminées, ces années 80 où on mangeait dans des assiettes en granit. Bon, il y avait des ventilateurs au plafond mais il fallait s'asseoir sur des chaises en fer. Boire du metzcal sous une lumière bleue tout en suçant du citron et en léchant du sel n'était pas fait pour nous simplifier la vie.

Avec notre goût de l'anticipation, c'est bien soulagés que nous avons appris que le xxᵉ siècle était déjà fini, et l'an 2000 derrière nous. Plus personne n'ose en parler de l'an 2000, cela fait terriblement ringue. On l'a changé pour le *troisième millénaire*, lequel est beaucoup plus chic, beaucoup plus ample.

Si les Parisiens restent à ce point fascinés depuis un demi-siècle par New York et la Californie, c'est que les modes sont tellement en avance là-bas qu'elles ne savent pas quoi foutre en attendant la fin des modes toujours en retard des autres régions du monde et alors elles se disent : tiens, si on allait déferler sur l'Europe? Aussi envoyons-nous des éclaireurs là-bas pour en rapporter les premiers ces nouveautés qui s'ennuient. Ils arpentent le Nouveau Monde et cherchent à repérer la vague à sa naissance, qu'on ait le temps de surfer un bon coup. Ils disent « cocooning! » et aussi sec, on se met ici à cocooner comme des cons – c'est-à-dire à faire comme d'habitude mais avec le plaisir, essentiel au Parisien, de faire quelque chose de *nommé*. Jusqu'au moment où on s'aperçoit que c'est déjà mort.

Où nous conduit notre frénésie d'être en avance : nous allons jusqu'à subir des modes qui sont nées démodées. Le téléphone de voiture, par exemple, le caisson d'isolation sensorielle, le logo *Smiley* ou *Batman*, ç'a été tout de suite blaireau, tellement on s'était dépêché d'en parler.

A Paris, les soldes d'été débutent au printemps, saison où sont lancées les collections d'hiver qui mordent la queue des fins de série et on ne sait plus très bien, toujours notre vie en boucle, ce qui vient et ce qui s'en va. C'est en juin qu'est fixée la liste à peu près exacte des lauréats des prix d'automne, décernés au moment même où s'amorce le démarchage des étrennes de fin d'année par les personnels de la Ville, lequel est déjà bien engagé début décembre, quand apparaissent les premiers sapins de Noël et les soldes de janvier.

Il est temps de lancer un cri d'alarme : à vouloir trop anticiper les saisons, il y a un moment où l'on se retrouve avec ce qu'on vient de quitter devant soi. C'est la dure loi du cycle. Allez dans les roues interroger les hamsters. Ils vous confirmeront ce que je viens de dire.

Nos journaux du matin sont bouclés la veille au soir et *France Soir* arrive en kiosque le matin. Cela laisse peu de temps aux événements pour arriver et plaide en faveur de leur suppression (voir plus haut). Nos hebdos ont à cœur, de leur côté, d'avancer leur parution d'une journée environ tous les cinq ans, avec la régularité des précessions d'équinoxe, si bien qu'ils ont gagné à peu près une semaine sur les années 50. Leur ambition, qui donne un peu le vertige, est d'arriver à parler du mal au dos avec huit jours d'avance sur l'actualité.

Certains vont jusqu'à se lancer dans l'annonce prévisionnelle des décès : *Le Quotidien de Paris* a été en mesure de titrer sur la mort de Dassault avec un mois d'avance. Mais c'est un genre nouveau, il fait appel à des techniques complexes. On en est encore aux tests.

Nous raffolons des avant-premières, des régimes inédits, des bonnes feuilles, des confidences exclusives, des pré-inaugurations, des vins de primeur, des généralisation hâtives (sans parler des conclusions), des avant-goûts des collections, des navets nouveaux, des critériums de la première neige, des voyantes et des previews. Nous aimons les signes quand ils sont avant-coureurs et les nouvelles quand elles sont sous embargo. Nous rêvons d'être pris en flagrant délit d'initié. C'est la raison pour laquelle nous trahissons tous les secrets.

Je connais des Parisiens pour qui ces délices d'initié passent avant tout. S'ils n'en ont pas eu les premiers connaissance, un spectacle, une expo, une information pâlissent à leurs yeux comme ces fresques brutalement mises au jour. Être au courant en même temps que les autres, ce n'est pas être au courant, c'est débarquer. Pour savoir avant tout le monde, ne fût-ce que de trois minutes, qui a gagné les élections, ils peuvent s'agiter d'une façon inouïe, même un dimanche. Puis ils iront, plus hauts d'un pouce, un sourire énigmatique aux lèvres, se mêler au commun :

— Alors c'est qui?
— Je ne peux pas te le dire.
— C'est lui?
— Je ne t'ai rien dit.
— Wouaouh, j'appelle tout de suite Castaflute.

Les Parisiens sont de grands enfants.

En bonne logique, c'est très tôt qu'on s'entraîne à être en avance. Le Parisien reçoit une formation de base dans le ventre de sa mère. A cet âge-là, il est déjà inscrit à la crèche, sinon à une école pour bambins influents. Au besoin il s'offre une césarienne, pour le plaisir d'entrer dans l'existence par la grande porte, tandis que les autres piétinent dans les files d'attente. Après quoi, il veut absolument dire ses premiers mots avant de savoir parler : naître ne lui suffit plus dans la vie, c'est trop daté. Ou bien il apprend à nager avant d'être capable de marcher, les têtards le font bien. Puis, au plus vite, il écluse le programme des maternelles tout en s'habituant à tenir une raquette. Cette mentalité de prématuré lui restera : c'est d'une façon précoce que le bébé parisien saute des classes (comme un enfant), l'adolescent des filles (comme un grand) et l'adulte des repas (comme un vieux).

L'entraînement est quotidien. Pas une circonstance qui n'en soit l'occasion. Le Parisien monte sans laisser descendre, double à droite et triche dans les files d'attente. Son aisance à se ruer sur les places assises provoque l'admiration des connaisseurs. On dirait qu'il a fait cela toute sa vie.

La façon qu'il a de démarrer avant que le feu passe au vert témoigne à la fois chez lui d'un complexe de prématuré et d'un goût marqué pour l'irrationnel. Suscitant, avec sa passion d'être en avance, des bouchons monstrueux, le Parisien peut alors se donner à son plaisir d'être en retard [1].

---

1. Voir p. 243 — *Les Lemmings.*

EN RETARD

Une tare sociale : l'arrivée prématurée − *Désarroi de l'arrivé précoce − La façon dont il s'en sort − Comment le débarquant évitera le scandale de l'arrivée précoce sans tomber dans l'excès de l'arrivée après coup − Usages patronaux : le décalé horaire − Présence, cependant, d'horaires inflexibles − L'art de trouver une excuse.*

Le Parisien veut être le premier en tout, mais jamais quelque part. C'est une affaire d'amour-propre.

Sa tronche, quand il arrive avant les autres, son cri déchirant (« je ne suis pas le premier, j'espère »), cela vaudrait le coup d'œil si, par définition, il n'y avait personne pour l'observer.

A part les hôtes, bien sûr, mais ils s'en apercevront à peine, vu que, par un goût marqué − chez eux aussi − du retard, *ils ne sont pas tout à fait prêts* (ils ont mis *deux heures* ce soir à rentrer). Puis la courtoisie commande de garder le silence sur ce genre d'incident, symptôme d'une maladie sociale : l'arrivée prématurée, auprès de quoi l'éjaculation précoce n'est jamais qu'un accident d'homme pressé.

« Vous savez, Charouette, ce type qu'on voit toujours arriver le premier. » Une telle phrase déconsidère son auteur.

L'arrivé-le-premier bat en retraite chaque fois qu'il le peut. Il dit : « Je vais chercher des cigarettes » (mais nous en avons − nonon, je ne fume que des Winston à pot catalytique). Il erre un bon moment dans le quartier (la vente des cigarettes est interdite en ville après le couvre-feu), bientôt il se perd et, quand il revient, on ne l'attendait plus, la table est desservie, pour lui tout est perdu sauf l'honneur : on l'accueille en héros cette fois. Il a *réussi son entrée.* Les premiers seront les derniers : cela se vérifie tous les jours à Paris.

Il y a même des arrivés précoces qu'on n'a jamais revus. A leur premier coup de sonnette, ils avaient bêtement jeté le bout de papier avec le numéro de code. Pour tout arranger, leur carte téléphonique était naze et les tabacs fermés (la vente des cartes est prohibée après la tombée de la nuit). Certains courent encore.

L'esprit logique (ce que nous appelons ici : *la France profonde*), objectera qu'il faut bien un premier. Pas à Paris. Nous ne nions pas qu'il y ait une difficulté à résoudre mais nous l'avons tournée : nous arrivons à plusieurs. Cela satisfait notre amour des retrouvailles. On passe se prendre les uns chez les autres. On se donne rencart dans un café. Bref, on se regroupe avant d'aller se rassembler.

S'appliquer à être en retard, le lecteur voit bien d'ailleurs tous ces autres vices que cela nous permet d'assouvir : recommencer les réunions, répéter les déjeuners. S'éclater, quoi.

Vous serez jugé sur la qualité de votre retard. Aussi toute heure publiée ou convenue doit-elle être mentalement corrigée. Le débarquant devrait être à peu près dans les temps, c'est-à-dire se conduire avec correction, en appliquant les dépassements suivants à l'horaire indiqué :

Rendez-vous très important	*10 minutes de retard*
Table réservée à 13 heures	*15 minutes*
Table réservée à 20 heures	*20 minutes et plus*
Première au théâtre	*30 minutes* *
Coquetèle	*de 40 à 80 minutes* **
Dîner en ville	*de 30 à 50 minutes*
Soirée	*2 heures et plus*
Visite à domicile (pour un médecin)	*de 4 à 8 heures* ***
Visite à domicile (pour un plombier)	*de 3 jours à 3 mois*
Remise de manuscrit (pour un auteur)	*de 3 mois à 3 ans*
Paiement d'une contravention	*jamais*

  * Salles privées.
  ** Sauf buffet exceptionnel, tirage d'une loterie ou venue du chef de l'État.
  *** Selon urgence.

Exercice : Convié à dîner pour *8 heures, 8 h 30*, à quelle heure arrivez-vous?

Réponse : autour de 9 heures. La tolérance peut aller jusqu'à 9 h 30. Dix heures dans certains cas. On voit par là que *8 heures, 8 h 30* ne désigne nullement une fourchette mais la plage horaire qui s'étend au-delà : l'excès de précision n'est qu'apparent ; il renvoie à l'incertitude la plus totale.

Pour un ministre fraîchement nommé, l'un des premiers plaisirs, à quoi il sacrifie tous les autres, est de faire retarder pour lui le départ d'un avion. Pour un chef de service hospitalier, de faire patienter son patient (dont c'est un peu le métier). D'une façon générale, être accueilli à l'heure convenue par un médecin parisien doit être perçu comme un luxe extravagant et non remboursé par la Sécurité sociale.

Chacun ayant une confiance aveugle dans l'inexactitude des autres, le jeu d'être en retard peut être poussé très loin. Paris est peuplé d'ultimatums mis au panier, de *deadlines* morts pour rien et de dates limites violées à plusieurs. Aucun tabou ne résiste à la volupté d'être à la bourre. Toute la nuit qui suit le dernier jour pour déclarer ses revenus, la foule se presse autour des centres d'imposition. Ce sont alors les endroits les plus courus de Paris. On dirait une veillée de Noël ou une soirée de gala au Français. Le ballet des voitures est incessant. Expédier son enveloppe dans les temps, c'est en effet jugé assez petit.

A PARIS, IL N'Y A PAS DE DÉLAI SI GRAND QUI NE PUISSE ÊTRE DÉPASSÉ.

Au bureau, c'est un peu plus compliqué. N'importe quel patron tombé du lit peut constater la présence, dans les locaux de son entreprise, de nombreux inconnus. Renseignements pris avant d'appeler la police, il s'agit de ses employés.

A l'exception du big-boss-bourreau de travail (ça existe et ça vous rend célèbre) et de tous les collaborateurs placés directement sous le couteau du bourreau, les salariés vraiment à l'heure seront ceux qui, habitant le plus loin, sont le moins payés pour être là. Où l'on voit que les petites heures n'ont rien à voir avec les gros mois ni la ponctualité avec la distance. J'ajoute que le patron est obligé souvent d'arriver en voiture : cela ne fait qu'aggraver son retard.

Il est obligé d'arriver en voiture parce qu'il a une place de parking réservée : à Paris, un privilège dont on n'use pas est un crève-cœur pour tout le monde.

Dans certaines corporations, c'est quand on n'a plus besoin du tout de venir qu'on se sent arrivé. Avec cette réserve que veiller après les autres (« sur des dossiers importants ») est aussi bien vu que de se pointer à midi. La veillée possède un charme patronal. Cette translation vers les petites heures de la journée de travail diminue les risques pour un dirigeant de rencontrer ses sujets.

C'est un élément du standing dans une ville où n'importe quel *décideur* soucieux de son prestige doit toujours être en mesure d'apporter la preuve qu'il n'est pas là. Ou, faute de mieux, invisible. Ses rapports avec ses subordonnés (sans parler de sa famille) sont régis par une sorte de *jet lag*. Il ne lui suffit plus d'habiter des quartiers différents, d'avoir son étage à lui, ses gogues, son ascenseur et sa vidéo : il doit éviter de fréquenter les mêmes fuseaux horaires.

A Tokyo, il serait absurde d'appeler un pote chez lui à 8 h 50, alors qu'il prend son travail à 9 heures. A Paris, ce serait à la fois absurde et criminel, on risquerait de le réveiller.

Cette ville connaît pourtant des horaires inflexibles. Le retard systématique y est un jeu d'autant plus passionnant qu'il se heurte à des règlements très durs. C'est à midi sonnant, la file d'attente importe peu, que le guichetier de la poste ferme son guichet pour faire sa caisse. C'est à 16 h 30 que la banque abaisse son rideau, à l'instant même où le poissonnier lève le sien. C'est à 21 h 40 que le service s'achève brutalement dans les restaurants qui servent jusqu'à 22 heures (le Parisien, cette espèce de Nordique aux regards tournés vers le Sud, ne cesse de rêver à l'heure espagnole dans une cité où elle n'existe à peu près nulle part en dehors de Pigalle. Son goût du retard est peut-être un reflet de cette nostalgie et l'Arabe du coin toujours ouvert lui parle d'un monde où le temps ne compte pas).

Au greffe du Tribunal de Commerce, qui ferme à midi, on ne trouve personne pour s'occuper de vous après 11 h 25. Pourquoi? Parce qu'il ferme à midi, justement. Cela prend du temps de fermer à midi.

C'est, montre en main, de 12 h 31 à 13 h 59 qu'est proposé le menu à 55 F, v.s.c. (mais ce n'est qu'à 13 heures qu'on peut vraiment manger et c'est à 12 h 45 qu'on ne sert plus). C'est après 20 minutes d'attente qu'arrive le plat demandé si l'on n'a pas pris d'entrée (ce qui constitue un délit). Le moment où on vous apportera l'addition est en revanche imprévisible : avec le café, comme un biscuit à tremper, ou bien après une si longue attente qu'on se dit qu'ils ne savent pas compter.

Quelques détails pratiques :

a) L'automobiliste doit savoir qu'il peut tomber à tout moment du jour ou de la nuit sur les bennes de la Ville de Paris. S'il n'y a pas d'heure pour les braves [1], il n'y a pas ici d'horaire pour les ordures.

b) Une expression très en vogue chez nous, *5-6 minutes*, s'agissant d'un taxi qu'on a demandé par téléphone, ne veut pas dire « entre 5 et 6 minutes ». C'est une formule convenue qui désigne,

---

1. Ce qui à Paris veut dire pas d'heure pour se coucher, bien sûr.

rappelons-le, une attente comprise entre 3 et 10 minutes (cela dit : jamais plus).

Cela semble étrange mais il arrive qu'un Parisien se croit obligé d'inventer des excuses. Ainsi quand il est terriblement plus en retard que les autres, que la table est desservie, que l'aube point, que le restaurant où il avait rendez-vous a eu le temps de devenir un Lavaupoids. Vous vous abstiendrez d'évoquer alors des soins dentaires, des coliques, un empoisonnement familial aux champignons, comme à l'école quand on était petit. S'être trouvé à la banque au moment d'un hold-up est nettement plus plausible. Le coup du numéro de code qu'on a oublié, en même temps que sa télécarte, peut également passer mais seulement après 19 heures. L'excuse universellement admise, totalement inusable, c'est encore la bagnole. Vous n'avez *pas réussi à traverser la Seine,* vous *tournez depuis une heure dans le quartier.* Divinité à deux visages, la voiture permet une fois de plus au Parisien d'assouvir ses passions contradictoires pour l'avance et le retard. En fait, c'est essentiellement un moyen de n'être jamais à l'heure.

Étrangement, le rendez-vous fût-il au monde le plus important, personne ne s'étonnera jamais que vous ayez tenu à prendre votre voiture *avec tous ces encombrements,* perdant ainsi tout espoir d'arriver dans les temps. Prendre sa voiture est un rituel admis, un geste respecté, devant quoi la raison s'incline.

Les nouveaux cris de Paris, suite : *Je ne suis pas le premier, j'espère! – Huit heures, huit heures trente! – Cinq, six minutes! – On ne sert plus! – Je tourne depuis des heures!*

PARLER FAUX

Un verlan de la pensée – Où il est dit que le Parisien, qui peut être attrapé de bien des façons, ne saurait être pris au mot – Et au pied de la lettre encore moins – Les Ponts de Paris – Scènes de la vie mondaine : les Pauvres Gens ; les Misérables.

Le Parisien, parlant de lui, vous dira le contraire de ce qu'il pense. Ce qui serait gênant s'il vous trompait. Or personne à Paris n'est dupe de ce verlan mental. Aussi ce chapitre est-il entièrement destiné au débarquant. Celui-ci doit se persuader qu'il s'agit, avec le parler faux, d'un simple tic. Ce qui ressemble à un croisement bizarre des neurones n'est qu'une distorsion convenue de l'image de soi. Nous en donnerons quelques exemples, choisis parmi les situations les plus fréquentes. On s'évitera des déboires à s'en pénétrer.

1. Vous rencontrerez, soirée après soirée, des gens très en vue, vous expliquant avec conviction *qu'ils ne mettent les pieds nulle part* et que, d'ailleurs, ils ne sortent *jamais*.
Remarque : Ne mettre les pieds jamais nulle part, cela n'est pas donné à n'importe qui. Encore faut-il recevoir des *cartons*.

2. *Moi, je peux vivre avec cent francs par jour* s'entend dans la bouche d'une personne que rien ne ferait descendre dans le métro en dehors des périodes de bombardements ni renoncer à une escapade aux Antilles *(pour bien finir l'hiver).*
Remarque : Ce genre de Parisien a très souvent le sentiment de ne pas dépenser un flèche quand il présente une carte de paiement. Son train par là s'en trouve réduit de beaucoup. Son inconscient voit dans la Carte Bleue une espèce de carte de visite qui lui ouvre toutes les portes et lui donne l'accès aux richesses. Bien que, proclame-t-il volontiers, *il ne s'attache*

pas aux objets : « Je peux partir n'importe où demain avec un sac à l'épaule. »

3. *Il faudra absolument qu'on se fasse une bouffe un de ces quatre*. Traduction : peut-être bien qu'on se reverra par hasard dans un an.

4. *Bon, on s'appelle.* Traduction : appelle-moi si tu y tiens, ce n'est pas moi qui lèverai le petit doigt. L'interprétation vaut pour les deux interlocuteurs si bien qu'*on* ne s'appelle jamais. (*On*, ce n'est surtout pas moi. Il existe un vaste cimetière de *on* à Paris. C'est là que sont enterrées nos promesses. L'endroit est rarement visité.)

5. Chez les nouveaux bourgeois parisiens (je parle de ces gens qui se sont faits à peu près tout seuls, pas de ceux qui ont hérité d'un hôtel au Monopoly), le vocabulaire immobilier, c'est facilement Zola. Non seulement ils mangent dans des *cantines* (quand ils ne font pas des *dînettes* autour d'une *lichette* de foie gras et d'un *verre* de champ') mais ils habitent volontiers des *trous à rat* dans des endroits *un peu pouilleux, un peu zone* (en langage de promoteur : des immeubles de caractère dans un environnement traditionnel, au cachet authentiquement parisien). Leur somptueuse résidence en Corse est un *cabanon*, au mieux une *maison de paysan*. Une *baraque*. Très simple, *très nue*, dans un coin *sublime* qui est aussi un *bled perdu*, où il n'y a rien, à peine un sentier de chèvre, malheureusement ils parlent de l'agrandir, ces crétins vont gâcher ce qui était jusque-là le *trou du cul de la planète*, où les journées s'écoulent à pêcher avec les *gens du coin* (qui sont adorables) et, le reste du temps, on est dans la *cambuse* à remuer des *gamelles* et Marina *nous aide* – mais il faut la surveiller, elle est un peu lourde sur les corps gras – à faire une *vraie cuisine de pauvre*.

Remarque : Certaines affirmations sont à déchiffrer cas par cas. Un quartier *immonde*, cela peut être aussi bien le XVIIIᵉ à cause des *junkies* (mais les boutiques *blacks* à Barbès, c'est *complètement dépaysant*, à quoi bon voyager), le XVIᵉ à cause des *bourges* (une catégorie de bourgeois honnie par le reste de l'espèce, et souvent par elle-même), le XVᵉ à cause des *mémères* et des *minets*, genre Benneton–Beaugrenelle.

D'ailleurs, qu'est-ce au juste qu'un *environnement un peu glauque* à Paris, ou un *quartier assez sympa* ? La confusion du lard et du cochon est inscrite dans la chair de cette ville. Quand ce n'est pas l'immobilier qui rénove, c'est le quartier qui est en mutation. La vente continuant pendant les travaux, il faut demander à l'intérieur le confort qu'on ne trouve pas dans les parties communes. Aussi une entrée *vraiment crade* (les boîtes aux lettres sont pourries, il y a des compteurs électriques dans tous les sens, l'odeur de lessive remonte à Louis XI, la cour a l'air d'une carie) peut-elle conduire à des *tanières* sous les toits, des chambres de bonne en enfilade arrangées d'une *façon exquise*. Sans parler des fameuses HLM de la Ville de Paris, ce fétiche immobilier du Parisien qui tient assez peu de la HLM et beaucoup de la Ville de Paris [1].

Vous avez ici des logements sans ascenseurs (les escaliers sont trop larges, les rampes trop rapprochées), dans des quartiers *un peu glauques* la nuit tombée, qui comptent parmi les plus chers de la capitale. On arrive tout essoufflé au sixième dans un appartement de 5 millions.

L'hôtel est du XVIIIe.

Dénigrer son intérieur, cette coutume étrange nous vient de très haut : la tradition républicaine exige du chef de l'État et de sa cheffe qu'ils vomissent l'Élysée. Incommode. Inhabitable. Glacé. On n'est pas chez soi. Bref, un squat. S'ils avaient pu visiter avant, ils n'auraient pas postulé. Surtout pour un bail de sept ans.

Mitterrand fonctionne à cet égard comme le Parisien type, même s'il sait en outre reconnaître un mélèze : il passe ses loisirs dans une bergerie, tandis que les gens d'ici se réfugient dans des moulins, des fermes, des pressoirs, des granges, des écuries, des ateliers, des garages, des péniches, des entrepôts, c'est-à-dire dans des endroits pas faits pour.

6. Le Parisien déteste Noël *(la gerbe)*. Il hait les vacances *(la galère)*. Il fête Noël cependant tous les ans et prend le large à la moindre occasion.

On décroche son téléphone. On s'appelle entre gens qui ont *horreur* de Noël et pour qui c'est un jour comme les autres. On décide de se réunir afin de communier dans cette aversion : il n'y a aucune raison d'être obligé de rester dans son coin tandis que tous ces connards boustifaillent. L'un apporte le caviar, un autre le champagne, le troisième du foie gras. On allume des bougies, on échange des cadeaux.

A la Saint-Sylvestre, c'est d'un genre différent : la façon la plus prisée de ne pas réveillonner est de *passer faire un tour* dans des réveillons (on sait que le Parisien ne va jamais nulle part, *il fait un tour*). Quelques philanthropes se chargent, cette nuit-là, d'organiser chez eux des sortes de self-service où

---

1. La transformation d'un habitat social en habitat privilégié flatte notre goût des combines et des passe-droits. Dans la mesure exacte où nous en profitons, bien sûr.

400 personnes qui ne réveillonnent pas ont toujours la possibilité de manger.

Pour les loisirs, c'est encore plus simple. Le Parigomondain soucieux de son image ne part plus en vacances : il va *dans sa maison de famille,* ou bien il fait des *voyages* (à la rigueur des *virées*). Il *fait un tour* dans une capitale à la mode. Il va barboter en thalasso. Ou encore il *jette* un livre de Paul Bowles dans son havresac et s'envole pour Tanger (l'année d'avant : Pessoa, le livre, et Barcelone, la cité).

Les pays désormais se résument à des villes, lesquelles peuvent se réduire à des hôtels. Le Parigomondain ne prend pas de vacances au Maroc, en Italie ni au Kenya, il va quelques jours à la Mamounia, au Danieli ou au Treetops (en s'arrangeant pour avoir des réducs). La motivation est la même que pour les familiers du Club Med : il s'agit d'aller quelque part en évitant l'endroit.

7. Autre classique du parler faux : le Parisien *adore rester peinard chez lui le 15 août*. Pourtant, dès le 14, la ville s'est vidée comme un parcmètre.

Moyennant quoi, le 16, toute la ville vous tombe dessus en soupirant : « Ce qu'on était bien à Paris au 15 août, il n'y avait personne pour te faire chier. »

C'est que nous avons une mystique du 15 août. Dans la catégorie des ponts, il s'agit du roi des ponts.

Précisons que le pontage a été inventé ici, à Paris, durant les 30 Glorieuses. La seule ville de l'Hexagone où les banques sont fermées le samedi avait tous les atouts pour réussir cette percée chirurgicale : la première greffe réussie d'un week-end sur un milieu de semaine. Le pontage est devenu très vite chez nous une opération de routine. Nous avons pas mal de réussites dans ce domaine, comme le pont de l'Ascension où seules les églises sont encore ouvertes, mais cela ne saurait durer. Ou le mois de mai que nous sommes parvenus à ponter à peu près en entier.

Rien n'égale cependant le rituel qui entoure le pont du 15 août. Quelques adeptes ne manquent jamais ce jour-là d'aller se baigner dans les fontaines publiques, avec la ferveur mystique des Hindous. D'autres, place de la Concorde, organisent un pique-nique. C'est une journée de renversement des valeurs, une sorte de carnaval mais sans un chat. Il y a des tranchées de travaux publics abandonnées un peu partout dans la cité fantôme, on dirait Verdun après l'Armistice. Les journaux du lendemain publient la même photo tous les ans : les Champs-Élysées déserts vus du Rond-Point. Cliché passionnant, sur quoi on se jette avidement.

8. Vous entendez des indigènes plutôt bien mis déclarer par intervalles (autour du 20 du mois), qu'ils sont *complètement raides*. On les voit alors taper leur secrétaire ou leur femme de ménage. Ils cassent la tirelire des enfants. Ces démunis ont pourtant un chez-soi huppé, une maison de campagne, un petit voilier, deux voitures, une chaîne hors de prix, une cave à cigares et une à bordeaux. A peine sortis du cours (privé), leurs minots s'enferment avec des répétiteurs (agrégés). Aller chez le coiffeur leur fait dépenser autant que les *sauts* qu'ils font aux Puces soi-disant pour faire des affaires, et maigrir leur coûte plus cher que manger.

Aussi l'employée, qui a du bon sens comme parfois ces gens-là, ne peut-elle s'interdire, en allant chercher son porte-monnaie, de grommeler : « *Je me demande comment vous vous y prenez.* »

C'est la question que se posera aussi le débarquant.

La réponse est simple : il ne s'agit pas ici d'un parler faux tout bête. Notre Parisien est vraiment raide ou, plus exactement, périodiquement fauché. Il doit en effet payer les traites de l'appartement, les réparations de la maison, l'entretien du bateau, les frais de voiture, les compacts discs, les Cohibas, les grands crus achetés en primeur, l'école, les leçons, les coupes de tifs, la commode 30 et la cure au Touquet. Au-dessus de ses moyens, c'est l'étage où le Parisien vit. A mesure que s'accroissent ses revenus, il accède à cette sorte de pingrerie qui n'appartient qu'aux gens aisés, se battant pour un bout de chiffon dans les soldes, buvant du pinard *pour tous les jours* (un vin de table en cubitainer) n'allant que là où on l'invite, et trouvant qu'il y a des choses tout à fait amusantes chez Tati.

Il est surtout victime de cette névrose parigomondaine qui fait passer le superflu pour désirable, bientôt nécessaire, et vital pour finir, les dépenses réellement obligatoires – biftèque, cadeau d'anniversaire à Marraine, argent à rendre aux copains – apparaissant du même coup comme quelque chose qui vient en plus, et sur quoi il faut tâcher d'économiser un max. Ainsi disent-ils volontiers qu'ils ne peuvent se passer de leur Filofax, de leurs cures, de leur téléphone de voiture ni de leur bain à remous, avec des accents si déchirants qu'on se demande, avant l'invention de tous ces biens de première nécessité, comment ils ont fait pour survivre.

Quand elle se fend d'un billet de cent pour que les merdeux aient quand même leurs panés Findus et leur purée Mousline, l'employée de maison doit bien se convaincre qu'elle fait un geste en faveur d'une famille de handicapés : ce qu'elle tient pour des dépenses somptuaires, ce sont des *musts*, ce qu'elle prend pour des grisgris, ce sont pour eux des prothèses.

Vivant au-dessus de ses possibilités tout le temps qu'il ne passe pas à vivoter au-dessous de sa condition, le Nouveau Parisien n'a logiquement de regard que pour deux sortes de produits :

a) ce qui est beaucoup trop cher pour ce que c'est (*ça coûte la peau des fesses*) : un défaut qu'il prend volontiers pour un signe de qualité *(mais c'est vraiment classe)* ;

b) ce qui est *donné* (les mêmes objets mais en solde, plus tout ce qui ressort du fameux rapport-qualité-prix, enfin ce qui est *amusant et sympa*).

Il déteste en revanche ce qui, coûtant la peau des fesses, devient brutalement donné (le kiwi). Mais il raffole du contraire : quand le produit courant devient chic. Aussi les restaurateurs et les stylistes consacrent-ils une grande part de leur énergie à faire du coûteux avec du bon marché (morue, fleur de carotte, denim), chaque fois que le loup aux algues, orchidée, et le vison sauvage deviennent invendables.

HAPPY MANY

Les poids lourds sont des huiles allégées − Paris, c'est flou −
Au Vrai-faux Chic Parisien − Nivellement par le haut − Où,
saisi d'angoisse à voir s'étaler partout la confiture d'hôtel du
luxe de masse, le Parigomondain se met en quête du vrai luxe
au sucre de canne − Véridique histoire de la Révolution fran-
çaise ou comment le privilège de masse, *bébé incongru, est*
venu au monde, c'est-à-dire au Parisien, par une nuit d'été, un
4 août.

On peut sembler *un peu* fauché d'autant mieux qu'on a moins
l'air riche. Un regard suffisait autrefois. Il faut aller dans les maisons désormais pour renifler l'argent. (Encore vous dira-t-on −
c'est un rituel ici − qu'on a fait une affaire, qu'il a fallu *casser* les
cloisons [1], qu'en outre, c'est très humide, etc.)

La petite robe noire, le smoking ne sont plus des signes de distinction mais de confusion sociale. Leur fonction démocratique
est d'assimiler, dans la lueur diffuse d'un halogène, ceux qui
pèsent 30 briques par an à ceux qui valent 300 plaques.

Au début de ce siècle, les riches Parisiens aimaient bien être
gros, ça leur plaisait de s'étaler. Ils avaient des pelisses, ils
fumaient des cigares. Ils soupaient avec des danseuses. Le luxe
était un pays fermé aux touristes. Aujourd'hui, tous les cadres
fument des havanes. On voit plus de peaux d'animaux sur les
putes de la rue Blondel que sur le dos des bourgeoises − lesquelles ont pris le goût du faux zèbre. Les pédégés sont amaigris.
Ce sont des huiles allégées qui se privent à grand frais. A Paris,
sauf pour l'espace, le volume n'est plus un signe de richesse. C'est
vrai des estomacs comme des maillots de bain. On a vu qu'un
petit deux-pièces de luxe revenait plus cher au kilo que le loyer

---

1. Premiers mots d'un Parigomondain visitant un appartement : " *Cassé,* ça peut-être
sublime. "

d'un deux-pièces. Aussi n'est-il plus tellement intéressant d'habiter dans des maillots.

Les très grands bourgeois n'ont plus besoin de se ruiner pour les très jeunes filles. Ils peuvent baiser gratos, exactement comme des pauvres. Il peuvent même les épouser, ce dont ils ne se privent pas. La *connaissance*, à qui on avait coutume d'acheter un pied-à-terre sur la Chaussée d'Antin, désormais on la prend en secondes noces. Ce qui a libéré pas mal de mètres carrés dans le centre pour construire des bureaux.

Paris devient flou. Les pauvres et les fauchés sont aisément repérables. Les autres commencent à se ressembler. Les happy nombreux qui possèdent deux ou trois objets de luxe submergent les happy few qui ont tout. Ils portent des jeans mais des Weston. Ce sont des faubouriens tendance Saint-Honoré.

Nous voici à l'âge du vrai-faux chic parisien, un univers indécis entre chien de race et jeune loup, où le populisme snob côtoie le luxe de masse. Le bas est tiré vers le haut (les restaurants à formule proposent du homard en supplément). Le haut est tiré vers le bas (les *Relais et Châteaux* organisent des forfaits week-end).

Les lardos sont en synthétique mais en soie les calebards. Les coquetèles mondains sont sponsorisés par des marques de spiritueux, selon un genre lancé par les fêtes de l'Huma.

A la rencontre du bas et du haut, le panier garni des Nouveaux Parisiens : 10% cachemire, *pet food* avec du foie et des rognons, champagne de propriétaire, « ligne créateur » des ventes sur catalogue, action Paribas, eau de parfum, lunettes couture, cigarillo Davidoff, brasserie du Crillon, coupe Dessange, pain au levain, classe Club, nouvelles Puces, annexes des trois étoiles, wine bar et soldé dégriffé. Qu'oublié-je tout au fond?

Ah. LE TABLEAU DE BORD EN RONCE DE NOYER.

Nous avons quelques uns des « logements sociaux » les plus chers de France et, dans le sens contraire, un supermarché (*5ᵉ Avenue*) consacré aux produits de luxe.

Cela crée un climat, celui d'une ville sainte des classes moyennes. Nous assistons à un écœurant nivellement par le haut. Le vrai-faux est partout, l'hyperréalisme devient un art de vivre. On dévitalise la vraie Coupole, les vrais bistrots, pour les repeindre en vrai-faux. Où l'on retrouve un poncif petit-bourgeois : la copie d'ancien. Sauf que l'ancien est désormais à lui-même son pastiche.

Vraies-fausses fontaines Wallace et vrais-faux sacs en croco, vrais-faux bals musette et vrais-faux magrets de canard : l'authen-toc.

Le prestige à petits prix donne ce côté passe-partout à la vie parisienne. Oubliez les frimes : les couleurs indéfinissables sont les plus nombreuses, les tenues sombres qui peuvent se porter un peu crades. Le sporstwear américano-italien. Le cuir qui fait de l'usage. Le dandysme réduit à trois détails, ou même à une pochette.

Ce qui reste inchangé (le Fouquet's, l'Élysée Montmartre, l'hôtel Raphaël, Léo Malet, la piscine Molitor) connaît par contre-coup un prestige inégalé : ce n'est plus simplement de l'authen-tique. C'est de l'institution, du mythe. Bref, du *lieu culte*.

Le luxe de masse, c'est aussi l'assomption de la technique. Au terme de coûteuses recherches, la science est enfin parvenue à réinventer le monde tel qu'il était avant. On redécouvre le produit frais pour animaux, les serviettes en papier se garnissent progres-sivement de coton. On met des aiguilles aux montres à quartz.

La diffusion massive des signes de prestige et la récupération outrancière des valeurs populaires ont fini par créer un genre nouveau : le parisiano-populisme. Il nous a donné ce dialecte énervant, fait d'apocopes, qu'on ne parle que dans les salons. Des mots comme *cong'pay'*, les *Sovs*, les *Brits*, les *milieux popu*.

L'essor du vrai-faux alimente la névrose d'angoisse du Parisien, son obsession de nommer et de classer tout. Qu'est-ce que le *vrai* luxe ? Cette question hante le néo-snob. Quand nos fastueux s'appelaient Windsor ou Cuevas, la réponse était facile. Le vrai luxe, c'était eux. Aujourd'hui où la réussite sociale est incarnée par Tapie, Sulitzer, Seguela, en gros des marchands de bretelles, cela devient délicat. La rotation accélérée des MST n'arrange rien [1] : les réponses ne cessent de varier selon les saisons. Au lieu de l'atténuer, elles contribuent au flou général.

Le vrai luxe, c'est pas la chemise Lacoste en soi mais *une* cou-leur de Lascoste, la seule qui sera *vraiment* chic cette année et, bien sûr, elle disparaît au bout d'un mois, tu penses, *ils* pré-viennent les gros clients.

Le vrai luxe, c'est plus Porthault, c'est la Châtelaine.

Le vrai luxe, c'est des doubles-portes.

Le vrai luxe, c'est les beaux dessous parce que personne n'est au courant, ainsi moi j'en ai.

Le vrai luxe, c'est de porter une Swatch et d'avoir chez soi la Tank de Cartier.

Le vrai luxe, c'est de pouvoir aller travailler à pied.

---

1. Voir *supra*, p. 292.

Le vrai luxe, c'est le cachemire à *un seul* fil de Ralph Lauren dans les tons beigeasse week-end anglais.

Le vrai luxe, c'est d'avoir des billets de 500 sur soi comme un maquignon, ou alors pas d'argent du tout.

Le vrai luxe, c'est surtout pas ces liasses de billets de 200 F qui font tellement guichet carte bleue.

Le vrai luxe, c'est pas la ratte du Touquet, c'est celle de chez Clos, en Seine-et-Marne : la pomme de terre, c'est comme la vigne, c'est le terroir qui fait tout.

« Mon luxe à moi, c'est le luxe », m'a dit un copain qui ne porte rien sur lui qui ne soit *de chez*. Sa fille a des goûts moins élitaires. Elle rêve d'un tatouage sur la hanche. Un tatouage de quoi ? Je lui demande. « Le tigre de chez Cartier », elle me répond.

Pour aller avec notre luxe de masse, nous avons mis au point et propagé un genre nouveau : le privilège de masse. Il fallait quand même le faire. Aujourd'hui, dans cette ville, il n'est pas jusqu'à l'accès à ses droits qui n'exige des passe-droits : obtenir une place à la crèche, par exemple. N'obtiendrait-on rien que ce serait encore un privilège d'habiter à Paris, comme on dit maintenant. Cela nous fait deux millions de privilégiés et, puisée dans leur sein, une aristocratie surpeuplée : le Fourre-Tout Paris. Réunir les gens qui comptent dans cette ville, il y faudra bientôt des stades. Les tribunes du Bicentenaire comprenaient plusieurs dizaines de milliers de places. Cela signifie que la prochaine révolution aura tout de suite l'air d'une rafle et bientôt d'un génocide. Le souverain a déjà bien de la peine à contenter une cour aussi nombreuse. La réception à l'Élysée du 14 Juillet ressemble à une fête de la bière. Nous avons des élites sociales démesurées.

Pas une manifestation sportive, aucun salon qui ne tienne à installer, comme au tournoi du Roland-Garros, son *village* ou son *espace* VIP. Les hôtesses d'accueil n'arrivent plus à fournir. Nous avons presque autant de VIP que de VRP. Il devient d'ailleurs difficile de distinguer ces deux métiers.

C'est une étrange croyance d'imaginer que les night clubbers de la nuit du 4 août ont aboli les privilèges. Ce que voulaient les Français, c'était plus de privilèges au contraire : des privilèges pour tous. Aussi a-t-on mis en tas tout ce qui ressemblait à des faveurs et les Parisiens se sont, à leur habitude, servis les premiers. Les plus malins ont obtenu des chasses en Sologne ou des cartons pour des générales. Les autres des guérites de la Loterie nationale, des abattements fiscaux, des avantages acquis.

Grâce à 89, le privilège n'est plus l'ennemi de la loi. Il repose sur elle comme hier il s'appuyait sur la naissance. A Paris, ce n'est pas l'exception qui confirme la règle, c'est la règle qui est la mère de l'exception. Les interdictions, les réformes et les mesures d'intérêt général, on compte bien que ces braves filles un peu revêches vous mettent très vite au monde une ribambelle d'exonérés, de prioritaires et de traités de faveur blonds et bouclés.

Cela met de la vie, tous ces petits passe-droits qui piaillent dans les rues.

C'est cette victoire (la mise du privilège à la portée de pas mal de gens) que célèbre inconsciemment le Parisien quand il fait sauter sa contredanse, qu'il tente de pénétrer aux soirées électorales d'Europe 1 ou de décrocher une coopé aux States pour son fils, qu'il soudoie son boucher pour un os à moelle, sa pervenche pour cinq minutes de stationnement et qu'il manque de se faire tuer dans les soldes, pour peu qu'ils soient privés.

Obtenir une place à ce concert pourtant *archibooké*. Se faire servir quand 22 heures ont sonné. Assister à une *preview*. Dénicher à tout prix le numéro d'une revue qu'un jugement vient de retirer de la vente (et qu'on ne lit jamais autrement) : le Parisien, si l'on additionne tout cela, c'est à énormément de gens (videurs, attachés de relations publiques, contractuelles, maîtres d'hôtel...) qu'il abandonne le soin de faire de lui un privilégié ou non. Cela donne à tout le monde du pouvoir sur tout le monde.

Bien sûr, *tout le monde* n'est pas *n'importe qui*. Veut-il jouir d'un privilège, *n'importe qui* n'aura pourtant guère de peine à s'en trouver un, dans cette ville suréquipée. Pour aller au plus simple, il peut gagner le métro par l'entrée réservée aux voyageurs munis de billets.

Le débarquant observera le voyageur muni de billets, sa morgue chaque fois qu'il descend à l'entrée qui lui est réservée.

LA VÉRITABLE HISTOIRE
DE ROLAND GARROS

Paris à l'heure de Roland Garros — Les origines de R G — Débuts difficiles — Le temps des pionniers — Quand les militaires en uniforme avaient accès gratuitement à Roland Garros — Un échange de balles dramatique — Premier vainqueur de Roland Garros : un Allemand — Où le tournoi modifie ses règles et trouve son public.

Le nom de Roland Garros est entouré ici du plus grand respect. Chaque année, en juin, découvrant avec surprise des bureaux vides, des classes terminales désertées et des incendies mal éteints, le débarquant s'entend répondre par les officiers de semaine, les vigiles et les grabataires :

C'EST À CAUSE DE ROLAND GARROS

Roland Garros naît dans l'île de la Réunion en 1888. Dès 1911, il s'établit comme pionnier de l'aviation, profession peu courue à l'époque. En 1913, il réussit la première traversée de la Méditerranée, entre Saint-Raphaël et Bizerte. La Grande Guerre lui donne l'occasion d'inventer un procédé de tir à travers l'hélice, salué par les spécialistes comme un progrès décisif sur le tir dans l'hélice. En 1918, Roland Garros est tué au combat, d'une balle nette.

Une sorte de tournoi est organisé chaque année en son honneur, où l'hélice est remplacée par un filet.

DITES-MOI TU, JE VOUS EN PRIE

Où l'on apprend qu'il n'est pas nécessaire à Paris, pour se faire tutoyer, d'être à tu et à toi — Où l'on envisage sérieusement l'hypothèse d'avoir à présenter un intime dont on ignore le nom à un inconnu qu'on tutoie, et la façon de s'en sortir avec élégance — Où l'on comprend qu'il est difficile d'éviter les gaffes sans tomber dans les impairs — Où l'on sent bien une fois de plus, et de vous à moi, qu'il vaut mieux ici se taire.

Notre usage du tutoiement déconcerte les étrangers. « Aux États-Unis, nous n'avons que le *vous*, m'explique une New-Yorkaise, mais nous savons tout de suite quand ce *vous* est un *tu*. Vous qui avez les deux, on ne comprend jamais vos critères. »

Elle vit à Paris. Au début, elle tutoyait trop de gens. On la trouvait familière. Du coup, elle s'est remise à voussoyer. On la juge froide.

Les étrangers découvrent dans cette ville toute espèce de rites, de hiérarchies. Des codes d'accès bien plus impitoyables que des digicodes. Ils mesurent le respect que la vendeuse doit ici à son chef de rayon. Ils ingurgitent des protocoles. Ils rencontrent des armées de caporaux et des bataillons d'officiers. Puis, brutalement, ça se passe en général au milieu d'un repas, ils se trouvent en présence d'un Parisien qui leur dit : « Si on se tutoyait, cela serait plus simple. »

Cela n'est pas plus simple. C'est même plus compliqué. Le tutoiement n'a rien de naturel à Paris. Après tout, on n'est pas des Suédois.

Le tutoiement peut vous tomber dessus comme à Pearl Harbour, sans déclaration de paix.

Il y a des gens qu'on tutoie et qu'on n'aurait même pas envie de voussoyer, tant on n'en a rien à foutre. D'autres, on les voussoie mais on les aime beaucoup. C'est plus rare : notre voussoiement tient en général nos interlocuteurs à une distance d'environ deux mètres, deux mètres vingt. C'est le *vous* traditionnel, plus éloigné d'un *tu* que le *you* de ma New-Yorkaise.

Nous avons le *tu* des scouts et celui (qui revient au même) du show-biz. Le *tu* des jeunes quand ils vous taxent d'une cigarette. Le *tu* des milieux de la communication. Bref, des *tu* innombrables et pâlis tels des galets abandonnés par la décrue des *événements* de 68 , où s'aimaient tous les Parisiens qui ne se tapaient pas sur la gueule. Des *tu* qui ne veulent rien dire : une version chocolatée de l'indifférence, comme le bisou local.

Des types vous tutoient parce qu'ils sont moniteurs de gym ou garçons de café. Mais dès qu'on retrouve le moniteur au café, ou le garçon à la gym, ces gens-là te voussoient.

Des types vous tutoient pour des raisons mystérieuses, qu'ils vous expliqueront peut-être quand vous aurez fait connaissance.

Le moment vient où vous êtes obligé de présenter un copain de ce genre à un pote du même acabit. L'horrible vérité alors éclate. Vous ne savez rien d'eux. RIEN. Vous causiez avec le premier sur le ton le plus familier mais vous aviez tout oublié de lui, jusqu'à son nom, son métier. Et l'autre, quand il vous est tombé dessus, vous l'avez accueilli avec effusion, son visage vous disait quelque chose, c'était peut-être bien Grosquick mais c'était peut-être bien aussi Bisounours, son pire ennemi.

Il s'agit d'une expérience douloureuse à laquelle tout le monde est un jour confronté. Voici, en exclusivité pour la France et le Bénélux, une bonne façon de vous en tirer. Je la tiens d'un vieux camarade, dont le nom va me revenir.

Je fais semblant d'apercevoir un visage connu, explique mon poteau, et je dis à ces deux personnages énigmatiques : « Excusez-moi un instant, il faut que j'aille saluer cette dame. Je vous laisse vous présenter. » Plus tard, à tour de rôle, je les prends à part : « Pardonne-moi pour tout à l'heure, vieux, je ne me rappelais plus du tout le nom de ce mec et j'étais affreusement gêné. »

Mon pote Machin a gardé le silence un moment : « Le problème avec ma combine, c'est que tu en restes au même point : le nom de ce mec, l'autre aussi l'a déjà complètement oublié. Et réciproquement. »

Des Parisiens se tutoient parce qu'ils travaillent ensemble, mais d'autres se tutoient parce qu'ils ne travaillent pas ensemble. Exemple souvent cité : le chef qui tutoie le mari de son employée.

Un aristo tutoie sa femme qui vient de la roture (elle l'a demandé), mais ses enfants voussoient leur mère (il l'a exigé).

Les curés modernistes qui jouent de la guitare sèche vous

tutoient parce que c'est ainsi qu'on faisait au temps des premiers chrétiens.

Les jeunes maos tutoyaient Jean-Paul et Simone mais Sartre et Beauvoir se voussoyaient.

L'étranger verra se tutoyer des gens qui ont des têtes à se dire vous.

Un chef parisien peut tutoyer ses collaborateurs quand il n'est pas sûr de son charme et les voussoyer quand il n'est pas sûr de son ascendant.

Ou l'inverse.

Tel homme ne tutoie, au bureau, que les femmes. Ou que les hommes. Telle femme ne tutoie que les hommes. Ou que les femmes.

On voit des Parisiens contraints de voussoyer des copains de maternelle du jour où ceux-ci deviennent sous-chef de cabinet, chef de cabinet, ministre, chef de l'État.

On voit des Parisiens tutoyer brusquement tout le monde, afin de *se mettre au diapason* (c'est-à-dire : faire comme les autres).

On voit des dandies qui tutoient la terre entière, à l'exception des amis intimes, des maîtresses ou des amants.

Certains milieux pratiquent le tutoiement tribal :
1) Les francs-maçons.
2) Les députés (à son procès, Laval tutoyait une partie des jurés).
3) Les anciens d'une grande école (tutoiement typiquement mafieux).
4) Les automobilistes qui s'injurient au volant (hors volant, ces lottes pourries, ces enculés et ces faces de raie redeviennent extrêmement urbains).

Votre chef vous tutoie parce qu'il est votre chef (copain-copain), mais il peut aussi te voussoyer pour les mêmes raisons (service-service). Il se laisse tutoyer par quelques-uns de ses subordonnés parce qu'ils ont été scouts, trotskistes ou non-chefs ensemble. Avec d'autres, il tient au voussoiement parce qu'ils sont beaucoup plus jeunes (ou beaucoup plus vieux) que lui. Il trouve normal au contraire qu'un merdeux à peine sevré le tutoie, pour la simple raison qu'il est chef lui aussi. On voit par là que le tutoiement, loin d'effacer les distances et de gommer les hiérarchies, peut aggraver l'un des maux dont nous souffrons : notre difficulté à rester simple et, plus encore, à le devenir.

Des Parisiens voussoient des gens de leur entourage mais ils ne peuvent se retenir de tutoyer des étrangers, quand ces étrangers sont des *stars*.

Dans l'audiovisuel, des présentateurs se forcent à tutoyer des inconnus parce que c'est le style de l'émission, tandis que d'autres se contraignent à voussoyer des amis pour la même raison.

Vous vous tutoyez entre jeunes jusqu'au moment où les jeunes vous disent *vous*, et alors vous découvrez que vous êtes vieux.

Les petits commerçants d'une rue marchande se tutoient entre hommes et leurs femmes se voussoient. Les habitués d'un bistrot tutoient le patron et voussoient le serveur, sauf quand c'est le contraire.

Tout innocent est présumé tutoyable par les flics tant qu'il n'a pas été relâché avec des excuses.

Cela m'aurait vachement fait plaisir de dégager un principe à l'intention de nos visiteurs anglo-saxons. J'aime à rendre service. Impossible, hélas : le choix du *tu* ou du *vous* obéit chez nous à des usages baroques. Ces *tu* et ces *vous* sont la plupart du temps conventionnels, mais il s'agit d'usages nuancés à l'infini. Une loi pourtant se dégage : le voussoiement parisien tient mieux à distance autrui que le tutoiement parisien ne le rapproche de vous.

Je comprends que le débarquant soit déçu par mes propos. Veut-il éviter les gaffes, il peut s'essayer à donner du *vous* et du *tu* en même temps : « Ça ne te vous dérangerait pas de me passer le sel ? » Mais ça fait un peu drôle. Il peut également imiter le *il* si familier au petit commerce : « Alors il va bien ? Qu'est-ce qui lui ferait plaisir ? Un verre de champagne ? Et sa dame, elle est là ? Il veut qu'on la présente au Ministre ? » Mais ça fait un peu bizarre.

CHANGER

Études et contre-études – Contre-emploi et double emploi – Travail au noir et loisir au blanc – Où l'on voit valser les meubles, les machines à coudre et les garçons bouchers – Où l'on assiste au trouble de deux policiers, eux-mêmes déguisés en shérifs, face à deux informaticiens en tenue destroy.

Le rêve d'un Parisien normal est d'être quelqu'un d'autre.

Cela commence avec les études. Elles n'ont pas vraiment ce qu'on appelle des débouchés (l'absence d'études encore moins). Depuis que les étudiants viennent se reproduire en Francilie comme des lapins, la situation empire. Vous avez des surdoués qui préparent les grandes écoles, parce que c'est là qu'il *faut* aller. Vous avez des paumés qui s'inscrivent dans des universités-parkings, parce que c'est là qu'ils *peuvent* aller. Dans les deux cas, on est plus près de l'instinct de l'espèce que de la vocation.

On ne se sent jamais si parisien que lorsque sa formation n'a aucun rapport avec son job. Les études ne sont alors qu'un moment de votre vie, rattaché à rien. Après on passe à autre chose. Il n'est d'ailleurs pas un mondain qui ne se moque de vos compétences : seul importe l'endroit d'où vous *sortez*.

Il y a les Parisiens qui *sortent* de quelque part et ceux qui ont fait socio.

Faire ce pour quoi on est fait, en résumé, se fait assez peu. On dira que vous vous enfermez. Les diplômés d'histoire, de philosophie sont estimés mais regardés très bizarrement s'ils se préparent à enseigner. On les soupçonne d'être vaguement pédophiles.

Remarque : c'est tout le contraire avec les instituteurs. Le Parigomondain dira volontiers qu'il s'agit du plus beau métier qu'on puisse imaginer, qu'il n'y a rien de si admirable, de si important, mais il n'ira point jusqu'à organiser des dîners d'instits.

Paris est une plaque tournante pour les changements d'orientation. Vous rentrez de vacances, votre poissonnier est devenu un pressing (il faut le voir palper les pantalons, évaluer la fraîcheur).

La clé du succès est dans le contre-emploi. L'agrégé de lettres fait carrière dans la finance, l'agrégé de philo finit pédégé. Le professeur d'histoire se tourne au plus vite vers la politique ou vers le journalisme, ce qui lui ouvre la carrière de romancier, métier où il côtoie un certain nombre d'anciens voyous et de grands flics. Le volailler ouvre une librairie. Le comédien fait restaurant et le sportif reprend un bar en face. Un diplôme d'histoire de l'art constitue une bonne formation pour ouvrir un salon de thé. Une solide culture Sciences-Po est une base de départ pour se consacrer au négoce des plantes exotiques. Une licence de psycho vous conduit aisément au métier d'antiquaire. On fait Polytechnique puis on monte un service de pizzas à domicile. L'École Nationale d'Administration est utile à se lancer dans la pâte alimentaire. L'animateur socioculturel, style « tu vois, Robert, il faudrait un lieu de vie dans la cité », peut tourner un jour au vidéaste.

S'agissant des postes qui restent à pourvoir, nous avons une importante réserve de licenciés en droit.

Certains métiers très cotés à Paris n'exigent aucun diplôme : psychanalystes, publicitaires, journalistes, navigateurs solitaires, astrologues, promoteurs immobiliers, thérapeutes, photographes, noctambules et présentateurs de météo. Il va de soi que ces derniers finiront par écrire un livre : à réciter tous les jours le bulletin de la météorologie nationale, il devient bientôt clair, après dissipation des brumes matinales, qu'on a des choses à dire. De la même façon, une speakerine, normalement, s'essaie à chanter.

Nous avons ainsi toute une série d'activités auxquelles vous aurez plus facilement accès si vous êtes *n'importe quoi* à Paris que *de la partie* à Carcassonne.

Dans cette ville, où l'on se croit souvent capable de changer à peu près tout dans sa vie, à part sa raie de côté, il vient un moment où l'on se demande ce qu'on pourrait bien faire *d'autre*. Ainsi, tout dessinateur de BD un peu coté va-t-il se lancer dans un long métrage (à l'exception notable de ceux qui ne le font pas). Le résultat sera désastreux, la bande dessinée n'ayant, en dépit des apparences, rien à voir avec le cinéma [1].

---

1. Les fonctionnaires sont encore mieux doués pour le contre-emploi. On dit alors qu'ils « passent de l'autre côté de la barrière ». Agacé de voir ses ouailles s'y prendre aussi mal pour frauder, l'inspecteur des impôts finit conseiller fiscal. Le haut fonctionnaire s'en va pantoufler dans l'entreprise avec qui il négociait pour le compte de l'État.

Demeurent, hélas, quelques métiers où un minimum de compétences est exigé. Les médecins, les dentistes, les laveurs de carreaux. De sentir ainsi leur destin lié, leur carrière horriblement tracée, ils se vengent en jetant toutes leurs forces dans des hobbies. Ils feront de la politique (métier où ils auront l'occasion de côtoyer leurs avocats). Ils écriront des romans s'ils sont généralistes et des essais profonds s'ils sont neurologues. Le menuisier vouera son existence à la plongée sous-marine. Le laveur de carreaux deviendra champion de danse acrobatique. Le boucher fera un donneur de sang fanatisé. Le dentiste animera les noces et banquets, avec sa formation typique.

C'est que, faute de pouvoir changer de peau en changeant de métier, nous aimerions au moins avoir deux vies en ayant deux métiers. Ce qu'on appelait, dans les années d'insouciance, un violon d'Ingres, réclame aujourd'hui une formation solide. Les loisirs sont devenus une affaire trop sérieuse pour qu'on les laisse à des amateurs. Ne serait-ce que pour apprendre à monter une béarnaise, il est bien vu d'aller faire un stage.

Paris est peuplé de ces créatures hybrides qui font deux parts de leur vie. Cela va du coursier-rocker au ministre-graphologue, en passant par la raquette du barreau et le pédège qui lit dans les boules de cristal. Sans parler de ceux qui font le parent d'élève à leurs moments perdus (voir plus haut).

Le show-business se passionne pour la forme, la cuisine, la diététique, la voyance et la prévention du cancer. Il a pour tout cela des recettes à peu près interchangeables dont il fait (faire) des livres. On s'aperçoit alors que ce qui est bon pour le côlon chez l'un, est chez l'autre un fond de sauce, mais peut aussi bien faire office de tonique musculaire, de philtre magique ou de produit amincissant [1].

Pour ne pas être à la traîne, les cordonniers fabriquent des clés-minute, les charcutiers vendent des gâteaux et les chemisiers italiens jouent aux tailleurs anglais.

Paris est surtout la capitale du travail au noir. Le pompier s'occupe de vos déménagements et l'agent de conduite installe vos rayonnages. Ce n'est pas sans fierté que l'indigène se fait papiéter par un flic.

Nos travailleurs au noir patentés subissent hélas! la concur-

---

1. Quand on est une *valeur sûre* investie d'une fonction symbolique à Paris (voir *supra*), changer de métier devient un art difficile. Classé Enfant Terrible de la Mode, Jean-Paul Gaultier, parlant à la télévision de l'échec de son disque, résume ce cruel paradoxe : « Ici, on est catalogué pour quelque chose alors qu'on vit à l'époque d'un grand métissage. » (A2, 14 octobre 1989.)

rence déloyale de ceux qui n'ont vraiment rien d'autre à faire. C'est-à-dire les gens qui ont perdu leur travail au blanc.

Quand on ne s'occupe pas de changer de métier ou de changer de peau, on s'attaque aux ambiances, on déplace les meubles, on permute. Nous avons commencé petit, en installant des boîtes dans des caves (1950). Puis (1960), nous avons collé de la moquette sur les murs. Vingt ans après, nous en étions à faire des toilettes en marbre mais des salles de séjour en ciment.

C'est en virtuose que le Parisien fait passer les dessous de soie pour des robes de soirée et les filets de dinde pour des escalopes de veau. Après les vêtements et les objets, il s'est attaqué aux immeubles. Il habite dans des usines, installe des ateliers dans des pièces de réception, transforme des piscines en pistes de danse et des appartements en boîte de nuit. Les garages à motos deviennent des salons de coiffure, les garages à autos des sièges de journaux et les gares des musées ; les boutiques de mode ressemblent à des entrepôts et les boulangers à la mode à des marchands de savonnettes.

Les théâtres à l'italienne sont l'objet des fantasmes les plus fous : studio d'enregistrement, show-room, centre de loisirs, restaurant à formule, salle de kabuki pour touristes nippons.

Notre obsession de l'*éternel retour* laisse à penser qu'en fin de cycle tout rentrera dans l'ordre. Je veux dire qu'il y a des moments dans l'histoire de Paris où les ateliers sont des ateliers, les hangars des hangars et les établissements de bains des établissements de bains.

Mais rien n'est devenu si changeant que nos apparences. Les codes vestimentaires ont été bouleversés dans les années 60 et 70, où les bourgeoises commencèrent à se fournir aux puces, et les bureaucrates à venir travailler en sabots. Les filles abandonnèrent la jupe, tandis que se maquillèrent les garçons. Après quoi, tout le monde coupa ses cheveux en brosse, apprit à nager dans l'existence et à flotter dans ses vêtements. Puis les looks sont entrés dans Paris et les plus jeunes ont cherché autant que possible à se distinguer de leur prochain en ressemblant comme deux gouttes d'eau à leurs semblables. Tout, ensuite, s'est *déconstruit*. Nous avons ces jours-ci des hommes de lettres *allurés* en zonards. Des jeunes gens totalement positifs ont l'air totalement *destroy*. Il y a des coiffeurs qui ont la boule à zéro, ce qui n'est pas très commerçant. Des femmes au crâne ras côtoient des vieux romantiques. Les derniers branchés portent des gilets de bistrotiers et les nouveaux bistrotiers ont des katogans. Ceux qui dansent sur Claude François sont ceux qui croyaient aux Sex Pistols en 1977. Les rockers ressemblent à des garçons bouchers, au moment où les garçons bouchers font le chemin inverse. On n'en trouve d'ailleurs plus, des garçons bouchers.

A Paris, comme chez Marivaux, les rôles ont pour destin d'être échangés. Cette manie a gagné la classe politique. Chirac essaie de faire jeune et de lire des livres sans images, tandis que Rocard s'efforce de se vieillir et de parler simplement. Fabius tombe la veste chaque fois que Julien Dray met la sienne.

Les flics commencent à ne plus s'y retrouver du tout. Ils sifflent deux mal rasés en américaine décapotable. Ils examinent soigneusement leurs papiers (tandis que passent des avocats en scooter, des pédégés à moto, des évêques à vélo). Tout de suite, à voir leurs jeans lacérés et leurs poignets de force, ils ont pensé à une voiture chourée par des loubards. Ils ne se rendent pas compte du prix d'un zomblou de chez Jitrois ni de celui des santiags en peau de tamanoir. Ils ne savent pas que les barbes de ces deux jeunes friqués ont été épilées à la main, à raison d'un poil sur deux, par une jeune esclave.

Ils ne se doutent pas en revanche que la caisse n'est qu'une ruine customisée par un fanatique des fifties.

Les bourrins eux-mêmes ne se ressemblent plus. Ils ont des costumes de shérif, en plus maigre et plus étroit. Leurs voitures sont illuminées comme des arbres de Noël. Sous l'auvent des commissariats, les vélos pourrissent. Le vélo, ça fait pèlerine.

Tout cela, vu à dix mètres, donne l'impression d'une liberté.

HYPERBOLES

Contrats du siècle et moments historiques – De l'inouï au jamais vu : l'expérience des limites en milieu parisien – Deux silhouettes familières : l'hystéro totale *et* le *parfait schizo.*

Nous avons une passion égale pour l'enflure et la litote [1] : l'essentiel est de marquer notre indifférence à la vérité. Ainsi, tous ces loquedus étudiés plus haut (complètement *fauchés*, affligés d'un *crétin de fils*, et qui vont de *cantine* en *cabanon*) ont-ils la chance d'appartenir pourtant à un monde enchanté où, trois fois l'an, surviennent un nouveau contrat du siècle, un record d'affluence absolu, un ennemi public numéro un, un dernier monstre sacré, un best-seller qui sera en librairie demain, un plus grand succès de l'histoire du cinéma et une sécheresse comme on n'en avait pas vu depuis 1921. Quant aux écrivains, ils ne cessent de nous donner leur meilleur livre.

Etre sans rival, ce n'est plus être seul. C'est faire partie d'un club.

Nos instants, nos moments, nos journées, nos dates et nos rencontres ne sont plus remarquables mais *historiques*.

La télévision, grâce à quoi le parisianisme parle aux Français, symbolise assez bien ce mépris pour la logique au nom de l'esprit de record. Le même jour, on a pu entendre que le Forum des Halles était le plus grand centre commercial a) de France, b) d'Europe, c) du monde. C'étaient trois façons de dire que le Forum était le plus grand centre commercial de Paris.

Les Parisiens, à toutes ces outrances, font accueil d'autant plus aisément qu'ils sont eux-mêmes fort exaltés. C'est qu'ici

---

1. Voir p. 199 – *Lexique à l'usage des missions.*

on ne se contente pas d'être un peu nerveux ou légèrement agacé. On est *complètement schizo, super parano, névrosé au dernier degré, parfaitement immature, vachement claustro* ou *hyper anorexique* [1]. Bref, *total hystéro.*

Ouaf ouaf tchouca ding ding bip bip oubada oubada.

---

1. Il suffit d'avoir sauté un repas.

TABACS

Où l'on voit qu'il ne suffit pas d'avoir du succès à Paris pour faire un succès parisien – Y aller ou pas ? L'Opéra Goude – Techniques du lancer d'invitation : la pêche au coup, le chalutage.

S'agissant du succès, le Parisien a deux attitudes contradictoires : 1. Il s'y rue et cela ressemble à une rafle. 2. Il le regarde passer de loin comme un train.

Les deux attitudes peuvent se succéder très rapidement dans le temps. On passe alors, sans respirer, de l'amour au mépris, du dédain à l'enthousiasme.

Avril 1989 : le Bicentenaire, le Parisien en a jusque-là, c'est une foire à touristes. Mai 1989 : il faut absolument quitter Paris au moment du 14 Juillet, ça va être infernal ici. Juin 1989 : finalement, on ira peut-être *faire un tour* (traduction : on accomplit des bassesses pour obtenir un coin de balcon sur les Champs). 15 juillet 1989 : c'était un formidable *succès popu*, la preuve qu'on peut faire un vrai tabac tout en suivant une démarche *résolument moderne*. Septembre 1989 : Goude est un dieu vivant. Ayant eu du succès, il a du succès.

Il devrait commencer à se méfier.

Jusqu'à nouvel ordre, son défilé restera pourtant dans les mémoires. Ce n'est pas comme la Révolution, ce marronnier.

Pour répondre à la pensée magique des indigènes, les organisateurs de succès recourent à des moyens irrationnels. Ils ont le choix entre la pêche au coup (la sélection des invités est impitoyable, résultat : il ne faut pas rater cela, les non-invités se presseront nombreux)[1] et le chalutage (une technique en vogue, compte tenu des foules d'élites qu'on a ici) : les invits sont balan-

---

1. On retrouve ici la philosophie des videurs de boîtes (dont il ne faut jamais oublier que la première mission est de les remplir).

cées à pleins seaux : 5 ou 600 stars appâtées, c'est bien le diable si 50 ne sont pas ferrées, persuadées que les autres viendront.

Distinction qui peut être utile au débarquant, celle du *petit mondain* et du *grand mondain* :

Ce n'est pas l'intérêt pour l'objet d'une réunion qui fait se déplacer le petit mondain, mais le désir de montrer qu'il est invité.

Ce n'est pas le manque de curiosité qui fait le grand mondain rester chez lui, mais le désir de montrer qu'il est au-dessus de ça.

On voit par là que l'événement mondain est surtout destiné aux journalistes.

CULTURE BIDON

Monsieur Je-sais-tout et Madame Aucourant – Posture du Parisien quand il est dans le coup – Comment cacher son ignorance : méthode défensive – Où l'on mesure ce qui sépare les lueurs d'intelligence des feux du savoir – Un métier d'avenir : sujet de conversation à Paris – Comment cacher son ignorance : méthode offensive.

Le Parigomondain est un sujet supposé savoir. Il pourrait tout avouer sous la torture, sauf son ignorance.

L'ignorance crasse n'empêche pas l'amour-propre.

Observez une conversation très parisienne : des noms, des titres sont lancés. Notre héros ignore foutrement de quoi il s'agit, ou de qui. Il hoche pourtant la tête. Il opine du bonnet. Il a une lueur d'entendement d'un genre particulier : son œil s'allume à tout hasard.

C'est un automatisme : il n'écoute pas vraiment mais il prend la posture du *Parisien au courant*. S'il y a des blagues en anglais, il rit, pour montrer qu'il sait la langue. S'il y a des blagues en français, il commence à glousser avant la fin. Parfois un débarquant, ne sachant rien de la règle du jeu, un plouc, un demeuré, l'interroge sur cette personne dont on parle, sur le sens de cette blague en anglais, sur ce qu'il y a de drôle dans cette histoire. Il est alors mis devant le spectacle gênant de l'ignorance du Parisien au courant.

Il comprend brusquement que, si le Parisien au courant riait avant la fin de l'histoire, c'est qu'il la croyait finie, qu'il faisait donc semblant de l'écouter et, à plus forte raison, de la comprendre. C'était juste un rire préenregistré mal placé.

Des gens qu'on n'a jamais vus vous disent : « Oui bien sûr, on s'est rencontrés. » Ou alors : « Je connais votre signature » (vous écrivez sous un pseudo). Ou encore : « Je vous lis toujours avec attention » (Vous êtes parti sur un voilier pendant quinze mois).

Il y a des exceptions (je veux bien passer pour injuste, mais pas pour un con) : parfois le Parisien *sait*. Il est hélas! bien rare qu'il résiste au plaisir de le faire savoir. Il en rajoute sur l'anecdote, désignant par son prénom la célébrité dont il est question (« personnellement j'aime beaucoup Jean-Luc »), suggérant qu'ils sont intimes jusqu'à se tutoyer (« je lui ai dit : écoute Jean-Luc... ») [1].

A faire semblant tous à la fois d'être au courant (chacun persuadé que son voisin, lui, sait vraiment), des réputations s'établissent, à peu près vides de contenu. Des noms désincarnés circulent. Des livres s'imposent qui ne sont que des titres. Des sujets de conversation se changent en objets de référence.

On se métamorphose en *nom à connaître*. On devient célèbre mais on reste obscur.

Mis en face de l'intolérable (son ignorance), il arrive que le Parisien contre-attaque. Pour cacher qu'il ne sait rien de Petilu (et en même temps pour se venger d'un jobastre, qui lui balance ce nom à la figure), il sortira carrément que « Petilu, c'est assez nul ». Que c'est « tout ce qu'il déteste ». Cela demande un certain culot. Mais comme un bon tiers des gens qui, à côté de vous, viennent d'opiner au nom de Petilu, ne sont pas mieux au courant, que les autres n'ont pas envie d'en discuter ou s'en tapent carrément, vous n'aurez sans doute pas à donner vos raisons.

Plus tard, quand Petilu sera vraiment très connu, *incontournable*, le même qui le trouvait assez nul voudra le rencontrer à tout prix.

Encore plus tard, quand Petilu sera vraiment très très connu, qu'il *traînera partout* (« on ne voit plus que lui »), le même qui tenait à le rencontrer dira qu'il se répète, qu'il fait sa pute, qu'il est dépassé. « Sa grande époque est finie. »

– Petilu! On ne pourrait pas changer de sujet pour une fois?

---

1. *Name droppers*, disent les Américains. Nous avons ici des *name droppers* particulièrement agités. Le *name dropper* de compétition ne parle pas, il cite et sa personnalité s'efface à mesure qu'il se fait mousser. Sophie M. est de cette espèce. Nous parlons d'un journal : « C'est nul, tranche Sophie M., d'ailleurs *Simone* (Veil) me disait l'autre jour : " Qu'est-ce que c'est que ce canard? " » Puis, la conversation se portant sur des histoires de restaurants, de vacances et autres sujets dramatiques, nous apprenons tout sur les loisirs de *Franco* (Zeffirelli) et les goûts de *Gérard* (Depardieu) en matière de pinard. Reste cette inconnue : Sophie M.

CULTURE GRATOS

Comment la culture vient aux mondains – De la façon dont ils surmontent leur handicap et des dangers de l'assistanat – Service de presse : une chance au tirage, une chance au gratos.

Faciliter l'accès gratuit à la culture au plus grand nombre possible de gens qui ont du blé est la première des tâches humanitaires à Paris. Tout le *beau linge* est ici arrosé de livres, de disques et de cartons, sans parler des chocolats, comme à un goûter des vieux. C'est Noël à chaque instant. Les assistantes sociales de la vie parisienne savent combien il est difficile à ces handicapés moteurs d'avoir à entrer dans des magasins qui ne sont pas équipés pour les recevoir, d'avoir à réserver, à faire la queue, à se plonger dans une foule anonyme où ils risquent non seulement d'être reconnus mais de ne pas l'être, et de se voir obligés, dans tous les cas de figure, de sortir un peu de fric alors qu'ils n'ont que les moyens d'en dépenser beaucoup.

Ils réclament, en résumé, d'être *bien traités*, comme disent les Parigomondains et les animaux de compagnie.

Cette politique de réinsertion porte ses fruits. La personnalité a bientôt le sentiment de recevoir par la poste tout ce qu'il est nécessaire de recevoir, et d'être invité par tout ce qui compte. Dit autrement : ce à quoi il n'accède pas gratuitement est tenu pour rien. Sa curiosité bientôt se réduit aux générales et aux avant-premières, aux envois et aux visites à l'œil, aux croisières culturelles et aux propos de table. Notre héros accède pour finir à une sérénité proche du gâtisme, laquelle assure de belles floraisons aux plates-bandes de la culture officielle. C'est-à-dire à la culture *servie*.

Au radin mondain, l'écrivain débarquant aura soin d'adresser son livre. Il en va des services de presse comme de l'Académie : qu'importe d'être lu, il faut être reçu.

IN-JOI-GNA-BLE

Où l'on apprend que l'invention du téléphone a marqué un progrès décisif dans l'art de couper toute relation avec le monde extérieur, cette espèce de Mongolie – Auteurs absents de Paris et Abonnés pas là – Les chevaliers de la Liste Rouge.

Paris compte de nombreux dieux vivants, brahmanes et manitous, sans parler des éminences grises, des chefs de bureau et des gens qui dorment : autant d'individus qu'il ne faut déranger à aucun prix. Aussi, la ville peut bien tremper dans la communication, les secrétaires sont surtout là pour empêcher de voir les patrons et les répondeurs pour éviter d'avoir à répondre. La *conférence* et le *bip sonore* sont les deux refuges de l'Injoignable.

Pourquoi *sonore* au fait? J'attends toujours qu'on me fasse entendre un *bip* insonore.

Les plus féroces sont les secrétaires de direction (dire *attachées, assistantes, collaboratrices* ou *animatrices de la cellule courrier*). On les reconnaîtra aisément à leurs cheveux tirés et à leur petite pochette sur la poitrine.

Il est parfois difficile à un journaliste parisien de rencontrer un *responsable de l'information* ou un *chargé de la communication*. C'est un personnage trop considérable pour gaspiller son temps avec la presse. Nous avons toujours eu le plus grand respect des intermédiaires, il est donc jugé normal que l'attaché de relations publiques soit injoignable. Faute de mieux, on ira trouver son employeur lequel, en général, ne manque pas de loisirs (dit poliment : « il sait déléguer. »).

Le problème, c'est qu'il n'est au courant de rien.

Joindre un journaliste est une tâche aussi ardue : les journalistes parisiens ont vraiment autre chose à faire qu'à passer leur vie avec leurs sujets d'article.

Ne parlons pas des *collaborateurs extérieurs*. Ils habitent quelque part dans le monde extérieur, cette espèce de Mongolie que personne n'arrive à situer.

Le bureaucrate indigène est particulièrement injoignable a) quand il est *parti déjeuner*, b) quand il n'est *pas encore revenu de déjeuner*. Par souci de rentabilité, ces deux congés sont généralement pris à la suite l'un de l'autre. Cela ne serait pas trop gênant s'il était possible de lui laisser un message mais ce n'est pas le cas : une très ancienne coutume interdit au bureaucrate indigène d'aller répondre à un téléphone qui sonne sur une autre table.

Bien qu'il soit difficile de s'en servir pour se brosser les dents, un combiné *ne se prête jamais*.

Accessoire très parisien : la petite carte SOS dépannages, réparations, services, etc. Nous en possédons des collections impressionnantes. Ce sont des gris-gris. Elles nous procurent une sorte de paix intérieure, à l'exception notable des moments où nous choisissons de les utiliser. Nous tombons alors sur des boîtes aux lettres, des répondeurs, des artisans injoignables, des réparateurs indisponibles, sans parler des escrocs.

Être ici mais pas là est une très ancienne spécialité de la ville. On nous doit ce mythe que le monde entier nous envie : *l'auteur absent de paris*. L'auteur absent de Paris est ce personnage aimable qui occupe à distribuer des hommages imprimés tout le temps qu'il ne passe pas dans les bars avec des abonnés absents.

Des auteurs absents de Paris, il n'y a qu'à Paris qu'on en voit.

Sitôt qu'il se croit d'un standing un peu élevé, le Parisien s'inscrit sur la liste rouge. Il rehaussse ainsi son standing pour de bon. Le culte de la *liste rouge* nous a donné la religion du perso (dans les années soixante, on disait : *coordonnées*). « Aurais-tu, par hasard, le *perso* de Trondchou ? » Submergé de *persos* à mesure que le rouge de liste gagne autour de lui, le Parisien est contraint de se procurer des agendas toujours plus grands. Il pourra bientôt y ranger ses effets persos.

On ne met plus son carnet dans son sac. On vide son sac dans son carnet.

On peut comprendre que, dans certains métiers, la liste rouge soit fort utile car il est nécessaire d'éviter tout contact avec le public. Ainsi, plombier. Mais s'y faire porter est devenu un réflexe, un genre, comme d'être en retard. Entre liste rouge, répondeur et digicode, le Parisien voue ses efforts à disparaître totalement aux yeux des mortels [1]. Idéal typiquement latin

---

1. Je ne parle pas bien sûr de ses 300 amis.

mais difficile à réaliser dans une petite mégalopole où tout le monde se connaît.

Il est aujourd'hui si parisien d'être sur la liste rouge que personne ne songe à chercher votre nom dans ce grimoire désuet qu'on appelle un annuaire [1] : « Ah, j'ai eu beaucoup de mal à vous joindre. J'ai appelé à votre bureau où on n'a rien voulu me dire et, finalement, c'est par un ami commun, Katufle, oui je le connais très très bien, il vous embrasse, que j'ai pu obtenir votre numéro. » Lequel dort paisiblement, couché dans le Bottin, sans être plus jamais dérangé par le téléphone. On voit là un effet de cet autre fléau parisien : l'obsession du détour.

Les nouveaux cris de Paris, suite : *Tu veux mon perso ? — Je prends ton perso ! — As-tu son perso ?*

---

1. Les mêmes qui refusent de jeter leur *perso* en pâture au grand public, et qui s'arrangent pour que les voisins ne sachent rien d'eux, donneront sans problème leur adresse (et une foule de tuyaux saugrenus) au *Who's Who* (le pied) ou au *Bottin Mondain* (l'extase). Il semble qu'il soit beaucoup plus chic de recevoir un colis piégé par la poste qu'un coup de fil non souhaité.

LA LOI DU DÉTOUR

Le lièvre et le tortueux – Comment on parle aux filles et comment on fait parler les garçons – Chirurgie lourde et petits bobos : l'intervention haut placée.

Habitué aux combines depuis l'invention des magouilles et aux itinéraires depuis la mise au point des bouchons, le Parisien a beaucoup de peine à imaginer qu'il existe une création encore plus ancienne : la ligne droite. Expliquez-lui que la mise en service de la ligne droite a fait accomplir un bond prodigieux à l'humanité en lui permettant de se rendre plus rapidement d'un point à un autre, il n'en croira pas ses oreilles.

Le besoin névrotique d'avoir des médiateurs (des *go between*), de se faire préparer la réalité comme un tartare et d'emprunter des voies tordues, cette manie s'observait surtout dans les beaux-quartiers [1]. Elle se répand chaque jour un peu et progresse dans tous les milieux, à mesure que cette ville s'embourgeoise.

Une dame m'annonce qu'elle part au Népal avec sa fille :
– Vous prenez vos vacances ? – Non, elle me répond, c'est surtout que je voudrais lui parler.

Au moment de leur puberté, les garçons se mettent à causer comme des éviers bouchés. Cela s'appelle la mue et cela s'arrange tout seul à peu près partout, sauf à Paris où il faut d'urgence consulter un phoniâtre.

Voler à la rescousse de ce qui marche comme sur des roulettes est un genre très parisien. A plus forte raison, il est rare ici qu'on laisse une maladie suivre son cours. On préfère essayer des trucs recommandés par l'entourage, à la rigueur le pharmacien. Tout Parisien sert de rebouteux à son prochain.

---

1. Voir p. 161 – *Le monde et ses environs.*

Pour certains citoyens de cette ville, rien n'est aussi compliqué que d'aller trois jours quelque part. Cela réclame une logistique assez lourde, un talent manœuvrier, sans parler de l'aspect stratégique. Par manie du retard et par goût d'intéresser la partie, ils commencent par s'y prendre au dernier moment. Ainsi ont-ils l'espoir que tout soit complet. Ayant de la sorte corsé l'affaire, nos héros entreprennent la tournée de leurs relations au Tourisme, à l'Intérieur, aux Transports et à Air France. Après quoi, ils contactent un journaliste spécialisé (un vrai pote) ou quelqu'un qui est quelque chose dans une chaîne hôtelière, dans l'intention d'obtenir ce qu'il y a de mieux.

Plus une réduc.

Ils ont une connaissance encyclopédique des organigrammes. Pour donner une idée de leurs réseaux, il faudrait un indicateur Chaix consacré au trafic d'influences. Ils savent de qui dépendent tous les fonctionnaires d'autorité. Ils ont toujours préféré le Bon Dieu à ses saints.

D'ailleurs, le Bon Dieu *est un ami.*

Si, réellement, le Président de la République ne peut rien pour leur obtenir une chambre bien située, avec salle de bains, de préférence la n° 37, et un vol à 13 heures plutôt qu'à 9, ils se tournent vers une agence de voyages.

On a compris que la loi du détour (cette croyance que, dans tous les domaines, l'intrigue est nécessaire), c'est encore une façon de communier dans l'amour des privilèges.

Ayant eu besoin de renouveler rapidement son passeport, l'auteur se souvint d'une facilité accordée aux journalistes. Il s'adressa directement à la Préfecture de police où on lui donna rendez-vous pour le lendemain très tôt. Arrivé tout essoufflé, fouillé à l'entrée, contrôlé aux étages, il fut ballotté de bureau en bureau. Pas une seconde, il n'avait songé qu'il aurait obtenu son document en quelques heures à la mairie près de chez lui.

L'auteur est ainsi. Il me fait parfois marrer.

MÉCHANTS

Rumeurs, indiscrétions et débinages : où l'on apprend que la vacherie parisienne, *sans avoir la subtilité des corridas ni aller jusqu'à la mise à mort, offre assez de figures, de feintes et de péripéties pour être mise au rang des spectacles de l'arène.*

Aménagé en camp scout, Paris n'a plus le goût de la révolte. Il n'a même plus le sens du mal dont l'incarnation est dévolue à des personnages pittoresques destinés, comme dans la collection *Signe de Piste*, à faire peur aux louveteaux (dans l'ordre chronologique : Amin Dada, Carlos, Khomeiny, Kadhafi, Abdallah, Rouillan, les Skins, Ceausescu, Saddam Hussein). Seule subsiste la méchanceté, tel un piment dans la soupe. La méchanceté est un moindre mal. Si elle donne la mort, c'est sans intention de la donner.

Il s'agit d'un art traditionnel. Nîmes a la corrida, Bayonne la course landaise, nous avons les vacheries. Avec le temps, se sont développés des styles nombreux, de nouvelles figures. Chacune a son charme et ses adeptes. Le lecteur se souvient d'en avoir rencontré. Faisons le point.

La méchante rumeur

Murmurer à Paris, c'est comme se remplir les poumons à Luchon. L'air qu'on respire ici est *l'air au courant*. Tout le monde veut avoir l'air au courant. Aussi avons-nous inventé la fumée sans feu bien avant que la chimie n'y parvienne.

C'est encore un effet de notre goût des complications. Les événements ne font pas *qu'arriver* chez nous, ce serait trop simple. Une chose se passe-t-elle d'un peu surprenante ? C'est qu'il doit y avoir autre chose derrière, que seuls les initiés connaissent, et qui explique tout.

Il y a toujours eu, dans la capitale, des rumeurs baroques ou même de style nouille : Sheila est un garçon. D'autres sont de facture classique : faux bruits tracés au cordeau, d'une régularité qui rassure. Ainsi, tout chef de l'État ne cesse d'avoir des maîtresses que pour avoir des cancers. Ou même, il jouit des deux ensemble. C'est-à-dire qu'il tombe des gonzesses à mesure qu'il part en couille.

Ce qui n'est pas donné à tout le monde.

Variante imposée par l'évolution des mœurs : toute femme de pouvoir a de jeunes amants (qui la font souffrir) mais aussi des petites amies (qu'elle attache volontiers la nuit avec une laisse).

Rapportez un bruit. Il sera rapporté. On rapportera aussi que vous êtes un rapporteur.

Variante subtile : profiter de démentir un bruit pour en lancer un autre, tout en feignant de le démentir aussi. Exemple : – C'est vrai que Bretzel a une moumoute ? – Non c'est faux. Et qu'il va chez les putes, c'est pas vrai non plus.

L'indiscrétion coupable

Ayant reçu en héritage le droit de répéter un bruit (cela fait partie, si j'ose dire, des franchises de la ville), le Parisien, *a fortiori*, possède celui de répéter un fait. C'est même un devoir. Ne pas raconter ce que l'on sait de bonne source est une chose très mal reçue. C'est malpoli. C'est un manque de confiance. Cela vexe. Aussi finit-on par sortir la formule magique, le sésame qui vous ouvre toutes les oreilles :

JENELEDIKATOI

Après quoi, les mêmes causes produisant les mêmes effets, le *jeneledikatoi* se propage en ville à la vitesse d'une marée au galop. Bientôt, les indiscrétions vraies se mêlent aux rumeurs fausses et le tout finit en brouillard indistinct.

Si bien que, plus nous savons de choses, moins nous en sommes vraiment sûrs.

La curiosité maligne

Il existe des Parisiens d'une certaine espèce, à peine reconnaissable au frémissement des narines, qui décèlent de loin l'odeur d'une méchanceté (le parfum de l'éreintage rappelle celui de la menthe poivrée, la simple vanne évoque le cornichon aigre-doux). Ils y mettent un flair étonnant. Sitôt repéré le groupe occupé à casser du sucre sur un dos, les voici qui accourent, l'œil avide. Certains sont de la race des chiens qui rapportent : ils vont répéter à la victime la gentillesse dont elle est l'objet et lui donner, en prime, le nom de l'auteur, ce qui est une fonction sociale comme une autre. D'autres sont du genre hamster. Ils récoltent les propos méchants par gourmandise. Ils les entassent pour l'hiver. Leur idéal est d'avoir du mal à penser de tout le monde. C'est leur petite réserve.

En cas.

Le débinage corporatif

Il est de règle, à Paris, de dénigrer sa boîte, son travail, son dirlo, ses chefs et une fraction aussi importante que possible de ses collègues. Cela fait partie de la culture d'entreprise. Le genre est si répandu que, loin d'entraîner des démissions en chaîne, il assure la stabilité de l'emploi : chacun est convaincu, par ce téléphone interboîtes, que *l'herbe n'est pas plus verte en face* [1].

La victime venimeuse

A la manière de certains insectes, elle succombe en piquant. Ce n'est pas pour se venger. Elle a moins de rancune pour son bourreau que d'envie pour les gens qu'il épargne. Une victime à venin apprend-elle son licenciement, elle exige des camarades qu'ils démissionnent en bloc, par solidarité, au minimum qu'ils aillent faire un sac (dans l'espoir qu'ils seront mal vus). Les sent-elle un peu mous : « Toi, s'ils te gardent, siffle-t-elle au rescapé, ne crois pas que c'est à cause de ton talent, c'est que tu es le neveu de Cornillon. » La victime à venin peut aussi donner dans le pamphlet. Elle attaque les puissances au nom de la liberté de l'esprit, par amour de la vérité (quoi qu'il en coûte), en fait parce qu'on lui a refusé un honneur ou une place. Cela fait un peu roman-photo mais cela existe. Ainsi avons-nous des justiciers qui sont des aigris, des anarchistes affichés qui sont des ambitieux rentrés, des incorruptibles qui sont des invendus.

La méchanceté de salon

Une très ancienne spécialité de la région, réputée jusqu'aux Hébrides. Le méchant de salon sacrifie toujours une amitié à un trait d'esprit, et le souci des faits ne résiste jamais chez lui à la jouissance des *mots*.

En général, plus discret à l'écrit.

La haine tribale

La télévision a suscité un nouveau genre de bouc émissaire. L'exécution d'une star en public, à une heure de grande écoute,

---

1. Expression locale pour : *c'est partout pareil.*

suscite des torrents d'enthousiasme dans Paris. On se libère collectivement d'une jalousie inavouée pour le succès d'autrui. Si cela faisait du bien *quelque part* de voir Chantal Goya, Yves Montand ou Seguela se ramasser en direct [1], l'agonie médiatique de Christine Ockrent a eu quelque chose d'écœurant. Celle-ci, coupable de gagner autant d'argent qu'un homme à son niveau de notoriété, fut la moins pardonnée. La méchanceté tribale des peuplades indigènes jaillit de leurs plus vieux instincts. Ainsi, la misogynie : que Montand ait *touché*, que Sulitzer n'écrivît pas ses livres, très vite Paris n'en eut rien à cirer.

La franchise qui tue

Ce genre de méchanceté se reconnaît à certaines tournures, inspirées du manuel des scouts et des jeannettes :

« *Je te dis cela, c'est pour toi* » (pour que tu réagisses, parce que tu n'as pas l'air de bien vraiment te rendre compte, pour t'éviter de l'apprendre par d'autres, etc.)

Ou alors : « *Autant que tu saches ce que cette ordure dit sur toi* ».

Ou encore : « *Tu ne devineras jamais ! Sais-tu ce que Pepelot dit sur Isa ?* » (Isa, votre meilleure amie : le Franc Camarade compte bien vous faire souffrir ou, mieux, il espère qu'à son exemple, vous allez tout raconter à Isa).

Ce genre de mauvais, on ne doit pas seulement le subir, il faut lui dire merci. Le supplice qu'il vous inflige est raffiné. C'est comme si on vous tailladait avec tout ce qui sort d'un couteau suisse, à l'exception de la lame qui sert à couper.

La méchanceté répétée

En rapportant un propos venimeux, le Parisien réussit ce prodige d'être méchant (par rebond), tout en gardant son innocence : il reproduit la vacherie, laquelle va se propager comme une bonne histoire, en s'en défaussant sur son auteur. Exemple : « *Priscilla est vraiment une garce. Vous savez ce qu'elle a dit à Isa ? " Comment, c'est ta fille, ça ? Mais elle est charmante ! "* »

Débiner une langue de vipère est toujours un plaisir de roi. Exemple : « *Rapallo est un personnage rusé, à facettes, intrigant et finalement assez lâche et, ce que surtout je ne supporte pas, c'est qu'il dit du mal des gens.* »

---

1. L'un chez Sabatier, le deuxième quand il fut connu qu'il s'était fait payer pour une interview, le troisième chez Pivot devant Kirk Douglas.

La méchanceté gratuite

Par une bizarrerie de la Nature, les Parisiens ont la passion a) d'être invités, b) de débiner la soirée. Cela vaut également pour les cadeaux. Leur plaisir d'aller à la soupe n'a d'égal que leur jouissance à cracher dedans. Dire du mal des tables et des endroits où on est convié – la cuisine *cheap*, les fringues *à chier*, le spectacle qui est *immonde* – voilà un genre très pratiqué. Il s'agit le plus souvent d'un plaisir intime, qu'on se passe en petit cercle. La méchanceté gratuite ne gêne en rien l'épanouissement de la culture gratos (voir plus haut).

S'il vaut mieux convier une sale rosse dont on devine qu'elle dira ensuite du mal de vous, ou tenir une peau de vache à l'écart que vous risquez ainsi de mettre en rogne, est un de ces dilemmes qu'on résout en n'invitant jamais personne.

Les nouveaux cris de Paris, aide-mémoire pour l'examen oral (étudiants de terminale) : *Oh Chérie ! – Ouah Salut ! – Faut qu'on se voie ! – Faut qu'on se parle ! – Y a un retour à la nouvelle ! – C'est en bas ! – J'ai un scoop ! – Je ne suis pas le premier, j'espère ! – J'ai mis deux heures ! – 8 h, 8 h 30 ! – 5,6' ! – On s'appelle ! Vivement les cong' pay' ! – C'est luxe ! – L'affaire du siècle ! – Total parano ! – J'adore Jean-Luc ! – Y paraît qu'y aura du beau linge ! – Parlez après le bip sonore ! – Jeneledikatoi !*

FAUNE 2

LES RENARDS

Dialogue consternant sur les générations – Où l'on s'initie aux mœurs du renard – Histoire du Chat – Histoire d'Émilie – Fils de militants – Pompeurs de stars – Plans galère et plans nuls – Ce qui est vraiment dur, c'est-à-dire tout – Désolante conversation sur les régimes alimentaires – Où l'on surprend Vincent et Marc Antoine dans l'entrée d'une salle de gymnastique – Succès des renards et déroute des vieux sangliers – A la quête de la Couille en Or – Les Copines – Sous le signe du Perso – Propos navrants sur les drogues – La question du logement – Découverte de la Couille en Or – La vie du renard est un roman – Épilogue.

– Je suis hyper content de bosser avec toi, dit le Chat.

Vincent secouait sa boîte de cachous. Lui aussi était content. Un peu surpris seulement. Le Chat, quand il l'avait connu, n'était pas du genre à bosser avec qui que ce fût.

Et à bosser tout court, pas tellement.

– Tu vois pas qu'elle est vide, ta boîte? dit le Chat.

Avant le Chat, Vincent avait rencontré Émilie. Elle faisait du stop sur le Sébasto. Les transports étaient en grève et la grève s'était durcie depuis qu'elle portait sur le paiement des heures de grève.

Personne ne prend jamais personne en stop à Paris, en dehors des révolutions. Vincent eut l'impression de remonter le temps : il était en 1968, il avait l'âge de cette fille coiffée comme une scarole.

Bien sûr, en 68, il aurait trouvé sa voiture *assez* répugnante, cette caisse luxueuse aux vitres teintées.

D'un autre côté, ce n'était qu'une voiture de fonction.

D'un autre point de vue, cette fonction, en 68, il l'aurait jugée *parfaitement* répugnante.

Mais Émilie trouvait la voiture géniale et la grève craignos.

Vincent lui offrit des cachous et se fit l'avocat du droit de grève. Le bouchon ressemblait de plus en plus au Bouchon Dernier, celui qui ne sauterait jamais. Ils se réfugièrent dans une brasserie. « Je parie que vous êtes socialo », dit Émilie. Vincent rougit et dit : « C'est mieux que les gens d'en face, non? »

— Yeap, fit Émilie, et elle éclata de rire.

Il expliqua quel était son métier. « Ah, je comprends mieux », fit Émilie, et elle pouffa. Il dit aussi qu'il était divorcé avec deux enfants, mais elle semblait s'en moquer.

Chez elle, c'était un studio à la Villette. Une ampoule nue pendait du plafond. Une misère achevait de crever dans un halogène en panne. Il y avait deux ou trois meubles genre Ikea, un vieux canapé, une somptueuse platine, une gazinière, une douche où s'empilait la vaisselle, un chat gros comme une bouse et un petit garçon qui dormait dans l'entrée. Le genre c'est la voisine qui le surveille.

Émilie entreprit de déplier le canapé, lequel grinça d'une façon atroce. Elle se déloqua et plongea sous la couette.

Les préliminaires avaient un peu manqué à Vincent. Émilie se moquait même de savoir s'il avait des capotes. En revanche, elle lui avait demandé son signe, sans oublier son ascendant. Cela lui rappela sa grand-mère qui lisait *Caliban*. Il s'aperçut avec terreur qu'il ignorait le moment de sa naissance et qu'il avait jusque là vécu sans ascendant.

L'aube n'était pas levée qu'il avait fait une croix sur cette histoire. Trois jours plus tard, il l'appelait.

Vincent croyait à l'enchaînement des causes et des effets. Ainsi, ces jeunes qui s'amusent à porter des croix gammées, c'est l'antichambre du fascisme. Il y a des choses, on ne doit pas rigoler. Vincent croyait également à l'émergence des forces populaires par le bulletin de vote. En 68, il était persuadé du contraire. Mais l'essentiel était pour lui de croire. Fils d'un pionnier des Auberges de Jeunesse, passé lui-même par l'Union des Etudiants Communistes et présentement chargé de mission au Quai d'Orsay (affaires culturelles), Vincent était ce qu'on appelle, dans les nécros, un homme de conviction.

Émilie et ses amis le jetaient dans le désarroi. Il se sentait bête dix fois par jour avec eux. C'était comme de secouer une boîte de cachous quand elle est vide. Ce qui comptait aux yeux de Vincent n'était rien pour eux, et inversement. Leur vie était une espèce de self-service : les causes avaient toutes sortes d'effets, sans parler des effets sans cause, il n'y avait qu'à choisir ce qui vous arrangeait.

Tout aliment leur était bon, comme aux renards.

Vincent défendait âprement l'école publique. Bien sûr, il avait mis Lulu dans une boîte privée mais c'est qu'il n'y avait pas de place à la laïque et, s'il inscrivit Charlotte au même endroit, ce fut pour ne pas la séparer de son frère. « T'as pas besoin de t'excuser », ricana Émilie qui semblait s'en taper. « C'est ça les Parisiens de gauche, dit son ami le Chat, c'est des Parisiens de droite plus les justifications. »

La mère de Vincent regrettait beaucoup mais l'heure de sa naissance lui échappait complètement. On l'avait endormie. Ils avaient dû marquer n'importe quoi après coup. On ne s'occupait pas de ces choses à l'époque.

— Je t'admire d'aller encore te faire chier avec ces petites connes, dit Marc-Antoine. Les étages à pied, le gourbi sans rideau avec l'enseigne lumineuse en face, boire du thé dans un verre à dents en se faisant tirer les tarots, beurk. J'ai déjà donné.
Marc-Antoine avait pourtant un passé féministe. Je veux dire : par alliance. Avec les compagnons des *sœurs*, il avait gardé les mômes pendant les réunions. C'était également un ancien journaliste : il avait été grand reporter et de gauche dans un hebdo de droite et cynique. Là, dans les années 80, il bossait enfin pour les siens (*à la Culture*) mais il était devenu cynique à son tour. Au moment qui nous intéresse, il s'occupait avec Vincent de faire venir des Indiens Kwakiutl à l'occasion du Festival des Danses de Partout. Par ailleurs il se camait un peu, une habitude contractée au Viêt-nam, en reportage. Il biberonnait pas mal aussi.
Mais rien que de la vodka.
— Je ne sais pas si tu as remarqué, elles ont toujours des couettes, poursuivit Marc-Antoine. Ça glisse par terre et tu te réveilles glacé. Parce que, bien sûr, le chauffage est détraqué. Elle est dans quoi, ta belette ?
— Elle a un peu étudié aux Arts déco, je crois. Là, elle fait des remplacements d'instit. Elle adore les gosses mais elle se fait porter pâle à la première occasion. Elle ne lit rien de sérieux, juste des polars ou n'importe quoi qui traîne. Cette fille est une énigme.
— Fais pas comme si tu voulais comprendre, tu t'en fous. T'as honte d'avoir juste envie de la baiser, voilà tout. Avec, comment dis-tu ?, son cul *désarmant*.
— Elle a l'air à l'aise dans une vie tout à fait *minimale*, continua Vincent, mais tu peux la voir en guêpière aussi bien qu'en Thermolactyl (c'était une des choses qui l'étonnaient le plus, il en était resté aux autodafés de soutiens-gorge).

– Ils ont tout eu en naissant ceux-là, dit Marc-Antoine. L'IVG, le rock à l'évier, les chaises gratuites au Luxembourg, le droit au plaisir, tous les *acquis*. Pour eux, ça fait partie du paysage.

– Arrête, on croirait mes vieux : « Après tout ce qu'on a fait pour toi. »

– Cesse de répéter que j'ai raté de peu 68, disait Émilie à Vincent. On croirait que tu parles d'un autobus.

Mais ce n'étaient pas leurs enfants. C'étaient leurs cadets. Émilie avait grandi au temps des Autonomes et de la Fraction Armée Rouge. Elle avait adoré les dessins du groupe Bazooka qui avaient choqué Vincent. Émilie était passée sans transition du *Manège Enchanté* aux Sex Pistols. Le monde avait durci ces années-là. Elle et ses copains vivaient dans Paris comme des routards qui répéteraient leur métier. Ils changeaient de domicile, ils se posaient n'importe où. Ils avaient de nombreuses demeures (ainsi font les renards). Ils se moquaient des théories mais ils s'intéressaient de près aux gens. Ils ne pouvaient faire quoi que ce fût qu'*avec des gens qu'ils sentaient*. Ils ne parlaient plus de changer le monde mais de « résister à plusieurs pour que la vie soit un peu moins dégueulasse ».

Vincent était tout le contraire à leur âge : il avait alors des idées précises sur beaucoup de choses, des idées générales sur le reste ; pour les individus en revanche, il n'était pas regardant. Vouloir tous ensemble la peau de Marcellin suffisait pour qu'on se sentît frères. Il lui avait fallu des années d'entraînement pour apprendre à reconnaître un salopard parmi ses camarades. Ou même un crétin.

Émilie et sa bande voyaient Paris d'un autre œil que lui. Pour Vincent, c'était devenu une principauté bourgeoise, tout le monde travaillait à se ressembler. Eux, ils étaient sensibles au *métissage*. Dans leur Paris, le peuple avait été remplacé par le monde entier. Cette ville était un résumé de l'Empire des manuels d'histoire. Leur espace mental ne s'arrêtait pas au périphérique, il poussait des pointes à Montreuil et à Alfortville. Ils carburaient au mélange. Leur royaume avait deux clés : la nuit et la musique. Ils étaient fous de musique. Ils sortaient tous les soirs.

Le Chat était le troisième enfant d'un contremaître. Il évoquait les siens parfois avec tendresse ; la plupart du temps, il les décrivait comme des abrutis complets. A Juvisy, où il s'était surtout fait connaître comme un excellent pongiste, lui et Mickey (son partenaire habituel au *p'tit foot*) étaient, disait-il, « un peu dans le look » : ils retapaient des vieilles américaines, « le genre voiture de Gitan ». Aucun n'était mécano mais tous deux étaient habiles. Au plein de la mode *fifties*, ils louaient leurs engins pour des tournages, des séances de photo : « Dans notre racket, c'est très mauvais la gauche, disait froidement le Chat. Quand tu tapes dans le look US, t'as des taches dans les banlieues qui te regardent avec aigreur. T'as vu, y z'ont une Buick, marronnent toutes ces familles de tachons, alors que leur espèce de caisse à la con vaut dix fois plus. Là-bas, c'est un monde où il faut avoir l'air pauvre. »

Le Chat s'était enfui à Paris où il était arrivé avec un CAP de menuisier, un brillant, offert par sa sœur, dans l'oreille, une tête de cochon et une coiffure de pélican mazouté. Grâce à quoi il s'était mis très vite à se faire lourder. Par ailleurs, le sort s'acharnait contre lui. Il lui manquait toujours des papiers pour l'ANPE. Ou bien, il avait un *super plan boulot au noir*, mais c'était à Provins, et il ratait son pointage. Un psychologue lui apprit un jour que cela s'appelait *la spirale de l'échec* : « Il s'agit de détruire cette spirale, alors mettons tout à plat. »

Émilie descendait d'une famille de petits bourgeois par la ligne B du RER. D'origine croate, veuve de bonne heure et employée d'une supérette à Sevran, sa mère était aussi Témoin de Jéhovah. Émilie avait découvert avec stupeur les grands magasins à seize ans et pris son premier taxi bien plus tard. Ce genre de détail stupéfiait Vincent. Comme beaucoup de Parisiens, il n'arrivait pas à imaginer que des banlieusards, sans parler des provinciaux, n'eussent jamais mis les pieds dans la capitale. Lui-même, pourtant, n'avait jamais vu le Sacré-Cœur de près.

Ce qui, en soi, n'était pas bien grave.

Émilie venait d'avoir son bac A3 quand elle se trouva un jour coincée à Paris, une bagarre au couteau ayant déclenché une grève surprise sur sa ligne. L'image l'envahit de l'armoire en palissandre qui la terrifiait depuis toute petite dans la chambre de sa mère. Elle eut envie de ne pas rentrer. Elle traîna au Forum, un endroit spécialement conçu pour rencontrer la drogue et ses amis. C'est là qu'elle connut le Chat, lequel manchait au pied de l'escalator Lescot.

Sautons deux pages : ils survécurent en vendant à Châtelet des bijoux en laiton. Un peu plus tard, Émilie fut enceinte. Elle décida de garder l'enfant à l'étonnement de ses proches. Ils squattèrent un appartement où vivait Marthe, une exe du Chat, et le nouveau copain de celle-ci, semi-étudiant un peu punk que tout le monde appelait Snork. Ce logement était à un cousin de Snork, technicien du pétrole, qui lui avait confié ses plantes à soigner le jour de son départ dans les Emirats.

Le renard, au gré de ses besoins, s'installe chez les autres. Il cohabite volontiers avec le blaireau.

Plus jeune que nos héros, Snork avait formé un groupe de rock avec, pour associés, un certain B 12, un nommé Glaviot et un type qui réellement s'appelait Patrick. Ils se produisaient parfois au *Gibus*, « after hours, expliquait Snork, devant trois minets et deux hardos ». Le Chat leur ayant trouvé *un lieu de répèt* dans un sous-sol pavillonnaire à Juvisy, ils mirent au point *un son garage post punk, un peu crasseux* et allèrent jusqu'à produire un disque. A part Glaviot, fils de gendarme, c'étaient des enfants de bourgeois parisiens, lesquels n'avaient gardé de la *scène punk* que le plus utile à la vie courante : les épingles de nourrice et les gants Mapa.

Émilie et ses copains méprisaient pourtant les affiliés aux looks, leur narcissisme vétilleux. Ils aimaient encore mieux *les vieux babs*. Ils avaient gardé la tête politique.

B 12 s'appelait en réalité B 52, mais c'était plus facile à prononcer. Sa mère était la fille d'un général déclassé par le maoïsme. Sa révolte, selon B 12, avait été dirigée surtout contre son mari, un être insupportable et marchand de biens. Un divorce ayant suivi, elle avait changé de quartier, de coiffure, de milieu et jeté toutes ses forces contre le système. B 12 ex 52 (qui, à l'époque, s'appelait Aubin) avait consacré ses années les plus tendres à dormir sur la moquette parmi les réunions et à boulotter des morceaux de shit qui traînaient. Bien des années après, devenu à tout hasard étudiant en droit, B 12 ne pouvait voir un coussin au crochet ni respirer l'odeur du patchouli sans que le cœur lui manquât.

L'histoire de Snork était symétrique : issu des noces rouges de deux enseignants communistes, il avait connu les vacances à l'Est dans des camps de pionniers et *tous les vieux plans stal.* C'est le mot « Bulgarie », chez lui, qui provoquait des éruptions.

Sautons trois pages. Émilie et le Chat se séparent. A l'instant où Vincent la rencontre, Émilie a déniché un studio et des remplacements de maternelle. De son côté, le Chat est hébergé par une certaine Brigitte, demoiselle élevée *aux Oizes*, comme elle dit, fille d'un grand flic et sensible au charme prolétarien. Brigitte poursuit des études de lettres mais elle est poursuivie elle-même par le rêve de réaliser des films. De sa marraine, elle vient d'hériter d'un trois-pièces dans le *bon XVIIIᵉ* que le Chat, ce genre de glandeur à savoir tout faire, retape avec un soin maniaque. Le reste du temps, il lit Spinrad.

Il fait aussi, le Chat, quelques *coups de fric* avec ses vieilles américaines et se montre alors, expliquait Vincent à Marc Antoine, *d'une générosité de pauvre, indisciplinée, compulsive.* La platine d'Émilie, c'était lui. Vincent n'en revenait pas qu'on fît des cadeaux semblables à une fille qui vous a quitté. Il découvrait un monde où l'amour ne tournait pas le dos à l'amitié.

Le Chat, un peu plus tard, échangea une Ford de la plus haute antiquité contre un Apple encore frais, à l'intention toujours d'Émilie qui, brusquement, voulait *écrire*, mais pas avec un crayon.

Le Chat prit Vincent à part :

— Gallimard c'est cool comme boîte, non? Tu connais pas des gens là-bas? Ça serait hyper bien pour le bouquin d'Émilie.

— Tu sais, j'ai personne dans l'édition, dit Vincent. C'était le milieu d'où il venait mais il ne croyait pas au destin littéraire d'Émilie. Bon, elle était fort intelligente, sensible, drôle (et surtout : *énigmatique*) mais elle se servait de 300 mots et avait un penchant maladif pour l'à-peu-près, parlant d'un concert *accidenté* — au lieu de *mouvementé*, d'une chaise *branleuse* ou de l'odeur *caractérielle* de la marie-jeanne.

Brigitte fêta son anniversaire en même temps qu'elle pendit sa crémaillère. Vincent eut beaucoup de mal à se garer dans les petites rues de Pigalle mais Marc-Antoine lui assura qu'avec sa voiture de mac, il ne risquait aucun PV.

Vincent était venu avec Marc-Antoine pour avoir moins l'air d'un vieux infiltré chez les minettes. Moyennant quoi, ils ressemblaient à deux éducateurs anxieux de se rapprocher des jeunes en leur posant des questions vicelardes.

Marc Antoine avait, depuis quelques mois, *divorcé d'appartement* d'avec sa femme Gigi. Il venait de se brancher la jeune assistante d'une galerie d'art africain, nommée Alex, alors qu'il sélectionnait des sculptures pour le Festival des Cultures Différentes. S'il ne l'avait pas amenée, disait-il, c'était pour être un peu peinard.

Il avait peur, en fait, qu'on ne la lui piquât.

— Putain, trente ans, se lamentait Brigitte.

— Trente ans, je les aurai *jamais*, dit Marthe. C'est décidé.

— Arrêtez de nous gonfler, dit Marc-Antoine. J'en ai quarante-cinq.

— Qu'est-ce qu'il a lui, à se prendre les glandes tout seul? dit Snork.

— Quarante-cinq ans, c'est rien, dit Brigitte. C'est pas comme trente.

— Marc-Antoine joue les vieux cons pour pas qu'on sache qu'il en est un en vrai, dit Patrick.

— C'est pas un vieux con, dit B 12. C'est un mec qui a un vécu.

— Tes copains sont des glandus, dit Marc-Antoine à Vincent, tandis qu'ils allaient récupérer la voiture à la fourrière. B 12 dit qu'il est *passé* par Sciences-Po : il en est sorti au bout d'un an. La petite frisée, là, Gilda, elle prétend qu'elle a un pied dans le cinéma : elle aide trois potes à retaper une salle de quartier tout en faisant psycho. Thomas, le Black, il joue les imprésarios de musiciens zaïrois, à mon avis il fait plutôt tourner les pétards. Le *peintre muraliste*, Mike, il fait des bombages à Evry. Patrick, son *accrochage* de photos, comme il dit, c'est dans le bistrot-tequila d'un copain. Snork assure qu'il connaît Higelin, Boffil, Mondino, Pacadis. Je n'en crois pas un mot, sauf pour Pacadis.

Snork, Luc de son vrai nom, était en fait l'héritier d'une tradition parisienne qui doit remonter aux Gallo-Romains : celle du pompeur de stars. Quand on vit sur un radeau, on se nourrit de poissons. Quand on subsiste à Paris, cette réserve indienne pour célébrités où la plupart des gloires nationales vivent de la chasse et de la cueillette, on mange les miettes tombées de la main lassée des divas. Les voies de ce parasitage sont nombreuses. Nous avons évoqué les *bandes*. Il y a aussi le système des cautions. Un vieil artiste méconnu a croqué Matisse, rencontré autrefois dans le Midi : le dessin est reproduit sur ses cartes de visite et son papier à lettres. Un bidonneur publie un ouvrage où il est question de soigner le mal au dos par la cafouillothérapie : il le dédie aux quatre ou cinq *Grands Patrons de la Médecine* (avec des majuscules) *qui ont inspiré constamment ses recherches*. Par le moyen d'un favori de Lacan, un sculpteur parvient à conduire le Maître dans son atelier. Lacan, qui a une rage de dents, s'arrête devant une terre cuite et profère à travers son mouchoir : « *Ça*, oui. » Des années après, au catalogue de sa grande expo de Rosnabrück, on peut lire une interview dont l'auteur est anonyme (le sculpteur, en fait) : « Lacan, faisant une longue visite à votre atelier, s'exclame à plusieurs reprises : *J'aime ça, énormément.* » Réponse : « Il faut entendre *ça* au sens habituel mais aussi au sens du principe opératoire de Freud, chez qui je trouve un écho de ma problématique » (l'artiste est également en communion, selon l'époque, avec Heisenberg, Wittgenstein, Lévi-Strauss et Hergé).
La méthode Snork est d'exploiter la rouerie des organisateurs de fêtes. Un patron de boîte monte une soirée privée pour l'anniversaire d'une star en visite à Paris : il laisse entrer Snork *parce que c'est lui* (et qu'il rabat des filles) mais il a fait de même avec

la plupart des 800 noctambules qui se pressent dans la boîte, chacun persuadé qu'il y a là 699 intimes de la star (les 100 derniers sont ses amis à lui), laquelle ne connaît personne. Ce système fonctionne à la satisfaction générale : la célébrité repart convaincue d'avoir l'oreille des jeunes ; Snork a pu nouer des contacts avec deux vidéastes et un programmateur radio ; le taulier qui, bien sûr, a une *philosophie de la nuit*, s'est un peu rapproché de son idéal : encaisser un max de consos.

— C'est des marginaux, s'obstinait Marc-Antoine.
Terrorisé, comme beaucoup de Parisiens, par l'insituable, il voulait les classer à tout prix. Ne fût-ce qu'ailleurs.
— Tu penses quinze ans en arrière, répondait Vincent. Ils refusent d'être nommés. Ils peuvent s'adapter à n'importe quoi, pour leur besoin ou leur plaisir, mais ils ont toujours une réserve mentale. Ils ne veulent pas être manipulés. Ils ne sont pas radicalement coupés de la société. Ils ont peur d'être comme tout le monde mais ils ont également peur d'être rejetés.
— Fais pas comme si tu voulais les comprendre, tu t'en fous. Donne-moi un cachou.

Le Chat et ses amis faisaient toutes sortes de choses à la fois. Ou alors, s'ils faisaient quelque chose, c'était en pensant qu'ils pourraient en faire une autre aussi bien. Leur dernière utopie était d'avoir le choix en tout.
Vincent savait beaucoup de détails sur eux, signe du zodiaque, horoscope chinois, marques préférées, objets de culte, expériences sexuelles, mais rien de ce qu'ils faisaient au juste. Ils cherchaient *des sponsors*, ils étaient *sur des coups*, ils avaient *des plans béton* ou *des plans nuls*. Ils *zonaient* ou bien ils *assuraient*. Ils avaient *des petits boulots* ou ils connaissaient *des galères*.
Plans craignos : déguisés en androïdes, en soldats de l'Armée rouge ou en marsupilamis, ils faisaient de la promotion pour un livre ou une boisson gazeuse. Ils servaient de cobayes à des laboratoires pharmaceutiques. Ils téléphonaient chez les gens pour les questionner sur leurs goûts en matière de shampooing. Ils faisaient le sapin de Noël vivant dans des réveillons. Ils pianotaient pour le compte d'une messagerie rose, sous le pseudonyme de *Gazelle Lubrique*.
Le Chat ayant soudainement décidé d'apprendre la maquette, Vincent lui trouva un stage chez Barbarin SA (Barbarin réalisait alors les plaquettes du Symposium Chants et Danses d'Amérique latine). Huit jours après, le Chat déclara que, des traits, il savait

en tirer : ce qu'il voulait, c'est travailler à la table de montage électronique. Il s'était, pour finir, *pris la tête avec ce gonfleur*.

— Ça se serait peut-être arrangé mais Barbarin est Scorpion ascendant Scorpion, dit Vincent. Et tu connais le côté Poisson du Chat.

— Quand je vois ça, je suis content d'avoir un fils qui assure, répondit Marc-Antoine.

Ce soir-là, Vincent soupait avec son exe.

— Tu sais qu'Yvon a fait une *tentative* en juin ? dit Anne Do. Un tube entier de somnifères. Marc-Antoine n'en a rien su. Il était chez les Patagons, je crois.

— Chez les Algonquins. Pour préparer la Rencontre des Tribus du Monde Entier.

— Gigi a fait le silence radio là-dessus. D'autant que MA essaie de décrocher complètement.

— De la vodka ? Sûrement pas.

— De la dope.

— Alors Yvon, comme ça ? C'est dur d'être jeune, dit Vincent qui se souvenait de son lavage d'estomac en 1960 (il pensait souvent au suicide mais pas en bien).

— C'est dur d'être parent aussi.

— C'est dur d'être à peu près tout. C'est surtout dur d'être vieux quand on est resté jeune.

— Les gamins, tu vois, tout dépend de ce qu'ils *rencontrent* chez eux. Il leur faut quelque chose de structurant. Marc-Antoine et Gigi sont des gens tellement merveilleux dans la vie et si consternants avec leurs merdeux. MA est persuadé d'être un père sublime mais il est d'un laxisme absolu. Et toi aussi. Tu devrais *rencontrer* un peu plus tes enfants.

— Maman ne t'a jamais dit mon heure de naissance, par hasard ? Elle l'a complètement oubliée et mon père était dans les pommes.

— Non, mais à mon avis, ce n'était pas très tôt.

— Tu sais qu'ils veulent revenir sur Paris ?

— Non ? Tes vieux ? Qu'est-ce que tu vas en faire ?

— J'en sais rien. C'est dur d'être fils.

— Je me demande quand on aura cinq minutes pour penser à la mort.

Le même soir, Gigi appelait Marc-Antoine : « Tu sais quoi ? Véro se paie une MST. Si. Elle vient me raconter ça à moi, tu imagines. Elle ne veut pas en parler à Yvon, elle dit qu'elle a dû la choper pendant la coopé de ton fils. Qu'est-ce que tu en penses ?

— Qu'ils se démerdent, dit Marc-Antoine après avoir longuement réfléchi.

Marc-Antoine avait ses soucis. Sa copine Alex était tombée enceinte au moment où elle parlait de fonder sa galerie et à l'instant même où lui avait sérieusement décidé de décrocher. « Tu veux le garder ? Très bien, lui disait MA, mais qui va le garder ? »

— Ta réponse est invraisemblable, continua Gigi. Tu sais à quel point ils sont restés proches de nous. J'aurais aimé être aussi proche de mes parents.

— Je préfère qu'ils nous méprisent et qu'ils arrêtent de nous pomper. Yvon est toujours interdit bancaire au fait ? Et Véro, ses grands discours sur la fidélité, je suis une marraine de guerre, *and so on* ?

— C'est une fille tellement conflictuelle avec elle-même. Je n'irai sûrement pas lui faire des remarques. Ce qui me reste du féminisme...

— C'est une gosse, dit Marc-Antoine (MA s'était donné un critère simple : une fille qui ajoutait un *e* à tous les mots qu'elle prononçait et usait de l'expression *n'importe quoi* cent fois par jour, on ne pouvait la considérer comme majeure).

— Il faut absolument qu'on les aide un peu. Ils sont désemparés mais tellement pudiques, tu comprends. En plus, Maman qui débarque. Je ne peux vraiment pas *gérer* tout cela sans toi.

Elle se mit à sangloter.

— Calme-toi, ma puce, dit Marc-Antoine. Tu veux qu'on déjeune demain ?

— Oui. Mais je te préviens, tomates sans rien, chez Andréa.

A table, les Français aiment à parler des repas qu'ils ont faits. Quand elles sont au régime Hawkins, les Parisiennes discutent des mérites du régime Scarsdale.

Gigi jeûnait tous les ans, au printemps, après quoi elle *reprenait* un peu plus. Dans ces moments-là, elle mettait aussi sa mère et son fils à la diète, ainsi que le chat et le chefflora. Elle avait même tenté une ou deux fois l'expérience sur Marc-Antoine (qu'aux scouts, on appelait déjà *le gros de la troupe*) mais très vite, MA était à faire peur : il ressemblait à une monstrueuse gousse d'échalote grise et vidée de sa pulpe.

Gigi faisait son régime *à deux*, sinon c'était trop dur. Elle allait un jour chez sa pote Andréa, le lendemain c'est Andréa qui venait.

Quand une Parisienne rentre le midi chez elle, c'est pour ne pas déjeuner.

Marc-Antoine trouva Gigi et sa potasse devant quelques kilos de tomates et de pamplemousses en vrac. Cette année-là, elles en tenaient pour Mayo : « Ce qui est bien avec Mayo, tu manges autant que tu veux mais un truc seulement par jour », expliqua Gigi.

— Un jour œuf, un jour mayonnaise ? C'est un régime intéressant.

— Non, tu manges ce que tu veux d'indiqué là, dit Andréa.

Elle sortit un samizdat ronéoté de l'espèce de sac à provisions que trimballent les Parisiennes quand elles sont journalistes ou qu'elles sont au régime.

— C'est très amerloque, le Mayo, dit Gigi. Nous, on remplace le céleri par du fenouil, le poulet froid et les endives par des blancs de volaille grillés avec du jus de citron et garnis d'un émincé de courgettes chaudes au cumin. Le cumin, ça met un peu de piment dans le côté chiant.

— Moi, je suis pas une aussi grosse gourmette que toi, dit Andréa, mais là, pamplemousse, tomate, c'est dur dur.

— Oui, mais tu sens ton ventre rétrécir sous les doigts, dit Gigi. L'acidité, ça te bouffe les graisses dans un paroxysme de bonheur.

— Ouah, qu'est-ce que tu fais ? s'écria Andréa.

— Je sale, dit Gigi.

— T'es folle ?

— Y a pas écrit de pas saler alors je sale. Le sel, je ne peux absolument pas m'en priver.

— Le plus dur pour moi, c'est de ne pas boire, dit Andréa.

— Moi, de toute façon, je ne bois qu'en faisant la fête.

— Tu la fais souvent.

— Et toi, tu n'as peut-être pas encore un truc ce soir ?

— Oui, mais c'est un dîner caritatif, je peux pas y couper (Andréa luttait contre le poids et la faim dans le monde).

— L'alcool, ce qui se passe, c'est que ça potentialise les graisses, continua Gigi. Tu te couches une femme, tu te réveilles un monstre.

— Arrêtez les filles, vous allez vous carencer, intervint Marc-Antoine. Vous êtes tellement bien comme ça. Les rondes, c'est formidable.

— Je constate que les hommes disent toujours qu'ils s'en foutent et que nous on continue à se faire maigrir, dit Andréa.

— Je constate qu'ils s'en tapent et qu'ils flashent sur des haricots verts qui tiennent des galeries d'art, dit Gigi.

— Moi, à la limite, ça me fout les boules quand ils me disent que je suis bien comme ça, dit Andréa. Oh regardez, une vache !

Une vache hélitreuillée passait dans le ciel de Paris.

— C'est pour le Salon de l'Agriculture, dit Marc-Antoine. Houla, je suis à la bourre. Faut vraiment que j'y aille.

— Tu te rappelles qu'il faut *absolument* qu'on se parle, dit Gigi.

— Mercredi à dîner, si tu veux, dit Marc-Antoine.
— Le mercredi, c'est très bien, c'est côtelettes de mouton.

Émilie et sa bande n'étaient pas au régime. Ils avaient des estomacs effilés comme des rasoirs. **Ils** mangeaient n'importe quoi et sautaient des repas.

Le Chat était même un peu écœuré par la *nourriture*. (Il n'employait que ce mot, disait : « Qu'est-ce qu'il y a aujourd'hui comme nourriture ? ») Les cuisses de grenouilles et les bourgognes vivants qu'on voyait rue Lepic lui donnaient la nausée. « Je suis sûr qu'ils les mettent dehors pour faire peur aux touristes », disait-il. Du bon pain, il appelait cela du *pain lourd*.

Émilie, Brigitte et Marthe allaient au hammam pour se détendre, à la piscine pour se secouer. Un jour, elles voulurent traîner Vincent et Marc-Antoine dans une salle de gymnastique. Vu depuis le hall, l'endroit ressemblait à une usine automatisée. Comme dans *Les Temps modernes*, des corps étaient happés par des engrenages. D'autres se faisaient aplatir dans des espèces de tapettes à rat.

— Elles ont décidé que vivre était une punition, dit Marc-Antoine qui refusa d'aller plus loin.

— Alors, ça ne vous tente pas ? dit la gérante en rigolant.

— J'ai pas envie d'être musclé, dit Marc-Antoine. Il faut garder une différence entre les sexes.

— Vous devriez aller au *Frisco Health Center*, dit la gérante. C'est la même maison qu'ici mais ce n'est pas de la muscu. C'est très senti comme travail, très feeling. Anaïs a travaillé au *Work out* de Jane Fonda. Elle a toujours été au cœur de la Forme. Elle fonctionne avec une espèce de rituel et sous le contrôle d'un cardiologue. On commence le warm up à partir du haut et c'est seulement après qu'on va stretcher les jambes et, quand on va vers le jogging, ce n'est absolument pas n'importe quand.

— On va réfléchir, dit Vincent.

Dans l'avenue passait une manif de flics. Ils avaient perdu l'un des leurs et demandaient à être mieux protégés.

Émilie s'éloigna de Vincent vers cette époque. Elle lui en donna toutes les raisons d'une façon très froide puis se mit à pleurer d'une manière très enfantine. Elle se sentait enfermée, disait-elle. Vincent lui fit remarquer qu'elle n'avait jamais voulu s'installer chez lui. Elle voulait se consacrer à son livre et à son fils, dit-elle encore. Vincent lui répondit qu'écrire, c'était bien sûr formidable comme idée, mais qu'il était très dur de publier. Il pourrait peut-être l'aider à trouver un *vrai* job.

– Ça doit être son côté Verseau, dit Marc-Antoine. Il faut s'attendre à ça avec les signes d'eau.

– Air, dit Vincent. Le Verseau est un signe d'air. Ça te surprend ? Moi aussi, ça m'a étonné.

Vers la fin de l'année, Vincent apprit par un copain de l'édition que le manuscrit d'Émilie avait été retenu :

– C'est très violent et désespéré. C'est des ambiances extrêmes décrites d'une façon tripale qui nous change des stylistes gonflants.

– Le ton d'une époque, en quelque sorte ?

– Voilà. Il y a un passage où deux séropos se vengent d'un dealer en l'enculant, ça m'a glacé le sang.

La droite était revenue au pouvoir. Marc-Antoine et Vincent perdirent leur fromage à trois mois d'intervalle. Vincent voulut se recaser dans l'édition. Il fit quelques traducs. Par chance, il était *logé Ville de Paris.*

Le livre d'Émilie marcha très fort.

Alex fit une fausse couche et ouvrit sa galerie.

Marc-Antoine alla voir le patron de son ancien magazine de droite et cynique. Celui-ci ne voulait plus engager que des moins de quarante ans, des gens *qui avaient des antennes,* capables de renifler les mutations en cours. MA fit la tournée des relations qu'il avait dans la presse. Partout flottait une odeur de yaourt. Les salles de rédaction étaient envahies de débutants surdiplômés. Les filles avaient des yeux sages et des jambes provocantes. Les garçons avaient une façon enfantine de se prendre au sérieux.

– Ils veulent tous gagner deux briques avant trente balais, racontait Marc-Antoine, déjà saoul comme une grive. Voir ça au moment où je veux décrocher pour de bon. Avec ces bioniques, l'écriture ne va plus rester longtemps un travail de gourmet. Ils ont tous des tronches à se lever pour Danette. Où sont passés les grands ivrognes, les clochards célestes ? s'écria Marc-Antoine, lequel possédait tout un florilège d'histoires où la bizarrerie des journalistes de la haute époque n'avait rien à envier à celle des patrons de presse : tu te rappelles le Léon, quand Bigouin a fini par lui avouer que Popol n'arrivait plus à produire ? *Mais donnez-lui donc de quoi payer sa coco, Bigouin* ! Aujourd'hui, on te donnerait le choix entre le crâne rasé et les dents à la roulette.

– Tu devrais boire un peu moins avec ton cholestérol, dit Vincent.

– Compter sur l'infarctus pour échapper au cancer témoigne chez moi d'un optimisme modéré.

Au Rex, Vincent tomba sur Thomas l'Ivoirien. Thomas s'occupait de monter une agence de casting black. Il lui donna des nouvelles d'Émilie. Avec ses droits et l'aide de Brigitte, elle avait pu s'installer à la Porte de Bagnolet, dans un petit pavillon qu'elle partageait avec Marthe et Snork. L'endroit s'appelait La Campagne. Il y avait là des maisons couvertes de glycines. Des vieux les occupaient, que les avocats commençaient à remplacer. Les renards s'installaient sur les bords de la ville. L'instinct les conduisait au nord et à l'est, vers ce qui restait des anciens villages, mais il n'y avait plus tellement de poulaillers.

Que les jeunes ne voulussent plus entendre parler de la Rive Gauche, c'était, aux yeux de Vincent, le monde à l'envers. Le monde, c'est-à-dire Paris.

Vincent lui aussi vivait dans une bourgade. C'était du côté de la Butte-aux-Cailles, un appartement assez vaste pour y recevoir ses enfants. On y trouvait encore des rues qui n'avaient pas de nom, je veux dire pas de ces noms parisiens : *Rue Gérard, ancien propriétaire du terrain*, disait une plaque. Il avait suffi d'être rentier pour avoir sa plaque ici. Le quartier sentait encore le géranium et aussi l'anarcho-syndicalisme, un parfum d'encre grasse. Les techno-artisans remplaçaient doucement les vieux métiers. Traitement de texte. Reprographie. Télévision par satellites. Au long des années 80, les indemnités de licenciement avaient semé partout des SARL, des *petites structures spécialisées hyperpointues*, comme disait Yvon, le fils de Marc-Antoine. Les techno-artisans, les épiceries étrangères, les nouveaux bistrots sauvaient des lambeaux d'urbanité.

« On ne reconnaît pas le quartier. » Ce ne sont plus les anciens habitants du XVe (quand la Seine avait un visage au lieu d'un front) qui tiennent de tels propos. Ce sont les quadragénaires installés n'importe où depuis quinze ans. Il faut de moins en moins de temps pour fabriquer un vieux Parisien, avec des souvenirs.

« Ici on respire, il y a du bon air », disait-on autrefois rue Caulaincourt. Les occupants de l'Ile Saint-Louis parlaient, voici vingt ans seulement, des « gens du continent ». Ceux-là disaient que l'île était vraiment trop humide pour y habiter. Elle ne ressemblait pas alors à une station balnéaire, avec ses marchands de glace et ses minets en Kawasaki.

Paris était encore un pays. On allait voir sa tante dans les alpages, son cousin dans l'île, ses amis dans la vallée.

L'herbe folle poussait déjà sur le parcours des transhumances. Les vieux manifestants les connaissaient par cœur : la gauche à la République, la droite sur les Champs. On avançait d'instinct, en broutant. Quelques brebis s'égaraient dans les cafés. De nos jours, le mécontent vient de loin. Il est chargé dans des trains, des auto-cars. On le déverse devant les ministères, tels des surplus de tomates. Nous sommes obligés d'importer le revendicatif depuis la France entière. Ici, on ne sait plus bien l'élever.

— Qu'est-ce qu'ils ont tous à vouloir monter leur boîte ? demanda Vincent à son coiffeur.
— C'est l'époque. Moi, avec un super copain, j'ai voulu ouvrir un salon à Madrid. Vous connaissez Madrid ? C'est super super. Il nous a manqué un sponsor, alors on s'est rabattu sur un bistrot à tapas dans le VIᵉ, vous voyez le genre, un peu wine bar. Vraiment super. Mais je dois revendre, mon copain est parti manager un grand hôtel à Rio. Vous connaissez le Brésil ? C'est super.
Un Japonais entra et réclama « une coupe à la mode de Paris ».

Émilie vient de dépanner Marc-Antoine. Son éditeur lui offre de travailler à une série télé : elle est chargée d'apporter le côté *air du temps* mais il lui faut pour l'aider un *vrai pro*, un vieux routier.
— La gauche arriviste te baise les mains, lui dit Marc-Antoine. Je te signale au passage que Vincent et moi, on est chomedus à cause de nos idées.
— C'est donc que vous en viviez, lui répond Émilie.
— Comment va le Chat ?
— Ils se sont fait des couilles en or, lui et Brigitte, en revendant l'appart. Brigitte a pu racheter une petite imprimerie dégueulasse dans la rue de la Roquette. C'est hyper sordos mais, en creusant, tu doubles le volume et ça te fait un loft génial. Avec la thune qui reste, le Chat veut monter son SARL : repros, tirages, photocopie. Il s'est branché avec Patrick.

A Paris, toutes les générations ont un point en commun : les manifs contre les réformes de l'enseignement. Elles reviennent très régulièrement, au soulagement général. Cela se passe à la sai-son des réformes de l'enseignement. C'est une sorte de rite agraire.
Après la mort de Malik Oussekine, Gigi et Anne-Do, Vincent et Marc-Antoine sont venus, entre ex, fraterniser avec leurs mer-deux. Il y avait là du trotskiste blanchi, du parent d'élève ému. De l'intellectuel concerné.

— Ah, j'aperçois Charlotte! dit Anne-Do. Appelez-la, je ne peux absolument pas crier (elle sortait d'un lifting).

Ils lui firent de grands signes. Ils se sentaient fiers comme les parents à *Dimanche Martin*. Charlotte n'avait pas l'air si contente de les voir. Elle défilait derrière la Coordination, avec la tendance *Cure*. Elle avait une bouille toute ronde et hérissée, une robe en forme de tube. Ses Doc Marten's faisaient comme de grosses gouttes au bout de ses jambes allumettes.

— Elle ressemble à un coton-tige, dit Vincent.

— Arrête, je ne peux absolument pas rire, dit Anne-Do.

— En tout cas, tu es très réussie, ma chérie, dit Gigi. Ça t'a formidablement rajeunie.

— Ça m'a surtout coûté la peau des fesses. Je me sens comme un million de dollars [1].

Le Chat avait déjà modifié son projet de boîte. Il venait de découvrir un nouveau moyen d'échapper à la pauvreté : être riche.

Avec un certain Paco, il s'était *initié* à l'ordinateur. Aujourd'hui, il crée des images graphiques. Aidé par B 12 et Marc Antoine, il les place dans les journaux. Paco est un *bidouilleur hypergénial*, un peu zone d'aspect, et qui élève un rat.

Paco bidouille chez lui, le soir, à Villepinte. Le matin, il vend des *Marvel Comics* avec son rat sur les marchés. Quoique recouvert de la tête aux pieds de gadgets douteux, de poils d'animaux inconnus et de badges pornos, c'est un dandy sensible au luxe et indifférent à l'argent.

Grâce à sa connaissance du troc et des circuits, le Chat s'est procuré son micro (« une petite HP laser pas chère ») et ses premiers logiciels pour trois fois rien. Ses potes épluchent la presse économique et alimentent sa banque de données. En résumé, son passé de galère fait sa vertu d'entrepreneur. Il compte bien se faire des couilles en or.

C'est en jouant que le renardeau apprend à survivre.

B 12 va mal. Il consomme des saletés. « C'est à cause de sa mère », dit Émilie. Il est devenu pédé comme une banquise et ne prend aucune précaution.

Mike va bien. Avec les *Zuppy Boys*, ses bombeurs d'Évry, il s'est attaqué au Paris souterrain. Après une série de *virées catas*, il est passé aux *interventions* sur les palissades des chantiers de la capitale (le plus grand des musées de la planète). Une galerie a pris les *Zuppy* sous son aile. Ils interviennent aujourd'hui sur de

---

1. Le mot est de Christina Onassis, après sa *chirurgie*.

vieux cartons, des cagettes de tomates (« peu importe le support du moment qu'on peint »). Lesquels se vendent assez bien.

– Le bombage, c'était pour nous une façon de régresser et de retrouver le degré zéro de la peinture, explique Mike. Il est temps maintenant de passer à autre chose.

Sur les murs de la ville, les graffitis étaient d'ailleurs remplacés par des *visuels*. Il y avait eu les pochoirs, il y avait les tags. Le slogan politique s'était démodé d'un coup. Les textes étaient si rares que Marc-Antoine les notait :

Chagrin de haine.

Qui a tué le Christ ? Les Italiens.

La mort n'éblouit pas les yeux des partisans.

Des messages personnels aussi :

Élise, je t'attends ici tous les soirs à 5 heures. Bobo et les autres, dites-le-lui.

Les renards communiquent entre eux au moyen de marques. A la saison des amours, le marquage s'intensifie.

Brigitte monte une *boîte de prod* avec Snork et Gilda. Elle a jeté le Chat qui, ces temps-ci, est *invivable*. Gilda est en ce moment l'assistante et l'amie d'un excellent vidéaste, lui-même disciple de José Abel, l'animateur de Spielberg. Un *créatif hypergénial*. Elle a déjà travaillé sur des spots de Canal +. Elle s'intéresse à la palette graphique et se passionne pour *l'écriture clipesque*.

Brigitte, Émilie, Marthe et Gilda vivaient seules le plus souvent. Comme beaucoup de Parisiennes et comme toutes les renardes. Elles avaient des chats jaloux, des répondeurs, des tarots de Marseille et des réserves inépuisables de copains, lesquels avaient beaucoup de qualités mais assez de défauts pour qu'elles ne pussent envisager avec eux *quelque chose d'un peu fusionnel*. Aussi, par manque de débouchés dans la vie de couple (un métier de généraliste), les copains s'étaient-ils retrouvés spécialisés à la façon des médecins. Il y avait les garçons impossibles, mariés, dangereux, craquants, les bons coups, les imbaisables, les intellos, les anars et les bourges, les nounours et les félins, les spécialistes du petit ménager, les partenaires de tennis, les superpotes, les compagnons de voyage et les pédés disponibles, les hypercollants et ceux qui disent toujours « à bientôt ». Elles avaient des *histoires* qui étaient à peu près finies, d'autres qui démarraient et des petites *histoires* dans l'entre-deux. Elles connaissaient des envies sans lendemain et des lendemains sans envie. Elles ne pouvaient se passer des mecs, sauf qu'elles pouvaient s'en passer.

Après son *histoire très perturbante* avec Snork, Marthe rêve d'une *relation un peu stable, un peu confiante* et multiplie les essais gratuits sans engagement. Émilie *filtre un max*, au contraire. Elle vit en ménage avec son fils, qu'elle gave de cassettes d'anglais et de livres sans images pour qu'il soit totalement bilingue et intelligent. Elle veut avoir la paix pour écrire et choisit ses amants parmi les astronautes et les livreurs de chez Darty.

Les renards ne vivent en couple que le temps nécessaire.

Les familles installées oppressent Émilie à la façon de l'armoire en palissandre, quand elle était petite, dans la chambre de sa maman.

Laquelle, ayant pris connaissance de *La Vie des Rats*, le roman d'Émilie, traverse aujourd'hui une légère dépression.

Brigitte avait essayé des hommes de toute espèce, quelques filles aussi. C'était pour voir, *faire des expériences*. A rebours des traditions, c'est au moment où elle se sent vieillir qu'elle devient très difficile. Elle a envie d'un enfant mais aussi d'un homme beau comme un dieu, doux comme un jésus et malin comme un saint-esprit pour s'en occuper un peu. Si c'était pour vivre comme Emilie en couple avec son merdeux, merci.

Gilda donne 500 F à un analyste, pour qu'il écoute ce qu'elle a besoin de lui dire. Contre la même somme, une tireuse de cartes lui dit ce qu'elle a envie d'entendre.

Elles se voient souvent, elles se font monter des pizzas et boivent du *Earl Grey*, elles se racontent des *histoires de filles*. Elles font parfois du sport ensemble. Elles entretiennent leur corps comme des résidences secondaires, qu'elles aèrent de temps en temps.

Quand elle a un peu de fraîche, Émilie va dans un institut qui pratique le lifting électro-musical, la détoxination naturelle, la pressothérapie, le massage californien, le lingofei et la douche multijets, avec pour slogan publicitaire : APPRENEZ À MAXIMISER VOTRE POTENTIEL DE SÉDUCTION.

Elles rêvent par moments d'épouser une femme, d'avoir à demeure une bobonne à l'ancienne, à la rigueur un esclave, pour s'occuper du train-train ménager.

Les désirs les plus fous de la mère d'Émilie, dans les années 50, se résumaient à une vision blanche : la cuisine-laboratoire du Salon des Arts ménagers. Alors que l'univers d'Émilie est noir et gris. Son living est saturé de consoles et d'écrans, d'engins hi-fi. On se croirait dans une PME.

Une bête fabuleuse (un mythe nouveau) était entrée dans Paris : *l'organisation personnelle*. Gilda l'incarne d'une manière fascinante. Pour gérer ses *histoires* et ses emplois du temps, elle a placé son destin sous un signe ignoré du zodiaque, lequel, d'une certaine façon, résume tous les autres : le signe du Perso. De toute la communauté européenne, le Filofax de Gilda est de loin le mieux nourri. Pour 500 grammes à sa naissance, il accuse trois livres au bout d'un an.

Il ne tiendra bientôt plus dans sa poussette.

Vous aviez le carnet d'adresses et, à 80 centimètres de distance environ, l'agenda. En remontant les bras qui tenaient à ces deux objets, vous trouviez au milieu, en gloire, le Parisien. Avec le Filo, cette plante tropicale au bourgeonnement incessant, visiblement douée d'une vie autonome et un peu inquiétante, le Parisien dispose enfin d'une main libre.

Il s'en sert pour pianoter devant des écrans.

La vie devient épuisante. Garçons et filles, il leur faut des excitants. Puis des calmants. Ils ne cherchent pas à se détruire, comme les gamins des Halles. Ils veulent au contraire *assurer*. Les toxicologues appellent cela des consommateurs récréatifs.

Voyant quelqu'un d'un peu bizarre, ils ne disent plus : « Qu'est-ce que t'as ? » mais « Qu'est-ce que t'as pris ? »

Leurs propos de table feraient penser à un dîner-débat entre les adeptes des narcos et les dévots des labos, s'ils n'avaient été clients des deux à la fois, mettant à peu près sur le même plan le cartel de Medellin et Roussel Uclaf.

Dans ces conversations, ils se révèlent cyniques et compétents, ils ressemblent à des pharmaciens corrompus : comme de tout, le Parisien doit être au courant des drogues à la mode et savoir, au langage des potards, marier le verlan des banlieues.

— Moi, pour assurer, je prends du N. le matin. Tu sens la sève qui te monte dans les doigts.

— Je croyais que cela faisait dormir.

— Tu ne connais pas l'effet inversé du N. chez les sevrés.

— Moi, des médicaments, j'en prends jamais. Juste du G. quand je suis naze ou du T. pour dormir, quand j'ai vraiment la haine.

— Ah, c'est pas des médicaments, ça ?

— Non, le G. c'est juste de la caféine, du glucose et je sais plus quoi, et le T., comme anxyolithique, y a rien de si léger.

— Arrête, t'accroches au T. plus vite qu'avec un somnifère, et c'est moins bien filtré par le foie.

— Ça file des trous de mémoire, le T. Tu fonctionnes comme une minuterie.

— Moi je préfère les coquetèles de vitamines à toutes vos saletés. Je suis complètement contre les médicaments.

— C'est pour ça qu'il y a une corbeille chez toi qu'est pleine de saloperies.

— Je sais bien, c'est ce qui me désole.

— Les oligo-éléments, ça c'est sain.

— Qu'est-ce qu'on deviendrait sans les oligo-éléments?

— Et le C.

— Le C., arrête, c'est du speed qui tue. Mon pote médecin veut plus m'en filer.

— Ça te rend agressif.

— Non. Euphorique.

— Moi, je suis totale hystéro avec ça.

— Quand tu veux t'en acheter, t'as beau avoir ta feuille de carnet à souches, montrer ta brème et tout, ils te regardent comme un évadé d'Alcatraz.

— D'ailleurs, ils te fichent. J'aime encore mieux la coke.

— A propos, t'as quèque chose?

— Arrête. Je suis sans rien. C'est les vacances. Ils sont tous partis à la montagne.

— Résultat : un Noël sans neige.

— Quand y disent qu'y a qu'à descendre dans le métro pour avoir de la guedro, on croit rêver.

— Si tu carmes, tu trouves ta dope.

— On pourrait demander à B 12 s'il a des plans.

— Non, je veux plus lui parler de ça. Il s'en prend tellement dans les naseaux que la meca lui sort par les oreilles.

— Où qu'il aille, y s'endort, pis y a un petit mec un peu chelou qu'arrive, le genre sinueux, tu vois, à ce moment-là B 12 ouvre un œil et tu te dis : c'est son dealer.

— Moi, je suis pas accro du tout mais quand je vois une saisie à la télé, ça me fait saliver comme du foie gras.

— A mon avis, t'es accro.

— Non, bicause le foie gras.

— Moi, j'ai rêvé une nuit au gros képa des familles. Je m'en mettais partout, même sur la bite. J'en bouffais.

— Ça veut pas dire que t'es accro. C'est métaphorique.

— C'est sexuel.

— C'est vrai que ça fait bander les mecs?

— Arrête, j'ai essayé sur le gland. La teube, ça me l'a gelée. Pour m'excuser, j'ai dû sucer la fille pendant des plombes, c'était pas exactement une fille cool, j'avais la mâchoire en compote.

— C'est relevé comme converse, les copains.

— En fait, c'est juste qu'on est un peu bourrés.

— Mais attention, on boit jamais seuls.

— Qui boit seul? Personne.

— Ou alors quand on a vraiment la haine, peut-être.

— C'est la faute à Dieu tout ça. Ce qu'il a un peu raté, c'est l'âme des gens.

— C'est un comble pour un mec dans le genre de Dieu.

Quand ils ne jouent pas au petit chimiste, ils jouent au Monopoly. L'immobilier les hante. Pas une rencontre qui ne débouche sur le débat existentiel du moment :

TU CONNAIS RIEN DANS LE COIN PAR HASARD?

Cela vire à l'obsession. Des fois, ils sont sur un coup classique, un appartement normal (une fois *cassé*, ça sera génial) et, pour l'obtenir, ils doivent se déguiser en gens normaux, s'habiller en gaulliste, en Auvergnat, en type européen, faire des mariages blancs avec des agents de l'EDF, arroser les gardiens, trouver une caution, la faire au charme, la jouer bon père de famille, avoir des *rentrées régul.* D'autres fois, c'est *l'affaire du siècle* sur quoi ils sont tombés, une fabrique désaffectée, vaste comme un Département d'Outre-Mer, un entrepôt qui tient du cantonnement d'infanterie. Ils veulent alors se l'acheter à plusieurs, ils se découvrent des potes architectes et des amis d'amis banquiers, ils tracent des plans dignes de Ramsès II ou de Nicolas Ledoux et rêvent de créer un phalanstère d'un genre nouveau, où personne ne se gênerait, où les enfants joueraient dans des jardins suspendus comme à Babylone, mais à deux pas du canal de l'Ourcq.

Autant vous prévenir. Nous en sommes au point, à Paris, où certains agents immobiliers demandent des CV au candidat : recommandation des anciens proprios, background familial, garanties financières, certificat de l'employeur et perspectives de carrière.

Je sais bien que vous avez d'excellentes références, ma petite, mais vos ongles ne sont pas très propres et surtout, je leur avais bien spécifié à l'agence : pas de Poisson ascendant Poisson.

Chez les renards de notre île, ce climat encourage un certain cynisme :

— Dis donc, Jeanne et son nouveau, ça m'a l'air de marcher.

— Pourvu que ça dure, cette fois. Son appart génial est bien trop petit pour eux et pour moi, il serait impec.

Deux ans auparavant, le même s'était réjoui en secret du divorce de Jeanne. Il avait hérité, lui et sa petite famille, de son appart génial et bien trop grand pour elle. Mais là, c'est à son tour de se séparer.

Histoire d'une nénette qui envisage de se convertir au judaïsme. Son mari est le neveu d'un cinq-pièces casher à 3 300 F mensuels dans le VIe. J'entends par là que son oncle est un rabbin hostile aux mariages mixtes mais qui dispose, par relation, de ce petit Canaan :

UN CINQ PIÈCES DANS LE VIe, 3 300 F PAR MOIS, CUISINE ÉQUIPÉE.

Résumé à l'usage du débarquant, suivi d'un épilogue. D'abord le résumé :

Coup (être sur un, tomber sur un, assurer sur un) : expression familière au renard, en particulier au renard argenté. Désigne, d'une façon indifférente : fille, garçon, excitant, calmant, affaire, squat, appartement, entrepôt, commande bien payée, association fructueuse, fortune rapide ; à la rigueur : emploi de bureau.

L'épilogue :

Émilie et le Chat ont réussi à mettre le fils qu'ils ont en commun dans un *bon lycée*. Oscar veut faire plus tard Médecin Sans Frontières.
Émilie surveille de près la mise en place de son second livre.
B 12 a tout plaqué pour aller faire de l'explo sous-marine aux Caraïbes dans une espèce de cloche en plexiglas.
Initiée à l'ordinateur, à la Betacam, à la palette graphique et au yi king, Gilda est devenue *plutôt New Age*. Elle farcit d'images apaisantes et néanmoins subliminales les spots qu'elle réalise pour La Cinq avec son amant truqueur. Il s'agit pour Gilda de lutter contre l'hystérisation des médias.
J'ai rencontré François (ex-Glaviot) sur la ligne n° 4 du Métropolitain où il effectue actuellement une grande tournée en queue, avec son ensemble typique *Los Ijos della Puta*.
Infoprod s'est installée sur 200 m² rue Lamark, un ancien appartement bourgeois où le rat de Paco s'est mis aussitôt à retailler la moquette. Paco et le Chat se sont fait des couilles en or avec leurs graphiques à la commande. Associés à un imprimeur pour la sous-traitance, ils s'attaquent au créneau de la culture d'entreprise et réalisent des plaquettes d'un luxe un peu voyant.
Ils comptent bien se faire des couilles en or avec *l'Histoire illustrée des Marques Légendaires et des Maisons Culte de l'Industrie Française*, une série quadri reliée façon cuir et réservée au *monde entrepreneurial*.
Vincent et Marc-Antoine vont s'occuper du rédactionnel : contactés voici un mois par le Chat, nos deux héros avaient fait *a*) la moue, *b*) semblant de réfléchir, *c*) mine d'accepter mais à contrecœur, *d*) ouf, quand ils avaient appris que la place était toujours libre.
Vu que, de leur côté, ils bricolaient.

— Ils sont pas mal, finalement, ces mecs, dit Marc-Antoine.

— C'est des gens qui ont conservé une éthique, dit Vincent. Ils ne font bosser que des copains. Tout part de l'affect avec eux.

— Il leur reste quelque chose des *seventies*. Leur évolution me fait penser à celle des radios : pirates, libres et maintenant privées. Eux, ils ont gardé un peu le côté pirate.

C'était le printemps. Ils marchaient dans Paris, cité gallo-romaine. La capitale romaine n'avait jamais été aussi belle. On y élevait des arcs, des sphères, des pyramides. On y dessinait des jardins. On y dressait des autels quatre étoiles, les plus somptueux jamais dédiés au savoir. On était allé jusqu'à laver le fleuve, où les poissons repoussaient. La capitale gauloise, celle qui ressemble à un paquet de cheveux et se bourre la gueule en touillant des chaudrons, allait moins bien.

— Ces plans nuls qu'il avait, le Chat, dit Marc Antoine. Si j'avais pensé un jour travailler pour ce glandu.

— Le renard fait le mort, c'est ainsi qu'il attrape le corbeau, dit Vincent.

— Des moins de quarante ans, voilà les patrons qu'il nous faut, finalement. Des gens qui ont des antennes, capables de renifler les mutations en cours. Passe-moi un cachou.

— Le Chat n'est plus si jeune que ça, dit Vincent. Quand je l'ai connu, j'étais pas loin d'être deux fois plus vieux. Aujourd'hui, on n'a plus que quinze ans de différence.

— Il a encore pas mal à apprendre, si tu veux mon avis.

— On va le prendre en main.

— Il est un peu show off, avec ses falzars en agneau plongé, non ?

— Il n'a pas encore très bien pris la mesure de l'argent.

— Sa poule farcie était superbe. Si j'avais cru qu'un jour il se mettrait à la cuisine.

— Et les vins ? T'as vu comme il parle des vins ? Il aime les vins *un peu boisés*.

— Merde, tu te rappelles, y avait un banc ici.

— C'est à cause des clochards. Les enlèvent tous. On n'a qu'à s'asseoir là, sur les bornes.

Ils se posèrent comme deux vieilles bestioles arrivées au port.

— Ils ôtent les bancs à cause des pauvres et ils plantent des bornes à cause des bagnoles. Tout ce qui se passe de nouveau dans la rue, c'est de la répression, dit Vincent.

— Tu ne vas pas défendre les bagnoles, dit Marc-Antoine.

— Tu me connais, dit Vincent. Je suis pour des mesures draconiennes. Mais toutes ces bornes. On est entré dans la civilisation **du bitoniau.**

— Quand les gens se reposent, on dirait des mouettes.

— Moi, ce qui me fait mal au cœur, c'est les cicatrices des pieds dans le bitume. Le banc, on sent qu'il s'est débattu.

— Paris est rapiécé d'une façon immonde. C'est pas fait pour l'asphalte, Paris. C'est une ville à pavés.

— Je dirais même plus : *la* ville du pavé.

— Cette croûte immonde. Saleté de bitume. Ils parlent de réhabiliter les Champs mais ils oublient la chaussée. Elle est totalement immonde, leur chaussée. Rapiécée. Dégueulasse.

— Je vais jamais sur les Champs.

— Moi non plus, tu penses bien. C'est à la télé que je m'en suis aperçu, à l'arrivée du Tour.

— Bon, let's go. Tu veux un cachou ?

— No thanks. Ça me donne soif. Tu sais que j'essaie d'arrêter.

FIN

TABLE DES MATIÈRES

FAUNE *2*

FIGURES ET TABLEAUX

Cet ouvrage a été réalisé par la
SOCIÉTÉ NOUVELLE FIRMIN-DIDOT
Mesnil-sur-l'Estrée
pour le compte des Éditions Lattès
en novembre 1990

Imprimé en France
Dépôt légal: juillet 1990
Nº d'édition : 90072 – Nº d'impression : 16547